古代歷史文化研究輯刊

五 編

王明蓀 主編

第9冊

唐代南詔與李唐關係之研究

王吉林 著

國家圖書館出版品預行編目資料

唐代南詔與李唐關係之研究／王吉林 著 — 初版 — 新北市永
和區：花木蘭文化出版社，2011〔民 100〕
序 6+ 目 4+282 面；19×26 公分
（古代歷史文化研究輯刊 五編：第 9 冊）
ISBN：978-986-254-423-5（精裝）
1. 邊疆民族 2. 邊疆問題 3. 唐代
618   100000579

ISBN-978-986-254-423-5

古代歷史文化研究輯刊
五 編 第九冊   ISBN：978-986-254-423-5

唐代南詔與李唐關係之研究

作　　者　王吉林
主　　編　王明蓀
總 編 輯　杜潔祥
印　　刷　普羅文化出版廣告事業
出　　版　花木蘭文化出版社
發 行 所　花木蘭文化出版社
發 行 人　高小娟
聯絡地址　新北市永和區中正路五九五號七樓之三
　　　　　電話：02-2923-1455 ／傳真：02-2923-1452
電子信箱　sut81518@gmail.com
初　　版　2011 年 3 月
定　　價　五編 32 冊（精裝）新台幣 56,000 元

唐代南詔與李唐關係之研究

王吉林　著

作者簡介

王吉林，山東省平度縣人，生於民國二十七年（1938）五月。民國五十一年（1962）畢業於臺灣師範大學史地系。民國五十六年（1967）獲中國文化學院（今中國文化大學）史學研究所碩士。民國六十一年（1972）由中國文化學院推荐，以《唐代南詔與李唐關係之研究》獲國家文學博士。

王氏於獲得博士後，曾任中國文化學院訓導長、秘書處主任。復兩任中國文化大學史學系主任、教務長，現任史學研究所所長、文學院院長。

在學術活動中，王氏樂於參與，曾任唐代學會理事、理事長，現仍任理事。中國歷史學會在臺復會後，王氏歷任理事、理事長，現為常務理事。

在學術研究中，王氏從研究南詔，進而研究吐蕃，以及唐代邊疆史與政治史，探求二者關係。由此上推，對北朝史亦深有研究，且有多篇重要論文發表。

提　要

本書導論研究南詔民族，言南詔非一般所言為哀牢夷之後，亦非氐、羌，更非泰族故國。其為烏蠻，當屬事實。

次論唐前雲南，說明兩漢至隋，中國與雲南之關係。唐代初年經營雲南，既想重啟步頭路，又思阻止吐蕃勢力進入雲南，因而扶植南詔。唐與南詔之關係，敗於佞臣，安史亂前，南詔叛唐，投向吐蕃。

安史亂後，吐蕃勢張，唐遂聯南詔以分吐蕃之勢。德宗貞元十年，南詔重又歸唐。其後唐與南詔和戰不常，南詔且攻陷安南，復擾邕管，與唐戰爭結果，造成兩敗俱傷，唐與南詔約在同時結束，開啟下一時代，則不再述。

目

次

芮逸夫先生序

南詔蒙氏，唐代西南裔族也。太宗貞觀間（627～649）立國，高宗永徽間（650～655）朝唐，玄宗開元間（713～741）受唐冊封爲雲南王。凡傳十三世，享國二百五十餘年，至昭宗天復間（901～903）而亡。其後四、五年，唐室亦亡。稽其興衰存亡之蹟，幾無一不與唐室政軍措施，社會治亂相關。當開元以前之百年間，南詔雖有擴張野心，但對唐室至爲恭順。嗣以天寶中（742～756）年，西川將領與玄宗倖臣楊釗（國忠）狼狽爲奸，迫使叛唐而臣吐蕃。後遂叛服無常，而爲唐代西南邊疆大患。懿宗咸通（860～873）以降，侵邊益甚。嘗兩陷交趾，擾及黔桂，且又傾國犯蜀，威脅成都。然以干戈頻興，良將勁卒，死亡過半，國力由是衰竭，以至於亡。而唐室亦爲之虛耗不貲，百姓苦於賦役苛重，無所控訴，相聚爲盜。復以桂林防禦南詔之戍卒叛亂，隔絕南北。龐勛之亂甫平，黃巢又起，東南財富之區盡破。聲威遠震之李唐皇室，終以外患內憂之連環而至，竟不能免於傾覆。《新唐書‧南蠻傳‧南詔傳贊》有云：「唐亡於黃巢而禍基於桂林！」易言之，唐室亡國之禍，實肇始於南詔之侵邊不止，招致內亂頻仍。故陳寅恪前輩於其《唐代政治史述論稿》一書中，直書「唐亡由於南詔」也。吾人於此，可見此一西南邊疆之裔族王國影響於唐室衰亡之重要性矣。惜乎自唐亡之後千年以來，未見有一書能以邊疆問題眼光，論究唐詔關係之源委者。

王君吉林，余畏友也，有鑒於此，嘗竭三載之力而成《唐代南詔與李唐關係之研究》一書。其論唐詔關係，溯源於兩漢、三國以及六朝至隋經營雲南之故實，不囿於我國史家以中國爲本位之見解，兼從南詔發展史上着眼。觀點既多正確，參考亦復詳贍。凡諸家之說，是者從之，非者正之，疑者置

之，闕者補之，繁者簡之。至蒙氏族屬問題，人類學、民族學專家之所難言。而本書却能整紛剔紜，秩然無紊。既證南詔之非哀牢夷後，非氐、羌族類，更非泰國史家所自承，歐、美史家亦大都誤認，爲泰族故國；復折哀眾說，判爲唐時所謂烏蠻，乃是今日散處川、康、滇、黔之儸夷族類。此一結語，當必爲較多專家學者點首稱是也。著者以余亦嘗從事於此，徵序於余。余於史學，本在門外，寧足爲之作序？惟以本書與民族志、民族史以及邊疆民族或少數民族之研究，密切相關。不寧惟是，今日之民族志即明日之民族史也；國際上所謂少數民族問題即我國所謂邊疆民族問題也。而皆史家與人類學、民族學者應予連袂研究之課題也。故樂爲之略贅數語，是爲序。

中華民國 65 年元月 15 日芮逸夫於臺北市溫州街寓所

三版自序

　　《唐代南詔與李唐關係之研究》一書，為筆者廿年前之博士論文，出版兩次。今黎明文化事業公司願為此書做第三次印刷，感激之餘，更懷念去歲作古的芮逸夫老師。沒有芮老師的指導，筆者無法完成這本書。在第三次印刷前夕，略書數語於後，以懷芮師。

　　民國57年（1968）秋，筆者進入中國文化大學（當時為中國文化學院）史學研究所博士班攻讀，擬定之計畫為研究唐代南詔。但此為一民族問題，研究歷史者鮮少觸及，當時頗感指導教授之難尋。後詢於師大業師趙鉄寒教授，趙師以為此一題目非臺大考古人類學系教授芮逸夫先生指導不可。趙師乃介紹筆者趨訪芮逸夫先生於其溫州街寓所。初次拜謁芮先生，報告研究計畫，芮師亦以此一範圍為其所專精，因而慨然允諾指導。此後筆者即隨芮師聽其文化人類學，並研究西南邊疆民族。

　　在受教於芮師門下時，是筆者求學過程中最難忘的日子。課堂上聽講，課後隨芮師回其寓所，咖啡一杯，慢慢地研究。如果筆者不提問題，芮師就吸他的煙斗，喝他的咖啡，絕不灌輸你什麼概念，或指定什麼經典要你唸！但筆者每有問題，芮師總是源源本本的解釋，找出許多相關資料，以做最好的說明。芮師似乎不講什麼方法，但筆者在芮師的潛移默化中，領會到他的治學方法。

　　民國61年（1972）夏，筆者論文完成。同年，通過學校及教育部的口試，獲授國家文學博士學位。芮師對筆者之博士論文，頗為謬獎，因與宋旭軒師共同推介於中國學術著作獎助委員會，於民國65年（1976）7月出版，列於《中國學術著作獎助委員會叢書》之七十六，由臺灣商務印書館代銷。民國

71 年（1982）3 月，臺灣聯鳴文化有限公司爲做第二次印刷。是書印量有限，上市不久，即告售罄。聯鳴營業結束，是書即未再印刷。

今海峽兩岸開放，文化交流頻繁，黎明公司願爲本書做第三次印刷。未能修改，一仍舊貌，謹書緣起，永誌感謝。

中華民國 81 年 4 月王吉林於華岡中國文化大學史學研究所

四版自序

　　余以《唐代南詔與李唐關係之研究》，於民國六十一年（1972）通過博士學位，並於民國六十五年，得中國學術著作委員會爲之獎助出版，列爲該委員會叢書之七十六，後復有機會，再版兩次，已詳於三版自序中。今花木蘭文化出版社有意將本論文列於《古代歷史文化研究輯刊》中，聞之欣然接受。藉此機會，將此書重排，並由原先之直排改爲橫排，以符合潮流。並詳加校對，以補吾過。

　　校對之難，有經驗者皆知。本書初版出版之時，已仔細校對，自認無誤，不意此次重排，出版社已詳校三遍，應同初版，當無問題。但初版並非無誤，責任全在作者。今有此機會，自校一遍，改正若干錯別字，但不敢保證已無魯魚亥豕，盡力而已。

　　本書完成，已近四十年，當時兩岸尚未開放，研究資料自受相當限制。今此書有幸四版，保持原狀，內容全同初版之時，無所改動，務在保持當年原貌，以記彼一時代之研究。

導論　南詔民族研究

一、前言

「南詔」二字，南為漢字本義，即南北之「南」，詔之義為「王」，故南詔即「南王」。史籍中「南詔蒙歸義」、「南詔異牟尋」，俱此義也。愚意「詔」之另一意義，可能為「邦國」、或兼具「部落」之義。所謂六詔，實即為六部落，蒙舍詔最南，故稱「南詔」。以後南詔範圍擴大，竟指整個雲南，部分西康、四川、貴州，乃至緬甸東北邊境。本論文所謂「南詔」，概取後者之意義，在細奴羅始建國時，自稱「大蒙國」，〔註1〕或曰國號「封民」。〔註2〕至開元廿六年（738），唐封南詔閣羅鳳為雲南王，賜名「歸義」，〔註3〕是唐對南詔之正式稱之為「雲南王」。至貞元十年（794），南詔異牟尋自請冊其為「南詔」，〔註4〕始正式稱之為「南詔」，本論文為行文方便，上下貫通，一律稱之為南詔。況南詔亦為最習用之稱號，故吾從之。

在研究南詔史上，所遭遇到最迷惑，且最難解決之問題，厥為南詔王室之族屬問題。此一問題之提出，至少涉及三個子題：其一為來源問題，即建立南詔王國之民族，究竟為雲南土著之哀牢夷之後，抑或為外來之氐羌後裔，或是既非此，亦非彼，二者俱非，另有解釋；其二為南詔王國之結構問題，建立南詔王國之蒙舍詔屬於烏蠻，是否所有烏蠻皆為南詔之統治階級，抑或

〔註1〕 楊慎編輯，胡蔚訂正《南詔野史》上卷，頁9（華文書局景印）。
〔註2〕 《滇載記》頁1（商務《叢書集成初編》本）。
〔註3〕 《通鑑》卷二一四〈唐紀三〇〉，頁6835（世界書局校本）。
〔註4〕 《通鑑》卷二三五〈唐紀五一〉，頁7561（世界書局校本）。

南詔之統治階層僅屬烏蠻中之少數，亦即僅爲蒙舍詔而已；其三爲建立南詔王國之民族，究爲今日之何族，泰族？僚族？抑或爲粵族？以上所述，俱成爲今日之爭論問題。本章擬就前人及時賢對此問題研究之結論，加以臚列，藉以說明此問題之眞相，進而試圖對此問題作一了斷。

二、非哀牢後

將南詔當作哀牢夷之後，此一說法不始於今，亦非外人猜測之辭。而係出之南詔所自承，故《舊唐書》記曰：

> 南詔蠻本烏蠻之別種也，姓蒙氏。蠻謂王爲詔，自言哀牢夷之後，
> 代居蒙舍州爲渠帥，在漢永昌故郡東，姚州之西。〔註5〕

《舊唐書》之作者，自己即不相信南詔爲哀牢夷之後，亦不知其究從何出，故在敘及南詔源流時，不得不採南詔自己之說法，復加「自言」二字，用以註明此尚有問題，亦表示其本人對此問題採闕疑態度，不敢逕言「南詔爲哀牢夷後」。

南詔自言其來源，《舊唐書》而外，《蠻書》亦云南詔「自言本永昌沙壺之源也。」〔註6〕「永昌」，古哀牢國也。沙壹（或作沙壺）傳說，被認爲與哀牢夷之起源有關，據《後漢書》云：

> 哀牢夷者，其先有婦人名沙壹，居于牢山，嘗捕魚水中，觸沉木，若
> 有感，因懷孕十月，產子男十人，後沉木化爲龍，出水上，沙壹忽聞
> 龍語曰：「若爲我生子，今悉何在？」九子見龍驚走，獨小子不能去，
> 背龍而坐，龍因舐之，其母鳥語，謂背爲九，謂坐爲隆，因名子曰「九
> 隆」。及後長大，諸兄以九隆能爲父所舐而黠，遂共推以爲王。後牢
> 山下有一夫一婦，復生十女子，九隆兄弟皆娶以爲妻，後漸相滋長，
> 種人皆刻畫其身，象龍文，衣皆著尾。九隆死，世世相繼。〔註7〕

所謂「沙壹」之後，或「哀牢夷」之後，其意相同。沙壹、九隆之傳說，流行滇中，歷久不衰，南詔後出，攀援此說，以裝點門面耳，實與哀牢夷無關。故不管其爲《舊唐書》所云，或《蠻書》所記，均曾書明出諸南詔自云。片面之辭，難以採信。《新唐書》不察，據南詔之言，逕直書云：

> 南詔或曰鶴拓、曰龍尾、曰苴咩、曰陽劍，本哀牢夷後，烏蠻別種

〔註5〕《舊唐書》卷一九七列傳第一四七〈南詔傳〉，頁6（百衲本）。
〔註6〕《蠻書校注》卷三〈六詔第三〉，頁68。
〔註7〕《後漢書》卷八六列傳第七六〈哀牢傳〉，頁23（百衲本）。

也。〔註8〕

是後元張道宗之《記古滇說》、〔註9〕清大理聖元寺僧寂裕譯刊之《白國因由》，〔註10〕俱將《後漢書》九隆故事，略加改動，引入其書，作爲蒙氏來源之解說。細節雖異，「母題」相同，「中西學人研究南詔史者，莫不先考哀牢之族類。」〔註11〕彼輩以爲哀牢與南詔同一族類，哀牢之族類已知，則南詔之族類自明。

　　對於南詔與哀牢夷之關係，敘述較爲恰當者，恐推司馬光之《資治通鑑》，其於開元二十六年（738）九月戊午（二十三日），冊南詔蒙歸義爲雲南王，因敘「歸義之先，本哀牢夷地」，〔註12〕南詔所統轄之地，實爲古之哀牢夷地，非南詔之先世即爲哀牢夷也。

　　南詔之非哀牢夷後，尚可從他方面獲得證明，其一即爲聯名制。在南詔之聯名制，即「王蒙氏父子，以名相屬」〔註13〕之作法，一系相傳，井然有序，甚少遺漏或差錯。據近人之研究，使用聯名制之族類爲數不少，〔註14〕

〔註8〕 《新唐書》卷二二二上列傳第一四七上〈南蠻傳〉上，頁1（百衲本）。

〔註9〕 元張道宗《記古滇說》（《雲南備徵志》本，卷五頁26）云：「哀牢國，永昌郡也。其先有郡人蒙迦獨妻摩梨羌名沙壹，居於哀牢山，蒙迦獨常捕魚爲業，後死哀牢山下水中，不獲其屍。妻沙壹往哭於此，忽見一木浮觸而來旁邊漂沈，離水面少許，婦坐其上，平穩不動。明日視之，見木觸沈如舊，遂常浣絮其上，若有感，因懷妊十月，生九子，後產一子，共男十人同母。一日，行往池邊，詢問其父，母指曰：『死此池中矣。』語未畢，見沈木化爲龍，出水上，沙壹與其子忽聞龍語曰：『若爲我生子，今俱何在？』九子見龍驚走，獨一小子不能去，母因留止，子背龍而坐，因舐之，就喚其名曰：『習農樂』。母因見子背龍而坐，乃夷語謂背爲九，謂坐爲隆，因名其地爲九隆。」吉林案：「習農樂」即「細奴邏」，細奴邏於唐高宗時朝於唐，何能爲哀牢國之先？其係抄襲，不辨亦明。

〔註10〕 《白國因由》，卷一頁10至11「金齒龍泉寺下有易羅叢村。村內有兩夫婦，止生一女，名茉莉娆，其貌端美異常。父母擇配，不欲嫁平常人，有蒙迦獨求娶爲妻。蒙迦獨因捕魚溺死江中，茉莉娆往尋之，見江中有木一根，逆流而上，遂驚迷若夢，見一美貌君子，與之言語。既醒，痛哭而回。自後常往龍泉池，洗茉浣衣于池邊，又見前日夢中男子，是夜忽至房中，因而懷孕。……後生九子（〈天生細挐羅主白國〉第柒）……茉莉娆攜其幼子……取名細挐羅（〈茉莉娆送子與黃龍〉第八）。」

〔註11〕 芮逸夫先生《南詔史》，載《邊疆文化論集》第三冊，頁360。

〔註12〕 《通鑑》卷二一四〈唐紀三〇〉，頁6835（世界書局校本）。

〔註13〕 《新唐書》卷二二二上列傳第一四七上，頁2（百衲本）。

〔註14〕 凌純聲〈東南亞的父子連名制〉，載《大陸雜誌特刊》第一輯頁171至220，內言行連名制者除藏緬族外，又有古代的楚人，僰人（今之民家）和擺夷等人多有此習慣，以及本省之高山族，至今尚行父子連名制，故凌氏將父子連

南詔不過爲其中之一而已。因而得知使用聯名制者，未必即與南詔同一族類，但不使用聯名制者，一定不與南詔同一族類。今從哀牢之宗譜，看其與聯名制之關係，〈哀牢傳〉曰：

> 九隆代代相傳，名號不可得而數，至於禁高，乃可記知。禁高死，子吸代。吸死，子建非代。建非死，子哀牢代。哀牢死，子桑藕代。桑藕死，子柳承代。柳承死，子柳貌代。柳貌死，子扈粟代。〔註15〕

以上所列，爲哀牢君主八代之名，俱係父子相承，然而毫無聯名制之痕迹，當知其與南詔非一族屬。

從哀牢夷之服飾上，亦可見其與南詔不同。因九隆兄弟之後，「種人皆刻畫其身，象龍文，衣皆著尾。」〔註16〕《華陽國志》言之更爲清楚，曰：「皆象之衣後著十尾，臂脛刻文。……南中昆明祖之。」〔註17〕南詔無「刻畫其身」，或「臂脛刻文」之習尚，更無「衣皆著尾」、「衣後著十尾」之事，由此亦可知哀牢與南詔無涉，此其二也。若從「刻畫其身」或「臂脛刻文」方面研究，則哀牢夷或近於繡脚蠻、繡面蠻。《蠻書》云：

> 繡脚蠻則于踝上腓下，周匝刻其膚爲文彩。衣以緋布，以青色爲飾。
> 繡面蠻初生後出月，以針刺面上，以青黛塗之，如繡狀。〔註18〕

繡脚、繡面恐非族類名稱，樊綽見其有此習尚，遂如此稱之。故《蠻書》又云：

> 黑齒蠻、金齒蠻、銀齒蠻、繡脚蠻、繡面蠻，並在永昌、開南，雜類種也。〔註19〕

繡脚、繡面之在永昌、開南，正哀牢古地。繡脚、繡面之爲哀牢夷後，或近於哀牢夷，豈不愈於南詔乎！

《後漢書》又云：「哀牢人皆穿鼻儋耳，其渠帥自謂王者，耳皆下肩三寸，庶人則至肩而已。」〔註20〕若由此觀察，則唐之穿鼻蠻，又似爲哀牢夷之後裔。《蠻書》記穿鼻蠻云：

> 穿鼻蠻部落以徑尺金環穿鼻中隔，下垂過頤。若是君長，即以絲繩

名列爲東南亞古文化特徵之一。
〔註15〕《後漢書》卷八六列傳第七六，頁24李賢注（引百衲本）。
〔註16〕《後漢書》卷八六列傳第七六，頁23（百衲本）。
〔註17〕《華陽國志》卷四，頁10（中華本）。
〔註18〕《蠻書校注》卷四〈名類第四〉，頁103。
〔註19〕同前。
〔註20〕《後漢書》卷八六列傳第七六〈哀牢夷傳〉，頁25（百衲本）。

繫其環，使人牽起乃行。其次者以花頭金釘兩枚，從鼻兩邊穿，令
透出鼻孔中。〔註21〕

憑此微弱之證據，遽欲斷定繡腳、繡面、穿鼻諸蠻爲哀牢夷之後，已有孤證
之嫌。若不從此探求，直指南詔爲哀牢之後，亦孤證而不如，不免有獨斷之
譏。然唐代繡面、繡腳、穿鼻諸蠻爲今何族，殊難斷言。雖有怒子、擺夷之
說，「證據皆不足，尚未可置信也。」〔註22〕

　　九隆之說，前引《華陽國志》云：「南中昆明祖之。」然則昆明爲歷史上
何族，又爲今之何族，至今眾說紛紜，莫衷一是，〔註23〕況祖一相同之神話，
亦未必即一相同之民族，故亦無法由此線索，探究南詔與哀牢夷之關係。若
不得已而後言，唐之繡腳、繡面、穿鼻諸蠻，或略近於哀牢夷。

三、異於氐羌

　　關於雲南民族，有人以爲從西北遷徙而來者，在范義田之《雲南古代民
族之史的分析》〔註24〕一書中，屢有是說，顧其書頭緒太亂，比附過多，牽
強之處，所在多有，故不爲人所重視。該書嘗云：

漢時巴蜀土著，半出氐種；其時西南夷中漢姓之大族，又自晉至唐
時滇池區域之西爨白蠻，其主要成分，亦爲氐人。雲南與蜀相接，

〔註21〕《蠻書校注》卷四〈名類第四〉，頁104。
〔註22〕芮逸夫先生〈南詔史〉，載《邊疆文化論集》（三），頁362。
〔註23〕關於昆明，在今西南民族史之研究上，仍爲一問題，尚未有合理之解決。現
　　　　舉數例，以明梗概：
　　　　范義田《雲南古代民族之史的分析》頁99云：「是『昆明』之種落，主要爲
　　　　氐羌一系，即明家與羅族。氐羅兩種，氐爲白馬，羅爲青衣，氐爲月氏，羅
　　　　爲烏氏，而其部族並有昆明之號也。」
　　　　同書頁103又云：「『昆明』爲滇西『明家人』稱號之來源。」明家即民家，
　　　　如其說，則民家當即昆明之遺裔。民家即白族，王叔武於其〈關於白族族源
　　　　問題〉小結中云：「自漢迄唐、宋，所稱的昆明、昆明蠻、昆明夷等名稱，是
　　　　指烏蠻種族，他們是今天彝族及其近親（如納西族）的前身。昆明、烏蠻、
　　　　羅羅等名稱，是歷史上各個階段對於彝族及其近親古代種族的不同稱謂。他
　　　　們不是今天白族的前身。」
　　　　王忠在其〈關於白族族源問題質疑〉（《歷史研究》1958年8期頁39）中云：
　　　　「關於昆明人的族源，《通典》卷一八七昆彌條云：『其俗與突厥略同，相傳
　　　　云：與匈奴本是兄弟國也。』是其族源應在北方。……。因此提到哀牢夷的
　　　　族源傳說，亦以通稱代專稱，並不能據此材料就說哀牢夷即昆明人。」
〔註24〕范義田《雲南古代民族之史的分析》，重慶商務印書館，民國33年9月初版。

> 故與氐人之關係甚大，而隴西白氏，亦有一部份南遷。今洱海區域
> 之明家人，即氐種遺裔也。〔註25〕

一部份白氏南遷，究在何時南遷？有無充分之證據足資證明，抑或全憑空想？是否曾從語言上、生活習慣上、社會制度上，政治組織上，做廣泛之研究，證明白氏與明家源自同族，以後漸分南北二支。西北之氐羌進入雲南以前，雲南有無原始民族？如果有，又是那些？何以證明明家不是雲南土著？此類問題如尚未解決，不如暫時存疑。

繼范義田之後提出雲南民族外來說者，首推向達。向氏在〈南詔史略論〉一文中，反覆說明由於秦之發展，使漢族勢力正式進入上郡、北地、隴西、巴、蜀諸郡，此等地方原爲西戎之地，而以氐、羌爲中心之西戎，被迫向西向南以山嶽地帶爲其藏身之所。向氏經過愼重研究後，因獲一結論曰：

> 隴山山脈中的氐族、羌族，秦、漢以來屢次遭受壓迫，於是陸續從米
> 倉、金牛、陰平諸道進入西川。到了成都平原的一支又沿着岷江南下，
> 經五尺道至雲南東部今曲靖、昆明、安寧以至於建水一帶。從沿途遺
> 留下來的地名看，他們遷徙的路線是很清楚的。屬於戎族的氐、羌到
> 了雲南以後，改稱爲爨，爨不過是戎族的同名異譯而已……。西爨白
> 蠻之爲氐族，東爨烏蠻之爲羌族，其起源大概如此。〔註26〕

向氏認爲六詔亦爲氐、羌，不過進於雲南之路線，與兩爨不同而已。故向氏又曰：

> 以上說的是氐族和羌族在岷山山脈東邊，沿着岷江南下進入雲南東
> 部稱爲兩爨的一支，根據地名建置沿革，追溯他們遷徙的歷史。還
> 有一部分氐族和羌族活動於岷山山脈西邊今西康境內，其進入雲
> 南，居住於今大理四周的一支，是爲六詔。這一支的遷徙情況，與
> 兩爨有點不同。〔註27〕

向達之研究，立論非常脆弱，其問題在如何證明氐、羌民族同於六詔或近於六詔，又何以證明西爨白蠻爲氐族、東爨烏蠻爲羌族。即如向氏所說，在戎族未進入雲南以前，雲南有無土著民族？如果有，其又爲唐之何族？今之何族？如爲無，其又如何獲知？對於這些，馬長壽氏提出批評說：

〔註25〕前揭書頁14。
〔註26〕向達〈南詔史略論〉，載1954年第2期《歷史研究》，引文見頁8。
〔註27〕前揭書頁9。

　　向達先生這一假定，是值得商榷的，而當他論證這一假定時，不能
從甄別部族的幾個主要因素如語言、經濟、文化、服飾等方面出發，
而只掇拾了一些無足輕重的或富有變化性質的地名、傳說、姓氏，
牽強附會給以引申，所以他的結論是錯誤的。〔註28〕

馬氏又從語言構造上，說明現代彝語與羌語之構造不同，以明烏蠻不屬於羌
族；復從羌族與彝族之遷徙史上研究，找不出羌族進入雲南之根據。反之，
彝族傳說他們的祖先在洪水時期已經居住在滇池一帶。〔註29〕羌既不同於彝
族，羌又未嘗進入雲南，而彝族在洪水以前及洪水時期已住雲南，則六詔與
羌族無涉，是一很自然之問題。

　　其次，復論氐族問題。向氏以西爨白蠻為氐族。白族即今之民家，亦可
能即漢之昆明，在西元前數世紀已在洱海以東建立昆明國或昆明聯盟，是否
從西北遷來，無從得知。「氐族屬於那一語系，它和羌族的關係如何，這些問
題不只沒有得到解決，而且很少有人注意。」〔註30〕復以民家語言大部分漢
化，民家語言究竟屬那一語系，至今尚未有一定之結論。在目前情況下，要
研究氐族與民家之關係；無論為肯定其出於同源，或否定其為同一系統，皆
為猜測而缺乏充分之證據。

　　另有一紛爭之問題，即「詔」為「王」義，究竟源出何族？氐族之苻堅，
被稱為苻詔，《晉書載記》云：

　　　　初，堅彊盛之時，國有童謠云：「河水清復清，苻詔死新城。」堅聞

〔註28〕馬長壽《南詔國內的部族組成和奴隸制度》，頁18。（以下或簡稱《南詔部族》）
〔註29〕前揭書頁19云：「首先，既然說烏蠻屬於羌族，那麼必須證明現代的彝語和
　　　　羌語相互一致，至少也是相互接近。但事實上並非如此。第一，從語詞的構
　　　　造來說，彝語的語詞構造較為簡單，只有語幹（語根），無詞頭輔音（僅有一
　　　　點殘餘，如阿祿、馬家之馬，讀 hmal），亦無詞尾輔音。而羌語的語詞構造則
　　　　除語幹外，雖無詞尾輔音，但有詞頭輔音。此係彝語和羌語不同之點一。第
　　　　二，語幹是語詞構造中最基本的東西，它是語言分類和識別語言親屬關係遠
　　　　近的重要標誌。從語幹來說，如一般語言學者所發現的，羌語的語幹同藏語
　　　　的語幹較為接近，所以羌語是藏語羣中的一種語言；而彝語的語幹則與納西、
　　　　儸儸語接近，所以它是彝語羣中的一種語言。藏語羣和彝語羣都屬於藏緬語
　　　　系，但二者不能混為一談。此係彝語和羌語不同之點二。因此，我們只能說
　　　　它們是族兄弟的關係，而不是祖孫的關係。其次，從羌族和彝族的遷徙史來
　　　　看，無論從二族遷徙的方向來說，或者從二族遷徙的年代來說，它們之間方
　　　　向不同，時間各異，無論如何是拉扯不到一塊兒的。」古代西羌從西北地區
　　　　南下，據《後漢書・西羌傳》的記載，乃在西元前 384 年之後。
〔註30〕前揭書頁22。

而惡之。〔註31〕

是東晉之時，氐有稱其首領為「詔」之習慣。且由苻堅之稱為「苻詔」，桓玄亦被稱為「桓詔」。顧此非中國之固有稱呼，桓胤因以為言。〈桓玄傳〉云：

> 玄左右稱玄為桓詔，桓胤諫曰：「詔者施於辭令，不以為稱謂也。漢魏之主，皆無此言，唯聞北虜以苻堅為苻詔耳。願陛下稽古帝則，令萬世可法。」玄曰：「此事已行，今宣勒罷之，更為不詳。必其宜革，可待事平也。」〔註32〕

在中國史上，魏晉南北朝時代，是一民族混合之時代。所謂五胡亂華，又豈止五族而已。在此混合之時代，語言之採借，尤其是名詞，每易為他族所通用。如氐族之苻堅被稱為「苻詔」，漢族之桓玄亦被稱為「桓詔」，可見其影響之迅速也。至於南詔稱其王為詔，所謂夷語謂王為詔，此夷語為南詔之原始語言，抑吸收其他族屬者尚不可知；據此一點，竟欲論列南詔與氐族之關係，亦過分危險，蓋為謹慎者所不取。後之南詔君主自稱「驃信」，據巴克（E. H. Parker）之意，此二字都與緬語有關，「驃信」甚至即是「緬君」之義。〔註33〕然吾輩無法據以推定南詔為緬族，正如無法據以詔之為王義而斷定南詔與氐族同出一源。「驃信」既可採自緬族，而「詔」亦可能假自他族，而非南詔固有語言。

四、非泰故國

自十九世紀以來，西方學者之研究吾國邊疆歷史者，為數甚夥，亦有相當之成就，不容一筆抹殺。然其一涉及南詔史時，未曾詳細研究，直接認定南詔為泰族或撣族所建之國。吾人雖不能謂建立此說之學者們，別有用心，為帝國主義張目。但野心家每利用此種錯誤之論定，以證成其大泰說，而謂南詔為泰族故國，今之泰人，為受中國驅迫而南下者，尚有若干萬泰人留在中國。此說一出，正可引誘南方之少數民族，使脫離中國，利於中國之分裂，以遂其領土野心。顧南詔為泰族故國之說，盛於十九世紀末年，以及二十世紀之上半世紀，至今成過去，中外學人對此問題提出批評者，有江應樑、馬長壽、Michael Blackmore、許雲樵等人，〔註34〕臚列充分之資料，證明南詔

〔註31〕《晉書》載記一四〈苻堅下〉，頁14（百衲本）。

〔註32〕《晉書》列傳第六九〈桓玄傳〉，頁11（百衲本）。

〔註33〕E. H. Parker, "The Old Thai or Shan Empire of Western Yunnan"，頁343。

〔註34〕江應樑〈南詔不是泰族建立的國家〉，《雲大學報》1959年六月號，此文未見。

　　　　馬長壽《南詔國內的部族組成和奴隸制度》，1961年出版，頁9至14有詳盡

不是泰族所建立之國家。南詔爲泰族故國之謬說，流行近百年，泰人以此爲據，改其國號，〔註35〕故不得不再費筆墨，詳引各家之說，以糾其謬。

最早主張南詔爲泰族所建者，可能爲十九世紀之法國貴族戴哈威・戴・聖登尼（D'Hervey de Saint-Denys, 1823～1892）。〔註36〕稍後，另一法國名學者拉古伯里（Terrien de Lacouperie），於西元 1885 年出版其〈撣種的發源地〉（The Cradle of the Shan Race）一文，認爲南詔爲撣種所建。〔註37〕是後西洋人士對南詔或雲南之研究，極一時之盛。是輩人士所讀之中國書有限，敢於立論，勇於發表，然其內容，實有待商榷。今再舉數例，藉以說明。

在十九世紀末年，有一英國學者巴克（E. H. Parker）者，從事於雲南史之研究。渠將漢代之哀牢夷，唐代之南詔，都認爲是撣族，另外將僚也認爲是哀牢。哀牢、南詔、撣、僚不分，是其立論之最大缺點，巴克有兩篇研究雲南之論文，影響非淺。其一爲〈古代的僚族與中國〉（The Early Laos and China），起首即云今之 Mnong of Tonquin, Laotien States of Lung Prabang, Zieng-Mai or Zimm'e, Vocian or Yung-Chang 等都是哀牢夷之後。巴克此文，分爲兩大部分，前一部分譯自《後漢書・哀牢夷傳》，後一部分譯自《新唐書・南蠻傳》中之〈南詔傳〉，此即四十頁論文之內容，沒有任何特殊價值。〔註38〕巴克之另一篇重要論文，爲〈西部雲南的古代泰撣帝國〉（The Old Thai or Sahn Empire of Western Yünnan）。在此論文中，巴克未曾深思，隨口即云：

> 我們也許可以假定滇王是一撣族，因爲他的首都在白崖，八百年後，
> 其地爲一重要的撣族中心。〔註39〕

其論斷方式，先將南詔認爲是撣族，白崖是唐代之撣族中心，故滇王爲撣族，其方法甚不科學。漢代之滇王，實不都於白崖；唐代之南詔，亦非撣族所建

之批評。

Michael Blackmore, "The Ethnological Problems Connected With Nanchao"、許雲樵"Was Nanchao A Thai Kingdom?"《東南亞研究》第四卷頁 13 至 23，1968 年出版。作者係用比較語言之方式，證明南詔不是泰族故國。

〔註35〕暹羅之改稱爲泰國，即爲民國 28 年鑾披汶政府鼓吹大泰族主義時，所竄改的名字，具有政治野心。

〔註36〕馬長壽《南詔國內的部族組成和奴隸制度》頁 9。

〔註37〕"The Cradle of the Shan Race", Introduction to A. R. Colquhoun's Amongst the Shans. (1885)，「泰族原居於四川、陝西山谷間，與來自中國北方之民族滲混，復與蒙吉蔑語族雜居，遂成泰族。」

〔註38〕1891, China Review, 19: 67-106。

〔註39〕1892-3, Ibid., 20: 337-46, from 337。

之國，故巴克所云，俱難成立。

巴克又以爲哀牢夷爲撣族之祖先，僚族之僚，在語源上同於哀牢之牢，其祖先住於牢山，因以爲名。於是復推論云：今之越南人，仍用哀牢稱其西鄰之撣族，〔註40〕以證成其說。哀牢是否爲撣族之祖先，甚難考證。僚同於哀牢夷，限於材料，亦難斷定。且僚爲今之仡佬，〔註41〕似與哀牢夷無關，故其所論，甚不可靠。巴克氏之中國歷史知識，極爲貧乏，故行文之間，時生笑談。渠曾云西元 220 年以後，中國分裂爲三國，其中一國爲鮮卑韃靼。隨即附註云：「此一鮮卑韃靼爲通古斯王朝，血統上近於今日之滿洲。」〔註42〕其所指三國，乃係魏、蜀、吳，其中無一國爲鮮卑所建。其錯誤所在，乃是不知曹魏非拓跋魏。拓跋氏乃鮮卑族，而鮮卑乃東胡族，並非通古斯族。巴克氏對中國歷史知識，浮淺如此，而望其論文不誤人誤己，殆不可能。舉此一端，可概其餘。

在法國，對雲南史地與民族之研究，始終非常熱心。早年之洛色（E. Rocher）著有《中國的雲南省》（*La Pravince Chinoise du Yun-Nan*）及《雲南王史》（*Historie des princes du Yun-nan: et leurs relations avec la Chine d'apr'es des documents historiques chinois*, 1895），主要在說明南詔史。〔註43〕

西元 1897 年，法人邦德里（Pierre Lefeure Pontalis）著有《泰族侵入印度支那考》（*L'Invassion Thaie en Indu-Chine*），有陸翔譯文。〔註44〕如同其他人士一樣，邦德里認南詔爲哀牢之後，源自九隆，爲泰族系統，他說：

> 中國著述家好言九隆故事，九隆者，歹夷與龍所生之第十子也。此子絕不效其諸兄之所爲：一見其可怖之父，即行逃遁，彼騎其父之背而舐之。九隆與其九兄娶奴波息之十女，其後遂成十族，此十族皆有龍形文身之俗，南詔之八十部落，即此十族所出也。〔註45〕

邦德里氏立論，與當時之所謂「漢學家」無甚不同。其所謂「泰族侵入印度支那」者，即在說明泰族之原居地爲中國，後因受到中國之壓迫與利用，因

〔註40〕同前。

〔註41〕芮逸夫先生〈僚爲仡佬試證〉。

〔註42〕E. H. Parker, "The Old Thai or Shan Empire of Western Yunnan",（1892～3）*China Review*, 20: 337-46, from 339.

〔註43〕此二文未見，轉引自馬長壽《南詔國內部族組成和奴隸制度》，頁 10。

〔註44〕此文分上下兩篇，上篇見《通報》第一編第八卷（1897 年刊）頁 53 至 78，下篇見第二編第一〇卷（1909 年刊）頁 495 至 512。陸翔將之譯爲中文，收入開明《國聞譯證》，頁 69 至 113。

〔註45〕前揭書，頁 74。

而南徙，侵入中南半島。其南遷之時代，延續甚久，大約從後漢以至忽必烈滅大理。對於唐代南詔進攻安南，認為係泰族入侵之未成功者，方使安南民族有生長擴展之機會。〔註46〕其說之不能成立，容後再評。

西元 1900 年，法人沙畹（Chavannes）又將〈南詔德化碑〉譯為法文，題為「Uneinscription du Royaume de Nan-Tchao, Composee Pur Tcheng Hoei」，發表於《通報》。〔註47〕由德化碑而瞭解南詔，不失為一較好之方法，較空發議論者自是高明。

繼沙畹之後，法人賽尚（C. Sainson）又將《南詔野史》譯為法文，在譯序中，他以為《南詔野史》是有關雲南歷史之最正統著作，難免井蛙之譏。他認為《滇繫》與《雲南通志》編得太複雜；對一外國人而言，確屬事實。〔註48〕從事翻譯，少發議論，庶可寡尤寡悔。

繼此之後，研究西南民族者，尚有英人戴維斯（H. H. Davis）著有《雲南》（*Yun-Nan, Link between India and Yangtze*, 1909）。〔註49〕柯克蘭（W. W. Cochrane）之《撣族》（The Shans, vol. 1），吳迪（W. A. R. Wood）之《暹羅史》（*A History of Siam*）；在美國，杜德（W. C. Dodd）有《泰族》（*The Tai Race*, 1923），德人克勒納（W. Credner）又有《南詔故都考察記》（*Cultural and Geographical Observation Made in the Tali Region With Special Regard to the Nan-Chao Problem*）；在日本，鈴木俊有〈南詔を中心としての雲南諸蠻族〉（以南詔為中心的雲南蠻族）〔註50〕等等，「這些著作者們都異口同聲說八世紀的南詔國為泰族所建。有的還說從十世紀到十三世紀的大理國也是泰族建立的，元朝忽必烈占領雲南以後，才把泰族驅入暹羅。」〔註51〕我們雖不相信此種說法之背後，含有一系列之政治陰謀，旨在挑撥漢族與泰族之關係，唆使泰族仇恨漢族，以遂帝國主義者統治滇西之陰謀；復破壞中國與泰國之關係，煽動泰國聯合中國西南各省之泰族、布依族、侗族、水族、僮族、黎族、仡佬等族，組一泰族大聯盟，為帝國主義者一網打盡，置撣泰語系諸族

〔註46〕前揭書，頁 73。

〔註47〕發表於 1900 年之《通報》，頁 396 至 450。

〔註48〕見其譯序。

〔註49〕H. R. Davies, *Yun-Nan, the Link between India and the Yantse*, Cambridge（1900），臺北成文出版社有景印本。

〔註50〕《世界歷史大系》第五卷〈東洋中世史（二）第八章〉，昭和九年五月平凡社出版。

〔註51〕馬長壽《南詔國內部族組成和奴隸制度》，頁 10。

於萬刼不復之地。〔註52〕然而此種說法，對泰國人却發生極大的影響，他們不考於歷史，遽信此說，復據中國說部，以說明他們是被迫南下者。

對泰國人造成重大影響者，首推杜德（W. C. Dodd）之《泰族》（*The Tai Race*）一書。杜德博士述敘泰族之古代史云：

> 溯自中國境內之泰族人，已失其自由垂七百年之久，照彼等尚能保全漢族固有文化，而不爲泰族所同化，僅就語言一項而言，今雲南之泰族人猶操其純粹之泰語，至於西部泰族——大泰（即吾人所稱之堯族，但彼等不願聞人以堯族呼之，猶以泰族自命），多爲緬甸血統及語言所滲混，而暹羅泰族亦然，即其中亦多有與蒙古蔵語及爪哇馬來語相混雜者，但若從泰族歷史視之，當知全部泰族，即大泰與暹羅之泰族皆係原始泰族（原始泰族指中國境內西南部之泰族），故非熱帶原有之民族也；其實泰族已在北部領有三千四百年之發達文化，較其遷徙入熱帶領土之時間爲長久，而且具有完善之政治組織，亦垂四千年，顧當其時吾人之祖先，尚在穿着獸皮及使用石器之時代也。〔註53〕

杜德所謂中國境內之泰族，失其自由垂七百年者，乃指大理見滅於蒙古。大理被滅，未見有大批雲南民族南下，其言泰族在北部領有三千四百年之發達文化，且有完善之政治組織，究不知所指爲何，論其時代，當爲商朝，文獻無徵，吾不知其何所據而云然。

英人吳迪（W. A. R. Wood）在其《暹羅史》（*A History of Siam*）中，亦云哀牢夷爲泰族，將三國之孟獲認爲是泰族之王，將唐代之六詔及以後之南詔，宣稱爲「泰族復告獨立，蔚然成爲強盛之帝國。」論及中國古代疆域，別有用心，因云：「中國古代的疆域不會超過揚子江以南，江南各地實屬蠻夷，其中大半爲泰族。」〔註54〕如此一來，泰人自覺其有光榮之歷史可供緬懷，循此線索，團結泰族，發揚大泰主義，又成泰國人之理想。

〔註52〕有此想法者爲馬長壽，見其所著《南詔國內部族組成和奴隸制度》頁10至11。
〔註53〕杜德（W. C. Dodd）所之《泰族》（*The Tai Race*）一書，已由棠花君根據泰文本節譯成中文，題爲〈泰國境外的泰族〉，載泰京中原報社出版之《泰國研究》彙訂本第一卷。但此書未見，本文轉引自《暹羅民族學研究譯叢》三〈泰撣族系考〉頁41，其中之「然彼等尚能保全漢族固有之文化，而不爲泰族所同化」一句，依文意當作「尚能保全泰族固有之文化，而不爲漢族所同化」爲是，謹此志疑。
〔註54〕轉引自馬長壽之《南詔國內部族組成和奴隸制度》，頁12。

　　德人克勒拿（Dr. Phil Wilhelm Credner）在《南詔故都考察記》中認為雲南省會昆明，是民國時代才改稱「昆明」，為了紀念三世紀之孔明。實則昆明早見於《史記》，與孔明無關，陳禮頌有詳盡之批評，〔註55〕不復引述。與前述諸人一樣，克勒拿亦以南詔王國為泰族所建，所以他一則曰：「泰族南詔王國」，一則曰：「泰皇子皮邏閣」。〔註56〕克氏解釋雲南之泰族，不主張由北南下之說，而謂係由粵桂低地而來，南詔係由南北上建國，與民家不同。

　　眾口一詞，俱云哀牢為泰族，南詔為泰族所建之國，泰人原先居於中國，後因被迫方始南下。此一說法，深入泰人腦中。泰人共丕耶達嗎鑾拉查奴帕親王於其《暹羅古代史》中云：

　　　泰族初發源於中國之南方，如雲南、貴州、廣西、廣東四省，以前皆為獨立國家。泰人散處各地，中國人稱之曰蕃。至於泰人放棄故土，遷徙緬甸、及猺、蠻等之原因，實由於漢族之開拓領土。據歷史所載，約於佛曆四百年間，劉備在四川立國，孔明起師征伐蕃地孟獲，以向西拓張其疆域。此段記載，即為漢族南征泰地之記載。泰人既無力與漢族抗衡，又不肯受統治，不得已而移居西方，另闢新土。〔註57〕

諸葛亮平定南中，用其酋帥，未聞有大規模之流亡行動，是否西移，尚成問題，如此論定，可能失實。同書又云：

　　　據中國方面記載，謂泰人之五個獨立區域，合成一國，時在唐朝，稱之曰南詔。……直至元世祖忽必烈可汗在中國即皇帝位，始於佛曆一千七百九十七年，調動大軍，征伐泰國，至入緬甸境內。自彼時起以至今日，泰人原有土地乃盡淪落而變成中國領土。〔註58〕

如其所云，直似部份中國領土，係由侵略泰族而來，事實恐非如此。

　　另一泰人拍耶奴曼羅閣吞（沙天哥色）在其《泰撣族系考》中云：

　　　誠然，泰族於南遷而建國暹羅之前，亦嘗領有廣濶之領土，在雲南西境大理府建立都城，稱強數百年，然以當時之泰族，未嘗聯合一

〔註55〕《暹羅民族學研究譯叢》，頁63。
〔註56〕克勒納之原著為德文，發表於《暹羅學報》，由英籍民族學家 Major Erik Seidenfaden 譯成英文，何友民氏由英文譯為中文，發表於《泰京中原月刊》一卷4期，民國30年4月30日。後收入陳禮頌輯之《暹羅民族學研究譯叢》頁63至96。
〔註57〕王又申譯《暹羅古代史》，頁12。
〔註58〕前揭書，頁13。

統，顧其建都稱強於大理府者，亦僅爲一部份之泰族耳。是以不數
百年，終不免爲他族所亡。〔註59〕

　　南詔與泰族無關，可從數點說明。南詔非哀牢後，前已詳述。南詔在唐
代被稱爲「烏蠻別種」，則其語言、血統當近於今之倮倮，磨些，然倮倮、磨
些不屬泰族，又何以言南詔爲泰族。南詔行聯名制，磨些木氏與窩泥（羅羅
族之一支）均行聯名制，〔註60〕未聞泰族行聯名制。從語言研究上，證明南
詔非泰族者，可參閱許雲樵之論文。〔註61〕

　　國人羅香林從唐代偶稱南詔爲「蠻蜑」，推定南詔爲越之遺裔。〔註62〕其
論南方民族莫不爲越，南詔當亦在其一網打盡之中。且其言南詔之遺裔即今
日之民家與爨夷，更有千里之差。其稱南詔爲蠻蜑，正如稱吐蕃爲犬戎，吐
蕃非犬戎，南詔亦非蠻蜑，更非越後。

　　至於徐松石之以南詔爲泰，〔註63〕其誤正如前面所論，不再辨究。

　　建立南詔王國之蒙舍詔，爲「烏蠻別種」，是少數份子。建國以後，由於
重用白蠻且白蠻之文化較高，故南詔大量吸收漢人及白蠻之文化，今日所留
之南詔字彙，非純出烏蠻者。及至南詔被篡，此少數之統治者迅被同化，後
竟難尋其遺裔。故從正面觀察，論定南詔爲屬何一族俱嫌草率，因其爲一龐
大而族類複雜之王國，無法以一族爲代表。若從反面看，南詔絕非泰族建立
之國家，則爲確定而明顯之事實。

　　今日從事於研究者，僅爲此一政權與唐朝之關係，其他問題，或將俟諸
異日。

〔註59〕謝猶榮譯，收入《暹羅民族學研究譯叢》頁36至62，引文見頁42。
〔註60〕凌純聲〈東南亞的父子連名制〉，《大陸雜誌特刊》第一輯頁174及176。
〔註61〕許雲樵"Was Nan Chao A Thai Kingdom?"《東南亞研究》第四卷。
〔註62〕羅香林《百越源流與文化》中之〈南詔種屬考〉，頁240至262。
〔註63〕徐松石《泰族僮族粵族考》，1963年5月作者在香港修訂版，頁114。

第一章　唐前雲南

第一節　漢武開拓

　　唐代以前，在今雲南有甚多不相統屬之部族，始終未曾統一，故亦未能建立成強大之政權。〔註1〕戰國時雖有楚莊蹻（或名豪）王滇〔註2〕及秦常頞

〔註1〕　《史記》《漢書·西南夷傳》，《後漢書·（南蠻）西南夷傳》所記夷族君長，當有不少在今雲南境。

〔註2〕　百衲本《史記》卷一一六列傳第五六〈西南夷傳〉頁2云：「始楚威王時，使將軍莊蹻將兵，循江上略巴、黔中以西。莊蹻者，故楚莊王苗裔也。蹻至滇池，地方三百里，旁平地肥饒數千里，以兵威定屬楚。欲歸報，會秦擊奪楚巴、黔中郡，道塞不通，因還，以其眾王滇，變服從其俗以長之。」此為記述莊蹻開滇最有系統之史料，然其中不無可疑之處。楚莊王在位十一年（前339～329），而秦奪楚巴、黔中在楚頃襄王二十二年（前277），若莊蹻於威王十一年受命西上，至秦奪楚之巴與黔中，亦已經五十三年之久，以情理判斷，必無經半世紀之光陰，方思歸報，基於此理，對莊蹻開滇，可作兩方面之猜測：其一，莊蹻確係於威王時西上，王滇不歸，「道塞不通」者，乃司馬遷美蹻之言，而非事實；其二，莊蹻乃在頃襄王時西上，值秦奪巴、黔中不得歸，因王滇，史公誤記為威王時西上，因生刺謬。

另據晉常璩撰，明錢穀鈔校臺北世界書局影印之《華陽國志》卷四〈南中志〉頁1云：「周之季世，楚威王遣將軍莊蹻泝沅水，出且蘭，以伐夜郎，植牂柯繫船，於是且蘭既克，夜郎又降，而秦奪楚黔中地，無路得反，遂留王滇池。蹻，楚莊王苗裔也。以牂柯繫船，因名且蘭為牂柯國，分侯支黨，傳數百年。」《華陽國志》所言，較詳於《史記》，璩西南土著，或有得於故老之傳說，又兼采《史記》，以成斯段記事。《漢書·地理志》八上頁37牂柯郡，顏師古注曰：「《華陽國志》云：楚頃襄王時，遣將軍莊蹻伐夜郎。軍至且蘭，椓船於岸而步戰，既滅夜郎，以且蘭有椓船牂柯處，乃改其名為牂柯。」顏師古所

開「五尺道」〔註3〕之事，然見於史籍者，僅爲一鱗半爪，難窺全豹之記載，更鮮言及其內部族屬分佈與其風俗習慣者。苟欲藉此語爲不詳之史料，而思論斷當時之史實，其困難情況，可以想見。因此之故，本文對漢代以前之雲南情形，不擬加以敘述。僅欲臚列由兩漢經三國而至六朝期間，中原政權與雲南地區之關係，藉以明瞭南詔出現前雲南之歷史背景而已。

先秦時代之雲南，既屬事晦難知，而對雲南能有系統之瞭解，實始於西漢。

西漢初年，高祖、呂后既忙於鏟除異己，復窮於應付匈奴，自無暇顧及西南蠻夷。文、景相繼，在上者安於守成，恪遵「蕭規曹隨」之旨，行黃老之治，務民休息，對外亦無經略。及孝武即位，漢興已六十年（前202～140），內部七國之亂，早經平定，僅剩外敵匈奴，必須予以征服。且漢廷經此長時期之蓄積，復以漢武帝之英武，自不甘於四周強敵環伺之下，依賴「和親政策」，渡其不足自保之生活。於是伐匈奴，討東甌，滅南越，通西域。傾全國之力，以事四夷。因而拓地萬里，漢威遠揚。其中因平南越之便，開發西南，置爲郡縣，同之內地，爲六朝、隋、唐、兩宋所不及。直至明、清，始再將此區域重置爲郡縣，以迄於今。漢武帝在融合中華民族方面，其功豈不偉哉！

引《華陽國志》之言，與今本不同，未知其所引爲原文耶？抑憑記憶所記之內容耶？如師古忠於原書，則唐代所見之《華陽國志》，正作「頃襄王時，遣將軍莊蹻伐夜郎。」如師古記錯而云頃襄王時，則似不可能，因《漢書》卷九十五〈西南夷傳〉，記述莊蹻事，全鈔《史記》，顏師古豈能不知傳中明言「楚威王時，使將軍莊蹻循江上略巴、黔中以西。」清廖寅校刊《華陽國志》卷第四頁1夾注云：「按顏師古《漢書地理志注》，引作頃襄，考《史記》、《漢書·西南夷傳》，皆作威。蓋顏師古因秦奪楚黔中地，在頃襄王時，改而引之也。」顏師古於注中未言秦奪黔中事，無須改威王爲頃襄王，廖寅之言，強爲之解，過於武斷。

〔註3〕 百衲本《史記》卷一一六列傳第五十六〈西南夷傳〉頁2云：「秦時常頞略通五尺道，諸此國頗置吏焉。十餘歲，秦滅。」關於「五尺道」，即唐時之「石門路」，據向達《蠻書校注》卷一頁27之考證云：「達案：據《新唐書·地理志》，石門舊縣隸戎州，貞觀八年併入開邊，仍存石門鎮，地在今慶符縣南十里。當以有石門山、石門江，因以名縣。秦常頞之開五尺道，漢唐蒙之通南中，皆取道於此，唐始稱石門路，自今四川宜賓南行，經慶符、筠連，入雲南之鹽津、大關、昭通，以至曲靖，至今爲川滇一通道。」
唐代樊綽《蠻書》卷一〈雲南界內途程第一〉記石門之險云：「石門東崖石壁，直上萬仞；下臨朱提江流，又下入地中數百尺，惟聞水聲，人不可到。西崖亦是石壁，傍崖亦有閣路；橫闊一步，斜亙三十餘里，半壁架空，敧危虛險。其安梁石孔，即隋朝所鑿也。」

一、初罷西夷

漢武帝對西南夷之經營，可分爲三期敍述。因勢利誘，益以兵威，中間亦有廢罷之舉，並非一蹴而成，毫不費力之事。今分敍於後。

漢武帝之經營西南夷，首期以收夜郎爲主。武帝即位初年，閩越時生叛亂。建元三年（前 138）秋七月，「閩越圍東甌，東甌告急。遣中大夫嚴助持節發會稽兵，浮海救之。未至，閩越走，兵還。」〔註 4〕數年之後，至建元六年（前 135）秋八月，閩越王郢又攻南越，武帝遣大行王恢將兵出豫章，大司馬韓安國出會稽擊之。兵尙未至，越人殺王郢以降，兵還。〔註 5〕大行王恢以平東越之餘威，令鄱陽令唐蒙曉喻南越，南越食蒙蜀產之枸醬，因牽出夜郎之始末，據《史記》云：

> 南越食蒙蜀枸醬，蒙問所從來，曰：「道西北牂柯，牂柯江廣數里，出番禺城下。」蒙歸至長安，問蜀賈人，賈人曰：「獨蜀出枸醬，多持竊出市夜郎。夜郎者，臨牂柯江，江廣百餘步，足以行船。南越以財物役屬夜郎，西至同師，然亦不能臣使也。」〔註 6〕

唐蒙既由越人處知牂柯江出番禺城下，又由蜀人處知夜郎臨牂柯江，而蜀人又多以枸醬市夜郎，更兼南越以財物役屬夜郎，西至同師，似俱成南越附庸。此時漢朝正欲征服南越，思有以制之，蒙既知此形勢，乃思由巴蜀，出夜郎，浮牂柯，臨番禺，出其不意，冀可一舉而滅南越。故蒙上書說武帝曰：

> 南越王黃屋左纛，地東西萬餘里，名爲外臣，實一州主也。今以長沙、豫章往，水道多絕難行。竊聞夜郎所有精兵，可得十餘萬，浮船牂柯江，出其不意，此制越一奇也。誠以漢之彊，巴蜀之饒，通夜郎道，爲置吏，易甚。〔註 7〕

武帝許之，乃拜蒙爲中郎將，將千人，食重萬餘人，從巴符關（今四川合江縣西）入。〔註 8〕唐蒙既已知南越能以「財物役屬夜郎，西至同師。」因而入

〔註 4〕百衲本《漢書》本紀第六〈武帝紀〉，頁 2 至 3。

〔註 5〕見百衲本《漢書》本紀第六〈武帝紀〉建元六年及仁壽本《史記》卷一一六列傳第五十六〈西南夷傳〉頁 1。

〔註 6〕《史記》卷一一六列傳五十六〈西南夷傳〉頁 2（仁壽本）。

〔註 7〕同註 6。

〔註 8〕百衲及仁壽《史記‧西南夷傳》均作：「從巴蜀筰關入」；百衲本《漢書》（影印北宋景祐本）〈西南夷傳〉作：「從巴符關入」，藝文影印虛受堂刊本《漢書補注》作：「從巴筰關入」。

《補注》云：「王念孫曰：巴筰關本作巴符關。《水經》云：江水東過符縣北，

見夜郎侯多同時，以利誘之，厚加賞賜，喻以威德，並約爲置吏，而使其子爲令。其結果不僅夜郎內屬，竟影響到：

> 夜郎旁小邑，皆貪漢繒帛，以爲漢道險，終不能有也，乃且聽蒙約。
>
> 還報，乃以爲犍爲郡。發巴蜀卒治道，自僰道指牂柯江。〔註9〕

漢雖將夜郎之地，置爲牂柯郡，但需以其子爲令，並多予賞賜，與獨立無異，且受實惠，無怪其他外族，競思內屬。漢廷之意，以兼有拓地與用以制南越之雙重意義。據《史記·司馬相如傳》云：

> 是時邛、筰之君長，聞南夷與漢通，得賞賜多，多欲願爲內臣妾，請吏比南夷。天子問相如，相如曰：「邛、筰、冉駹者近蜀，道亦易通，秦時嘗通爲郡縣，至漢興而罷。今誠復通爲置郡縣，愈於南夷。」天子之爲然（百衲本作以爲然），乃拜相如爲中郎將，建節往使。副使王然于、壺充國、呂越人馳四乘之傳，因巴蜀吏幣物以略四夷……。司馬長卿便略定西夷，邛、筰、冉駹、斯榆之君，皆請爲內臣。除邊關，關益斥。西至沫若水，南至牂柯爲徼，通零關道、橋孫水，以通邛都。還報，天子大說。〔註10〕

由上所敘及所引證，得知夜郎在蜀之南，因稱「南夷」；邛、筰、冉駹在蜀之西，故名「西夷」。所謂「西、南夷」者，實指蜀西方及南方之蠻夷而言，並非謂在中國西南之蠻夷，因稱之爲「西南夷」。而《史記·西南夷傳》，乃係合傳西夷與南夷，兼及西南，而其開端即曰：「西南夷君長以十數，夜郎最大。」竊疑其西字係因題目爲「西、南夷列傳」而衍，《漢書》不誤。〔註11〕

　　唐蒙約降夜郎，爲置吏，置爲「犍爲郡」。司馬相如往喻西夷，皆願如南

邪東南（此三字有誤），鰓部水從符關東北注之。注云：縣故巴夷之地也。……隸書符字作符，與筰字相似，又涉上下文筰字而誤。」今案百衲本《漢書》，正作巴符，仍留隸書符字作符之遺迹。

〔註9〕　仁壽本《史記》卷一一六列傳第五十六〈西南夷傳〉頁2。
　　　　僰道：《漢書補注》云：「先謙曰：僰道，在今敘州府宜賓縣西南。」

〔註10〕　仁壽本《史記》卷一一七列傳第五十七〈司馬相如傳〉頁18。

〔註11〕　《漢書》指百衲本《漢書》而言。他本《漢書》有作「西夷君長以十數，夜郎最大。」故《漢書補注》云：「錢大昭曰：西當作南，南監本、閩本不誤。先謙曰：官本作南。」
　　　　近人范義田之《雲南古代民族之史的分析》第二章〈西南夷之名類〉第一節「族類名稱與生活之關係」頁26云：「漢時之西南夷，爲南夷與西夷之總稱。夜郎在蜀之南，稱曰南夷。邛、筰、冉駹在蜀之西，稱曰西夷。及滇王與昆明相繼附屬，總稱之曰西南夷，言其地在蜀之西南也。」

夷,「乃爲置一都尉,十餘縣,屬蜀。〔註12〕」此時無論犍爲郡,或者屬蜀之
一都尉,十餘縣,俱爲羈縻性質,漢朝中央政府之力量,尚無法達到此一地
區。直至元光五年(前 130)「夏,發巴蜀,治南夷道」。〔註13〕爲此事,故開
道轉輸,糧餉盡出於蜀中;征役戍守,任其勞者莫不爲蜀士;道險瘴重,死
亡必多。加以西、南夷數反,征伐無功,巴蜀苦之,武帝使「曲學阿世」之
公孫弘往問視焉。及弘「還,奏事盛毀西、南夷無所用,上不聽。」〔註14〕
又經數歲,至元朔三年(前 126),御史大夫張歐免,以弘爲御史大夫。是時
漢方務通西南夷,東置滄海,北築朔方之郡。公孫弘覩此情狀,因而數諫。
據《史記》弘本傳云:

> 弘數諫,以爲罷敝中國,以奉無用之地,願罷之。於是天子乃使朱
> 買臣等,難弘置朔方之便,發十策,弘不得一。弘迺謝曰:「山東鄙
> 人,不知其便,若是,願罷西、南夷、滄海,而專奉朔方。」上乃
> 許之。〔註15〕

公孫弘何至愚笨如是,十策而不能得一,此正公孫弘阿意取容之計耳。弘知武
帝專意事匈奴,徒爭無益,難回武帝之心,因請罷西、南夷、滄海。究其實際,
武帝亦未全罷西、南夷,而係「罷西夷,獨置南夷夜郎兩縣、一都尉,稍令犍
爲自葆就。」〔註16〕就此乃屈於力所不及之實情,暫採保守態度,不汲汲於此
方面之發展,而傾全力以對付匈奴。武帝經營西、南夷之首一階段,從建元六
年(前 135)至元朔三年(前 126),前後經過十年之期間,就如此結束。

二、始建四郡

漢廷再度經營西、南夷,始於元狩元年(前 122),博望侯張騫使大夏還,
建言由蜀通大夏,可免羌中之險及匈奴之厄,其言曰:

> 臣在大夏時,見邛竹杖、蜀布,問安得此?大夏國人曰:「吾賈人往
> 市之身毒國。身毒國在大夏東南可數千里,其俗土著與大夏同,而
> 卑濕暑熱,其民乘象以戰,其國臨大水焉。」以騫度之,大夏去漢
> 萬二千里,居西南。今身毒又居大夏東南數千里,有蜀物,此其去

〔註12〕同註8。
〔註13〕百衲本《漢書》本紀第六〈武帝紀〉頁5。
〔註14〕百衲本《史記》卷一一二列傳第五十二〈平津侯傳〉頁1。
〔註15〕同註14頁2。
〔註16〕仁壽本《史記》卷一一六列傳第五十六〈西南夷傳〉頁3。

> 蜀不遠矣。今使大夏，從羌中險，羌人惡之；少北則爲匈奴所得。
> 從蜀宜徑，又無寇。〔註17〕

張騫之言，純從通大夏着想，其目的不在經營西南。由此而引起之對西、南夷經營，其目的不在西、南夷而在大夏、康居等。故《史記》言其目的曰：

> 天子既聞大宛及大夏、安息之屬皆大國、多奇物，土著頗與中國同俗而兵弱，貴漢財物。其北則大月氏、康居之屬兵彊，可以賂遺，設利朝也。誠得而以義屬之，則廣地萬里，重九譯，致殊俗，威德徧於四海。天子欣欣，以騫言爲然。〔註18〕

於是武帝乃發使，四道並出，出駹、出筰、出徙邛、出僰，皆各二千里，其北方閉氐、筰，其南方閉嶲、昆明。漢求通身毒國道之目的，竟因而無法達成。當時昆明之情形，據記載云：

> 昆明之屬無君長，善寇盜，輒殺略漢使，終莫得通。然聞其西可千餘里，有乘象國名滇越，而蜀賈間出物者，或至焉。於是漢以求大夏道，始通滇國。〔註19〕

按此段引文之中，言及昆明之西千餘里，有乘象國名滇越，此其爲滇越一國，抑滇、越二國，異說紛云，莫衷一是。下文又言「於是漢以求大夏道，始通滇國。」而此滇國究與滇越有何關係，亦不得其解。昆明之義，至少有三，其一爲族類名稱，即前引「昆明之屬」是也；唐之昆明已成地名，爲今西康鹽源；今之昆明市，源於明代，非前二者之義。〔註20〕除此之外，所記當係實情。至於「終莫得通」之原因，近人馬長壽氏以爲：

> 以當時形勢言之，昆明池一片汪洋，土著酋長據險易守，漢軍難以飛渡，是其原因之一。又昆明部落林立，不相統攝，漢使交涉無由，戰又不能戰勝，是其原因之二。〔註21〕

馬氏所言頗爲合理，當時昆明情形，可能如此。

漢軍既受阻昆明，無法西行，可見滇不在昆明之西，而在其東，故不通

〔註17〕 百衲本《漢書》卷六十一列傳第三十一〈張騫傳〉頁2至3。

〔註18〕 同註17頁3。

〔註19〕 同註17頁3。

〔註20〕 滇國在滇池周圍，不在昆明之西千餘里，而在其東。晉代注《漢書》的臣瓚，把今昆明市的滇池解作洱海，使此問題益加迷惑，直至明末顧祖禹的《讀史方輿紀要》與清人全祖望的〈昆明考〉（收入《鮚埼亭集》）發表以後，始對古昆明國之所在地得到解決。

〔註21〕 馬長壽著《南詔國內部族組成和奴隸制度》頁27，民國50年出版。

昆明無碍於通滇，由此亦可見滇越似非滇。當此之時，不唯漢對西、南夷所知極少，西、南夷之君長，對於漢朝之實際情況，亦不瞭解，雙方均處於「知己有餘，知彼不足」之狀態，因生笑談。漢使者至滇後，據《史記》云：

> 滇王與漢使者言曰：「漢孰與我大？」及夜郎侯亦然。以道不通，故各自以爲一州主，不知漢廣大。使者還，因盛言滇大國，足事親附，天子注意焉。〔註22〕

前由公孫弘以西、南夷爲無所用，屢言於武帝，竟欲棄之。及張騫言由蜀而西，可以通身毒、大夏，因之遣使四道並出，目的雖未達成，反而再度引起武帝經營西、南夷之雄心。

武帝雖有再收西、南夷之心，但因方事匈奴，且漢兵不習水戰，故於元狩三年（前120）「發謫吏，穿昆明池」。〔註23〕以習水戰，欲用兵昆明，求通身毒。至元鼎五年（前112）夏四月，南越相呂嘉反，殺漢使者及其王、王太后等。對於此事，武帝之安排爲：

> 遣伏波將軍路博德出桂陽，下湟水。樓船將軍楊僕出豫章，下滇水。歸義越侯嚴爲戈船將軍出零陵，下離水。甲爲下瀨將軍下蒼梧，皆將罪人。江淮以南樓船十萬人；越馳義侯遺別將巴蜀罪人，發夜郎兵，下牂柯江，咸會番禺。〔註24〕

漢軍勢如破竹，「戈船、下厲（一作瀨）將軍兵，及馳義侯所發夜郎兵未下，南越已平矣。」〔註25〕後期原因，可能係戈船及下厲二將軍所將，皆爲罪人，行動自不若訓練有素之軍隊。武帝使馳義越侯因犍爲發南夷兵，南夷之中且蘭不欲遠行，因發兵反。據《史記》云：

> 且蘭君恐遠行，旁國虜其老弱，乃與其眾反，殺使者及犍爲太守。漢乃發巴蜀罪人嘗擊南越者八校尉，擊破之。會越已破，漢八校尉不下，即引兵還，行誅頭蘭（索隱曰即且蘭）。頭蘭，常隔滇道者也。已平頭蘭，遂平南夷爲牂柯郡。〔註26〕

未平南越以前，西、南夷中甚多以南越爲上國，且受其役使者，及滅南越，

〔註22〕仁壽本《史記》卷一一六列傳第五十六〈西南夷傳〉頁3。
〔註23〕百衲本《漢書》本紀第六〈武帝紀〉頁13。
〔註24〕百衲本《漢書》本紀第六〈武帝紀〉頁18。
〔註25〕百衲本《史記》卷一一三列傳第五十三〈南越尉陀列傳〉頁9。下厲，《漢書》作下瀨。
〔註26〕仁壽本《史記》卷一一六列傳第五十六〈西南夷傳〉頁3。

誅且蘭王，漢之兵威始聞於西、南夷。其中之夜郎，即爲一顯著之例子。據
《史記》云：

> 夜郎侯始倚南越，南越已滅，會還誅反者，夜郎遂入朝，上以爲夜
> 郎王。〔註27〕

漢於建元六年（前 135），已約夜郎爲置吏，以爲犍爲郡，及罷西、南夷，因
令犍爲自葆就，至是復降之，對犍爲郡之統治權，自然加強。

且蘭、夜郎而外，其餘小夷，多未經征伐，競請降置吏。據《史記》云：

> 南越破後，及漢誅且蘭、邛君，並殺筰侯，冉、駹皆振恐，請臣置
> 吏。乃以邛都爲越巂郡，筰都爲沈犁郡，冉、駹爲汶山郡，廣漢西
> 白馬爲武都郡。〔註28〕

以上四郡，俱置於元鼎六年（前 111），其地全居巴蜀之西及南，均爲西、南
夷故地，再外方爲滇國，此等地區降服後，方能經略滇國。漢廷再度經營西
南，始於元狩元年（前 122），止於元鼎六年（前 111），前後十二年，承前啓
後，成績最爲輝煌。

三、降服滇國

漢之三度經營西南，是上一段落之延續。因武帝於元鼎五年（前 112）滅
南越後，置爲九郡。〔註 29〕次年，以勝利之餘威，再降西、南夷，置牂柯、
越巂、沈犁、汶山、武都等郡。武帝因注意及西南邊圉，復以夙聞「滇大國，
足事親附。」故命王然于往招徠之，爲此期之主要活動，據《史記》記載云：

> 上使王然于以越破及誅南夷兵威，風喻滇王入朝。滇王者，其眾數萬
> 人，其旁東北有勞浸、靡莫，皆同姓相扶，未肯聽。勞浸、靡莫數侵
> 犯使者吏卒。元封二年（前109），天子發巴蜀兵，擊滅勞浸、靡莫，
> 以兵臨滇。滇王始首善，以故弗誅。滇王離難西、南夷，舉國降，請
> 置吏入朝，於是以爲益州郡，賜滇王王印，復長其民。〔註30〕

躬預此役，平定此一地區之夷人者，爲郭昌與衛廣等人，故《漢書·武帝紀》
元封二年（前 109）云：

〔註27〕同註 26 頁 4。
〔註28〕百衲本《史記》列傳五十六〈西南夷傳〉頁 5。
〔註29〕九郡指：「南海、蒼梧、鬱林、合浦、交阯、九眞、日南、珠崖、儋耳」等九
郡，見《漢書·武帝紀》頁 19。
〔註30〕同註 28。

又遣將軍郭昌、中郎將衛廣，發巴蜀兵，平西南夷未服者，以爲益
州郡。〔註31〕

征服西、南夷中之未降者，使滇王舉國納降，是武帝經營西、南夷之顛峯狀
態。

在元封二年（前109）對勞浸、靡莫等滇集團之軍事行動中，郭昌爲一勝
利者，且在滇池地區，設立郭昌城以威夷，後改名穀昌。〔註32〕以後之關係，
在漢廷，僅在如何設法維護此一新行政區，使之不脫離中央而已。在西、南
夷方面，從「君長以十數」之不相隸屬關係，一變而成爲漢之郡縣，處處受
制於中央，故時生叛亂，企圖重回至以往之時代，過其獨立自主之生活。基
於此種歧異，構成漢與西、南夷之新關係。

武帝對西、南夷之征撫中，似唯昆明招之不來，征之不勝，漢廷無如之何。
郭昌於元封四年（前107），因「匈奴寇邊，遣拔胡將軍郭昌屯朔方。」〔註33〕
至元封六年（前105），「益州昆明反，赦京師亡命，令從軍。遣拔胡將軍郭昌，
將以擊之。」〔註34〕郭昌結果是「擊昆明毋功，奪印」。〔註35〕由此可知，武
帝之兵威，似未達到漢之昆明，今之洱海地區。

四、族類分析

漢代以前，國人對西、南夷所知甚少，至漢武帝時，先有唐蒙之約降夜
郎，復有元鼎六年（前111）之再度威定西、南夷，設爲五郡，終以元封二年
（前109）之置益州郡，使整個西南地區，收入版圖。其間因出使、征伐曾親
至其地者，自不乏人。但將西、南夷之資料，系統記述，以供後人研究者，
首推著《史記》之司馬遷。司馬遷不止有幸生於武帝經營西、南夷之時代，
且其本人曾因奉命出使西、南夷，親至此一地區，時在元鼎六年（前 111），
正當司馬遷三十五歲之壯年，次年春始歸。〔註36〕據其〈太史公自序〉云：

於是遷仕爲郎中，奉使西征巴、蜀以南，南略邛、筰、昆明，還報

〔註31〕百衲本《漢書・武帝紀》頁21。
〔註32〕《雲南通志》載：「漢武帝派將軍郭昌討夷，平之，名其城曰郭昌以威夷，孝
　　　　章時改穀昌，故址在今昆明城北十餘里。」
〔註33〕百衲本《漢書・武帝紀》頁23。
〔註34〕百衲本《漢書・武帝紀》頁24。
〔註35〕百衲本《史記》卷一一一列傳第五一〈衛將軍驃騎列傳〉頁19附〈郭昌傳〉。
〔註36〕王國維《觀堂集林》卷二，〈太史公行年考〉頁6，元封元年辛未三十六歲條。

命。是歲，天子始建漢家之封。〔註37〕

由於有親身之經驗，耳聞以外，證以目見，故《史記‧西、南夷傳》，可視爲第一等之直接材料，內容翔實而可靠。近人崔適著《史記探源》，認爲《史記‧西、南夷傳》，係割裂《漢書‧西、南夷傳》而成。〔註38〕其言似過份武斷而缺乏充分之證據，祇可視爲存疑之一說，而無法予以採信。今將依據《史記‧西、南夷傳》，分析漢武帝時代西、南夷之族類。

司馬遷著《史記》，將當時所知之西、南夷，分爲七類，每類自成一集團，而每一集團又無共同之領袖，集團內各部落互相獨立，故史公每言其：「君長以什數」，此蓋其實際情形，足以見其部落林立，不相統屬之關係。司馬遷記當時之西、南夷云：

> 西、南夷君長以什數，夜郎最大。其西靡莫之屬以什數，滇最大。自滇以北，君長以什數，邛都最大。此皆魋結耕田，有邑聚。其外西自同師以東，北至楪榆，名爲巂、昆明，皆編髮，隨畜遷徙，毋常處，毋君長，地方可數千里。自巂以東北，君長以什數，徙、筰都最大。自筰以東北，君長以什數，冉駹最大。其俗或土著，或移徙，在蜀之西。自冉駹以東北，君長以什數，白馬最大，皆氐類也。
>
> 此皆巴蜀西、南外蠻夷也。〔註39〕

司馬遷將「巴蜀西、南外蠻夷」，分爲夜郎、滇、邛都、巂昆明、徙筰都、冉駹、白馬等七大集團，此七大集團之人，由今日民族語言學（Ethnolinguistics）之觀點推測之，當不外藏緬、泰撣、仡佬、苗傜、及南亞等族系之族類。而大部分之集團，皆「君長以什數」，可見此時之西南地區，尚爲大小以百計之散漫部落形態，而未有強大之政治組織出現。此種情形足以說明西南地區之蠻夷，種類繁多，不易統一，復以未遭外力侵擾，亦無團結禦侮之必要，故各自獨立，不相統屬，即在同一族類之內，亦保持「君長以什數」之形態。及受外力衝擊，漸由小集團混成大集團，再而出現混一雲南之南詔帝國，即

〔註37〕百衲本《史記》卷一三〇〈太史公自序〉卷第七〇頁7。

〔註38〕崔適《史記探源》卷八頁9〈西南夷傳〉第五十六云：「案此錄《漢書》至『獨夜郎、滇王受王印，滇小邑，最寵焉』而止。乃割去其孝昭始元二年以後事。特彼傳爲平定四夷而作，至成帝河平中，牂柯太守陳立殺夜郎王興，降鉤町王禹遍，西南夷始爲平定。此傳中止，則亦刪《漢書》之足爾。」吉林案：「司馬遷卒於武帝晚年，不及見始元間事，遑論河平中耶？由此可證《史記‧西南夷傳》無後人妄續，又安知非《漢書》續《史記‧西南夷傳》耶？」

〔註39〕百衲本《史記》列傳第五六〈西南夷列傳〉頁1。

由此形成。

　　在「西、南外蠻夷」中，史公雖未言嶲、昆明「君長以什數」，而言其「毋君長」。且《史記‧大宛傳》、《漢書‧張騫傳》並言：

　　　　南方閉嶲、昆明。昆明之屬無君長，善寇盜，輒殺略漢使，終莫得通。〔註40〕

無「君長」者，可能其「君長」過多，司馬遷亦不知其多至若干，因言其「毋君長」。且嶲、昆明為「隨畜遷徙，毋常處，毋君長，地方數千里」之游牧部族，分合無定，尚未形成較大之集團，亦無法周知此一地區可分為若干小集團，故史公言其「毋君長」，似係當時實情。近人岑仲勉解「嶲昆明」作「昆明嶲」，猶言昆明王也。〔註41〕《史》、《漢》均言昆明之屬無君長，何來「昆明王」，強作解人，私所不取。

　　在此七集團內，夜郎、滇、邛都為農業民族，營「耕田，有邑聚」之生活，均位於蜀之西南，為此三集團之共同性，而其不同乃在族類。夜郎集團，包括「且蘭」、「談指」、「同並」等在內。所謂「靡莫」之屬，自含「勞浸」、「滇」等，且「勞浸」、「靡莫」與「滇」皆同姓，史公且以滇王為莊蹻後裔，因疑楚之先有天祿焉。〔註42〕

　　夜郎、滇而外，邛都在蜀之南，邛君為漢所誅，置為越嶲郡。

　　徙、筰與冉駹皆在蜀之西，「其俗或土著，或移徙。」是其人有牧有農，蓋視其地生態環境而異，呈交錯遞變形態。

　　似因司馬遷對西、南民族所知有限，故對前述六集團之種族問題，避而未提。言及「君長以什數」之白馬，直云：「皆氐類也。」由此亦可見史公對蜀之西北方面民族，較為稔熟，而無法深入瞭解西南民族。

〔註40〕百衲本《漢書》卷六一列傳三一頁3。

〔註41〕岑仲勉《中外史地考證》中之「六詔所在及南詔通道一段之今地」頁351云：復次，《史記‧西南夷傳》：「西自同師以東，北至楪榆，名為嶲昆明。」《索隱》引崔浩：「嶲、昆明，二國名。」按哈威曾證驃苴低之苴為 Swabwa 中 Swa 之音譯，即「君」之義（《緬甸史》上15頁），按撣語之 Sao，泰語之 Sau（Chao），緬語之 So，其義均為首領（《交廣印度兩道考》27及32頁），嶲，切韻讀如 Swie，余以為實「苴」之古譯，嶲昆明等於昆明嶲，猶言「昆明王」，用「嶲」音先行者倒裝語也。崔浩認是二國，殆無非因《史記》下文有「自嶲以東北」一句，然此特《史記》之簡稱而已。

〔註42〕百衲本《史記》列傳五六〈西南夷傳〉頁5云：「太史公曰：楚之先豈有天祿哉！在周為文王師，封楚。及周之衰，地稱五千里，秦滅諸侯，唯楚苗裔尚有滇王。漢誅西南夷，國多滅矣，唯滇復為寵王。」

從漢武帝時六個「君長以什數」，與一個「毋君長」之集團開始，經過兩漢、三國、西晉之郡縣時代，南北朝時半獨立狀態，方能有唐代南詔王國之出現。

第二節　蜀漢討伐

西、南蠻夷經漢武帝招撫平定後，置為郡縣，雖屢生叛亂，戕害令長，但亦旋被征服，仍為郡縣。歷經兩漢，未曾產生重大之改變。直至三國時代，此種情勢始因大帝國之分裂而複雜，與以往情形，遂有所不同。

三國鼎立，確定於建安十三年（208）赤壁一戰。在此戰役中，始則孫、劉聯手，合力抗曹。勝利之後，孫、劉為爭荊州而失歡，遂演出關羽兵敗被殺，先主忿而伐吳之舉。此為吳、蜀正面之衝突，乃人所習知者。而在此正面衝突之背後，雙方各有勾結對方境內之「蠻夷」，造成對方內部之不安，使之無法專意對外，達成削弱敵國之目的。此中經緯，深值一敘。

一、吳蜀構怨

章武元年（221）秋七月，蜀先主劉備忿吳之不顧同盟，見利忘義，襲殺關羽，率軍伐吳，並遣其侍中馬良，招納五溪蠻夷，據《三國志・馬良傳》云：

> 先主稱尊號，以良為侍中。及東征吳，遣良入武陵，招納五溪蠻夷。

蠻夷渠帥皆受印號，咸如意指。會先主敗績於夷陵，良亦遇害。[註43]
東吳方面，對先主之「以金錦爵賞，誘動諸夷」[註44]之舉動，亦甚恐懼，然終因先主兵敗，五溪蠻夷未曾發生作用。

章武二年（222）先主劉備為陸遜所敗。三年（223），殂於蜀東之永安宮。時蜀連遭大故，內部不穩，人心恐懼，投機份子，首鼠兩端，或竟有叛離者，黃元是也。章武二年「冬十二月，漢嘉太守黃元聞先主疾不豫，舉兵拒守。」[註45]此際先主病危，黃元反叛，蜀之又一「危急存亡之秋也」。處此艱困之

〔註43〕商務百衲本《三國志・蜀志九・馬良傳》頁4。
　　　　又同書〈先主傳〉頁32，亦言章武元年先主東征，「軍次秭歸，武陵五谿蠻夷遣使請兵。」又言次年二月，先主更「遣侍中馬良安慰五谿蠻夷，咸相率響應。」由上引兩條〈先主傳〉視之，似五谿蠻夷不滿孫吳統治，懷念蜀漢，因而「遣使請兵」。但細讀《三國志》中之馬良、陸遜等傳，則知係先主「招納」、「誘動」之功，因不採〈先主傳〉中之言。
〔註44〕百衲本《三國志・吳志卷一三・陸遜傳》頁4。
〔註45〕百衲本《三國志・蜀志二・先主傳》頁20。

時，始能顯出諸葛亮之臨危不亂，一心為國之忠悃。至章武「三年（223）春二月，丞相亮自成都到永安。三月，黃元進兵攻臨邛縣，遣將軍陳曶討元。元軍敗，順流下江，為其親兵所縛，生致成都，斬之。」〔註46〕此為先主未殂之前，已生之內部叛亂。及至四月癸巳（二十四日），先主崩逝，情勢更加惡劣。今分別從曹魏與孫吳兩方面敘述。

先主劉備逝後，諸葛亮受遺詔輔後主。蜀之「政事無巨細，咸決於亮。」〔註47〕是故曹魏之名臣，俱有書與亮，勸其歸降。據亮集云：

> 是歲，魏司徒華歆、司空王朗、尚書令陳群、太史令許芝、謁者僕
> 射諸葛璋，各有書與亮，陳天命人事，欲使舉國稱藩。〔註48〕

曹魏使此諸人，勸誘諸葛亮「舉國稱藩」，若非志在離間蜀之君臣，即為對諸葛亮之瞭解不夠。以先主劉備知人之明，若諸葛亮肯於為此，先主豈敢託孤於斯人哉！故諸葛亮對此諸人之書信，概不作答，並作正議以責之曰：

> 昔在項羽，起不由德，雖處華夏，秉帝者之勢，卒就湯鑊，為後永
> 戒。魏不審鑒，今次之矣。免身為幸，戒在子孫。而二三子各以耆
> 艾之齒，承偽指而進書，有若崇、竦稱莽之功，亦將偪于元禍苟免
> 者邪。〔註49〕

亮將曹魏比之於楚項、新莽，而斥諸人「承偽指而進書」，稱說天命，正如「美新」之意，亦求「免禍」而已。從此文中，正可看出「漢賊不兩立」之決心，不因先主大喪而稍有改變。

前曾言及東吳與西蜀之構怨，肇因於荊州之爭奪。在此爭奪戰中，關羽兵敗被殺，孫權獲得荊州。原先住在南郡公安之劉璋，亦為孫權所獲。此時孫權有滅蜀之心，以劉璋父子在蜀二十餘年，〔註50〕有政治上之號召力，乃「以璋為益州牧，駐秭歸。」〔註51〕此為東吳假劉璋以「益州牧」之稱號，使蜀內部之不逞份子，因劉璋而交通東吳，造成蜀漢之內憂，因而再用外力以滅之之政策。

東吳在荊州方面，利用劉璋為「益州牧」，以引起蜀漢之內亂，然劉璋「才

〔註46〕同註45。
〔註47〕百衲本《三國志・蜀志五・諸葛亮傳》頁7。
〔註48〕百衲本《三國志・蜀志五・諸葛亮傳》頁8裴松之注引亮集。
〔註49〕同註48。
〔註50〕百衲本《三國志・蜀志一・劉二牧傳》頁5。
〔註51〕同註50。

非人雄」，且不久辭世，似未能發生作用。其能發生作用者，厥為在交州之士燮、步騭等人也。

二、吳結叛蠻

蜀既先喪荊州，復敗於猇亭，繼以先主晏駕，國勢一落千丈，搖搖欲墜，南中蠻夷因生叛離。時因「先主薨，高定恣睢於越嶲，雍闓跋扈於建寧，朱褒反叛於牂柯」。〔註52〕變生多端，益顯其情勢之嚴重。其詳細情形，據《華陽國志》云：

> 先主薨後，越嶲叟帥高定元，殺郡將軍焦璜，舉郡稱王以叛。益州大姓雍闓，亦殺太守正昂，更以蜀郡張裔為太守。闓假鬼教曰：「張裔府君如瓠壺，外雖澤而內實麤，殺之不可縛與吳。」於是執送裔於吳。吳主孫權遙用闓為永昌太守，遣故劉璋子闡為益州刺史，處交、益州際。牂柯郡丞朱提朱褒領太守恣睢。丞相諸葛亮以初遭大喪，未便加兵。〔註53〕

雍闓叛後，歸降東吳，全因士燮之故。士燮之先，避王莽之禍，遷至交州，至士燮已七世。「燮兄弟並為列郡，雄長一州。」「當時貴盛，震服百蠻，尉他不足踰也」。〔註54〕建安十五年（210），孫權以步騭為交州刺史，騭到，燮率兄弟奉承節度。後士燮以其「震服百蠻」之影響力，引誘蜀漢叛亂份子，遙附東吳。據燮本傳云：

> 建安末年，燮遣子廞入質，權以為武昌太守。燮、壹諸子在南者，皆拜中郎將。燮又誘導益州豪姓雍闓等，率郡人民，使遙東附。權益嘉之，遷衛將軍，封龍編侯；弟壹偏將軍，都鄉侯。〔註55〕

諸葛亮認為東吳「可與為援，而不可圖也。」且蜀漢之理想乃「跨有荊、益，保其巖阻。西和諸戎，南撫夷越，外結好孫權，內脩政理。」〔註56〕此為諸葛氏片面之願望，由事實觀之，東吳一意吞併蜀漢，未曾將之做為戰守盟友。既奪荊州，復敗劉備，趁蜀有土崩之勢，復欲由交州將其勢力伸展至南中。案士燮雖稟承孫權之意，能「誘導」雍闓「使遙東附」。而實際贊成其事者，

〔註52〕百衲本《三國志·蜀志一三·李恢傳》頁4。
〔註53〕中華書局廖刻本校勘之《華陽國志》卷四〈南中志〉頁3。
〔註54〕並見百衲本《三國志·吳志四·士燮傳》頁10。
〔註55〕百衲本《三國志·吳志四·士燮傳》頁11。
〔註56〕百衲本《三國志·蜀志五·諸葛亮傳》頁2。

為東吳交州刺史步騭。騭本傳云：

> 益州大姓雍闓等，殺蜀所署太守正昂，與燮相聞，求欲內附。騭因
> 承制，遣使宣恩撫納，由是加拜平戎將軍，封廣信侯。〔註57〕

士燮、步騭俱因誘使雍闓東附，因而加官晉爵，孫權對此事之重視，由此可見。

孫權利用南中蠻夷反叛，以造成蜀漢之紛擾，其表現於另一方面者，既利用劉璋之子劉闡為益州刺史，招誘蠻夷。據〈劉璋傳〉云：

> 璋卒，南中豪率雍闓據益郡反，附於吳。權復以璋子闡為益州刺史，
> 處交、益界首。〔註58〕

由東吳與南中諸郡叛亂之關係，研究此時似已尋出一條由交州進入雲南的道路。因有此路，方能使雍闓「使命周旋，遠通孫權。」〔註59〕就是因為從交趾有路通雲南，士燮纔能誘導雍闓，使附東吳。雍闓之縛張裔與吳，可能經交州而轉至吳。孫權以劉闡為益州刺史，「處交、益界首」，亦可見交、益之間有一通道，而此通道，可能即是唐代之「步頭路」。

三、蜀吳交好

前言東吳利用劉備之喪，勾結豪酋，處心積慮，欲併吞蜀漢而後已。諸葛亮深知吳與蜀結為同盟，始能自存，若雙方失和，曹魏必收「漁翁之利」。對於孫吳勾引南中酋帥事，諸葛亮豈有不知之理，隱忍不發，正所以彌縫二國之仇怨耳。

劉備逝後，諸葛亮對孫權深為恐懼，據〈鄧芝傳〉云：

> 丞相諸葛亮深慮權聞先生殂隕，恐有異計，未知所如。芝見亮曰：「今
> 主上幼弱，初在位，宜遣大使，重申吳好。」亮答之曰：「吾思之久
> 矣，未得其人耳，今日始得之。」芝問其人為誰？亮曰：「即使君也。」
> 乃遣芝修好於權。〔註60〕

「結好孫權」原為諸葛亮之素願，何況連番兵敗，國君新逝，南中叛亂，曹魏勸降，國勢岌岌，人心恐懼，鄧芝所見，與諸葛亮正相同，故差芝使吳。若此時孫權攻其東，曹魏伐其北，南中叛蠻，並東吳交州兵力，騷擾其南，蜀漢能

〔註57〕百衲本《三國志·吳志七·步騭傳》頁19。
〔註58〕百衲本《三國志·蜀志一·劉二牧傳》頁5。
〔註59〕百衲本《三國志·蜀志一一·張裔傳》頁5。
〔註60〕百衲本《三國志·蜀志一五·鄧芝傳》頁1。

否繼續存在，不問可知。雍闓等反叛數年之後，亮始南征，其原因蓋在先固好於吳，使其不支持叛蠻，始能南征，而不至腹背受敵。至於「南中諸郡並叛亂，亮以新遭大喪，未便加兵。」〔註61〕純為猜測之詞，恐非「以新遭大喪」故，實懼大軍南征，孫權拊其背而擊之。故先修好於吳，使其不再支持南中叛亂，而後南征，既無腹背受敵之恐懼，且南蠻已失外援，亦易於平服。

東吳之對外政策，無固定途徑，因事而異，經常變化，但其有一不變之原則，即「以二制一」是也。初則聯劉備以破曹操於赤壁，繼則稱臣於魏，使無後顧之憂，因能盡全力以取荊州。至章武二年（222）夏，破劉備於猇亭，知蜀無力復東，荊州無憂，魏已無利用價值，無需向其稱臣，因於是年十月，與曹魏斷絕往來，遣使請和於蜀，先主許之。〔註62〕是年，孫權改元黃武，不臣於魏，自當結蜀以抗之，此為吳、蜀重修舊好之原因。魏、吳失和後，魏所欲伐者，首在東吳，故蜀在軍事上之威脅，大為減輕，因復與吳修好，以便南征。

諸葛亮既見魏、吳反目，蜀與吳之聯盟已成，後顧之憂消除，征服南中，滅此心腹之患，此正其時。時蜀之大將，零落略盡，關羽、張飛、馬超、黃忠並已先逝，僅一趙雲尚在，亮或許認其不宜南征，故決意自行。此時蜀之「政事無巨細，咸決於亮。」其丞相長史王連，亦不以亮躬行為然，據其本傳云：

> 時南方諸郡不賓，諸葛亮將自征之。連諫，以為此不毛之地，疫癘
> 之鄉，不宜以一國之望，冒險而行。亮慮諸將才不及己，意欲必往，
> 而連言輒懇至，故停留者久之。〔註63〕

由諸葛亮以丞相之重，而需親征南中，蜀之國勢，於此可見。

〔註61〕 中華廖寅校本《華陽國志》卷第七〈劉後主志〉頁1。

〔註62〕 百衲本《三國志‧魏志二‧文帝紀》黃初三年（222）十月載云：「是月，孫
權復叛，復郢州為荊州。帝自許昌南征，諸軍並進，權臨江拒守。」同書〈蜀
志二‧先主傳〉頁20云：章武二年（222）「冬十月，詔丞相諸葛亮營南北郊
於成都。孫權聞先主住白帝，甚懼，遣使請和，先主許之。」百衲本《三國
志‧吳志二‧孫權傳》頁14黃武元年（222）記云：「權遂改年，臨江拒守。……
十二月，權使太中大夫鄭泉聘劉備于白帝，始復通也。然猶與魏文帝相往來，
至後年乃絕。」案：〈權傳〉所載，與〈文帝紀〉有異，揆之實情，當以〈文
帝紀〉為準，且〈文紀〉黃初四年（223）紀云：「論征孫權功，諸將已下進
爵增戶各有差。」已至兵戎相見，何能仍相往來，至後年始絕。

〔註63〕 百衲本《三國志‧蜀志一一‧王連傳》頁3。

四、武侯南征

建興三年（225）春三月，諸葛亮南征益州、建寧、永昌、牂柯等四郡。南中平服後之措施，可能出諸馬謖之建議，據《襄陽記》云：

> 建興三年亮征南中，謖送之數十里，亮曰：「雖共謀之歷年，今可更惠良規。」對曰：「南中恃其險遠，不服久矣。雖今日破之，明日復反耳。今公方傾國北伐，以事彊賊，彼知官勢內虛，其叛亦速。若殄盡遺類，以除後患，既非仁者之情，且又不可倉卒也。夫用兵之道，攻心爲上，攻城爲下，心戰爲上，兵戰爲下，願公服其心而已。」

亮納其策，赦孟獲以服南方。故終亮之世，南方不敢復反。〔註64〕南征大軍，分爲三路。其一、諸葛亮自率大軍，由安上經水路入越巂，以討高定爲主。〔註65〕其二、別遣門下督馬忠伐牂柯，以討伐朱褒爲目的，並拜馬忠爲牂柯太守。〔註66〕其三、另派庲降都督領交州刺史李恢向益州，並以犍爲太守廣漢王士爲益州太守，剿滅對象爲雍闓。〔註67〕

初，南中叛亂，以雍闓爲主，闓「使郡人孟獲誘扇諸夷，諸夷皆從之；牂柯太守朱褒、越巂夷王高定，皆叛應闓。」〔註68〕反叛之際，恰值先主薨逝，人心不安之時。故「先主薨，高定恣睢於越巂，雍闓跋扈於建寧，朱褒反叛於牂柯」。〔註69〕雍闓神通之大，「使命周旋，遠通孫權。」及諸葛亮南

〔註64〕百衲本《三國志‧蜀志九‧馬謖傳》頁5裴松之注引《襄陽記》，溫公逕採入《通鑑》卷七〇魏紀黃初六年（225）諸葛亮南征事中。

〔註65〕中華廖寅校本《華陽國志》卷四〈南中志〉頁3云：「建興三年春，亮南征，自安上由水路入越。」近人江應樑在其〈諸葛武侯與南蠻〉一文中云：「越巂，漢治邛都，即今四川省越巂縣至西昌縣一帶，武侯自安上入越巂，必是順岷江而至邛都，再南至西昌。」

〔註66〕中華廖寅校本《華陽國志》卷四〈南中志〉頁3又云：「別遣馬忠伐牂柯。」百衲本《三國志‧蜀志一三‧馬忠傳》頁7云：「（建興）三年，亮入南，拜忠牂柯太守，郡丞朱褒反，叛亂之後，忠撫育卹理，甚有威惠。」

〔註67〕同前引〈南中志〉頁3云：「別遣馬忠伐牂柯，李恢向益州。」百衲本《三國志‧蜀志一三‧李恢傳》頁4云：「丞相亮南征，先由越巂。而恢案道向建寧。」建寧之爲一郡，實起於平定四郡後，中華廖寅校本《華陽國志》卷四〈南中志〉頁3云：「秋，遂平四郡，改益州爲建寧，以李恢爲太守，加安漢將軍，領交州刺史，移治味縣。」味縣，在今曲靖縣東。百衲本《三國志‧蜀志三‧後主傳》頁2云：「（建興）三年春三月，丞相亮南征四郡，四郡皆平，改益州郡爲建寧郡。」是知《華陽國志》之益州，即《三國志》之建寧。

〔註68〕臺北世界書局新校《資治通鑑》卷七〇〈魏紀二〉文帝黃初四年（223）頁2216。

〔註69〕百衲本《三國志‧蜀志一三‧李恢傳》頁4。

征之時，雍闓可能已失東吳支持，此亦或許爲吳、蜀聯盟之一條件，故諸葛亮既發在道，而雍闓已爲高定部曲所殺，孟獲代闓爲主。〔註70〕因而諸葛亮所遇之對手，已非雍闓而係孟獲。由於雍闓爲高定部曲所殺，亦可推知南中蠻夷趨向分裂，適予蜀漢以各個擊破之機會。

南中羣蠻既已自相殘殺，故南征之軍，尚稱順利。唯李恢一軍，略受挫折，據《華陽國志》云：

> 高定元自旄牛、定筰、卑水多爲壘守，亮欲俟定元軍眾集，合并討
> 之。……亮既斬定元，而馬忠破牂柯，李恢敗於（當衍）南中。〔註71〕

由於直接史料貧乏，諸葛亮之斬高定，馬忠之破牂柯，俱無法知其詳情，亦不曉其出征路線。但知其軍事行動，相當順利，故三月出發，約二月之時間，已「五月渡瀘，深入不毛。」〔註72〕瀘水當即今之金沙江，渡瀘處大致在姚州，瀘水之難渡，據《蠻書》云：

> 蜀忠武侯諸葛亮伐南蠻，五月渡瀘水處，在弄棟城北，今謂之南瀘。
> 兩岸葭葦大如臂脛。川中氣候常熱，雖方冬，行過者皆袒衣流汗。
> 〔註73〕

「雖方冬，行過者皆袒衣流汗。」五月盛暑，渡此瀘水，艱苦困難，可以想見。

以情勢忖之，諸葛亮渡過瀘水後，可能折而向東，直趨滇池地區。此地原由雍闓盤據，闓爲高定部曲所殺，孟獲代領其眾；定元既斬，牂柯已破，所餘者唯一孟獲而已。進向益州，討滅雍闓，原爲李恢所負之任務，孰知李恢被圍於昆明，無法達成任務，亮始於斬高定後，再向益州。南中之戰，僅留下一「七擒孟獲」之美談，其詳情亦不爲後人所知。收降孟獲之經過，據《漢晉春秋》云：

〔註70〕中華廖寅校本《華陽國志》卷四〈南中志〉頁 3 云：「（高）定元部曲殺雍闓及士庶等（廖寅校云：當衍二字），孟獲代闓爲主。」
《三國志‧蜀志一三‧呂凱傳》頁 6 云：「及丞相亮南征討闓，既發在道，而闓已爲高定部曲所殺。」
溫公《通鑑》誤以雍闓爲諸葛亮所殺，《通鑑‧魏紀》文帝黃初六年（225）頁 2224 記云：「漢諸葛亮至南中，所在戰捷。亮由越巂入，斬雍闓及高定。」前引二書俱云雍闓爲高定部曲所殺，而《通鑑》云爲諸葛亮所殺，此可能爲溫公瑕不掩瑜之一疏忽。

〔註71〕中華廖寅校本《華陽國志》卷四〈南中志〉頁3。

〔註72〕百衲本《三國志‧蜀志五‧諸葛亮傳》頁10。

〔註73〕據向達《蠻書校注》卷二〈山川江源第二〉頁44～45。

亮至南中，所在戰捷，聞孟獲者爲夷漢所服，募生致之。既得，使
觀於營陣之間，曰：「此軍何如？」獲對曰：「向者不知虛實，故敗；
今蒙賜觀看營陣，若秖如此，即定易勝耳。」亮笑縱，使更戰。七
縱七擒，而亮猶遣獲，獲止不去，曰：「公天威也，南人不復反矣。」
遂至滇池。南中平，皆即其渠率而用之。或以諫亮，亮曰：「若留外
人，則當留兵，兵留則無所食，一不易也。加夷新傷破，父兄死喪，
留外人而無兵者，必成禍患，二不易也。又夷累有廢殺之罪，自嫌
釁重，若留外人，終不相信，三不易也。今吾欲使不留兵、不運糧，
而綱紀粗定，夷漢粗安故耳」。〔註74〕

諸葛亮之所以七縱孟獲，除前引「三不易」之理由外，此時蜀漢正「方務在
北，而南中好叛亂，宜窮其詐」，〔註75〕可能爲最主要之原因。

　　蜀漢軍隊分三路南進，唯李恢一軍，進展不利，李恢指向益州，作戰對
象爲雍闓。闓死，自當勦滅代領闓眾之孟獲。今諸葛亮渡瀘水，俘孟獲，足
見李恢被圍誤期。據〈恢傳〉云：

丞相亮南征，先由越嶲，而恢案道向建寧。諸縣大相糾合，圍恢軍
於昆明。時恢眾少，敵倍，又未得亮聲息，紿謂南人曰：「官軍糧盡，
欲規退還。吾中間久斥鄉里，乃今得旋，不能復北，欲還，與汝等
同計謀，故以誠相告。」南人信之，故圍守怠緩。於是恢出擊，大
破之，追犇逐北。南至槃江，東接牂柯，與亮聲勢相連。南土平定，
恢軍功居多。〔註76〕

　　諸葛亮平定南中以後，雖亦時有叛亂，但不足構成大患。直至魏晉，仍
承其規模。正如巴克（E. H. Parker）〔註77〕所云，諸葛亮做了許多使雲南團
結之工作，因而造成西南人士對諸葛亮之膜拜。〔註78〕有人以爲因三國演義
之廣爲流傳，方使諸葛亮神化，然而不有若干史實，演義難饜人心。恰因演
義中有若干事實，始能使人信之若狂。

〔註74〕百衲本《三國志・蜀志五・諸葛亮傳》頁 8 裴松之注引《漢晉春秋》，世界書
　　　　局章鈺校本《通鑑》卷七〇〈魏紀二〉文帝黃初六年（225）漢諸葛亮至南中
　　　　條，全採《漢晉春秋》而略異其文。
〔註75〕中華廖寅校本《華陽國志》卷四〈南中志〉頁 3。
〔註76〕百衲本《三國志・蜀志一三・李恢傳》頁 4。
〔註77〕E. H. Parker, "The Old Thai or Shan Empire of Western Yunnan", *China Review*
　　　　（1892～3），p. 339.
〔註78〕可參考余永樑〈諸葛武侯與南蠻〉，收入《西南邊疆民族論叢》頁 253 至 275。

第三節　晉代南中

　　魏炎興元年（263）司馬昭滅蜀，咸熙二年（265）司馬炎篡魏，改國號晉。至太康元年（280）晉平吳，天下統一。在此由分而合之過程中，南中情勢亦隨之而變。蜀漢時代，偏在西南，南中若有風吹草動，影響於蜀漢者非淺，故丞相諸葛亮親征，復以重臣治之。統一以後，滇中距政治中心之洛陽甚遠，若有變亂，可視爲肢體小病，而非心腹之患。因此之故，在用人方面，晉隨蜀後，且有「世官」之事實，因而地方勢力逐漸成長。魏末晉初，以南中之勢力，與東吳爭奪交州，由此亦可看出滇東與交阯之交通，發展甚早。再者，此南中勢力，歷晉、宋而不衰，反而益形擴張，終於形成六朝之爨氏，成爲雲南之實際領袖。

一、晉取南中

　　蜀漢時代，對於統治南中之庲降都督人選，特加注意。章武元年（221）庲降都督鄧方卒。先主問可代者於李恢，恢以西零之役之趙充國自況，求爲庲降都督，「先主笑曰：『孤之本意，亦已在卿矣。』遂以恢爲庲降都督，使持節領交州刺史，住平夷縣。」〔註79〕此時交州屬吳，恢遙領交州刺史，先主可能有意經由南中，進窺交州，由此細微之處，亦可看出吳與蜀並處之難，互有吞併對方之心。後李恢從諸葛亮南征，「南土平定，恢軍功居多。」〔註80〕上文曾述及南土平定時，諸葛亮七擒孟獲，而猶遣使復戰，獲止不去，曰：「公天威也，南人不復反矣。」〔註81〕此「不復反矣」一語，不過爲孟獲個人之意，並非南中諸蠻均具此心，故不僅以後曾有反叛，且不止一次。據《三國志·李恢傳》云：

> 後軍還，南夷復叛，殺害守將，恢身往撲討，鉏盡惡類，徙其豪帥于成都，賦出叟濮耕牛、戰馬、金、銀、犀、革，充繼軍資，于時費用不乏。〔註82〕

及諸葛亮遣鄧芝與東吳議和，東吳未再支持南中之叛亂，吳蜀交好，取消敵對行動。故蜀於「建興七年（229），以交州屬吳，解恢刺史，更領建寧太守，

〔註79〕 百衲本《三國志·蜀志一三·李恢傳》頁4。
〔註80〕 同註79。
〔註81〕 百衲本《三國志·蜀志卷五·諸葛亮傳》頁8裴注引《漢晉春秋》。
〔註82〕 同註79。

以還居本郡。」〔註83〕建興九年（231），恢卒，以張翼「爲庲降都督、綏南中郎將。翼性持法嚴，不得殊俗之歡心，耆率劉胄背叛作亂。翼舉兵討胄，胄未破，會被徵當還。」〔註84〕命張翼爲「綏南中郎將」，隱含有安撫南中，使不反叛之意，然翼「不得殊俗之歡心」，引起建興十一年（233）耆帥劉胄之亂，故蜀以馬忠代之。馬忠再平南土，斬叛首劉胄。建興十二年（234）卒於任所，在任首尾僅二年，時間甚短，然影響甚大，據其本傳言其爲人：

> 忿怒不形於色，然處事能斷，咸恩並立，是以蠻夷畏而愛之。及卒，
> 莫不自致喪庭，流涕盡哀，爲之立廟祀，迄今猶在。〔註85〕

本傳而外，《華陽國志》亦云：

> 忠在南，柔遠能邇，甚垂惠愛，官至鎮南大將軍。卒後南人爲之立
> 祠，水旱禱之。〔註86〕

馬忠堪稱治南蠻之典模，爲後人所取法，而後人皆不及馬忠之威惠雙至。繼馬忠後者，首爲張表，表爲當代名士，其人「清望踰忠」。〔註87〕次爲閻宇，宇有治事之才，被認爲「宿有功幹，於事精勤。」〔註88〕二人繼踵忠後，治績前後輝映，然此二人「威風稱績，皆不及忠」，〔註89〕故馬忠爲三國時代綏和夷漢之理想典型。

閻宇爲庲降都督時，以「南郡霍弋爲參軍。弋甚善參毗之禮，遂代宇爲監軍、安南將軍。撫和異俗，爲之立法施教，輕重允當，夷晉安之。」〔註90〕霍弋駐南中時，適爲魏伐蜀、晉篡魏之際，此時霍弋之態度值得注意，據《漢晉春秋》云：

> 霍弋聞魏軍來，弋欲赴成都，後主以備敵既定，不聽。及成都不守，
> 弋素服號哭，大臨三日，諸將咸勸宜速降，弋曰：「今道路隔塞，未
> 詳主之安危，大故去就，不可苟也。若主上與魏和，見遇以禮，則
> 保境而降，不晚也。若萬一危辱，吾將以死拒之，何論遲速邪？」
> 得後主東遷之問，始率六郡將守上表曰：「臣聞人生於三，事之如一，

〔註83〕同註79。
〔註84〕百衲本《三國志・蜀志一五・張翼傳》頁4。
〔註85〕百衲本《三國志・蜀志一三・馬忠傳》頁7。
〔註86〕中華廖寅校本《華陽國志》卷四〈南中志〉頁4。
〔註87〕百衲本《三國志・蜀志一三・張表傳》頁8。
〔註88〕同註87。
〔註89〕同註87。
〔註90〕中華廖寅校本《華陽國志》卷四〈南中志〉頁4。

惟難所在，則致其命。今臣國敗主附，守死無所，是以委質，不敢
有貳。」晉文王善之，又拜南中都督，委以本任。〔註91〕

霍弋既爲夷漢所愛，且又「及晉世因仍其任。時交趾不附，假弋節遙領交州
刺史，得以便宜選用長吏。」〔註92〕霍弋所實行者，不純是「遙領」而已，
而是要利用機會，製造或協助交州內部之叛亂，伺機謀取交州。此種機會，
不難出現。如此可免中原遣兵調將之苦，萬里輓芻之勞。亦爲霍弋自試之道，
何樂不爲？

二、由益圖交

蜀滅於魏，吳不思脣亡齒寒之義，起兵西上，外託救援，欲襲永安。及
聞鍾會、鄧艾之勝，百城無主，又有兼蜀之志，無奈蜀將羅憲奉後主手敕，
固守巴東，而降於魏。〔註93〕吳圖蜀不成而內亂繼作。此時蜀漢新亡，呂興
叛於交州，濮陽興、孫布違吳主孫休遺命，立烏程侯孫皓而廢休子霅，遂使
吳益不可爲。東吳內部不穩，鼎足之勢既已打破，其不能單獨存在已屬明顯
之事實，不逞份子因而降魏，引魏入侵造成東吳內外雙重之困難。

交州之亂，可以看出晉之利用南中人、地之便，與吳爭奪交州。此種情
形，似又回到先主劉備時代。此事據《晉書‧陶璜傳》云：

> 孫皓時，交阯太守孫諝貪暴，爲百姓所患。會察戰鄧荀至，擅調孔
> 雀三千頭，遣送秣陵。既苦遠役，咸思爲亂。郡吏呂興殺諝及荀，
> 以郡內附，武帝拜興安南將軍、交阯太守，尋爲其功曹李統所殺。
> 帝更以建寧爨谷爲交阯太守，谷又死，更遣巴西馬融代之。融病卒，
> 南中監軍霍弋又遣犍爲楊稷代融，與將軍毛炅、九眞太守董元、牙
> 門孟幹、孟通、李松、王業、爨能等，自蜀出交阯，破吳軍于古城，
> 斬大都督脩則、交州刺史劉俊。〔註94〕

建寧爨谷，巴西馬融、犍爲楊稷，從其鄉里揣測，可能俱爲蜀漢舊人。主其事
之霍弋，於魏平蜀之次年（264）降魏，復拜南中都督，委以本任。「後遣將兵

〔註91〕百衲本《三國志‧蜀志一一‧霍峻傳附子弋》裴松之注引《漢晉春秋》。

〔註92〕中華廖寅校本《華陽國志》卷四〈南中志〉頁4。

〔註93〕世界章鈺校本《通鑑》，頁2483至2484。

〔註94〕百衲本《晉書》卷五七列傳第二七〈陶璜傳〉頁4。內引牙門中有一「王業」，
《通鑑》卷七八〈魏紀一〇〉元帝咸熙元年九月辛未條作「王素」，業、素形
近，未知孰是。

救援呂興，平交阯、日南、九眞三郡，功封列侯，進號崇賞焉。」〔註95〕可見晉善於利用蜀漢舊人，乘機奪取交州。更從爨谷被任命爲交阯太守，爨能之爲牙門將，可以看出久爲「方土大姓」之爨氏，其勢力漸大，地位愈趨重要。

霍弋始率六郡〔註96〕降魏，復遣將南入交阯，斬脩則、劉俊等人，因功封侯。其在南中，和解夷人，另有良法爲後代所遵循，則知此法必有可取之處。據《華陽國志》云：

> 及晉世，因仍其任。時交阯不附，假弋節遙領交州刺史，得以便宜選用長吏。今官和解夷人及適罰之，皆依弋故事。〔註97〕

霍弋以後，治南中有名者，僅有李毅與王遜二人而已。

三、李毅平亂

晉武帝咸寧五年（279），由於尚書令衛瓘之建議，始行兼併州郡。至「太康三年（282），罷寧州，置南夷，以天水李毅爲校尉，持節統兵，鎮南中，統五十八部夷族。」〔註98〕李毅在南中爲時甚久，其後建寧太守巴西杜俊，朱提太守梓潼雍約俱儒鈍無治，政以賄成。鄉土大姓鐵官令毛詵、中郎李叡等之部曲，爲建寧太守巴西杜俊所奪，並致詵弟耐於罪。朱提大姓太中大夫李猛有才幹，弟爲功曹，分當察舉，而杜俊及朱提太守梓潼雍約受都尉雷逢賄，舉逢子炤孝廉，不禮猛，猛等怨之。至晉惠帝太安元年（302）秋，詵、叡等逐俊以叛。李猛「見賢思齊」，亦逐雍約，應之爲亂，有眾數萬。後爲李毅所破，斬詵首，叡遁走，李猛奉牋降，辭意不遜，毅誘而殺之。叡奔五苓夷帥于陵承，亂事漸平。冬十一月，復置寧州，以毅爲刺史。次年（303）夷帥于陵承詣毅請恕叡罪，毅許之。及叡至，羣下以詵、叡攻破州土，必欲殺之，毅不得已許之。及叡死，于陵承及諸夷怒，扇動謀反，奉建寧太守巴西馬恢爲刺史，燒郡僞發。毅方病，力疾出軍，初以救恢，及聞其情，乃殺恢，夷愈強盛，破壞郡縣，沒吏民，而毅疾甚，軍連不利，南中危殆，當時之情，據《華陽國志》云：

> 晉民或入交州，或入永昌、牂柯，半亦爲夷所困虜。夷因攻圍州城，

〔註95〕同註93。
〔註96〕據世界章鈺校本《通鑑》卷七八〈魏紀一〇〉魏元帝咸熙元年（264）三月頁2485霍弋降魏條所記，引裴注曰：「南中七郡，蓋越雟已降魏也。」
〔註97〕同註92。
〔註98〕同註97。

毅但疾力固孤城，病篤不能戰討。時李特、李雄作亂益州，而所在
有事，救援莫至。毅上疏陳謝：「不能式遏寇虐，疾與事遇，使虜遊
魂，兵穀既單，器械窮盡，而求救無望，坐待殄斃。若必不垂矜憂，
乞請大使，及臣尚存，加臣重罪。若臣已死，陳屍爲戮。」積四年，
光熙元年（306）春三月，毅薨。〔註99〕

此段期間，西晉先有賈后亂政，繼有八王之亂，內亂不已，外患忽生。永興元
年（304）秋八月「匈奴左賢王劉元海反於離石，自號大單于」。〔註100〕同年十
一月，「李雄僭號成都王，劉元海僭號漢王。」〔註101〕次年六月，「李雄僭即帝
位，國號蜀。」〔註102〕晉自顧且不暇，又安能顧及南中耶？至光熙元年（306）
春三月，李毅薨於南中時，晉與雲南之交通，已受阻於李雄，消息斷絕，復以
是歲十一月庚午（十八日），晉惠帝崩於顯陽殿，時年四十八，太弟熾即位，是
爲懷帝，次年改元永嘉，此時晉廷是否能知李毅之卒，已成問題。故毅卒後，
眾推毅女秀領州事，據《華陽國志》云：

子釗任洛還，赴到牂柯，路塞停住交州。文武以毅女秀明達有父才，
遂奉領州事。秀初適漢嘉太守廣漢王載，載將家避地在南，故共推
之，又以載領南夷龍驤參軍。秀獎勵戰討，食糧已盡，人但樵草炙
鼠爲命。秀伺夷怠緩，輒出軍掩破，首尾三年，釗乃得達丁喪，文
武復逼釗領州府事。〔註103〕

李秀以一女子，奉領州事，雖曰出於權宜之計，然無朝命，事同私相授受，
原不適宜。毅子釗奔喪南中，又被迫領州事，事同承襲，可暫行於一時，而
不能長久也。毅故吏毛孟詣洛陽求救，至欲自刎，朝廷乃以魏興太守王遜爲
南夷校尉、寧州刺史。據《晉書·王遜傳》云：

惠帝末，西南夷叛，寧州刺史李毅卒，城中百餘人奉毅女固守經年。
永嘉四年（當作元年，西元307年），治中毛孟詣京師求刺史，不見
省。孟固陳曰：「君亡親喪，幽閉窮城，萬里訴衷，不垂愍救，既慚
包胥無哭秦之感，又愧梁妻無崩城之驗，存不若亡，乞賜臣死。」

〔註99〕 中華廖寅校本《華陽國志》卷四〈南中志〉頁5至6。
〔註100〕 百衲本《晉書·本紀四·惠帝紀》頁7。
〔註101〕 同前。
〔註102〕 百衲本《晉書·本紀四·惠帝紀》頁8。
〔註103〕 中華廖寅校本《華陽國志》卷四〈南中志〉頁6。據《通鑑》，李釗於永嘉元
年（307）至寧州。故引文中之「首尾三年」，不管屬上屬下，俱有問題。

朝廷憐之，乃以遜爲南夷校尉、寧州刺史，使於郡，便之鎮。〔註104〕

四、王遜杖威

　　王遜於永嘉元年受命，至四年（310）始至寧州，途中與毛孟俱行，道遇盜賊，踰年乃至。可見天下已亂，不僅有打家劫舍之盜匪，且有稱王稱帝之割據者，因而王、毛此行，當避於李雄，因而費時自多。此時之寧州，「外逼李雄，內有夷寇，吏士散沒，城邑丘墟。遜披荒糾屬，收聚離散，專杖威刑，鞭撻殊俗。」〔註105〕《華陽國志》亦云：

> 時荒亂後，倉無斗粟，眾無一旅。官民虛弱，繩紀弛廢。遜惡衣菜
> 食，招集夷民，夷徼厭亂，漸亦返善。勞來不息，數年克復。〔註106〕

王遜丁此亂世，服官蠻荒，外有強敵，內多反側，尤以中州板蕩，天下分崩，夷民好亂，吏紳桀驁，若不痛加鞭笞，豈可得而治耶？遜之「專杖威刑」，乃有其不得已之原因。據〈遜傳〉云：

> 遜未到州，遙舉董聯爲秀才。建寧功曹周悅謂聯非才，不下版檄。
> 遜既到，收悅殺之。悅弟潛謀殺遜，以前建寧太守趙混子濤代爲刺
> 史。事覺，並誅之。又誅豪右不奉法度者數十家。征伐諸夷，俘馘
> 千計，獲馬及牛羊數萬餘，於是莫不振服，威行寧土。又遣子澄奉
> 表勸進於元帝，帝嘉之。累加散騎常侍、安南將軍，假節，校尉、
> 刺史如故，賜爵褒中縣公。〔註107〕

周悅抗命，死有餘辜，悅弟謀殺命官，私相署置，不誅何待。豪右而不奉法，必亂地方，誅之固宜。但由於嚴猛太過，多所誅鋤，使人畏威而不懷德，但見殺戮，而不知其安定地方之力，況寧州早已「繩紀弛廢」，驟以嚴刑峻法治之，民不堪命，況又外誘於李雄，自易引起叛變。叛變之後，或投降於佔據四川之李成，或保境獨立，如犍爲太守朱提雷炤、流民陰貢、平樂太守董霸，

〔註104〕百衲本《晉書》卷八一列傳第五一〈王遜傳〉頁 1。王遜受命在永嘉元年，
　　　　四年始至寧州，故《華陽國志》卷四〈南中志〉頁6云：「朝廷以廣漢太守魏
　　　　興王遜爲南夷校尉、寧州刺史代毅。自永嘉元年受除，四年（310）乃至。」
　　　　王遜非廣漢太守，乃爲魏興太守，此處《晉書》本傳不誤而《華陽國志》誤，
　　　　故《通鑑考異》曰：「《華陽國志》以廣漢太守王遜爲寧州，按時廣漢已爲李
　　　　雄所陷，今從〈遜傳〉。」
〔註105〕同前。
〔註106〕中華廖寅校本《華陽國志》卷四〈南中志〉頁6。
〔註107〕同註104。《華陽國志》卷四〈南中志〉云遜被封爲「褒中伯」，今從本傳。

破牂柯、平夷、南廣，北降李雄；又如建寧爨量與益州太守李遐、梁水太守董懂，保興古、盤南以叛。〔註108〕此非唯內部之叛亂，且外結李雄，一旦有事，內外響應。處此時地，豈可不謹慎從事。

王遜服官南中之時，正兩京覆滅，晉室東渡之秋，故除遣子澄勸進於元帝外，並「以地勢形便，上分牂柯爲平夷郡，分朱提爲南廣郡，分建寧爲夜郎郡，分永昌爲梁水郡；又改益州郡爲晉寧郡。」〔註109〕將一郡分爲二郡，其目的可能爲分而力弱，難生大規模之叛亂，使其便於統治。郡小而多，能夠多所任命，使南中英豪，畢供驅遣。雖此項分郡署置之資料不全，且多矛盾，但作如此推測，諒無大誤。

兩晉之交，服官南中者，不唯無法得到中央之支援，且外有強敵李氏，時露兼併之意，兵連不解。李毅生前，李雄即謀南中，且利用夷、漢衝突，而欲坐收漁利。據《晉書・載記》云：

> 先是南土頻歲饑疫，死者十萬計。南夷校尉李毅，固守不降。雄誘建寧夷使討之。毅病卒。〔註110〕

前言李毅卒後，先以秀領州事，首尾三年，其子釗始自洛中還，復被迫領州事。及王遜到官，「表釗爲朱提太守，治南廣。」〔註111〕及分朱提爲南廣，李釗因爲南廣太守。其在南廣任內，與李雄數有爭戰，據《華陽國志》云：「南廣太守李釗，數破雄，殺賊大將樂初。」〔註112〕釗亦非有勝無敗，且曾爲李雄所俘，後「自蜀逃歸，遜復以釗爲越嶲太守。」〔註113〕至太興二年（319），李雄遣李驤、任回攻越嶲，又分伐朱提。釗自南秦與其妹婿漢嘉太守王載共拒之。次年春戰于溫水，釗因敗被俘，載遂以二郡附於雄。是年夏，李驤復謀攻寧州，據〈遜傳〉云：

〔註108〕同註106。另見中華廖寅校本《華陽國志》卷九頁2。
〔註109〕百衲本《晉書》卷八一列傳第五一〈王遜傳〉頁1。另參考《華陽國志》、《晉書・地理志下》、《宋書》。
〔註110〕百衲本《晉書》卷一二一載記第二十一〈李雄傳〉頁1。此段引文下接：「城陷，殺壯士三千餘人，送婦女千口於成都。」〈懷帝紀〉亦云：「永嘉元年五月，建寧郡夷攻陷寧州，死者三千餘人。」《通鑑考異》以爲城未陷，前說不可從，因《華陽國志》有毅卒年月及女秀守城事，而《晉書》亦云：「李毅卒，城中奉毅女固守經年。」吾從《考異》之說，雄雖誘攻寧州，而城實未陷，否則王遜亦無法之官。
〔註111〕中華廖寅校本《華陽國志》卷四〈南中志〉頁6。
〔註112〕同註111頁10。
〔註113〕百衲本《晉書》卷八一列傳五一〈王遜傳〉頁1。

後驤等又渡瀘水，寇寧州。遜使將軍姚崇、爨琛距之，戰于堂狼，
大破驤等。崇追至瀘水，透水死者千餘人，崇以道遠不敢渡水。遜
以崇不窮追也，怒囚羣帥，執崇鞭之。〔註114〕

李驤南伐，可能走諸葛亮舊道。失敗北遁以後，又使晉之南中苟延若干年。

　　至太興四年（321），南夷校尉、寧州刺史王「遜發病薨，州人推中子堅
領州事。」〔註115〕州人既推堅行州府事，朝廷因而：「詔除堅爲南夷校尉、寧
州刺史、假節」。〔註116〕王遜在南中時，安內攘外，寧靜一方，功烈過於李毅，
及其子堅繼之，「陶侃懼堅不能抗對蜀人，太寧（323～325）末，表以零陵太
守尹奉爲寧州，徵堅還京。」〔註117〕既懼堅不能對抗蜀人，又安知尹奉必能
對抗蜀人？

　　尹奉至寧州後，「威刑緩鈍，政治不理」，〔註118〕未必優於王堅。

　　尹奉在南中苦撐殘局，至晉成帝咸和七年（332）始生變化。是年秋，李蜀
大舉南伐，所用之人，大部爲太興二、三年南征將領之子弟。其最著者，爲以
李驤子壽南攻寧州。並以征東費黑與邵攀等爲前軍，由南廣（四川琪縣西南）
入。又別遣任回子調由越嶲（四川會理）入。冬十月，李壽、費黑至朱提（四
川宜賓西南），朱提太守董炳嬰城固守。寧州刺史尹奉，遣建寧太守霍彪、大姓
爨深等助炳。援尙未至，而壽、黑等已圍城。李壽時欲逆拒援軍，費黑曰：「料
城中食少，霍彪等雖至，齎糧不多，宜令人入城，共消其穀，猶嫌其少，何緣
拒之。」〔註119〕彪等入城後，壽、黑久攻不下，壽欲全力急攻之，黑諫曰：「南
中道險，俗好反亂。宜必待其詐勇已困，但當日月制之。全軍取勝，以求有餘。

〔註114〕同註113。姚崇，中華廖寅校本《華陽國志》卷四〈南中志〉頁6作姚岳。
　　　　堂狼，《華陽國志》卷四〈南中志〉頁6作堂螂，同書卷九又作螳螂。螳螂即
　　　　螳螂川，爲滇池之下流，自雲南昆陽縣北之海口洩出，北經安寧、富民、祿
　　　　勸諸縣，入於金沙江，形如螳螂，故名。
〔註115〕中華廖寅校本《華陽國志》卷四〈南中志〉頁6。另百衲本《晉書》卷八一
　　　　列傳五一〈王遜傳〉云「遜以崇不窮追也，怒囚羣帥，執崇鞭之。怒甚，髮
　　　　上衝，冠爲之裂，夜中卒。」此段文字雖佳，誇張過甚，全學史公筆法，惜
　　　　非事實。此戰發生在太興三年，而王遜卒於四年，故不取《晉書》之說，而
　　　　用《華陽國志》。
〔註116〕百衲本《晉書》卷八一列傳第五一〈王遜傳〉頁1。
〔註117〕同前。
〔註118〕中華廖寅校本《華陽國志》卷四〈南中志〉頁6。
〔註119〕中華廖寅校本《華陽國志》卷九〈李特雄期壽勢志〉頁3。

涸牢之物，何足汲汲也。」〔註120〕壽必欲戰，戰果不利。乃悉以軍事委費黑，黑乃以長圍困之。至次年（333）春正月，董炳、霍彪等出降，李蜀軍功，威震南中。同年三月，寧州刺史尹奉以兵敗援絕，舉州而降，結果「遷奉於蜀，壽領寧州。南夷初平，威禁甚肅，後轉凌掠民。」〔註121〕

尹奉而後，南中雖有時反而爲晉，但爲時甚暫。及李蜀覆滅，江東及中原勢力，俱不易伸展南中，日積月累，寧州漸趨割據狀態，羈縻性質，爨氏即趁此機緣，割據自雄，雖外奉晉宋正朔，實則形同自主。

第四節　南朝至隋

由前二節之論述，稍加注意，即可看出由漢末至兩晉時代，雲南出現頗多爨姓人士，參預地方行政，或竟去州郡而仕朝廷，漸成大姓。晉失南中，李蜀亦未能長期擁有。一則李氏覆滅，再則南中叛亂。以後北朝則是尋起尋滅，而南朝亦歸於篡弒相尋，南、北兩朝均無暇顧及南中，而南中地區與南、北兩方政權之接觸亦因而減少，漸同獨立。在此由分而合之過程中，爨氏實獲得南中之控制權。及至隋、唐，遂演成東、西兩爨，分控烏蠻與白蠻之局。因而論及雲南，爨氏族屬乃成不得不研究之問題。

一、雲南爨氏

爨氏雖爲三國至隋唐間雲南之大姓，但史籍對其無周詳之記載，僅偶有爨姓人士出現而已。正史中有關爨氏之史料既如是貧乏，所以「爨寶子」、「爨龍顏」二碑，就成爲研究爨氏族屬的重要史料。對於碑誌之利用，除其碑主之生卒年月，及其所歷官職大致可信外，於其郡望祖源，當予以考定，抱無徵不信之態度，庶免爲古人所欺〔註122〕而不自知。

在研究爨氏之族屬時，首先遭遇到之困難，即在爨氏爲漢人流落南中者？抑爲南中土著漢化較深者二問題上。據〈爨龍顏碑〉述其源流時云：

君諱龍顏，字仕德，建寧同樂縣人。其先世則少昊顓頊之玄胄，才子祝融之眇胤也。清源流而不滯，深根固而不傾。夏后之盛，敷陳

〔註120〕同前。
〔註121〕同前頁4。
〔註122〕袁枚有詩曰：「雙目自將秋水洗，平生不受古人欺。」

五教，勳隆九土，純化洽于千古，仁功播於萬祀。故乃耀輝西岳，霸王郢楚，子文詔德於春秋，班朗紹縱於季漢。陽九運否，蟬退河東，逍遙中原，班彪刪定漢紀，班固述脩道訓。爰暨漢末，采邑於爨，因氏族焉。姻婭媾於公族，振纓蕃乎王室，乃祖肅魏尚書僕射、河南尹，位均九列，舒翮中朝，通運庸蜀，流薄南入。〔註123〕

根據前引〈大爨碑〉，凌純聲先生復加旁證云：

據上所述，則爨之系出於芊，別氏爲班，彪、固皆爲其祖。碑文爲爨氏的自述，如無旁證，未可盡信。《新唐書・南蠻傳下》云：「西爨自云本安邑人，十世祖晉南寧太守，中國亂，遂王蠻中。」安邑在今山西之運城縣，夏代禹所都，戰國爲魏都。《戰國策》有魏爨襄其人。可見爨自云本安邑人亦不爲無因。謝承《後漢書》：「爨氏望出晉昌，後漢河南尹爨肅。」（《鄭樵通志》引）晉昌在今湖北的竹谿，陝西的石泉、洋縣等地。今湖北竹山、竹谿等縣，爲古之庸地，可爲碑文「遷運庸蜀」一語的旁證。爨氏之見於載籍者尚有：《唐書・突厥傳》有爨寶壁（或作爨寶璧）率精兵一萬三千人出塞，反爲骨吐祿（吉林案當作骨咄祿）所敗。可見雲南之爨，並非土著而漢化的民族，乃中原民族之沒於蠻者。〔註124〕

雲南之爨，未必爲中原民族之沒於蠻者。凌氏所引旁證及其結論，仍然值得商討。今將思慮所及，臚列於後，以示不敢苟同。

　　據〈爨龍顏碑〉述其得姓之始云：「爰暨漢末，采邑於爨，因氏族焉。」以封地爲姓，不乏往例，爨地何在，古今無考。而其得姓時間，復遲至漢末，不思《戰國策・魏策》既有爨襄其人，則戰國時代已有姓爨者，無待乎其於漢末，方「采邑於爨，因氏族焉。」因此，即使〈爨龍顏碑〉所述之得姓始末爲事實，亦與爨襄之爨無直接關係，何況〈大爨碑〉所述，又未必俱係事實。又因碑文中云：「陽九運否，蟬脫河東，逍遙中原。」《唐書・南蠻傳下》則云：「西爨自云本安邑人，十世祖晉南寧太守，中國亂，遂王南中。」所可注意者，《唐書》作者劉昫並未說西爨爲安邑人，僅言其「自云本安邑人」，如確係安邑人而無疑問，即可省此「自云」二字，有此二字正表示作者不敢負責。再者，秦漢時代，安邑屬河東郡，《唐書》之「西爨自云本安邑人」，

〔註123〕《金石續編》卷一頁27〈寧州刺史爨龍顏碑〉。
〔註124〕凌純聲〈唐代的烏蠻與白蠻考〉，《人類學集刊》第一卷第1期，頁62～63。

實與〈大爨碑〉之自述「陽九運否，蟬脫河東，逍遙中原」源於同一母題，不過為唐代西爨祖述〈大爨碑〉之說法而已，即建寧爨氏云其祖先出自河東，其後「流薄南入」，「遂王南中」。若〈大爨碑〉之說法動搖，則《唐書》之說不攻自破。

建寧爨氏，既與戰國魏國爨襄無關，而唐代西爨，又係建寧爨氏一脈相承，故唐代西爨亦與爨襄無關。凌純聲先生以「西爨自云本安邑人」，考證出「安邑在今山西之運城縣，夏代禹所都，戰國為魏都。《戰國策》有魏爨襄其人。可見爨自云本安邑人亦不為無因。」建寧爨氏既與魏國爨氏有異，今強將西爨接於魏國爨氏之下，即無法自圓其漢末以采地為姓之說，更不能因中原早有姓爨者，即認雲南之爨「乃中原民族之沒於蠻者」。若〈大爨碑〉自承其出自爨襄之後，而非得姓於漢末，則欲使人相信其係「中原民族之沒於蠻者」，將更難辨其真相。今似可斷言，雲南之爨與中原之爨並無關係，不過偶同而已。

鄭樵《通志‧氏族略》引謝承《後漢書》云：「爨氏望出晉昌，後漢河南尹爨肅。」凌純聲先生考出：「晉昌在今湖北的竹谿，陝西的石泉、洋縣等地。今湖北竹山、竹谿等縣，為古之庸地，可為碑文『遷運庸蜀』一語的旁證。」此處至少有數點矛盾，無法與〈大爨碑〉符合。若謝承《後漢書》之爨肅，即係〈大爨碑〉所述之「乃祖肅，魏尚書僕射、河南尹。」則有兩點疑問，即〈大爨碑〉所述之爨肅，「蟬脫河東」，係魏之河南尹；而謝承《後漢書》所述之爨肅，「望出晉昌」，為後漢之河南尹，郡望不同，朝代復異。且范曄《後漢書》出，諸家《後漢書》並廢，鄭樵所引單文孤證是否可信，尚成問題。若謝承《後漢書》確有如此之記載，據筆者推測可能建寧爨氏初期自稱「望出晉昌」，漢化漸深，則將「郡望」攀為河東。郡望既係攀附，官職可能亦出諸附會，故或為漢，或為魏而無定說。雖可如此推測，但筆者仍對謝承《後漢書》有無此項記載，表示懷疑。

至於《唐書‧突厥傳》上所提到之爨寶璧，[註125] 其為中原爨氏，抑為雲南爨氏，很難確知。三國時代雲南爨氏始露頭角，歷經六朝，復以隋史萬歲之征討，唐初之懷柔，難免無雲南之爨仕於中央。且爨寶璧敗於垂拱三年（687），唐開國已七十年，此期間唐正羈縻兩爨，爨氏遣子弟仕於唐亦可能。反之，即

〔註125〕爨寶璧，《新唐書》卷二一五上〈突厥傳上〉作「爨寶璧」、《冊府元龜》卷四四七〈將帥部‧輕敵〉頁 22 與《資治通鑑》卷二〇四頁 6446 同作「爨寶璧」，竊以作「爨寶璧」為是。

令爨寶璧爲中原之爨氏，亦不能據此構成雲南爨氏「乃中原民族之沒於蠻者」的結論。又何況無法證明爨寶璧爲中原之爨，抑南中之爨。

二、爨氏之興

戰國時代魏國雖有爨襄其人，時經兩漢，未見其後有顯者，其有後與否亦成疑問。前節既剖析雲南爨氏與中原爨氏無關，今更將雲南爨氏之活動見於史籍者，加以鈎沉，以見其逐漸興起，而非一朝一夕之故。

雲南爨氏之首見於史籍者，當以爨習爲首。據《三國志‧李恢傳》云：

李恢，字德昂，建寧俞元人也。仕郡督郵，姑夫爨習爲建伶令，有

違法之事，恢坐習免官。太守董和以習方土大姓，寢而不許。〔註126〕

「恢坐習免官」事，發生在劉備入川以前。及劉備入川，李恢「乃託名郡使，北詣先主，遇於緜竹。先主嘉之，從至雒城，遣恢至漢中，交好馬超。」〔註127〕先主於建安十八年（213）降緜竹，進圍雒城，攻且一年，至十九年（214）夏破雒城。李恢遇先主於緜竹，當不遲於建安十八年，因而確定在建安十八年以前，爨習已爲「方土大姓」。此一事實，足以否定〈大爨碑〉所云：「迺祖肅，魏尚書僕射、河南尹。位均九列，舒韠中朝，通運庸蜀，流薄南入」之說。若待魏時方「流薄南入」，則在魏開國前之「方土大姓」爨習又如何解釋？而魏時三國鼎立，南隔蜀吳，「流薄南入」，亦非易事。且以尚書僕射、河南尹之顯職，魏何能容其南入，而蜀又不加以利用，俱屬不可解釋之事。故作者堅信〈大爨碑〉所述其先世事跡，當出僞造。建寧爨氏不止爲「方土大姓」，且又爲漢化極深之土著，似無可疑。

李恢謁先主後十三年，蜀漢後主禪建興三年（225），諸葛亮討平南中，除得軍國之用外，「亮收其俊傑，建寧爨習、朱提孟琰、及（孟）獲爲官屬。習官至領軍，琰輔漢將軍，獲御史中丞。」〔註128〕亮所收之俊傑，可能仍爲地方領袖、方土大姓之類，以其能興風作浪，割據一方，爲朝廷患，故置之中央，使生向心力，庶免分裂。亮所收俊傑中，以爨習與孟獲並列，可見爨習爲「方土大姓」之語不虛。爨、孟二氏俱爲南中大姓，至唐依然，不過爨氏在發展過程上，遠超孟氏。

〔註126〕百衲本《三國志》卷四三蜀志一三〈李恢傳〉頁3。
〔註127〕同前註。
〔註128〕中華廖寅校本《華陽國志》卷四〈南中志〉頁4。

爨習而後，爨氏代有顯者，史不絕書。雖所記簡略，難知其詳情，然亦可從此一鱗半爪中，推出若干信息。

另一爨氏名人，起於蜀被滅以後，其時霍弋聞後主禪東遷，隨而降魏。晉武帝太始（265～274）初，吳交州內亂，以郡內附，武帝以建寧爨谷爲交阯太守，谷尋死。〔註129〕後霍弋又遣犍爲楊稷爲交阯太守，使與「將軍毛炅、九眞太守董元，牙門孟幹、孟通、李松、王業、爨能等，自蜀出交阯，破吳軍于古城，斬大都督脩則、交州刺史劉俊。」〔註130〕此牙門中之孟幹、孟通、爨能等應無疑爲南中土著，且在爨習以後，爨谷、爨能等可算爲爨氏中之佼佼者。

王遜爲南夷校尉時（永嘉四年，310～太興四年，321），南中爨氏尤爲活躍，內有叛晉而降於李成之爨量，外有拒敵之爨琛。

爨量之叛，史書未言其影響，今鈎稽《華陽國志》及其他史書，大致可明其嚴重性。《華陽國志》云：

> 建寧爨量，與益州刺史李逷、梁水太守董懂，保興古、盤南以叛。
> 〔註131〕

爨氏之爲「方土大姓」，歷三國至兩晉而愈盛，爨量自係其族之領袖人物。李逷爲李恢之孫，〔註132〕李氏爲建寧俞元（在今雲南澂江縣南）人，恢在蜀漢時，曾爲庲降都督，使持節領交州刺史。後隨諸葛亮南征，南中平，封漢興亭侯，加安漢將軍。至建興七年（229），以交州屬吳，解恢刺史，更領建寧太守。李恢以當地土著，屢爲其地之地方長官，自易造成龐大之潛勢力。且其孫逷，又爲益州太守，承父祖餘威，疑有壟斷南中之力。董懂事雖無考，然曾爲益州、梁水等郡太守，自非泛泛之徒。以此三人造成之叛亂，自可使南中爲之動搖。雖以王遜之英武有爲，亦未能將此內亂平服。

前節敘及太興二、三年間，李蜀遣李驤寇寧州，王遜使將軍姚崇、爨琛〔註133〕等拒之，戰於堂狼，大破驤等。爨量降於李氏，爨琛忠於晉室，爨

〔註129〕百衲本《晉書》卷五七列傳第二七〈陶璜傳〉頁4。
〔註130〕同前註。
〔註131〕中華廖寅校本《華陽國志》卷四〈南中志〉頁6。同卷頁8作「建興爨量」，誤，當作「建寧爨量」。又同書卷九頁2有「建寧爨量蒙險委誠」中之「爨量」，當作「爨量」，形近而譌。此二處，世界書局影印明錢穀鈔校本《華陽國志》並不誤。
〔註132〕中華廖寅校本《華陽國志》卷四〈南中志〉頁8云：「寧州別建爲益州，後太守李逷，恢孫也。」
〔註133〕百衲本《晉書》卷八一列傳第五一〈王遜傳〉頁1。

氏人才之多，及在南中聲勢之大，可以想見。

　　咸和七年（332）李蜀再寇寧州，尹奉所遣援助朱提太守董炳之人中，除建寧太守霍彪外，另有「大姓爨深」，次年兵敗俱降。至咸和「九年（334）春，分寧州置交州，以霍彪爲寧州，建寧爨深爲交州刺史。」〔註134〕此爨深與前述之爨琛，未必非爲一人，諸書強爲分辨，反失其眞。〔註135〕今雖無法證明深與琛爲一人，但亦無強有力之反證，能證明深與琛必爲二人。

　　爨氏既世爲「方土大姓」，故每一政權控有寧州時，勢必借重爨氏之力，以維持地方。李蜀時代，除爨深爲交州刺史外，爨量若在，亦必蒙寵命。此外，尚有李勢將爨頠，於東晉穆帝永和元年（345）冬十二月來降。〔註136〕次年，晉將桓溫伐蜀，李勢敗降，溫收常璩等以爲參軍。〔註137〕

　　常璩之《華陽國志》，爲記載漢晉兩代西南史地最詳之史書，言此一時期之西南史事者，自當以此書根據。自常璩入晉以後，至於隋代，寧州形同獨立，來往既少，所知亦稀，至唐代樊綽《蠻書》出，此種形勢方始改變，然亦不能上接《華陽國志》矣。

　　由於《華陽國志》之存在，更可證明〈爨龍顏碑〉所述之祖先系統，出諸攀附，其源於中原之說爲不可靠。若漢魏之際，有「流薄南入」者，後世榮顯如爨氏，常氏安能不述其來源？且常《志》言及建寧郡之十三縣時，於

<hr />

〔註134〕中華廖寅校本《華陽國志》卷九〈李特雄期壽勢志〉頁 4。

〔註135〕《元和姓纂四校記》卷九頁 827 云：「蜀志交阯刺史爨琛」，岑仲勉「校云：『案《廣韻》、琛作深』，《金石續編》一云：『當是交州刺史爨深之誤，《晉書・王遜傳》、遜使爨琛距李驤，戰於堂狼。深爲蜀漢時人，琛爲東晉時人，相去六十餘年，諸書往往誤合。』按《姓觿》七亦作深。」
　　吉林案：《姓纂》之「蜀志交阯刺史爨琛」，此中當先辨者，即此「蜀志」二字，非《三國志・蜀志》，遍檢《三國志》之《蜀志》，無爨琛或爨深其人。此「蜀志」當解作《華陽國志》中之〈李特雄期壽勢志〉，因李氏建國於蜀，亦簡稱爲蜀。州有刺史而郡有太守，故當作「交州刺史」，而非交阯刺史，《廣韻》及《姓觿》既均作深，則此爨深必係在咸和九年（334）任命爲交州刺史者。《金石續編》知「交阯刺史爨琛」當是「交州刺史爨深」之誤，不知此蜀非劉氏之蜀，因而致誤，岑仲勉氏引而不察，默承其說，深所不取。又案：琛拒李驤於堂狼，時在太興三年（320），爨深被李蜀任爲交州刺史，時在咸和九年（334），相距僅十五年，有爲一人之可能。

〔註136〕百衲本《晉書・帝紀八・穆帝紀》頁 1 永和元年「冬十二月，李勢將爨頠來奔。」

〔註137〕百衲本《晉書》卷九八列傳六八〈桓溫傳〉頁 10 云：「溫停蜀三旬，舉賢旌善，僞尚書僕射王誓、中書監王瑜、鎮東將軍鄧定、散騎常侍常璩等，皆蜀之良也，並以爲參軍。」

同樂縣（雲南曲靖縣西）下云：「大姓爨氏」，〔註138〕此與〈大爨碑〉言爨龍顏，〈小爨碑〉言爨寶子，屬於同一縣。言「大姓爨氏」而未言由來，當可視爲土著，亦可見漢晉之際之爨氏，源於建寧同樂。常璩更於《華陽國志》第十二卷後，集益梁寧三州以來士女目錄，於建寧人士，僅言及李恢、爨習、孟獲等三人，若眞有一官至尚書僕射、河南尹之爨肅，常氏當不致漏記！故作者不止懷疑爨氏不出於中原，對爨肅之有無其人，亦存疑問。

三、爨氏獨立

　　桓溫伐蜀以後，似又幾經變遷，寧州進於半獨立狀態。大姓爨氏，即在此期間，獲得寧州政權，名雖晉地方官吏，實則形同世襲，正如凌純聲先生所說：「可見當時的建寧，開門稱藩，閉戶稱王，與中朝常常隔絕。」〔註139〕由於與中朝常相隔絕之緣故，中朝對西南所知甚少，留傳下來之史料，更爲貧乏。幸有大、小爨碑之存在，雖不足以補此段空白，但可以測知若干事實。

　　〈小爨碑〉稱其碑主云：

> 晉故振威將軍、建寧太守，⋯⋯。君諱寶子，字寶子，建寧同樂人也。⋯⋯州主簿，治中別駕，舉秀才，本郡太守。寧撫氓庶，物物得所。春秋廿三，寢疾喪官。⋯⋯。太亨四年，歲在乙巳四月上旬卒。〔註140〕

太亨四年即晉安帝義熙元年，西元 405 年，爨寶子卒於此年四月上旬，時年二十三。寶子卒前，曾任建寧太守，碑文雖未言其何年蒞任，即以卒年而言，以一廿三歲之青年，官至太守，如非世襲，似不可能。且太守爲臨民治事之官，非散職可比，朝廷爲民擇官，如非遷就既成事實，亦不會選一廿三歲之青年爲太守。此「既成事實」，即中朝無暇顧及南中，爨氏以「方土大姓」，割據自雄，外奉中央，內行世襲。此種情形，當不遲於爨寶子時代。

　　爨龍顏當生於西元 386 年，爨寶子生於 383 年，二者相差僅三年，而起家遲速，相去甚遠。寶子生前曾官建寧太守，時當在義熙元年（405），或較此更前。然而比寶子小三歲之龍顏，至義熙十年，舉秀才，其後方「試守建寧太守」，又「試守晉寧太守」。爨寶子卒後，至爨龍顏得爲建寧太守之間，

〔註138〕中華廖寅校本《華陽國志》卷四〈南中志〉頁 9。

〔註139〕凌純聲〈唐代雲南的烏蠻與白蠻〉，《人類學集刊》第一卷第 1 期，頁 60。

〔註140〕轉引自凌文。

尚有一段歲月，其時誰爲建寧太守，已不可知。〈小爨碑〉唯言爨寶子爲建寧太守，不言其曾爲晉寧太守。〈大爨碑〉記其祖考云：

> 祖晉寧、建寧二郡太守，龍驤將軍、寧州刺史。考龍驤輔國將軍、
> 八郡監軍，晉寧、建寧二郡太守。追諡寧州刺史、邛都縣侯。〔註141〕

爨寶子若不早夭，或許亦當爲建寧、晉寧二郡太守。而爨龍顏繼其父祖之後，身兼二郡。然爨氏是否長期以一人身兼二郡，很成問題。且以一人之身，能否兼治二郡，亦是疑問，故在爨龍顏時代，即生內亂，據〈大爨碑〉云：

> 歲在壬申（宋文帝元嘉九年，432），百六遘釁，州土擾亂，東西二
> 境，凶豎很（當作狠）暴，緬成寇場。君收合精銳五千之眾，身伉
> （當作抗）矢石，撲碎千計，肅清邊隅。〔註142〕

爨龍顏雖平此亂，但此後仍以一人身統二郡，支持多久，甚費猜疑。《宋書‧文帝紀》元嘉十八年（441）記云：

> 十二月，晉寧太守爨松子反叛，寧州刺史徐循討平之。〔註143〕

元嘉十八年，松子已爲晉寧太守，爨龍顏至元嘉廿三年（446）方卒，可見在爨龍顏晚年，已走上建寧、晉寧二郡分治之局。就事推論，爨氏控有兩郡後，甚覺以一人治之不易，因而分治，亦爲順理成章之舉，寢假而成東、西兩爨。所謂東爨，大致統治建寧郡地，爲爨氏之發源地。所謂西爨，是爨氏分出統治晉寧郡者。歷經南北朝，至隋唐時代，反成西爨盛東爨衰之局。此中詳情雖不爲人知，但大致如《南齊書》所云：

> 寧州鎮建寧郡，本益州南中，諸葛亮所謂不毛之地也。道遠土墝，
> 蠻夷眾多，齊民甚少。諸爨氏彊族，恃遠擅命，故數有土反之虞。
>
> 〔註144〕

前論東晉以後，中朝與寧州之關係日疏。並因南北分裂，北朝以地理因素，不便於經營雲南。南朝牽於北伐及內部問題，對雲南之經營，似亦無多大之成就。此可舉徐文盛之事蹟爲例，以便了解。

徐文盛之父慶之，世仕魏爲將。慶之於梁武帝天監（502～519）初，率眾千餘人自北來歸，未至，道卒。文盛仍統其眾，稍立功績，武帝甚優寵之。

〔註141〕〈爨龍顏碑〉，《金石續編》卷一頁27。
〔註142〕同前。
〔註143〕百衲本《宋書‧文帝紀》頁20。
〔註144〕百衲本《南齊書》卷一五志第七〈州郡下〉頁29。

其經營寧州事，據其本傳云：

> 大同（535～545）末，以爲持節督寧州刺史。先是，州在僻遠，所
> 管羣蠻，不識教義，貪欲財賄，刦篡相尋，前後刺史莫能制。文盛
> 推心撫慰，示以威德，夷獠感之，風俗遂改。〔註145〕

「風俗遂改」恐怕是誇張的說法，溢美之辭。但徐文盛並不能長期治理寧州，
使之化同內地，則是事實。到太清二年（548）秋八月，「戊戌（初十），侯景
舉兵反，擅攻馬頭、木柵、荊山等戍。」〔註146〕侯景之亂，爲動搖梁朝國本
之大亂，徐文盛自當赴難。其本傳云：

> 太清二年，聞國難，乃召募得數萬人來赴，世祖嘉之。以爲持節散
> 騎常侍、左衞將軍，督梁、南秦、沙、東益、巴、北巴六州諸軍事、
> 仁威將軍、秦州刺史，授以東討之略。於是文盛督眾軍東下，至武
> 昌。〔註147〕

徐文盛東下，不惟無益於平侯景之亂，且寧州無主，因而陷於蠻。據《新唐
書》云：

> 梁元帝時，南寧州刺史徐文盛召詣荊州。有爨瓚者，據其地，延袤
> 二千餘里，土多駿馬、犀、象、明珠。既死，子震、翫分統其眾。
> 〔註148〕

爨瓚與前述諸爨之關係，無任何史料足資說明，但與隋、唐兩代南寧州諸
爨，倒有直接關係。

爨氏據南寧州後，經隋史萬歲之征討，直至唐代，仍爲其地土酋，勢力
雄厚，根深蒂固。至南詔蒙氏興起，始取其地位而代之，其規模之大，與唐
及吐蕃分庭抗禮，較偏據一州之爨氏，實遠過之。

四、隋季征討

自晉至隋，經過三百多年之時間，雲南爨氏，逐漸成爲當地之實際領袖。
其有時出仕中央政府，有時爲地方長官，多數時間獨立自主，霸佔一方。雲
南領袖對中央之態度，可以爨氏爲一典型代表。

〔註145〕百衲本《梁書》卷四六列傳四○〈徐文盛傳〉頁2至3。
〔註146〕百衲本《梁書》紀三〈武帝紀下〉頁34。
〔註147〕同註145頁3。
〔註148〕《新唐書》卷二二二下列傳第一四七下〈南蠻下〉頁17（殿本）。

　　首先認識雲南之富厚及重要者，厥爲有征蜀之便之梁睿。隋代立國，規模弘大，自有其不同往昔之處。北周晚年，朝野咸知楊堅必代周祚，益州總管王謙「以世受國恩，將圖匡復，遂舉兵」，〔註149〕由梁睿討平之。時梁睿威震巴蜀，夷獠歸服，唯南寧州酋帥爨震持遠不賓，睿上疏云：

> 竊以遠撫長駕，王者令圖；易俗移風，有國恒典。南寧州漢世牂柯
> 之地，近代已來，分置興古、雲南、建寧、朱提四郡。戶口殷眾，
> 金寶富饒，二河有駿馬、明珠，益、寧出鹽井、犀角。晉太始七年
> （271），以益州曠遠，分置寧州。至僞梁南寧州刺史徐文盛，被湘
> 東徵赴荊州。屬東夏尚阻，未遑遠略，土民爨瓚，遂竊據一方，國
> 家遙授刺史。其子震，相承至今。而震臣禮多虧，貢賦不入，每年
> 奉獻，不過數十匹馬。其處去益，路止一千，朱提北境，即與戎州
> 接界，如聞彼人苦其苛政，思被皇風。伏惟大丞相匡贊聖朝，寧濟
> 區宇。絕後光前，方垂萬代，闢土服遠，今正其時。幸因平蜀士眾，
> 不煩重興師旅，押獠既訖，即請略定南寧……。〔註150〕

梁睿雖將南寧州之富饒及必須征服之理由，在疏中說明，然楊堅未答。泊隋代周，梁睿再請曰：

> 竊以柔遠能邇，著自前經。拓土開疆，王者所務。南寧州，漢代牂
> 柯之郡，其地沃壤，多是漢人。既饒寶物，又出名馬。今若往取，
> 仍置州郡，一則遠振威名，二則有益軍國。其處與交廣相接，路乃
> 非遙。漢代開此，本爲討越之計。伐陳之日，復是一機，以此商量，
> 決謂須取。〔註151〕

隋高祖楊堅雖深納其計，「然以天下初定，恐民心不安，故未之許。後竟遣史萬歲討平之，並因睿之策也。」〔註152〕

　　隋開皇（581～600）初，南寧州蠻夷首領爨震，「遣使朝貢，命韋世沖以兵戍之，置恭州、協州、昆州，未幾叛，史萬歲擊之。」〔註153〕韋世沖即韋沖，以字行。南寧州降而復叛，即由於韋世沖馭下無方所引起。此次南征時

〔註149〕百衲本《周書》卷二一列傳第一三〈王謙傳〉頁6。
〔註150〕百衲本《隋書》卷三七列傳第二〈梁睿傳〉頁12。
〔註151〕同註150頁13。
〔註152〕同前。
〔註153〕《新唐書》卷二二二下列傳一四七下〈南蠻傳下〉頁18（殿本）。

間約在開皇三、四年。〔註154〕據其本傳云：

> 俄而起爲南寧州總管，持節撫慰。復遣柱國王長述以兵繼進。沖上
> 表固讓，詔曰：「西南夷裔，屢有生梗，每相殘賊，朕甚愍之。已命
> 戎徒，清撫邊服，以開府器幹堪濟，識略英遠，軍旅事重，故以相
> 任。知在艱疚，日月未多，金革奪情，蓋有通式，宜自抑割，即膺
> 往旨。」沖既至南寧，渠帥爨震及西爨首領，皆詣府參謁。上大悅，
> 下令褒揚之。其兄子伯仁，隨沖在府，掠人之妻，士卒縱暴，邊人
> 失望。上聞而大怒，令蜀王秀治其事。益州長史元巖性方正，案沖
> 無所寬貸，沖竟坐免。〔註155〕

韋世沖爲南寧州總管，職在撫慰。王長述任行軍總管，責在擊討。據〈王長
述傳〉云：

> 後數歲，以行軍總管擊南寧，未至，道病卒。〔註156〕

遠人慕化，遣使朝貢，正宜撫而有之，漸化其俗。不意邊吏不良，士卒縱暴，
竟激起變亂，再動干戈，朝廷派史萬歲南征，暫平復叛，竟不能有。韋世沖
之罪，甚似唐之雲南太守張虔陀。

　　史萬歲之討南寧州蠻夷也，時在開皇十七年（597），爲平王謙後之十八
年。經過十八年之時間，隋朝與南寧州二者之間，均有顯著之變化。當梁睿
上書請求討伐南中時，南寧州首領爲爨震，至史萬歲南征時，其首領已非爨
震，而爲其弟爨翫。此時之隋廷，政權已趨穩定，內部不歸心份子，早被消
除，並於開皇九年（589）平陳，統一南北，因有餘力對付爨氏。爨氏可能未
注意到此種情勢之改變，仍以往常之態度，時叛時服，以爲中朝莫如我何，
遂遭隋朝討滅。此事過程據《隋書‧史萬歲傳》云：

> 先是，南寧夷爨翫來降，拜昆州刺史，既而復叛，遂以萬歲爲行軍
> 總管，率眾擊之。入自蜻蛉川，經弄棟，次小勃弄、大勃弄，至于
> 南中。賊前後屯據要害，萬歲皆擊破之。行數百里，見諸葛亮紀功
> 碑，銘其背曰：「萬歲之後，勝我者過此。」萬歲令左右倒其碑而進，
> 度西二河，入渠濫川，行千餘里，破其三十餘部，虜獲男女二萬餘

〔註154〕岑仲勉《隋書求是》頁99云：「〈王長述傳〉以行軍總管繫南寧。亦見四七〈韋
　　　　沖傳〉，乃開皇三、四年事。」
〔註155〕百衲本《隋書》卷四七列傳一二〈韋沖傳〉頁5。
〔註156〕百衲本《隋書》卷五四列傳一九〈王長述傳〉頁1。

口。諸夷大懼，遣使請降，獻明珠徑寸，於是勒石頌美隋德。萬歲
遣使馳奏，請將爨翫入朝，詔許之。爨翫陰有二心，不欲詣闕，因略
萬歲以金寶，萬歲於是捨翫而還。蜀王時在益州，知其受略，遣使
將索之，萬歲聞而悉以所得金寶沉之於江，索無所獲。〔註157〕

史萬歲因小失大，既未將爨翫將至京師，且受其賄賂，遂貽蜀王秀以口實。
更使爨翫疑懼有加，心懷反側，對隋朝不止喪失信心，且恐蜀王秀讒其賄賂
史萬歲，再遭兵禍，故於次年，文帝開皇十八年（598），爨翫復反，蜀王秀
乘機奏史萬歲受賂縱賊，其事經緯據其本傳云：

> 明年，爨翫復反。蜀王秀奏萬歲受賂縱賊，致生邊患，無大臣節。
> 上令窮治其事，事皆驗，罪當死。上數之曰：「受金放賊，重勞士馬，
> 朕念將士暴露，寢不安席，食不甘味，卿豈社稷臣也！」萬歲曰：「臣
> 留爨翫者，恐其州有變，留以鎮撫。臣還至瀘水，詔書方到，由是
> 不將入朝，實不受賂。」上以萬歲心有欺隱，大怒曰：「朕以卿爲好
> 人，何乃官高祿重，翻爲國賊也？」顧有司曰：「明日將斬之。」萬
> 歲懼而服罪，頓首請命。左僕射高熲、左衛大將軍元旻等進曰：「史
> 萬歲雄略過人，每行兵用師之處，未嘗不身先士卒，尤善撫御，將
> 士樂爲致力。雖古名將，未能過也。」上意少解，於是除名爲民。

〔註158〕

史萬歲「受賂縱賊，致生邊患。」隋文帝對史萬歲處以「除名爲民」了事，
但邊患仍須平服。於是以大將軍劉噲之討之，又令上開府楊武通將兵繼進。由
於史萬歲「受賂縱賊」，故此次文帝令蜀王秀派人監軍。據〈庶人秀傳〉云：

> 大將軍劉噲之討西爨也，高祖令上開府楊武通將兵繼進。秀使嬖人
> 萬智光爲武通行軍司馬，上以秀任非其人，譴責之。〔註159〕

至於楊武通，據〈劉方傳〉附云：

> 武通弘農華陰人，性果烈，善馳射，數以行軍總管討西南夷，每有
> 功，封白水郡公，拜左武衛大將軍。〔註160〕

隋朝第三次討伐南寧州，所留資料甚少，事多不詳，但由《通鑑》所云：

〔註157〕百衲本《隋書》卷五三列傳一八〈史萬歲傳〉頁 6 至 7。
〔註158〕同前註。
〔註159〕百衲本《隋書》卷四五列傳一〇〈庶人秀傳〉頁 13。
〔註160〕百衲本《隋書》卷五三列傳一八〈劉方傳附劉武通〉頁 11。

初，隋末蠻酋爨翫反，誅，諸子沒爲官奴，棄其地。〔註161〕

由上所引文，推知開皇十八年（598）爨翫復反之後，文帝另遣劉噲之、楊武通等人三度伐蠻。由於史萬歲縱蠻酋而獲罪，此次無敢復犯，戰勝之後，造成爨翫被「誅，諸子沒爲官奴，棄其地」之結果。繼文帝後之煬帝，忌苛自高，讒佞是用，築長城，開運河，三伐高麗，再遊江南，民不堪命，所在起兵，隋朝遂亡。

隋朝三伐寧州，勝而不能有其地，復由祚短，未能見其成效。兩漢三國之後，對雲南經營，鍥而不捨者，隋而已。唐承此精神，方法上有所改進，對雲南地區了解增加，且知不能純以武力解決，因採懷柔政策，安撫爨氏，此可謂由於隋朝之影響也。進於唐代，中央與雲南之關係又開新頁。

〔註161〕世界書局章鈺校本《通鑑》卷一八八頁 5887。

第二章　唐初經營

第一節　招懷西南

一、義釋弘達

　　唐高祖李淵起兵太原，旋入關中，既克長安，尊立代王侑爲恭帝，建元
義寧。此時中原大亂，羣雄競起，洛陽雖在，而隋煬帝已爲宇文化及所弒。
逐鹿中原之豪傑，各擁兵衆。唐高祖若欲以武力統一天下，必費力多而成效
慢，且勝負之數，未可預卜，因而莫若招撫。如不受招撫，而後繼以征伐，
亦未爲遲。故《通鑑》於隋恭帝義寧二年（618）春正月載云：

　　　　唐王既克長安，以書諭諸郡縣。於是東自商洛，南盡巴蜀，郡縣長
　　　　吏及盜賊渠帥、氐羌酋長，爭遣子弟入見請降。有司復書，日以百
　　　　數。〔註1〕

唐高祖有意以「招撫」方式，統一中國，而願降者亦衆，但拒命者亦不寡。
中原及江南地區，大體爲武力所平定，「招撫」奏功者，以西南地區爲最重要，
益州總管實主其事。唐初益州總管府所轄，實包含今日雲南大部地方，以後
雖一度改爲「西南道行臺」，再改爲都督府，而其轄區，似未變更。〔註2〕
　　唐高祖之招撫西南政策，大致可分爲三種方式，同時進行，因互相配合，

〔註 1〕世界書局章鈺校本《通鑑》卷一八五〈唐紀一〉頁 5772。
〔註 2〕百衲本《舊唐書》志第二一〈地理志四〉頁 1 云：「成都府，隋蜀郡，武德元
　　　　年改爲益州，置總管府，置益、綿、陵、遂、資、雅、嘉、瀘、戎、會、松、
　　　　翼、巂、南寧、昆恭十七州。」又云：「（武德）三年，罷總管，置西南道行
　　　　臺。」至武德「九年，罷行臺，置都督府。」

故收預期之效果。其三種方式爲：一、招誘地方領袖，授以官職，使之歸心唐廷；二、派遣重臣，親臨招撫，承制拜授，以安邊境；三、招降隋代舊吏，使之易幟歸唐，仍求其能保境安民。茲分述於後：

高祖利用地方領袖，以爨氏爲最著名且最重要。自三國以來，歷經六朝。前章曾詳言爨氏之起及世雄南中經過，及隋朝末年，劉噲之、楊武通之屢伐西爨，南寧州首領爨翫「懼而入朝，（隋）文帝誅之，諸子沒爲奴。」〔註3〕及高祖代隋，以爨氏領袖南中數世紀之久，頗具影響力，而爨翫諸子，適在長安，可用以招懷西南蠻夷，藉示懷柔，以降南寧州。故「以其子弘達爲昆州（在今昆明縣西）刺史，奉父喪歸。而益州刺史段綸，遣俞大施至南寧，治共範川，誘諸部，皆納款，貢方物。」〔註4〕諸部之納款、貢方物等，似係因唐將爨弘達釋歸，並以之爲昆州刺史所收到之效果，故至武德三年（620）秋「八月丁酉（初七），南寧西爨蠻遣使入貢。」〔註5〕唐高祖對西南地區之經營，確有一「好的開始」。

二、徇定巴蜀

唐高祖起兵之初，義釋弘達，以降南寧州，與派人招納巴蜀，同爲以德化懷柔邊民之惠政，避免長期戰亂之痛苦。義寧元年（617）十二月甲辰（二十八日），高祖「遣雲陽令詹俊、武功縣正李仲袞徇巴蜀，下之。」〔註6〕同月，又「遣趙郡公孝恭招慰山南，所至皆下。」〔註7〕「招慰」詳情，據其本傳云：

> 河間王孝恭，琛之弟也。高祖趄京師，拜左光祿大夫，尋爲山南道招慰大使。自金州（今陝西安康縣治）出于巴蜀，招攜以禮，降服者三十餘州。〔註8〕

詹俊、李仲袞之「徇巴蜀」，雖兩《唐書》及《通鑑·高祖紀》均有此記載，唯下情無考，或因其功效不著，其事不彰；抑別有因由而致此，已無可考。

〔註3〕《新唐書》卷二二二下列傳第一四七下頁11。（百衲本）
〔註4〕同註3。
〔註5〕世界章鈺校本《通鑑》卷一八八〈唐紀四〉頁5887。
〔註6〕百衲本《舊唐書·本紀第一·高祖紀》頁3，日期原作「丙午」，《新唐書·高祖紀》及《通鑑》均作「甲辰，遣詹俊徇巴蜀」；《通鑑考異》並云係據《實錄》，今從其日期。
〔註7〕百衲本《舊唐書·本紀第一·高祖紀》頁1。
〔註8〕百衲本《舊唐書·列傳第一〇·河間王孝恭傳》頁5。

至於河間王孝恭之「招慰」巴蜀，其方法爲「召巴蜀首領子弟，量才授用，致之左右，外示引擢，而實以爲質也。」〔註9〕此爲重視既有之地方勢力，因而用之，使之心安，而肯與新政府合作之方法也。然孝恭在蜀期間不長，至武德四年（621）春受命伐蕭銑，因而未再經略西南。

三、招撫雲南

唐初招撫西南，係由東、北漸向西、南。故在高祖時代，南寧州之外，另一重要地區，即爲姚州（州治在今雲南姚安縣北），而經營姚州之人，其最著者，厥爲李英。斯人兩《唐書》無傳，故此一段史實，頗難稽考。唐高祖「武德四年（621），安撫大使李英，以此州內人多姓姚，故置姚州，管州三十二。麟德元年（664），移姚州治於弄棟川，自是朝貢不絕。」〔註10〕原來舊姚州治在姚府北百餘步，爲漢之益州郡雲南縣，古滇王國也，在今祥雲縣南八十里之地。後徙之姚州，在今雲南姚安縣北。《新唐書·地理志》則直云：

> 武德四年，以古滇王國民多姚姓，因置姚州都督，並置州十三。

〔註11〕

並置之十三州爲：于州、異州、五陵州、袖州、和往州、舍利州、范鄧州、野共州、洪郎州、日南州、眉鄧州、遵備州、洛諾州。此等羈縻州郡雖難指爲今何地，然大致在舊楚雄府境，而遵備州在鄧州縣東，大略在洱海以東，當無多大之問題也。

對於雲南西北部之招撫，以吉弘緯〔註12〕之功爲最大。武德四年（621）十二月，「昆彌遣使內附。昆彌，即漢之昆明也。嶲州治中吉弘緯通南寧，至其國說之，遂來降。」〔註13〕

前述諸人外，唐初其他從事西南招撫者，尚有段綸、竇軌等人。然二人專恣狂傲，毀多於譽。如段綸曾派俞大施至南寧，招誘諸部貢方物，但非理

〔註9〕同註8頁6。
〔註10〕百衲本《舊唐書》卷四一志第二一〈地理志四〉頁17。
〔註11〕百衲本《新唐書》卷四三下志第三三下頁12。
〔註12〕百衲本《新唐書》列傳第一四七下頁13作「吉偉」，並云：「武德中，嶲州治中吉偉使南寧，因至其國，諭使使朝貢，求內屬，發兵戍守，自是歲與牂柯使偕來。」溫公不從《新唐書》作「吉偉」，而作「吉弘緯」者，雖未明言，必有其故，因從溫公之説。
〔註13〕世界章鈺校本《通鑑》卷一八九〈唐紀五〉頁5941。

想之地方官，據《冊府元龜》云：

> 唐段綸，高祖武德中爲益州總管。于時巴蜀初降，得以便宜從事，承制拜授。益州富饒。而綸生殺自己，乃高下恣情，多所凌傲。有人告綸將反，遣使覈之，無狀，徵還京師。〔註14〕

段綸既「生殺自己，乃高下恣情，多所凌傲。」而竇軌爲益州道行臺左僕射，「其部眾無貴賤少長，不恭命即立斬之。每日吏士，多被鞭撻，流血滿庭，見者莫不重足股慄。」〔註15〕是時益州多獠，復常反叛，故治益州者，對獠之討伐與招撫，遂成爲重大問題。竇軌鎮蜀，亦遇此問題。據《新唐書》云：

> 其後眉州獠反，益州行臺郭行方大破之。未幾，又破洪、雅二州獠，俘男女五千口。是歲，益州獠亦反，都督竇軌請擊之，太宗報曰：「獠依山險，當拊以恩信。脅之以兵威，豈爲人父母意耶」？〔註16〕

竇軌動輒以「立斬」、「鞭撻」樹威，跡近暴虐，難與僚屬共事。郭行方雖有大功，亦不見容於竇軌，由此可概其餘。其事據《舊唐書》云：

> 軌與行臺尚書韋雲起、郭行方素不協。及隱太子誅，有詔下益州，軌藏諸懷中。雲起問曰：「詔書安在？」軌不示，但曰：「卿欲反矣！」軌而殺之。行方大懼，奔于京師，軌追斬不及。〔註17〕

段綸、竇軌俱爲唐之心腹大臣，〔註18〕身膺封疆之寄，受命招撫西南，二者均犯「生殺由己」之惡習，目中無君，豈肯撫綏遠夷？由此二人之行事，可知唐廷所遣重臣，不惟不能安撫蠻夷，而且自相屠戮，無法達成預定之任務，因之唐廷不得不採另一方針，重用隋代舊吏。

四、重用隋吏

除前舉之段綸、竇軌外，尚有其他不知名之使臣，貪墨無恥，引起邊夷

〔註14〕清華書局《元龜》卷六九八〈牧守部‧專恣〉頁16。

〔註15〕百衲本《舊唐書》卷六一列傳第一一〈竇威傳附兄子軌〉頁4。

〔註16〕百衲本《新唐書》卷二二二下列傳第一四七下頁18。

〔註17〕同註15頁5。

〔註18〕段綸爲唐高祖之壻，據清華書局《冊府元龜》卷七六六云：「段綸仕隋爲左親衛，隱太子見而悅之，妻以琅琊長公主，舍高祖之舊第，數聞鼓吹之音，視之無所覩。綸謂主曰：『聞圖讖，李氏當王，今於第內有此禎祥，必而家應籙之徵也。』及義兵西邁，綸於藍田聚結兵馬，得萬餘人，迎接大軍，拜金紫光祿大夫，領親信左右，從平京城，封龍岡郡公。」
竇軌爲高祖太穆皇后竇氏之姪。

反叛，迫使唐朝借重隋代舊吏，安撫地方。如《舊唐書》云：

> 時南寧州內附，朝廷每遣使安撫，類皆受賄，邊人患之，或有叛者。
> 〔註19〕

唐初招降隋代舊史，使之安撫西南而有成者，首推韋仁壽，原來「韋仁壽，京兆萬年人，隋大業（605～617）末爲蜀郡司法書佐，斷獄平，得罪者皆自以韋君所論，死無恨。」〔註20〕韋仁壽早著能名於隋代，及高祖入關，自當加以重用，據其本傳云：

> 高祖入關，遣使者徇定蜀，承制擢仁壽巂州都督府長史。南寧州納欵，朝廷歲遣使撫接，至率貪沓，邊人苦之，多畔去。帝素聞仁壽治理，詔檢校南寧州都督，寄治越巂，詔歲一按行尉勞。仁壽將兵五百人，循西洱河，開地數千里，稱詔置七州十五縣，酋豪皆來賓見，即授以牧宰，咸令簡嚴，人人安悦。將還，酋長泣曰：「天子藉公鎮撫，奈何欲去我？」仁壽以池壁未立爲解，諸酋即相率築城起廨，甫旬略具。仁壽乃告以實曰：「吾奉詔弟撫循，庸敢擅留！」夷夏父老乃悲啼祖行，遣子弟隨貢方物，天子大悦。仁壽請徙治南寧州，假兵遂撫定，詔可，敕益州給兵護送。刺史竇軌疾其功，誣言山獠方叛，未可以遠略，不時遣，歲餘卒。〔註21〕

爨氏世爲南寧州首領，其地爲蜀漢之建寧郡。武德元年（618）開南中地，置南寧州，乃立味、同樂、升麻、同起、新豐、隴隄、泉、梁水、降等九縣，治味縣。至武德四年（621），置總管府，管南寧、恭、協、昆、尹、曾、姚、西濮、西宋等九州。五年（622），罷總管府。同年冬，復置，寄治益州。七年（624），改爲都督府。八年（625），自益州復移都督府於味縣。〔註22〕武德五年（622）冬之「寄治益州」，疑即因「南寧州納欵，朝廷歲遣使撫接，至率貪沓，邊人苦之，多畔去。」南寧州既叛，唐所委授之土著爲南寧州都督者，自不爲唐所承認，因而寄治越巂，而以韋仁壽爲「檢校南寧州都督」。

〔註19〕百衲本《舊唐書》卷一八五上列傳第一三五〈良史上・韋仁壽傳〉頁1。

〔註20〕百衲本《新唐書》卷一九七列傳第一二二〈循吏・韋仁壽傳〉頁1。

〔註21〕同註20。

又：百衲本《舊唐書・良史・韋仁壽傳》頁2云：「承制置八州十七縣」；百衲本《新唐書・循吏・韋仁壽傳》頁1云：「稱詔置七州十五縣」；《通鑑》從《新唐書》，胡注曰：「按《舊書・地理志》，是年置西寧、豫、西平、利、南雲、磨、南寧七州。志又有西平州，亦是年置。」今從《通鑑》。

〔註22〕據百衲本《舊唐書》卷四一志第二一〈地理四〉頁1六郎州。

唐初之越嶲屬益州，〔註23〕故「寄治益州」與「寄治越嶲」同一意義。由於韋仁壽之善於撫綏，不僅循定西洱河地區，置七州十五縣，復請徙治南寧州，假兵撫定，高祖雖詔益州給兵護送，而竇軌忌功不遣。由此事亦可看出，唐初招降西南領袖之方針雖對，而所派鎮撫西南之大使，泰半剛愎自用，不識大體，難與共事，及至惹起叛亂，又不得不藉隋代舊吏撫定之。唐高祖雖明於御夷之方，然所託非人，財賄是競，多所需索，遂使此土不臣於唐，再度叛去。

此次叛亂之領袖，史書雖未明言，觀「爨弘達死，以爨歸王爲南寧州都督，居石城」〔註24〕之記載。竊疑此次叛亂，確由爨弘達所領導，高祖雖以爨弘達爲昆州刺史，奉父喪歸，而爨氏對漢族政權，未必即能心悅誠服，加以邊吏貪縱，擾及遠人，因而復叛，亦有可能。及韋仁壽請徙居南寧州，未果而卒，唐不得已，仍以爨弘達爲南寧州都督。及弘達死，又以爨歸王爲南寧州都督。則此州之性質，竟同之羈縻。故高祖一朝對雲南之經營，雖有一「好的開始」，而其結果，頗不理想。

高祖朝之經營西南，可謂「善始」，而不能「克終」者，一由於段綸、竇軌輩既不識大體，又牽於太子建成與秦王世民之黨爭。再由於啓用韋仁壽太晚，受制於竇軌而不足以有爲。南寧州地區又成半獨立狀態，其後與唐衝突，可能即種因於此。

第二節 進兵洱河

一、兩爨與蠻

隋末唐初之雲南，亦未出現統一之政治組織，但可粗分爲幾個集團，而每一個大集團，亦非是統一的，不過是族類相近之部族，混成一團而已。以地區而言，自以滇東滇池區及滇西洱海區，爲自古以來之二要區，亦即漢代滇與昆明之故地。

滇東地區，以今昆明之滇池爲中心，是兩爨之勢力範圍。所謂兩爨，是

〔註23〕同註 22 頁 1。

〔註24〕百衲本《新唐書》卷二二二下列傳第一四七下頁 11。石城在今雲南曲靖縣北二十里。

指東爨與西爨。此「爨」原為姓氏，然自唐以來似已漸成族名，以其風俗名爨，故有爨蠻之稱。爨氏為建寧同樂（雲南曲靖縣西）之土著大姓，前章詳論爨氏自三國至隋，人才輩出，漸成建寧之實際領袖，名為晉、宋之刺史、太守，實則「開門稱藩，閉戶稱王」。至侯景亂，徐文盛退出寧州，中朝似與此區斷絕關係。爨氏之分為東、西兩爨，前曾推測實由便於統治建寧、晉寧二州。有建寧者，是為東爨。治晉寧者，謂之西爨。至唐代天寶（742～755）中，兩爨分佈，據《蠻書》云：

> 西爨，白蠻也。東爨，烏蠻也。當天寶中，東北自曲靖州，西南至宣城，邑落相望，牛馬被野。在石城、昆川、曲軛、晉寧、喻獻、安寧至龍和城，謂之西爨。在曲靖州、彌鹿川、升麻川南至步頭，謂之東爨，風俗名爨也。〔註25〕

所謂「西爨，白蠻也。東爨：烏蠻也。」實際之解釋為：西爨所統治地區之大部份人民為白蠻，東爨所統治地區之大部份人民為烏蠻。東、西兩爨之分佈情形，略如附圖一（頁260）。

在唐高祖時代，唐朝所注意於雲南省，似僅兩爨地區西及姚州。對於兩爨，亦僅止於羈縻而已。

在兩爨控制之外，尚有大批之烏蠻與白蠻分佈在雲南地區，滇西洱海區之白蠻，及以後建立南詔之烏蠻，均為其重要者。

所謂洱海地區，包括大勃弄、小勃弄、黃瓜、葉榆、西洱河等地之白蠻，以及松外蠻。此一地區，是漢代昆明夷之活動範圍，三國以後，此區動態鮮為人知。唐人稱此區之白蠻為昆明蠻，所謂松外蠻，究其內容，與之無異。〔註26〕唐初招懷雲南，前曾言及，在高祖時代，所注意者，僅為兩爨西及姚州地區而已。至太宗、高宗兩朝，進而經略洱海地區，反將滇池區域，置諸腦後。

唐初征伐洱海周圍之白蠻，其理由正如巂州都督劉伯英疏中所說：「松外諸蠻，率暫附亟叛，請擊之，西洱河、天竺道可通也。」〔註27〕討伐西洱河

〔註25〕《蠻書校注》卷四〈名類〉頁82。

〔註26〕馬長壽之《南詔國內部族組成和奴隸制度》頁32至33云：

> 為了分別昆明國被征服地區的先後有所不同，其先征服者稱為「松外蠻」或「松外諸蠻」；後征服者稱為「西洱河蠻」，這是可以的，不矛盾的。但不應該把「松外蠻」和昆明國對立起來。關於七世紀中葉以前昆彌國文獻處理最妥當的，是王溥的《唐會要》。他把經常被人們割裂為二的「松外蠻」和「昆彌國」統而為一，加以敘述，對於復原昆明國的原貌貢獻很大。

〔註27〕百衲本《新唐書》卷二二二下列傳第一四七下〈南蠻下〉頁15。

蠻之原因，僅以其不歸附，且與漢武之目的一樣，欲由此路通天竺。唐初公私二者往天竺者甚多，著名者有玄奘、王玄策等，若能由雲南直至天竺，自是方便。稍後情勢複雜，此區白蠻北附吐蕃，吐蕃勢力進入洱海區，唐朝始以全力爭奪此區。

二、太宗經營

太宗時代之雲南經營，採取由東而西、從北向南之方式，而其交會之點則爲西洱河區。

太宗以郎州（舊南寧州）爲中心，由東而西進向西洱河區之策略，可說全依高祖舊基，更西進一步而已。據《新唐書》云：

> 太宗遣將擊西爨，開青蛉、弄棟爲縣。爨蠻之西，有徒莫祗蠻、儉望蠻，貞觀二十三年內屬，以其地爲傍、望、覽、丘、求五州，隸郎州都督府。〔註28〕

青蛉，爲今之大姚縣治，以青蛉川而得名。弄棟實兼有楚雄、姚州、大姚、鎮南、定遠、廣通、元謀各州縣，〔註29〕幾乎含有整個從滇池至洱海之區。此路打通，方能接觸到洱河蠻。

至貞觀二十三年（649），徒莫祗、儉望諸蠻內附，所置之傍、望、覽、丘、求五州，大致在弄棟、青蛉稍南，因屬羈縻州，後沒於蠻，故其方位不能確指。〔註30〕在隸屬關係上，此五州初開，屬郎州都督府（舊南寧州），後改屬戎州都督府，治僰道（四川宜賓）。太宗敗西爨，降二蠻，唐之勢力逐漸西進，漸近西洱河區。

太宗另一路經略雲南，是以嶲州爲中心，由嶲州都督主之，南下經略松外蠻。松外蠻之居地，約在今麻源縣南，永勝縣境。〔註31〕當時松外蠻之情

〔註28〕同前註頁11。

〔註29〕王先謙《漢書補注》卷二八上〈地理志第八上〉頁87。

〔註30〕如臧勵龢等編商務印書館出版之《中國古今地名大辭典》將傍州、覽州、望州、丘州均置於楚雄縣境，而將求州置於玉溪縣境，似不可信。

〔註31〕《蠻書》卷六〈雲南城鎮第六〉云：「昆明城在東瀘之西，去龍口十六日程。正北有譚莒川，正南至松外城。」據向達《蠻書校註》頁155註云：「舊西康境內之鹽源縣，相傳即古昆明所在，即本書所云之昆明城是也。」頁158又云：「總而言之，譚莒川、松外、龍佉河、雙舍，俱在今鹽源以南金沙江北岸，以及金沙江自南向東北遶過玉龍雪山復向南流一段之江東面，即舊永北廳。」吉林案之鹽源非古昆明。永北廳即永勝縣。馬長壽之《南詔國內部族組成和

形，據記載云：

> 松外蠻尚數十百部，大者五、六百戶，小者二、三百。凡數十姓，
> 趙、楊、李、董爲貴族，皆擅山川，不能相君長。有城郭、文字，
> 頗知陰陽、曆數。〔註32〕

由上引文得知，此時之松外蠻，似未受到外力之侵擾，使其因禦侮而團結爲一；其內部亦未出現卓有才幹之領袖，將此「數十百部」結合爲一，置於統一指揮之下。「大者五、六百戶，小者二、三百」之部落，自不能成爲邊患，構成對唐之威脅。故雖有劉伯英之建議，唐太宗並未實行討伐。但唐太宗亦不會留此散漫部落，使之度其自由自在之生活。一遇適當時機，此一地區自成開疆拓土之目標。據《新唐書》云：

> 居數歲，太宗以右武侯將軍梁建方，發蜀十二州兵進討。酋帥雙舍
> 拒戰敗走，殺獲十餘萬，羣蠻震駭，走保山谷。建方諭降者七十餘
> 部，戶十萬九千，署首領蒙和爲縣令，餘眾感悅。〔註33〕

唐於貞觀二十二年（648），以蜀十二州之兵，由梁建方率領，討伐此一「不能相君長」之松外蠻，勝負立判。

　　前述引文中之「酋帥雙舍」可解釋爲「雙舍地方之酋帥」，雖有人以雙舍爲人名，但鄙見以爲「雙舍」似非人名，〔註34〕恐以地名爲是。從表面看，「蒙

奴隸制度》頁 30 亦云：「松外諸蠻則當在鹽邊以南的永勝縣境內。」

〔註32〕百衲本《新唐書》卷二二二下列傳第一四七下〈南蠻下〉頁 15。

〔註33〕同註32。

〔註34〕雙舍是一地名，抑爲一酋帥名，頗值得研究。據此處所引《新唐書‧南蠻傳》文，釋爲酋帥名較佳，揆之事實，乃一地名，此誤若非出於梁建方報告，即《新唐書》及《通鑑》作者，未精究《蠻書》。世界書局章鈺校本《通鑑》卷一九九頁 6255 云：「敕建方發巴蜀十三州兵討之。蠻酋雙舍帥眾拒戰，建方擊敗之，殺獲千餘人。」其中之雙舍，亦當解作酋帥名。但《蠻書校注》卷三頁 59 云：「波衝兄子于贈提攜家眾出走，天降鐸鞘。東北渡瀘，邑龍佉沙，方一百二十里，周廻石岸，其地總謂之雙舍。」同書卷六頁 158 云：「昆明、雙舍至松外已東，邊近瀘水，並磨些種落所居之地。」百衲本《新唐書‧南蠻傳中》頁 7 云：「波衝兄子于贈，持王所寶鐸鞘，東北度瀘，邑于龍佉河，纏百里，號雙舍。」由《蠻書》及〈南蠻傳中〉視之，「雙舍」當作地名爲是。又，馬長壽於其《南詔國內部族組成和奴隸制度》頁 37 引《新唐書‧南蠻下》，斷句作：「居數歲（貞觀十九年，645 年），太宗以右武侯將軍梁建方發蜀十二州兵進討酋帥，雙舍拒戰敗走。」其不可解處有二：

一、梁建方對伐松外蠻之時間，據景殿本《新唐書》卷四二志第三二〈地理六〉頁 4 云：「貞觀二十二年，開松外蠻。」清華書局《冊府元龜》卷三五八〈將帥部‧立功一一〉頁 4 云：「梁建方爲右武侯將軍，貞觀二十二年，擊松

和」似爲一人之名，但亦有人以爲係「蒙瞼、和舍」二人之名者，〔註35〕似亦值得考慮。

唐太宗平定松外蠻，開牢州一州，及松外、尋聲、林開三縣，隸巂州都督府，至唐高宗永徽三年（652），「州廢，省三縣入昌明」。〔註36〕

降服松外蠻後，唐之勢力已接近西洱河。西洱河地區所住之蠻夷，稱爲西洱河蠻，或稱河蠻，即唐人所謂之「昆瀰蠻」，杜佑以爲即「昆明蠻」，亦由梁建方所平定，據記載云：

> 西洱河蠻，亦曰河蠻。道由郎州走三千里。建方遣奇兵，自巂州道千五百里掩之。其帥楊盛大駭，欲遁去，使者好語約降，乃遣首領十人，納欵軍門，建方振旅還。〔註37〕

引文中之「郎州」，即南寧州，貞觀八年（634），改爲郎州，以其地本夜郎國也。〔註38〕其實此乃一明顯之錯誤，此地乃滇，而非夜郎。

由唐之約降西洱河蠻，亦可看出唐兩路進向西洱河，由舊日之南寧州西向，或由越巂南下，均可掩擊西洱河蠻。其終由巂州南下者，蓋由於先敗松外蠻，大軍可迅速而至，掩其不備，故使「其帥楊盛大駭」，因而「約降」，唐遂領有西洱河地區。

梁建方之討平松外蠻，約降洱河蠻，時間可能俱在貞觀二十二年（648），是一迅雷不及掩耳之行動，原來擊敗松外蠻後，「乘勝遣使往西洱河，其帥楊盛

外蠻，破之。」世界書局章鈺校本《通鑑》卷一九九頁 6255 云：「貞觀二十二年夏四月丁巳，右武侯將軍梁建方擊松外蠻，破之。」上述三書俱作貞觀二十二年（648），馬氏俱棄而不取，而獨採《唐會要》貞觀十九年之說，孤證難信，竊所不取。

二、馬氏斷句，亦有問題。鄙意以爲此句當作：「居數歲，太宗以右武侯將軍梁建方發蜀十二州兵進討，酋帥雙舍拒戰敗走。」如此，雙舍自當釋作酋帥之名，於意爲長，而馬氏斷句有誤，復云：「地名或人名皆可通。」不知何所據而云爾。

〔註35〕馬長壽前揭書頁 37 註 2 云：「這里的蒙和，從表面上看是一人名。馮甦的《滇考》和師範的《滇系》都記載顯慶五年西河蠻蒙瞼、和舍誘其黨七部叛唐事，則蒙、和當爲二人。袁嘉谷的《雲南大事記》認爲此蒙和即蒙瞼、和舍，理由充足，可參考。」

〔註36〕景殿本《新唐書》卷四二志第三二〈地理六〉頁 4。

〔註37〕百衲本《新唐書》卷二二二下列傳第一四七下頁 15。

〔註38〕世界書局章鈺校本《通鑑》卷一九九頁 6265 胡三省注曰：「武德元年（618）開南中，仍舊置南寧州，貞觀八年（634），改爲郎州，以其地本夜郎國也。」

見使至，大駭，具船將遁。使者曉諭禍福，示以威信，盛遂稽顙請降。」〔註39〕「乘勝」之行動，自不可能延至三、四年後，故作者深信梁建方擊敗松外蠻在貞觀二十二年，而非如《唐會要》所云在十九年，西洱河蠻亦在同年「請降」。故在同年，洱河首領因而入朝，據《新唐書》云：

> （貞觀）二十二年，西洱河大首領楊同外，東洱河大首領楊歛、松
> 外首領蒙羽皆入朝，授官秩。〔註40〕

所謂「西洱河大首領楊同外」、「東洱河大首領楊歛」，是指在今洱海以西之白蠻首領楊同外，及洱海以東之白蠻首領楊歛，此等楊姓首領，均為白族楊、李、趙、董四大姓之首。此外，「松外首領蒙羽」之出現，使人無法不聯想到被梁建方署為縣令之「蒙和」，或「蒙賧、和舍」，與以後建立南詔之蒙氏，似乎均屬「烏蠻」。如此說能成立，則早於南詔建國前，已有烏蠻為白蠻之首領。

唐太宗之經營雲南，可能起於其在位之晚年，其目標趨向雲南之西部，亦即受中原影響較淺之洱海地區；對滇池地區，僅採取羈縻性質，似賦予相當之自治權。在唐太宗時代（627～649），並未完成經營雲南之大業，僅算開始而已。以後之歷史，方出現波瀾萬丈之高潮。

三、洱河蠻情

唐高宗時代對雲南之開拓，是以完成太宗未竟之業為目的。由於雲南蠻夷種類繁多，且「不相統屬」，故需逐部降服，而非一戰即可決定勝負。決定勝負之後，亦由雲南蠻夷性喜「暫降復叛」，而使唐軍無法一勞永逸，討伐招慰，幾成常事。此種和戰不常之關係，幾與唐朝相終始。

高宗時之雲南經略，先委之於趙孝祖，後責成於梁積壽。今由此二人，以見梗概。

太宗時代，開青蛉、弄棟為縣，其周圍尚有白水蠻、大勃弄、小勃弄二川蠻，當時情況，據《新唐書》云：

> 白水蠻地與青蛉、弄棟接，亦隸郎州。弄棟西有大勃弄、小勃弄二
> 川蠻，其西與黃瓜、葉榆、西洱河接。其眾完富，與蜀埒。無酋長，
> 喜相讎怨。〔註41〕

〔註39〕清華書局《冊府元龜》卷三五八〈將帥部・立功一一〉頁 4。
〔註40〕百衲本《新唐書》卷二二二下列傳第一四七下〈南蠻傳下〉頁 15。
〔註41〕同註 40 頁 11。

在名類方面，弄棟蠻與青蛉蠻並屬白蠻，當無問題。〔註 42〕其他如白水、大勃弄、小勃弄二川蠻，以及黃瓜、葉榆、西洱河等地區之蠻夷，俱係活動於白蠻中心之洱海左右，可能俱屬白蠻，不過因地而名，遂有如許不同。由政治、經濟二者研究，其發展無法配合，因而問題發生。在經濟上，「其眾完富，與蜀埒」，四川古稱「天府之國」，又有「揚一益二」之說，洱河地區號稱「與蜀埒」，足見其社會之富庶，在經濟上為高度發展之地區。在政治組織上，尚是「無酋長，喜相讎怨」之社會，此點足以說明，唐代以前，此區未遭外力侵入，故無團結禦侮之必要，散漫相循，以至於唐。及至唐代，唐與吐蕃俱想擴張勢力於此地區，經濟繁榮值得爭奪，政治組織鬆懈，易於成功，因而首先引起唐之開拓。

四、孝祖進討

以當時情形視之，此等蠻夷安份守己，尚無法過其以往之生活，何況向唐尋釁，正予唐以出兵之藉口。此事發生於唐高宗永徽（650～655）初年，據《新唐書》云：

> 永徽初，大勃弄楊承顛私署將帥，寇麻州。都督任懷玉招之，不聽。高宗以左領軍將軍趙孝祖為郎州道行軍總管，與懷玉討之。至羅仵侯山，其酋長禿磨蒲與大鬼主都干，以眾塞菁口，孝祖大破之……。孝祖按軍，多棄城逐北，至周近水，大酋儉彌于，鬼主董朴，瀕水為柵，以輕騎逆戰，孝祖擊斬彌于、禿磨蒲鬼主十餘級。會大雪輝凍，死者略盡。〔註43〕

因白水蠻寇麻州，唐方於永徽二年（651）八月己卯（十八日），命趙孝祖為郎州道行軍總管以討之。至同年十一月，敗白水蠻，時值隆冬，雖在雲南，猶有「大雪輝凍」之記載。〔註44〕

〔註42〕《蠻書校注》卷四〈名類第四〉頁 90 云：「弄棟蠻，則白蠻苗裔也。本姚州弄棟縣部落，其地舊為褒州。」頁 91 又云：「青蛉蠻，亦白蠻苗裔也，本青蛉縣部落。」。

〔註43〕同註 40 頁 10。

〔註44〕百衲本《舊唐書・高宗紀上》永徽二年十一月云：「白水蠻寇麻州，命左領軍將軍趙孝祖討平之。」百衲本《新唐書》所記較詳，於永徽二年八月云：「己卯（十八日），白水蠻寇邊，左領將軍趙孝祖為郎州道行軍總管以伐之。」於十一月又云：「趙孝祖及白水蠻戰於羅仵侯山，敗之。」《通鑑》從《新唐書》之說。

此役原因，係由大勃弄（彌渡縣白崖）之私署將帥，侵襲麻州（在舊楚雄府境）。楊氏爲白蠻，其酋長禿磨蒲及大鬼王都干、大酋儉彌于及鬼主董朴，其中禿磨蒲及儉彌于之族屬雖不可知，但都干爲大鬼主，董朴爲鬼主，其爲烏蠻，甚有可能。禿磨蒲、都干、儉彌于、董朴諸人，爲大勃弄楊承顚私署之將帥，則更有可能。由此亦可看出，當唐之勢力未伸展至洱海地區時，其地以白蠻爲主，雖有烏蠻，僅處於從屬地位，而非支配階級。羅仵候山與周近水在今何地，尚難考定，但其在唐代匡川境內無疑。〔註45〕匡川屬唐之匡州，匡州領勃弄、匡川二縣。唐之匡川，即今雲南祥雲。

趙孝祖於平定白水蠻後，乘勝利之餘威，繼續西進，因上奏云：

> 「貞觀中討昆州烏蠻，始開青蛉、弄棟爲州縣。弄棟之西，有小勃
> 弄、大勃弄二川，恒扇誘弄棟，欲使之反。其勃弄以西，與黃瓜、
> 葉榆、西洱河相接，人眾殷實，多於蜀川，無大酋長，好結讎怨，
> 今因破白水之兵，請隨便西討，撫而安之。」敕許之。〔註46〕

小勃弄在今鳳儀，大勃弄在今彌渡，黃瓜可能爲陽瓜江，在巍山縣，葉榆今大理，西洱河即洱海，爲當日白蠻活動中心。趙孝祖之平定白水蠻，尚未解決西南問題。唐以趙孝祖爲郎州道行軍總管之原因，係因「大勃弄楊承顚私署將帥，寇麻州，都督任懷玉招之，不聽。」故趙孝祖之責任，乃在討伐楊承顚，大、小勃弄未平，目的未達，自無班師之理，不必請求，亦當西討。至次年（永徽三年，652）四月庚寅（初三），趙孝祖入大、小勃弄，據《新唐書》云：

> 孝祖軍入，夷人皆走險，小勃弄酋長歿盛，屯白旗城，率萬騎，戰
> 敗，斬之。進至大勃弄，楊承顚嬰城守，孝祖招之，不從。麾軍進，
> 執承顚，餘屯大者數萬，小者數千，皆破降之，西南夷遂定。罷郎
> 州都督，更置戎州都督。〔註47〕

〔註45〕羅仵候山，舊說在雲南馬龍縣西（如《中國古今地名大辭典》），按之形勢，恐不可靠。殿本《新唐書·南蠻下》頁18，羅仵候山誤爲羅候山，漏一「仵」字，清人馮甦之《滇考》作「羅仵山」，少一「候」字，近人馬長壽於其《南詔國內部族組成和奴隸制度》頁40引作「至羅候山（滇考作羅仵山）」，馬氏雖未言明，但知其所引爲殿本《新唐書》無疑，與《滇考》俱誤。
百衲本《新唐書·高宗紀》及〈南蠻傳下〉俱作「羅仵候山」，殿本《新唐書·高宗紀》作「羅仵候山」，因知〈南蠻傳下〉作「羅候山」者，誤也。
〔註46〕世界書局章鈺校本《通鑑》卷一九九〈唐紀一五〉高宗永徽二年十一月頁6276。
〔註47〕百衲本《新唐書》卷二二二下列傳第一四七下〈南蠻傳下〉頁11。
百衲本《舊唐書·高宗紀》永徽三年記云：「夏四月庚寅，左領軍將軍趙孝祖，

此處雖僅言及大、小勃弄之平定，未言黃瓜、葉榆、西洱河等地，但由「西南夷遂定」，以及顯慶元年（656）西南夷帥之入朝，俱可說明趙孝祖威定洱河兩岸，並非洱海以東也。據《新唐書》云：

> 顯慶元年，西洱河大首領楊棟附顯、和蠻大首領王羅祁，郎、昆、梨、
> 盤四州大首領王伽衝，率部落四千人歸附，入朝，貢方物。〔註48〕

此三人之歸附，爲高宗朝經營西南之顛峯狀態。此時北方吐蕃之勢力尙未南伸，唐亦無需扶植南詔，以抗吐蕃之必要。以大唐之力，平一羣「無大酋長，好結讎怨」之蠻夷，自是輕而易舉之事。此後雲南趨於複雜，唐之國勢亦大不如昔，因而用兵多不利。

第三節　吐蕃興起

唐代初年之西洱河區，無論是如前引《新唐書》所云：「其眾完富，與蜀埒；無酋長，喜相讎怨。」或如趙孝祖所言：「人眾殷實，多於蜀川，無大酋長，好結讎怨。」其意義非常相近，俱云其地資源富厚，未曾統一，唐人討伐，易於成功。梁建方、趙孝祖之用兵，雖將雲南西北收入版圖，但不久之後，此地羣蠻叛變，歸向吐蕃。唐室爲維持在雲南之支配權，故扶植南詔，以抗洱海地區之白蠻。在未進入討論唐與吐蕃在雲南之爭奪前，先將吐蕃之興起，作一敘述，藉明當時大勢。

一、弄贊繼位

吐蕃種屬，世所難詳，故《舊唐書·吐蕃傳》開宗明義即云：「吐蕃在長

大破白水蠻大勃律。」是年四月趙孝祖所破者，乃大勃律而非白水蠻，白水蠻早於永徽二年十一月被平定，且「死者略盡」，舊書本紀漏記，致有此失。百衲本《新唐書·本紀三·高宗紀》永徽三年記云：「四月庚寅，趙孝祖及白水蠻戰，敗之。」是歲孟夏趙孝祖所討者，乃大、小勃弄，非白水蠻，新紀此處誤。

〔註48〕百衲本《新唐書》卷二二二下列傳第一四七下〈南蠻傳下〉頁15。
楊棟附顯爲人名，以四字命名，在白蠻屢見不鮮，如《南詔野史》中之張樂進求，〈南詔會盟碑〉中之楊白奇，《新唐書》之楊模龍武，《蠻書》中之段南羅格，《宋史·大理傳》中之李觀音得，俱爲白蠻之傳統命名法，與烏蠻之父子聯名制不同。不意臺北世界書局印行之《新校資治通鑑注》於卷二百頁6297之斷句作：「秋，七月，乙丑，西洱蠻酋長楊棟附、顯和蠻酋長王郎祁……。」此不知楊棟附顯爲一人名，和蠻爲原住大和城之蠻，因生此誤。

安之西八千里，本漢西羌之地也。其種落莫知所出也。」〔註49〕其地爲漢西羌之地，此據吐蕃佔有河、湟而後言，人則恐未必係漢代西羌之裔，故云「其種落莫知所出也」。至《新唐書·吐蕃傳》則不然，着筆即云：「吐蕃本西羌屬，蓋百有五十種，散處河、湟、江、岷間。有發羌、唐旄等，然未始與中國通。」〔註50〕《新唐書》之說，過分武斷，河、湟俱非吐蕃本土，爲其所侵奪者也。如係西羌，斷無不通中國之理，如確係「未始與中國通」，即可斷定其非西羌。由兩書合而觀之，則可信者爲：吐蕃「其種落莫知所出也」、「未始與中國通」爲可信，其餘存疑。

清儒顧炎武云：「吐蕃即吐魯番」，〔註51〕其謬不待辨。近人岑仲勉氏，以隋代之附國即唐代之吐蕃，而謂「附」即藏文之 Bod。〔註52〕其說傅會過多，不敢苟同，且《隋書》修成於貞觀十年（636），吐蕃早於貞觀八年（634）即遣使者朝於唐，如「附國」確係「吐蕃」，魏徵有必要爲之更改或註明，未見註明，此事可疑。然亦未見唐、宋博雅君子，言及附國即吐蕃者，揆之以情，甚值考慮，在未獲更有力之證據前，暫時無法同意其說。

陳寅恪氏云：「吐蕃之盛起於貞觀之世」，〔註53〕此語誠是，但此處有一歷史背景，需作說明，即吐蕃何以盛於貞觀之世？首需言明者，即貞觀之世，正當吐蕃英主棄宗弄贊在位之時。棄宗弄贊一名松贊干布，〔註54〕生於陰土牛年，即陳宣帝太建元年己丑（569），即位於陰土牛年，即唐太宗貞觀三年己丑（629），時年六十一。〔註55〕吐蕃之習，「其君臣自爲友，五六人，曰共命。君死皆身殺

〔註49〕 百衲本《舊唐書》卷一九六上列傳第一四六上頁1。

〔註50〕 百衲本《新唐書》卷二一六上列傳第一四一上〈吐蕃傳〉頁1。

〔註51〕 顧炎武《日知錄》卷二十九「吐蕃回紇」條。

〔註52〕 岑仲勉〈隋書之吐蕃〉刊《民族學研究集刊》第5期及《隋書求是》頁124。

〔註53〕 陳寅恪《唐代政治史述論稿》下篇〈外部盛衰之連環性及外患與內政之關係〉頁97。

〔註54〕 王忠《新唐書吐蕃傳箋證》（以下簡稱《箋證》）頁24，引《西藏佛教史》云：「《西藏佛教史》稱棄宗弄贊爲松贊干布，松贊即宗弄贊之異譯，干布，藏語爲 Sgam-po，「深沈」之義。爲棄宗弄贊之稱號，金石刻辭不用此名，想爲通俗之尊號，但此稱號見於古藏文寫本，可知確爲當時通稱。」

〔註55〕 前書同頁引德格版《布頓佛教史》頁118下云：「朗日松贊之王后哲蚌女支薩脫噶於陰火牛年生松贊干布。」關於棄宗弄贊之生卒壽夭，今將王忠之說，錄之於後，以備參校。《箋證》頁24至25云：「陰火牛年爲丁丑，即隋煬帝大業十三年，公元617年，陰土牛年即位，即唐太宗貞觀三年，公元629年。另一說松贊干布生於陰土牛年，死時已八十二歲。但第一，蘇毗內亂前，女王達甲瓦於大業中曾遣使入隋朝貢；第二，西藏現存有關漢藏關係之較古記

以殉。」〔註56〕每君皆有死黨,及至棄宗弄贊之父朗日論贊在位時,新、舊大臣之間,產生尖銳之對立,故時生叛亂,尙有敵國羊同、孫波(一名蘇毗)之入侵,其餘莫非舊臣爲亂。朗日論贊雖能吞併孫波,但於叛亂中被置毒暗害,國家多故,經此鉅變,吐蕃尙未陷於分崩離析者,因新臣擁護吐蕃王室之形勢迄未改變。蘇毗較吐蕃強盛,似可乘機會復國,統一西藏高原。然以女主柔懦昏庸,失大臣心,反觀朗日論贊立國,基本上滿足彼等奪取土地與奴隸之野心,而吐蕃舊臣與其爲仇,亦迫使彼等互相團結,鞏固吐蕃王朝。棄宗弄贊即在此憂患多難中,創建強盛之吐蕃王國。〔註57〕

棄宗弄贊之爲人,「性驍武,多英略,其鄰國羊同及諸羌並賓伏之。」〔註58〕《新唐書》云:

> 其爲人慷慨才雄,常驅野馬、犛牛馳刺之以爲樂,西域諸國共臣之。
>
> 〔註59〕

弄贊慷慨驍武,宜爲領袖之才,其時吐蕃國勢強盛,與唐並爲大國,處於對等關係,並不臣屬於唐。兩《唐書》每言其「來朝」,而《吐蕃歷史文書》〔註60〕亦言「唐與吐谷渾皆來進貢」。可見吐蕃未將唐視爲上國,而唐亦無法屈服吐蕃,因成並大之局。至其臣服鄰國及西域之史實,今試略加鈎稽。

二、征服鄰國

吐蕃之興起,似以征服孫波與羊同爲起點,使吐蕃國境獲得安全保障。孫波之被吐蕃蠶食而屈服之,早於弄贊即位以前。成其大功者,爲其父論贊。

載,皆言朗日論贊與唐高祖同時,故以布頓之說最爲可信。或疑松贊干布生於陰火牛年,死時僅有三十四歲,其子已死,由其孫繼承王位,似不可能。但第一、松贊干布累娶而無子嗣,史有明文,而文成公主入吐蕃後十年松贊即去世,史文自相矛盾,何止一端?松贊之父論贊與其弟論科耳共稱神聖贊普兄弟,松贊亦得以其叔父之孫爲嗣,不必一定爲親生之子。第二、《蒙古源流》言松贊干布娶文成公主時年二十五歲,正與布頓之說相合,而《舊唐書》言其弱冠嗣位,必是其與唐通使時嗣位未久,若已老耄,追記嗣位時年齡,即無任何意義。」。

〔註56〕百衲本《新唐書》卷二一六上列傳第一四一上〈吐蕃傳上〉頁2。

〔註57〕此採王忠《箋證》頁24之言,文字略加更動。

〔註58〕百衲本《舊唐書》卷一九六上列傳第一四六上〈吐蕃傳上〉頁2。

〔註59〕同註56。

〔註60〕《吐蕃歷史文書》(J. Bacot, F. W. Thomas, and G. C. Toussaint:*Documents de Touen-houang relatifs à l'histoire du Tibet*)頁111,轉引自王忠《箋證》頁25。

　　孫波即蘇毗，蘇毗爲《隋書》之「女國」，因其國以女爲王，《隋書》故稱其爲女國，其女王姓蘇毗，因而《新唐書》名其爲「蘇毗」。據《隋書》云：

　　　　女國在葱嶺之南，其國代以女爲王，王姓蘇毗，字末羯，在位二十
　　　　年。女王之夫號曰金聚，不知政事。〔註61〕

隋之「女國」，入《新唐書》即爲「蘇毗」，據《新唐書》云：

　　　　蘇毗，本西羌族，爲吐蕃所并，號孫波，在諸部最大。〔註62〕

可見「孫波」即「蘇毗」，《新唐書》言其「本西羌族」，與同書〈吐蕃傳〉同失之粗率，孫波未必爲西羌族。至於爲何族屬，現因文獻不足，暫從闕疑。

　　蘇毗疆域「北接于闐」，〔註63〕「東與多彌接」，〔註64〕而多彌「濱犁牛河，土多黃金」，〔註65〕犁牛河即通天河，而蘇毗「數與天竺、黨項戰爭」。〔註66〕據以上資料分析，蘇毗盛時之疆域，在今新疆維吾爾之南，西接印度，東北伸入青海玉樹一帶，其南界即吐蕃。沙宛氏以爲「伊吾即今哈密 Hami，《新唐書》以四川西藏間之蘇毗國，位置於骨咄之後已奇，茲又以伊吾位置於蘇毗、波斯之間更奇，具見其編次之亂。」〔註67〕實則蘇毗在吐蕃之北，不在川、藏之間。編次不亂，不過是沙宛本人將蘇毗位置錯亂，因有此說。先是吐蕃似曾臣服於蘇毗，後因蘇毗內亂，眾叛親離，吐蕃乘機完成統一大業，至棄宗弄贊之父論贊弄囊（Slon-brcan-rlun-Nam, 約 610 至 629 年）時，始敗蘇毗而有之。〔註68〕

　　蘇毗而外，另一外敵即羊同，當吐蕃朗日論贊被置毒而死，政局不安，吐蕃內亂，羊同亦伺機進攻，威脅吐蕃安全。由於吐蕃新大臣之團結，平定內亂，消除外患，故《吐蕃歷史文書》云：

　　　　當棄宗弄贊贊普之時，滅里格奈舒，征服與領有全部羊同。〔註69〕

「里格奈舒」，今無考。至於羊同，據《唐會要》云：

〔註61〕百衲本《隋書》卷八三列傳第四八〈女國〉頁 10。
〔註62〕百衲本《新唐書》卷二二一下列傳第一四六下〈蘇毗傳〉頁 8。
〔註63〕《大唐西域記》卷四。
〔註64〕同註61。
〔註65〕同註61頁9〈多彌傳〉。犁牛河，馮承鈞譯沙宛著《西突厥史料》頁 125 以爲即 Murus-ussa.
〔註66〕百衲本《隋書》卷八三列傳四八〈女國傳〉頁 10。
〔註67〕沙畹（E. Chavannes）著馮承鈞譯《西突厥史料》第三篇〈關於西突厥之其他史料〉二、「西域諸國」頁 155 之「註1」。
〔註68〕王忠《箋證》頁 22。
〔註69〕轉引自王忠《箋證》頁 25。

大羊同，東接吐蕃，西接小羊同，北直于闐，東西千里，勝兵八、
九萬。辮髮氈裘，畜牧爲業。地多風雪，冰厚丈餘，物產與吐蕃同。
〔註70〕

鄰於吐蕃而有勝兵八、九萬，給予吐蕃之威脅，不可謂不大。且於貞觀五年
（631）及十五年（641）兩使中國，太宗以禮答慰，更遭吐蕃之忌，故「至
貞觀末，爲吐蕃所滅，分其部眾，散至隴地。」〔註71〕貞觀末年，棄宗弄贊
尚在位，而《吐蕃歷史文書》更確定於西元644（貞觀十八）年，棄宗弄贊征
服全部羊同而統治之。〔註72〕故佔領羊同，自爲弄贊之武功。

　　蘇毗、羊同而外，另一屈服於吐蕃之大國，則爲泥婆羅。泥婆羅即今之
尼泊爾，其臣屬於吐蕃，當在棄宗弄贊之時，或稍前。大約貞觀年間（627～
649）之泥婆羅國王爲那陵提婆，提婆之得位，據《舊唐書》云：

　　那陵提婆之父，爲其叔父所篡，那陵提婆逃難於外，吐蕃因而納焉。

　　克復其位，遂羈屬吐蕃。〔註73〕

泥婆羅王那陵提婆爲吐蕃所立，其叔無力拒之使不得反國，可見泥婆羅軍力
不如吐蕃，因而提婆得以復國。復國之後，懾於恩威，「遂臣吐蕃」，〔註74〕
爲無可如何之事。

　　另一史實，亦可看出泥婆羅與吐蕃之主從關係，即王玄策調鄰國兵以平
天竺之事也。此事據《舊唐書》云：

　　先是，遣右率府長史王玄策使天竺，其四天竺國王咸遣使朝貢。會
　　中天竺王尸羅逸多死，國中大亂，其臣那伏帝王阿羅那順篡立，乃
　　盡發胡兵，以拒玄策。玄策從騎三十人，與胡禦戰，不敵，矢盡，
　　悉被擒，胡並掠諸國貢獻之物。玄策乃挺身宵遁，走至吐蕃，發精
　　銳一千二百人，並泥婆羅國七千餘騎，以從玄策。玄策與副使蔣師
　　仁率二國兵，進至中天竺國城，連戰三日，大破之，斬首三千餘級，
　　赴水溺死者且萬人。阿羅那順棄城而遁，師仁進擒獲之，虜男女萬
　　二千人，牛馬三萬餘頭匹。於是天竺震懼，俘阿羅那順以歸，二十

<hr>

〔註70〕世界書局《唐會要》卷九九頁1770〈大羊同國〉。
〔註71〕同註70。
〔註72〕王忠《箋證》頁26。
〔註73〕百衲本《舊唐書》卷一九八列傳第一四八頁1〈泥婆羅傳〉。
〔註74〕百衲本《新唐書》卷二二一上列傳第一四六上頁1〈泥婆羅傳〉。

二年（648）至京師。〔註75〕

王玄策由被擒而宵遁，走至吐蕃，其目的在調遣吐蕃軍隊，結果獲吐蕃精銳千二百人，另有泥婆羅之騎兵七千人，王玄策憑此兵力，卒平天竺之亂。吐蕃所遣之兵少，泥婆羅所派之軍多，此可能表示吐蕃以此任務，交予泥婆羅，吐蕃軍隊不過象徵而已。另一解釋，爲泥婆羅近於中天竺，故可多遣軍隊，吐蕃路遠，故無法速遣大軍。無論如何，負主要戰爭責任者，仍爲泥婆羅也。如泥婆羅非吐蕃之屬國，其是否出兵，尚成問題。

三、滅吐谷渾

吐蕃之併吞蘇毗、羊同，役屬泥婆羅等國，似未引起大唐帝國之重視。吐蕃之與大唐帝國衝突，吐谷渾可能爲一導火線。

吐谷渾位於唐與吐蕃之間，若吐蕃不能征服吐谷渾，即無法侵擾唐室，如大唐帝國能維持吐谷渾之存在，並使其有能力抗拒吐蕃，唐之邊患即可相對減少。不思唐廷計不出此，使吐谷渾內徙，而其故地竟爲吐蕃所佔，吐蕃之爲患，始於此時。

前曾道及吐蕃之先，「未始與中國通」，至貞觀八年（634），其贊普棄宗弄贊始遣使「朝貢」，唐太宗遣行人馮德遐往答禮。吐蕃再遣使隨馮德遐入朝，多賫金寶，奉表求婚，太宗未之許。吐蕃使臣因使命未達，故造謊言，據《舊唐書》云：

> 使者既反，言於弄贊曰：「初至大國，待我甚厚，許嫁公主。會吐谷渾王入朝，有相離間，由是禮薄，遂不許嫁。」弄贊遂與羊同連發兵以擊吐谷渾，吐谷渾不能支，遁於青海之上，以避其鋒。其國人畜並爲吐蕃所掠。於是進兵破党項及白蘭諸羌。〔註76〕

〔註75〕百衲本《舊唐書》卷一九八列傳一四八頁 12〈天竺傳〉。引文中之「右率府長史」，據百衲本《新唐書》當作「右衛率府長史」爲是。「那伏帝王阿羅那順」，百衲本《新唐書》作「那伏帝阿羅那順」，未知孰是。

〔註76〕百衲本《舊唐書》卷一九六上列傳第一四六上〈吐蕃傳上〉頁 2。《舊唐書‧吐蕃傳》曾云：「（弄贊）聞突厥及吐谷渾皆尚公主，乃遣使隨（馮）德遐入朝，多賫金寶，奉表求婚，太宗未之許。」。中國自漢朝劉敬創此和親政策，後遂屢見不鮮，隋亦將公主下嫁突厥，吐蕃不必因聞突厥及吐谷渾皆尚公主，乃始求婚於唐。《舊唐書‧吐谷渾傳》云：「（貞觀）十四年（640），太宗以弘化公主妻之，資送甚厚。」尚弘化公主者，吐谷渾王諾曷鉢也。突厥尚主者，爲阿史那社爾，《新唐書》一一〇列傳三五云：「阿史那社爾，突厥處羅可汗之

贊普於擊破吐谷渾後，率其二十萬眾，頓於松州（今四川松潘縣治）西境，復遣使貢金帛，云來迎公主。若不許嫁公主，即以入寇威脅。因寇松州，都督韓威為所敗，邊人大擾。唐太宗遣侯君集、執失思力、牛進達、劉蘭率步騎五萬以擊之。進達夜襲其營，斬千餘級。弄讚棄而引退，遣使謝罪，因復請婚，太宗許之。貞觀十五年（641），以宗女文成公主下嫁吐蕃贊普棄宗弄讚。故貞觀之世，吐蕃雖盛，然未成中國之鉅患者，文成公主下嫁，有相當之作用。

吐谷渾立國於「甘松之南，洮水之西，南極白蘭數千里。」〔註77〕隋煬帝時，其王伏允寇邊，煬帝親總六軍以討之，且立其質子順為王，領統國眾，尋復追還，及唐高祖受禪，始遣順歸，而伏允仍寇邊不止。其時「伏允年老昏耄，其邪臣天柱王惑亂之。」〔註78〕貞觀九年（635），唐以李靖、侯君集、任城王道宗、李大亮、李道彥、高甑生，並突厥契苾之眾伐吐谷渾。由唐遣歸之大寧王順，斬其國相天柱王來降，伏允自縊而死，國人立其子順為可汗，稱臣內附。順之被立為可汗，可能脅於兵威，出於大唐帝國之意，而非其「國人」之意，故順雖有唐室之支持，未久即為國人所殺，其經過據《舊唐書》云：

> 順既久質於隋，國人不附，未幾，為臣下所殺，其子燕王諾曷鉢嗣
> 立。〔註79〕

慕容順之被殺，其意義乃表示吐谷渾企圖擺脫大唐帝國之控制，全面倒向吐蕃，此可能為慕容伏允及其大臣之一貫主張，但非慕容順及其子諾曷鉢所願為。細究此時吐谷渾之國情，不難了解其處境之艱困，其面前所對之唐太宗，以蓋世英才，內平羣雄，外破強敵，四夷君長推為「天可汗」。其背後之吐蕃贊普棄宗弄讚，在位時間約與唐太宗同時，英武不下於唐太宗，且曾一怒而率羊同等二十萬眾，以擊吐谷渾。吐谷渾不能抗，避之青海上。吐谷渾處於兩大之間，搖擺不定，國內君臣，因有親唐派、親吐蕃派之分。所謂邪臣天柱王者，殆為親吐蕃者，慕容順及其子諾曷鉢自為親唐派，親唐派勢力太小，

次子。……（貞觀）十年（636）入朝，授左驍衛大將軍，處其部于靈州，詔尚衡陽長公主，為駙馬都尉，典衛屯兵。」竊疑吐蕃求婚，不得晚至貞觀十二年。是歲，侯君集率二總管吐伐蕃，敗之於松州。早於貞觀十年以前。是年阿史那社爾入朝，尚衡陽公主，諾曷鉢亦於是年身入謝，遂請婚，故其使臣言吐谷渾王間之，遂不得尚主。

〔註77〕百衲本《舊唐書》卷一九八列傳第一四八頁5〈吐谷渾傳〉。
〔註78〕同註77頁6。
〔註79〕同註77頁7。順，百衲本《舊唐書》本紀三頁3貞觀九年作「順光」。

唐乃以武力維持諾曷鉢得位。唐朝君臣更明白慕容順一支傾向中國，故順被殺後，其子諾曷鉢被立，而不是慕容伏允之其他子孫，此又爲唐朝之另一次成功。故《新唐書》云：

> 諾曷鉢幼，大臣爭權，帝詔侯君集就經紀之，始請頒曆及子弟入侍。
>
> 〔註80〕

諾曷鉢之在位，全賴唐軍之支持，侯君集之經紀吐谷渾，實爲代主國政。貞觀十四年（640），唐以宗室女爲弘化公主妻諾曷鉢，加強唐與吐谷渾之關係。然吐谷渾之大臣，多歸心吐蕃，見此情景，心生恐懼，因造內亂，諾曷鉢之位，岌岌可危。其不安情形，據《新唐書》云：

> 其相宣王跋扈，謀作亂，欲襲公主，劫諾曷鉢奔吐蕃。諾曷鉢知之，引輕騎走鄯城，威信王以兵迎之，果毅都尉席君買，率兵與威信王共討斬其兄弟三人，國大擾。帝（唐太宗）又詔民部尚書唐儉、中書舍人馬周，持節撫慰。〔註81〕

諾曷鉢以一國之主，知其相預謀叛亂，手足無措，竟走鄯城（青海西寧縣治）以避之，而讓唐將席君買及威信王平其亂，亂平而國內仍大擾，再由唐朝大臣唐儉、馬周持節撫慰。可見吐谷渾處兩大之間，傾向吐蕃者有之，歸心大唐者亦有之。而唐與吐蕃之間，亦各拉攏吐谷渾之君臣，唐得其君心，吐蕃獲其臣意。因而傾軋時生，國無寧歲。在此競爭中，唐以全力扶植諾曷鉢，採取「以君威臣」之法，以爲得其君則得其國，故使其二子俱婚於唐，〔註82〕願世世代代俱與唐爲甥舅之國，永爲藩屏。吐蕃以爲推翻諾曷鉢之統治，即可使其成爲吐蕃之附庸，因而諾曷鉢成爲去之而後快之「眼中釘」。唐與吐蕃雖俱爭吐谷渾，但在貞觀年間（627～649），似尚未因吐谷渾問題，引起唐與吐蕃間之戰爭。

四、咸亨決戰

　　吐蕃與唐關係之惡化，始於唐高宗時，其原因可能爲人事上之因素。唐貞觀廿三年（649）太宗崩，次年，亦即唐高宗永徽元年（650），吐蕃贊普棄

〔註80〕百衲本《新唐書》卷二二一上列傳第一四六上〈吐谷渾傳〉頁7。

〔註81〕同註80。

〔註82〕據百衲本《新唐書‧吐谷渾傳》頁7云：唐高宗以宗室女金城縣主，妻諾曷鉢長子蘇度抹末，後蘇度抹末死，又以宗室女金明縣主妻其次子闥盧抹末。

宗弄贊卒，「弄贊子早死，其孫繼立，復號贊普。時年幼，國事皆委祿東贊。」
〔註83〕唐高宗性儒弱，少果決，不類其父。祿東贊當國，主少國疑，因以對
外戰爭，轉移國內之注意力，唐與吐蕃之長期戰爭，於焉開始。

　　唐與吐蕃之戰爭，仍種因於吐谷渾之爭奪，而吐蕃之擊吐谷渾，蓋因吐
谷渾內附於唐也。高宗顯慶五年（660）「八月，吐蕃祿東贊遣其子起政將兵
擊吐谷渾，以吐谷渾內附故也。」〔註84〕吐蕃以吐谷渾內附而擊之，將益使
其求援於唐，並因此而引起大規模之戰爭。

　　唐與吐蕃之衝突，不出一端，吐谷渾而外，突厥亦爲一問題。龍朔二年
（662），唐以颺海道總管蘇海政討龜茲，敕興昔亡、繼往絕二可汗發兵與之
俱。至興昔亡之境，繼往絕與之有怨，密謂海政曰：「彌射（即興昔亡可汗）
謀反，請誅之。」時海政兵纔數千，集軍吏謀曰：「彌射若反，我輩無噍類，
不如先事誅之。」乃矯稱敕，令大總管齎帛數萬段賜興昔亡可汗及諸酋長，
興昔亡帥其徒受賜，海政悉收斬之。其鼠尼施、拔塞幹兩部亡走，海政與繼

〔註83〕百衲本《舊唐書》卷一九六上列傳第一四六上〈吐蕃傳上〉頁3。清華書局《冊
　　　　府元龜》卷九六六〈外臣部・繼襲一〉頁10云：「唐永徽元年（650），贊普
　　　　寶王不夜弄讚薨，弄讚子早死，其嗣孫立，復號贊普，年幼，國事皆委於其
　　　　相祿東贊。」杜佑《通典》言：「孫號乞黎拔布」。
　　　　百衲本《新唐書》卷二一六上列傳第一四一上〈吐蕃傳上〉頁3云：棄宗弄
　　　　贊卒，「無子，立其孫，幼不事，故祿東贊相其國。」新書所謂「無子」，當
　　　　作「卒時無子」解，即其子早逝，非「累娶而無子嗣」意。不然，何來「其
　　　　孫」。世界書局章鈺校本《通鑑》卷一九九〈唐紀一五〉頁6271云：永徽元
　　　　年「夏五月，壬戌，吐蕃贊普弄贊卒，其嫡子早死，立其孫爲贊普。贊普幼
　　　　弱，政事皆決於國相祿東贊。祿東贊性明達嚴重，行兵有法，吐蕃所以強大，
　　　　威服氏、羌，皆其謀也。」。
　　　　王忠《箋證》頁25云：「或疑松讚干布生陰火牛年，死時僅有三十四歲，其
　　　　子已死，由其孫繼承王位，似不可能。但第一、松贊干布累娶而無子嗣，史
　　　　有明文，而文成公主入吐蕃後十年松贊即去世，史文自相矛盾，何止一端？
　　　　松贊之父論贊與其弟論科其共稱神聖贊普兄弟，松贊亦得以其叔父之孫爲
　　　　嗣，不必一定爲親生之子。」王忠之言，純出肊測，早婚時代，卒年三十四，
　　　　不妨有孫。且弄贊之妻，不止文成公主一人，另有泥婆羅妃，可能尚有未留
　　　　名於史籍者，此無碍於文成入藏十年後，弄贊即死，因而由其無子，斷定其
　　　　孫非嫡出，而由傍支入繼。
　　　　李霖燦先生《西藏史》云：「松贊崗普於唐高宗永徽元年（650）崩，他的兒
　　　　子貢日貢贊早亡，由他的孫子芒松芒贊繼位。十三歲立，委政於祿東贊。」
　　　　十三歲容或可疑，李先生言弄贊子名「貢日貢贊」，言必有據，可知弄贊有子
　　　　早卒，而非無子。
〔註84〕世界書局章鈺校本《通鑑》卷二〇〇〈唐紀一六〉高宗顯慶五年頁6321。

往絕追討，平之。海政愚而受欺，枉殺興昔亡可汗，遠人寒心，適予吐蕃機
會，使得收此殘眾，而伸展勢力於西域，據《通鑑》云：

> 軍還，至疏勒南，弓月部復引吐蕃之眾來，欲與唐兵戰，海政以師
> 老不敢戰，以軍資賂吐蕃，約和而還。由是諸部落皆以興昔亡爲冤，
> 各有離心。繼往絕尋卒，十姓無主，有阿史那都支及李遮匐收其餘
> 眾，附於吐蕃。〔註85〕

是後唐與吐蕃之戰場，由今之青海延至新疆，而吐蕃對外之政策，亦在取代
李唐在西域之支配權。

至龍朔三年（663），吐谷渾爲吐蕃所滅。據《新唐書・吐谷渾傳》云：

> 既而與吐蕃相攻，上書相曲直，並來請師，天子兩不許。吐谷渾大
> 臣素和貴奔吐蕃，言其情，吐蕃出兵搗虛，破其眾黃河上。諾曷鉢
> 不支，與公主引數千帳走涼州。帝遣左武衛大將軍蘇定方爲安集大
> 使，平兩國怨，吐蕃遂有其地。〔註86〕

蘇定方爲涼州安集大使，以定吐蕃、吐谷渾，尚有「節度諸軍，爲吐谷渾之
援」〔註87〕之目的。然援軍無效，吐谷渾遂遭覆亡之命運。吐谷渾故土陷蕃
之後，避於涼州，如何安置此一流亡政府，成爲大唐君臣間之難題。解決此
難題之最理想方法，莫過於使其重歸故土，因此遂引起大非川之戰。

吐蕃滅吐谷渾後，擴張並未終止，反而逐一蠶食西域各國。前言龍朔二年
（662）唐平興昔亡可汗之餘部，經疏勒南，弓月引吐蕃，欲攻唐軍，唐軍不敢
戰，施賄而還。此時雖無法知疏勒態度，但弓月已附吐蕃，則絕無疑問。至高
宗麟德二年（665）春，疏勒已附吐蕃，且與吐蕃合兵攻于闐，據《新唐書》云：

> 是春，疏勒、弓月、吐蕃攻于闐，西州都督崔智辯、左武衛將軍曹
> 繼叔救之。〔註88〕

雖有崔智辯、曹繼叔之救援，于闐不免於陷沒，此又唐之一敗也。唐在西方
之聲威，漸趨沒落。但更悲慘之命運，尚在其後。

吐蕃用事大臣祿東贊卒於乾封二年（667），〔註89〕其子欽陵、贊婆、悉

〔註85〕世界書局章鈺校本《通鑑》卷二○一〈唐紀一七〉高宗龍朔二年頁6333。
〔註86〕百衲本《新唐書》卷二二一上列傳第一四六上〈吐谷渾傳〉頁7。藝文影印殿
　　　　本《新唐書》「素和貴」作「素知貴」，《通鑑》亦作「素和貴」，殿本誤。
〔註87〕世界書局章鈺校本《通鑑》卷二○一〈唐紀一七〉高宗龍朔三年頁6336。
〔註88〕百衲本《新唐書・本紀三》頁6。
〔註89〕王忠《箋證》頁37云：「據《吐蕃歷史文書》，祿東贊死於西元667年，即高

多于、勃論等人悉當國，論欽陵尤善用兵，自是歲寇邊。

　　咸亨元年（670）夏四月，吐蕃陷西域羈縻州十八。又與于闐襲龜茲撥換城，陷之。唐乃罷龜茲、于闐、焉耆、疏勒等安西四鎮。同月辛亥（初九），唐以右威衛大將軍薛仁貴爲邏娑道行軍大總管，〔註90〕左衛員外大將軍阿史那道眞、〔註91〕左衛將軍郭待封〔註92〕副之，率眾十餘萬，〔註93〕以討吐蕃，且援送吐谷渾還故地。先是，郭待封與薛仁貴並列，及征吐蕃、恥居其下，多違節度。八月，軍至大非川，〔註94〕將趨烏海，仁貴曰：「烏海險遠，車行艱澀，若引輜重，將失事機，破賊即迴，又煩轉運，彼多瘴氣，無宜久留。大非嶺上，足堪置柵，可留二萬人。作兩柵，輜重等並留柵內。吾等輕銳，倍道掩其未整，即撲滅之矣。」〔註95〕仁貴遂帥眾先行，至河口，遇吐蕃之眾，擊破之，斬獲略盡。進屯烏海，以俟待封。待封不用仁貴之策，將輜重

宗乾封二年。」。

〔註90〕　此時薛仁貴之官職，據百衲本《舊唐書・本紀五》頁 3、同書列傳三三〈薛仁貴傳〉頁 7，同書〈吐蕃傳上〉頁 3，百衲本《新唐書・本紀三》、同書〈吐蕃傳〉頁 4 俱作「右威衛大將軍」，而《通鑑》卷二○一咸亨元年四月條，不知何所據而作「右衛大將軍」，當從新舊《唐書》爲是。

〔註91〕　百衲本《舊唐書》本紀五頁 3：「右衛員外大將軍阿史那道眞」，同書卷一九六上列傳第一四六上〈吐蕃傳上〉頁 4 與舊書異作「左衛員外大將軍阿史那道眞」，百衲本《新唐書》卷二一六上列傳一四一上〈吐蕃傳上〉頁 4、《通鑑》卷二○一〈唐紀一七〉高宗咸亨元年頁 6363 與之同，本文從《兩唐書・吐蕃》及《通鑑》。

〔註92〕　百衲本《舊唐書》本紀五頁 3、百衲本《新唐書・吐蕃傳上》頁 4、《通鑑》卷二○一，俱言郭待封時官「左衛將軍」。僅百衲本《舊唐書・吐蕃傳上》頁 4，言其時爲「右衛將軍」，今不取。

〔註93〕　百衲本《舊唐書》本紀五頁 3 云：「領兵五萬，以擊吐蕃。」同書〈吐蕃傳上〉頁 3 云：「率眾十餘萬以討之。」百衲本《新唐書・吐蕃傳上》頁 4 云：「師凡十餘萬。」今從《兩唐書・吐蕃傳》，不取《舊唐書・本紀》。

〔註94〕　《通鑑》胡注云：「自鄯州鄯城縣西行三百餘里，至大非川。」又云：「烏海在漢哭山西，隋屬河源郡界。杜佑曰：吐蕃國出鄯城五百里，過烏海，暮春之月，山有積雪，地有冷瘴，令人氣急，不甚爲害。」
　　　　　吳景教《西陲史地研究》頁 11，據《新唐書・地理志》及實地考察，對此次戰爭之地理形勢，作爲下之說：「古鄯邑今爲民和縣轄境，石堡城故址在西寧西南八十公里哈喇庫圖城附近之石城山。莫離驛廢址，就其距石堡城之里程及方向言之，當在今恰卜恰附近。恰卜恰海拔三千三百五十公尺，東至郭蜜、曲溝一帶，均爲今共和縣境，地盛產糧。恰卜恰西南爲沙珠玉流沙，……。過沙珠玉流沙，即爲切吉曠原，海拔三四三○公尺，極目平川，薛仁貴敗績之大非川古戰場，當即切吉曠原之通稱。」

〔註95〕　百衲本《舊唐書》卷八三列傳第三三〈薛仁貴傳〉頁 6。

繼行，比至烏海，遇吐蕃二十餘萬，悉眾來援，邀擊待封。待封大敗，還走趨山，軍糧及輜重盡為所掠。薛仁貴退屯大非川，吐蕃又益眾四十萬來拒戰，唐軍大敗，死亡略盡，仁貴遂與吐蕃大將論欽陵約和而還。唐將薛仁貴、阿史那道真、郭待封等三人，坐是除名為民，而「吐谷渾全國盡沒，唯慕容諾曷鉢及其親信數千帳內屬，仍徙於靈州界。」〔註96〕

　　咸亨元年（670）唐蕃之役，關係雙方非淺。唐軍之目的，自在安西四鎮之恢復，及護送吐谷渾回故地。設若唐軍勝利，唐在西方之威望，不止仍可保持，且能發揚光大，創造更輝煌之業績。但此役不幸失敗，使唐帝國之聲威，首遭鉅創。此後雖一度恢復四鎮，〔註97〕然吐蕃崛起，成為中亞之霸主，役屬西域諸小國，〔註98〕取代李唐之地位，為無法否認之事實，故西方諸漢學家，如伯希和等人，〔註99〕咸認中國敗於吐蕃，使中國之上邦聲威黯然失色。〔註100〕近人黑摩爾亦言：「唐代初年，中國征服雲南，但從670年以後，為雲南而與吐蕃競爭。」〔註101〕易言之，吐蕃在大非川大勝唐軍之後，始伸展其勢力於雲南，與唐爭奪西洱河區。

　　大非川之役，唐軍失敗之原因，史言其將帥不和、兵寡於敵、不得地利等

〔註96〕百衲本《舊唐書‧本紀第五‧高宗下》頁3。

〔註97〕四鎮收復，已遲至武后長壽元年（692），陷落已二十一年。此事自唐休璟倡之，王孝傑成之。
　　　　百衲本《新唐書》卷一一一列傳第三二〈唐休璟傳〉頁11云：「乃陳方略，請復四鎮，武后遣王孝傑拔龜茲等城，自休璟倡之。」。
　　　　前書同頁〈王孝傑傳〉云：「長壽元年為武威道總管，與阿史那忠節討吐蕃，克龜茲、于闐、疏勒、碎葉等城。武后曰：『貞觀中西境在四鎮，其後不善守，棄之吐蕃，今故土盡復，孝傑功也。』」

〔註98〕此時已臣屬吐蕃之國家有：泥婆羅、蘇毗、吐谷渾、弓月、疏勒、于闐等。其後，吐蕃亦以和親方式，宰制西域國家。故百衲本《舊唐書》卷一○四列傳第五四〈高仙芝傳〉頁1云：「小勃律國王為吐蕃所招，妻以公主，西北二十餘國，皆為吐蕃所制，貢獻不通。」。

〔註99〕伯希和（P. Pelliot）論文登載於《法國遠東學院院刊》（*Bulletin Ecole Fransaise d'exteme-orient*）。其文未見，間引自註100。

〔註100〕蘭番佛巴德里（Pierre Lefture Pontalis）之〈泰族侵入印度支那考〉，上篇原載《通報》第一編第八卷（1897年刊）第53至87頁，下篇載第二編第一○卷（1909年刊）第495至512頁。本文採自陸翔譯文，收入開明《國聞譯證》第一冊第69至112頁。Pontalis引Pelliot之說，以示渠亦同意其論點。

〔註101〕Michael Blackmore, "The Ethnological Problems Connected With the Nanchao," In F. S. Drake ed. *Symposium on Historical, Archaeological & Linguistic Studies on Southeast China and Southeast Asia and the Hong Kong Region*, Hong Kong University Press.

事，逐爲欽陵所乘，因遭挫敗。若細推究，當歸咎於高宗不武，政壞於上，亦爲主要因素。唐兵之能得勝於東方，失敗於西方者，當以農、牧立國之異以解釋之。欲攻游牧民族，必乘其天災人禍之際，方易奏效。斯時吐蕃正盛，無機可乘，唐兵遠出，爭勝負於西方，有其實際困難，觀其後永隆元年（680）李敬玄敗於湟川，劉審禮被俘而死，及高仙芝之敗，唐在中亞之勢力，掃除淨盡。故在西元 670 年之後，吐蕃與唐爲中亞二強。純以武力而論，吐蕃似若過之，故此期諸小國，不朝貢於唐，即役屬於吐蕃，似無他路可趨。若清楚此種背景，對於日後唐、蕃之競爭西洱河區，及南詔叛唐歸蕃之歷史，亦易明瞭。

第四節　姚州爭奪

一、初置姚州

由太宗一朝至高宗初年，唐對雲南西北地區之經營，可謂一帆風順，幾無挫折。唐將此地區撫定後，或則剖分州縣，選授長史，因而治之，使之漸染唐風，化同國人。或則選其酋帥，授以吏職，使之世襲，因其既有之勢力而羈縻之，此亦漸化之道也。

如第二節所述，唐初經營洱海地區，或委之巂州都督府，或責成戎州都督府。在征撫期間，以此二地區爲基地，指揮其進退，並可作權宜之處理。但至洱海地區歸服後，有使此一地區成立一單獨行政區之必要，故高宗龍朔中（661～663），武陵縣主簿石子仁奏置之。〔註102〕至麟德元年（664）五月乙卯（初八），唐將李英所置之姚州，移於弄棟川，並升爲都督府，〔註103〕管州三十二，除《新唐書·地理志》所列十三州〔註104〕外，其餘各州，已無法詳考。至於唐將姚州升爲都督府，並將府治西移之目的，自然表示唐之政治勢力推進，加強控制，由唐之中央直接指揮，不必再經戎、巂二都督府之手。

在唐設立姚州都督府時，吐蕃之勢力業已興起，並且向外擴張。在其擴張之初，人所注意者，僅爲吐蕃與唐朝在青海及西北之衝突，忽略吐蕃與唐

〔註102〕百衲本《舊唐書》卷九一列傳第四一〈張柬之傳〉頁 9。
〔註103〕百衲本《舊唐書·本紀四·高宗紀上》頁 11。
〔註104〕據百衲本《新唐書》卷四三下志三三下〈地理七下〉頁 12 所列屬於姚州都督府之十三州爲：「于州、異州、五陵州、袖州、和往州、舍利州、范鄧州、野共州、洪郎州、日南州、眉鄧州、遵備州、洛諾州。」

在姚州之爭奪。及至唐敗於大非川，吐蕃在姚州之活動，始見記載。唐在雲南之經營，始遇到頑強之敵手。

唐自麟德元年（664）升姚州爲都督府後，至咸亨元年（670）敗於大非川，是後唐在姚州之主權，受到吐蕃之挑戰。當地蠻夷之叛變，似曾受到吐蕃勢力擴張之影響。在古永昌郡地（今保山）之蠻夷，距姚州較遠，且中隔高山大川，因於咸亨年間叛唐。唐於咸亨三年（672），派梁積壽率兵伐之，此事據《舊唐書》本紀云：

> 三年春正月辛丑（初八），發梁、益等一十八州兵，募五千三百人，
> 遣右衛副率梁積壽，往姚州擊叛蠻。〔註105〕

梁積壽爲「姚州道行軍總管」後，將叛蠻討平，〔註106〕使古永昌郡地，重歸唐之版圖。

咸亨三年正月辛丑（初八），唐派梁積壽討伐永昌蠻，同月庚戌（十七日），接近姚州之昆明蠻十四姓二萬三千戶內附，置殷、敦、總三州以安輯之。〔註107〕總州所轄縣數無考，隸於黔州。敦州有屬縣六，即：武寧、溝水、古質、昆川、叢燕、孤雲等。殷州下轄縣五，爲：殷川、東公、龍原、韋川、賓川等。此等縣治係羈縻性質，廢置不常，且或沒於蠻夷，故爲今之何地，已難詳考。殷、敦二州，初雖隸於戎州都督府，後亦改屬黔州都督府。〔註108〕

昆明蠻十四姓內附，由其初隸戎州都督府推測，可能由戎州都督府所招

〔註105〕百衲本《舊唐書・本紀五》頁4。

梁積壽率兵討伐永昌蠻之年代，據《舊唐書・高宗紀》、《冊府元龜》、《通鑑》等書俱作咸亨三年（672），唯《新唐書・南蠻》作咸亨五年，今從前者定爲三年，而棄後者五年之說，三、五形近易譌。今將諸說臚列於後，以證言而有據：《新唐書・本紀三・高宗紀》云：「（咸亨）三年正月辛丑，姚州蠻寇邊，太子右衛副率梁積壽爲姚州道行軍總管以伐之。」（百衲本、影殿本均同）世界書局章鈺校本《通鑑》卷二○二〈唐紀一八〉頁6368云：「（咸亨）三年春正月辛丑，以太子左衛副率梁積壽爲姚州道行軍總管，將兵討叛蠻。」清華書局《冊府元龜》卷九八六〈外臣部・征討五〉頁10云：「（咸亨）三年正月，發梁、益等一十八州兵，募五千三百人，遣太子右衛副率梁積壽爲姚州道行軍總管，率兵以討叛蠻。」

《新唐書》卷二二二下列傳第一四七下〈南蠻下〉云：「姚州境有永昌蠻，居古永昌郡地。咸亨五年（674）叛，高宗以太子右衛副率梁積壽爲姚州道行軍總管，討平之。」（百衲本、影殿本均同）。

〔註106〕百衲本《新唐書》卷二二二下列傳第一四七下〈南蠻傳下〉頁17。
〔註107〕世界書局章鈺校本《通鑑》卷二○二〈唐紀一八〉頁6368。
〔註108〕百衲本《新唐書》卷四三下志三三下〈地理七下〉頁13。

撫，而非姚州之功，故與征伐永昌蠻無涉。唐之昆明城，在今西康鹽源縣之白鹽井，非今日滇東之昆明。唐平定姚州，又收降昆明蠻，洱海地區，盡收版圖。此地羣蠻，久未與中國通，一旦羈屬中國，難免不三心兩意，時思叛亂，或引異族入寇，而恢復其獨立。且在唐代，似有一通道，由洱海、姚州、昆明、越巂、黎州、雅州、茂州西入吐蕃。唐若能控制此路，則可由巂州經營雲南，並能阻斷吐蕃進入雲南之路。爲此緣故，最接近吐蕃之茂州，即成雙方競爭對象。儀鳳二年（677），益州長史李孝逸於茂州西南築安戎城（今四川茂縣西番界），以斷吐蕃通蠻之路。唐築安戎城已遲，此時吐蕃已步上盛勢，僅憑一城，似已無法阻止吐蕃之南下。故安戎築成未久，即爲生羌導吐蕃所奪，吐蕃之盛，據《新唐書》云：

> 初，劍南度茂州之西築安戎城，以逼其鄙。俄爲生羌導虜取之以守，因并西洱河諸蠻，盡臣羊同、党項諸羌。其地東與松、茂、巂接，南極婆羅門，西取四鎮，北抵突厥，幅圓餘萬里，漢魏諸戎所無也。
> 〔註109〕

安戎城之失陷，在永隆元年（780）以前，大約在儀鳳三年（678）左右。斯時之吐蕃「諸胡之盛，莫與爲比」，〔註110〕復奪得安戎城，由此伸展勢力於西洱河地，終使西洱河諸蠻，皆降於吐蕃。洱河諸蠻得到吐蕃之支持後，始反抗唐之統治，唐兵數度征討，皆勞而無功，其中經緯，據張柬之奏中云：

> 後長史李孝讓、辛文協並爲羣蠻所殺，前朝遣郎將趙武貴討擊，貴及蜀兵應時破敗，噍類無遺。又使將軍李義總等往征，郎將劉惠基在陣戰死，其州乃廢。〔註111〕

張柬之雖未說明諸人喪敗之時間，但以情度之，唐兵之屢敗，其所遭遇之敵人，可能非爲純粹之「羣蠻」，而係混有「吐蕃」及「生羌」，否則唐兵不致連番失利，且潰敗之慘，亦駭人聽聞，因疑「羣蠻」中有新生力量加入。由時間推測，姚州之廢，當在儀鳳三年（678）之後，由於安戎城之不守，吐蕃始能與唐爭奪姚州；垂拱四年（688）之前，是歲蠻郎將王善寶、昆州刺史爨乾福請置姚州。故知姚州之廢，在此以前。大致可以判定姚州之失，約在安

〔註109〕百衲本《新唐書》卷二一六上列傳第一四一上〈吐蕃傳上〉頁 5。
〔註110〕世界書局章鈺校本《通鑑》卷二〇二〈唐紀一八〉頁 6396。
〔註111〕百衲本《舊唐書》卷九一列傳第四一〈張柬之傳〉頁 9。百衲本《新唐書・張柬之傳》同。

戎城陷後，亦即永隆元年（680）前後。

二、收復四鎮

前論吐蕃之禍，至唐高宗朝始烈。咸亨元年（670），薛仁貴、郭待封敗於大非川，吐谷渾亡而四鎮失。至儀鳳三年（678）秋九月，李敬玄、劉審禮又敗於青海之上。高宗以吐蕃爲憂，問計於侍臣，主嚴守備之議盛，倡深討之謀者寡。中書舍人郭正一等，咸以備邊不深討爲上策。〔註112〕其間情況，可從〈郭正一傳〉中看出。據其本傳云：

> 劉審禮與吐蕃戰青海，大敗。高宗召羣臣問所以制戎，正一曰：「吐蕃曠年梗寇，師數出，坐費糧貲。近討則喪威，深入則不能得其巢穴。今上策莫若少募兵，且明烽候，勿事侵擾，須數年之遲，力有餘，人思戰，一舉可破矣。」劉齊賢、皇甫文亮等議，亦與正一合，帝納之。〔註113〕

高宗既厭戰，郭正一之議正與之合，故高宗從其議，因棄吐谷渾及四鎮之地。雲南之姚州，亦約在此時棄守。

及高宗崩，則天主政，一反前朝所爲，不避艱難，欲伐吐蕃。故於垂拱元年（685）「冬，十一月癸卯（初一），命天官尚書韋待價爲燕然道行軍大總管，以討吐蕃。」〔註114〕雖有此命，可能未有行動。故於垂拱三年（687），則天又欲遣兵擊吐蕃，鳳閣侍郎韋方質請如舊制，遣御史監軍，太后曰：「古者明君遣將，閫外之事，悉以委之。比聞御史監軍，軍中事無大小，皆須稟稟。以下制上，非令典也；且何以資其有功」，〔註115〕因罷監軍。於此亦可看出則天之軍事才幹，遠邁高宗。

至垂拱四年（688），則天又欲發梁、鳳、巴蜑，自雅州開山通道，出擊生羌，因襲吐蕃。陳子昂以爲西蜀之禍，自此結矣。〔註116〕且上書云：

> 且臣聞吐蕃桀黠之虜，君長相信而多姦謀。自敢抗天誅，邇來向二十餘載，大戰則大勝，小戰則小勝。未嘗敗一隊，亡一夫。〔註117〕

〔註112〕百衲本《舊唐書·本紀五·高宗紀下》頁8儀鳳三年九月丙寅。
〔註113〕百衲本《新唐書》卷一〇六列傳第三一〈郭正一傳〉頁3至4。
〔註114〕世界書局鈺校本《通鑑》卷二〇三〈唐紀一九〉頁6435。
〔註115〕世界書局鈺校本《通鑑》卷二〇四〈唐紀二〇〉頁6446。
〔註116〕百衲本《舊唐書》卷一九〇中列傳第一四〇中〈文苑傳中〉頁8。
〔註117〕同前。

敵人「大戰則大勝，小戰則小勝」。最佳之法，莫若不戰，若以不戰爲長城，則吐蕃入寇，欲滅我國家，又當如何？除引頸束手，任人宰割外，別無他法。子昂之言，有更可議者，渠云：

> 且國家近者有廢安北，拔單于，棄龜茲，放疏勒，天下翕然謂之盛
> 德。所以者何？蓋以陛下務在仁不在廣，務在養不在殺。將以此息
> 邊鄙，休甲兵，行三皇五帝之事者也。〔註118〕

棄四鎮而謂之盛德，唐太宗之經營四鎮，勞師動眾，豈非罪大惡極邪？雖此役不果行，而武后亦未因此怪罪子昂，但武后討伐吐蕃之目的，並不因此而有所改變。故至永昌元年（689）適有韋待價上疏，請自效戎旅之用。是年「五月丙辰（初五），命文昌右相韋待價爲安息道行軍大總管，擊吐蕃。」〔註119〕待價既無將帥之才，徒以累登非據，頗不自安，因請自效軍中，其不濟事，無待蓍龜。據《舊唐書》本傳云：

> 軍至寅識迦河，與吐蕃合戰，初勝後敗，又屬天寒凍雪，師人多死。
> 糧餽又不支給，乃旋師弓月，頓於高昌。則天大怒，副將閻溫古以
> 逗留伏法，待價坐除名，配流繡州，尋卒。〔註120〕

則天御將，不同於高宗，首廢御史監軍之弊，以專主帥之權。軍權既一，無所掣肘，尙復戰敗而多死傷，則必嚴罰繼之，使無倖免。觀後對吐蕃之戰能得利，似與其用將之手段有關。

對於韋待價、閻溫古，則天予以嚴懲，用明其罪。對於有功者，立予升擢，以示其公。唐休璟即其例也。據其本傳云：

> 安息道大總管文昌右相韋待價、及副使閻溫古失利，休璟收其餘眾，
> 以安西土，遷西州都督。〔註121〕

韋待價、閻溫古之失敗，並不能使則天懼而不再討伐，故至天授二年（691），岑長倩忤諸武意，則天令其出討吐蕃。其本傳云：

> 鳳閣舍人張嘉福，與洛州人王慶之等列名上表，請立武承嗣爲皇太
> 子。長倩以皇嗣在東宮，不可更立承嗣，與地官尙書格輔元竟不署
> 名，仍奏請切責上書者，由是大忤諸武意，乃斥令西征吐蕃，充武

〔註118〕同前頁9。

〔註119〕世界書局章鈺校本《通鑑》卷二〇四〈唐紀二〇〉頁6457。

〔註120〕百衲本《舊唐書》卷七七列傳第二七頁3〈韋挺傳附子待價傳〉。

〔註121〕百衲本《舊唐書》卷九三列傳第四三〈唐休璟傳〉頁3。

威道行軍大總管，中路召還，下制獄被誅。〔註122〕

假手吐蕃以殺長倩，或以其兵敗而誅之，此則天之本意也。中途召回者，殆思及長倩兵敗，則損國聲威，若幸而勝利，則無理以誅長倩，故召回而置之死地也。

武后天授、長壽之際，吐蕃內部似有不安，長壽元年（692）其大首領曷蘇率部來降，事雖不成，〔註123〕武后乘其隙，於同年冬十月，遣武威道總管王孝傑將兵擊吐蕃。王孝傑之能成功，據其本傳云：

儀鳳中，劉審禮討吐蕃，孝傑以副總管戰大非川，爲虜執，贊普見之，曰：「貌類吾父！」故不死，歸之。武后時爲右鷹揚衛將軍。孝傑居虜中久，悉其虛實。長壽元年（692）爲武威道總管，與阿史那忠節討吐蕃，克龜茲、于闐、疏勒、碎葉等城。武后曰：「貞觀中，西境在四鎮，其後不善守，棄之吐蕃。今故土盡復，孝傑功也。」乃遷左衛大將軍，進夏官尚書、同鳳閣鸞臺三品、清源縣男。〔註124〕

請復四鎮之議，始自唐休璟。休璟被授爲靈州都督後，「乃陳方略，請復四鎮。武后遣王孝傑拔龜茲等城，自休璟倡之。」〔註125〕復取四鎮後，置安西都護府於龜茲，發兵戍之。

此固武則天之有意對外發展，力圖收復失土，故一再對吐蕃用兵，其間雖有挫敗，終復四鎮。至於雲南方面，唐亦再置姚州，復緣吐蕃在北方失利，無遑顧及姚州，先附吐蕃之蠻夷，紛紛來附。故知安定西北，方能有爲於西南，二者息息相關，可於此獲一證明。姚州之廢，表示吐蕃勢力之擴張，而再置姚州之成功，並使羣蠻降服，適爲吐蕃兵敗力衰自顧不暇之結果。故知唐朝欲經營雲南，必先制服吐蕃，使無力支持雲南之叛亂。此種關係，愈至後而愈明顯。

三、再置姚州

前曾言及唐代初年，在雲南之兩大集團，自係滇池周圍之爨氏與洱河羣蠻。及至洱河羣蠻全爲吐蕃所併，爨氏集團面臨一新危機，如吐蕃勢力繼續

〔註122〕百衲本《舊唐書》卷七〇列傳第二〇〈岑文本傳附兄子長倩傳〉頁8。
〔註123〕百衲本《新唐書》卷二一六上列傳第一四六上〈吐蕃傳上〉頁5。
〔註124〕百衲本《新唐書》卷一一一列傳第三六〈王孝傑傳〉頁10至11。
〔註125〕百衲本《新唐書》卷一一一列傳第三六〈唐璟傳〉頁11。

東進，或洱河臺蠻假吐蕃之援東進，爨氏即面臨一生死存亡之戰鬥。且爨氏漢化較深，早歸於唐，使其首領世襲刺史等官。雖名為唐官，形同獨立，故不願吐蕃勢力東下，破壞此一局面。若唐有姚州，則爨氏有一緩衝之地，不必面對吐蕃之威脅，故至垂拱四年（688），爨氏請置姚州，據《舊唐書》云：

> 至垂拱四年，蠻郎將王善寶、昆州刺史爨乾福又請置州。奏言所有課稅，自出姚府管內，更不勞擾蜀中。及置州後，錄事參軍李稜為蠻所殺。〔註126〕

由於王善寶、爨乾福之請求，唐可能在垂拱四年或稍後，再置姚州。從「及置州後，錄事參軍李稜為蠻所殺」一事看，唐之置州，內中必有極多不為人知之困難。當時之姚州，無疑為蠻荒地區，初置州時，課稅出自蜀中，故請再置姚州，明言「所有課稅，自出姚府管內，更不勞擾蜀中。」

　　再置姚州，自有宣傳與招撫之雙重作用，故至永昌元年（689）五月，「浪穹州蠻酋傍時昔等二十五部，先附吐蕃，至是來降，以傍時昔為浪穹州刺史，令統其眾。」〔註127〕傍時昔即《張曲江文集》中之郎傍時，亦即《蠻書》及《新唐書》中之豐時，為浪穹詔詔主，其子時羅鐸，孫鐸邏望，相繼為浪穹詔詔主。唐朝再置姚州後，首先歸附者，即為「先附吐蕃」，「又逼蕃界」〔註128〕之浪穹詔，對其他蠻夷，影響甚大，故唐對豐時一支，禮遇甚隆，觀張曲江稱郎傍時為「姚州管內大酋長」，〔註129〕地位之高，諸蠻莫比。如非敗於南詔，可能為唐朝扶植之對象。

四、撫輯姚巂

　　再置姚州後，負責撫輯此一地區者，則為循吏裴懷古。渠於天授中（690～691），以監察御史被派招懷西南蠻夷。到長壽時（692～693），姚州永昌蠻大首領董期，率部落二萬餘戶內屬。〔註130〕永昌蠻之內屬，似與唐朝之討伐吐蕃有關。是時王孝傑伐吐蕃，收復四鎮地，吐蕃無力顧及姚州，臺蠻失其奧援，而於此時，唐又示以招徠之好意，因而造成姚州群蠻之再度內附。

〔註126〕百衲本《舊唐書》卷九一列傳第四一〈張柬之傳〉頁9。《新唐書‧張柬之傳》同。

〔註127〕世界書局章鈺校本《通鑑》卷二○四〈唐紀二○〉頁6457。

〔註128〕《張曲江文集》卷一三〈勅蠻首領鐸羅望書〉。

〔註129〕同前。

〔註130〕百衲本《新唐書》卷二二二下列傳第一四七下〈南蠻傳下〉頁17。

　　西南瘴癘之鄉，蠻夷雜處，地屬不毛，人亦不文，故仕宦者厭官西南，而服官西南者，罕撫土著，往往敲剝夷民，〔註131〕激成其叛，則天深知於此，故於長壽年間（692～693），遣循吏裴懷古招撫姚巂叛蠻。裴懷古在《舊唐書》為良吏傳，在《新唐書》為循吏傳，既稱循良，決非不通邊情，不能獲蠻夷心者可比。意在撫夷，於此可見。巂州近蜀，又迫吐蕃，降則為國藩屏，叛即導蕃寇邊，故其地位較永昌尤為重要，務求其心服，使不再叛，為唐之最大目的。此事據裴氏本傳云：

> 長壽中，累轉監察御史。時姚巂蠻首反叛，詔懷古往招輯之。懷古申明賞罰，賊徒歸附者日以千數，乃俘其魁首，處其居人而還。蠻夷荷恩，立碑頌德。〔註132〕

裴懷古為一典型幹員，渠於吐蕃勢力進入姚巂之後，奉命招輯叛蠻，自當以恩重於威，而不示之以弱之方式，使其畏威懷德，因而向化。觀裴氏在滇不久，而蠻夷懷之。至聖曆元年（698），閻知微充使往突厥，懷古監其軍。及知微降突厥，知古逃歸，「拜祠部員外郎。時姚巂蠻首相率詣闕，頌懷古綏撫之狀，請為牧守以撫之。遂授姚州都督，以疾不行。」〔註133〕足證聖曆年間，姚巂羣蠻尚歸心於唐；由請裴懷古為牧守一事，可知懷古得蠻夷之心，及蠻夷向化之誠。若得其人以鎮撫之，叛亂之事何從產生。因知歷代邊民叛亂，半因邊吏不良。

　　由大唐帝國整個行政區而言，姚州為新設而無法自給自足之都督區，所有兵、餉皆仰足蜀州，且「故事歲以兵五百戍姚州，地險瘴，到屯輒死。」〔註134〕故蜀之地方官吏，以蜀一州之眼光看姚州存廢，以為莫若廢之為便。豈不知姚州存，則蜀有外府，姚州廢，則寇臨蜀境。易言之，唐有姚州，則羣蠻不得附吐蕃，唐無姚州，則羣蠻立降吐蕃，導之寇蜀。不此之思，而以遠戍為苦，倡

〔註131〕百衲本《舊唐書》卷九一列傳第四一〈張柬之傳〉頁 9，張柬之武后神功初（697）上疏，其中有云：「今姚府所置之官，既無安邊靜寇之心，又無葛亮且縱且擒之伎。唯知詭謀狡算，恣情割剝，貪叨劫掠，積以為常。扇動首渠，遺成朋黨。折支諂笑，取媚蠻夷。拜跪趨伏，無復慙恥。提挈子弟，嘯引凶愚。聚會蒲博，一擲累萬。劍南逋逃，中原亡命，有二千餘戶，見散在彼州，專以掠奪為業。」以此類官吏治理漢人，亦能激起民變。施之於新附之蠻夷，其叛固宜！

〔註132〕百衲本《舊唐書》卷一八五下列傳第一三五下〈良吏下・裴懷古傳〉頁 1。

〔註133〕同前。

〔註134〕《新唐書》卷一二〇列傳第四五〈張柬之傳〉頁 12（影殿本）。

廢姚州者，即「沈厚有謀，能斷大事」〔註135〕之張柬之，渠曾於聖曆元年（698）
議廢姚州，則天未納。其事據《通鑑》云：

> 蜀州每歲遣五百人戍姚州，路險遠，死亡者多。蜀州刺史張柬之上
> 言，以為：「姚州本哀牢之國，荒外絕域，山高水深。國家開以為州，
> 未嘗得其鹽布之稅，甲兵之用，而空竭府庫，驅率平人，受役蠻夷，
> 肝腦塗地，臣竊為國家惜之。請廢姚州以隸巂州，歲時朝覲，同之
> 蕃國。瀘南諸鎮亦皆廢省，於瀘北置關，百姓非奉使，無得交通往
> 來。」疏奏，不納。〔註136〕

原疏過長，不便引用，《通鑑》節略，頗能得其梗概。然於請廢姚州之理由，
似未充分說明，今復引原疏一段，以補此不足。據《舊唐書》所載之原疏云：

> 「延載（694）中，司馬成琛奏請於瀘南置鎮七所，遣蜀兵防守。自
> 此蜀中搔擾，于今不息。且姚府總管五十七州，巨猾遊客，不可勝
> 數。國家設官分職，本以化俗防姦，無恥無厭，狼籍至此。今不問
> 夷夏，負罪並深，見道路劫殺，不能禁止，恐一旦驚擾，為禍轉大。
> 伏乞省罷姚州，使隸巂府，歲時朝覲，同之蕃國。瀘南諸鎮，亦皆
> 悉廢，於瀘北置關，百姓自非奉使入蕃，不許交通往來。增巂府兵，
> 選擇清良宰牧以統理之，臣愚將為穩便。」疏奏，則天不納。〔註137〕

張柬之之建議，雖未獲政府採納，但其以蜀州刺史之身，上此奏疏，表示無
置姚州之必要，卻為不容否認之事實。長安雖遠，而蜀州較近，姚州不獲蜀
州之有力支持，為不爭之事實。復以裴懷古因疾而辭姚州都督，一時之間，
難覓適當人選撫循姚州。此即蜀州有意放棄對姚州之控制力，而政府亦無賢
者出鎮姚州，姚州再叛，又成遲早之問題。

〔註135〕此為姚崇對武后稱張柬之語，見景殿本《新唐書·張柬之傳》。
〔註136〕世界書局章鈺校本《通鑑》卷二〇六〈唐紀二二〉頁6537至6538。
〔註137〕百衲本《舊唐書》卷九一列傳第四一〈張柬之傳〉頁9至10。

第三章　南詔興起

　　前章論及唐代初年，活動於雲南之蠻族，自以滇東之爨及滇西之昆明蠻為最重要。滇東爨氏，由於漢化較深，原受唐之羈縻而求其內部之自治。滇西地區，族類繁多，少沾漢化，既「不相統屬」，又「暫降復叛」，加以吐蕃興起，不滿於唐，即北降吐蕃，導之入寇，因而使此一地區成為初唐之麻煩地區，無怪張柬之倡言廢棄。

　　張柬之雖刺刺不休，歷數置姚州之害，然初唐為一開拓時代，並不為其言所動，仍置姚州。由於姚州羣蠻叛服不常，且易受誘脅，唐再扶植另一勢力與之對抗，此即下文將述及之南詔。南詔原居今雲南之蒙化，在諸詔之南，難與吐蕃聯繫，且忠心於唐，故成唐朝培植之對象。

第一節　南詔出現

一、得國傳說

　　在東謝入朝、〔註 1〕梁建方討伐松外蠻之貞觀年間，雲南另有一勢力逐漸興起，即稍後所稱之「南詔」，根據《兩唐書》之資料，太宗時代南詔尚未與中國有所接觸，亦即未曾來朝，然不能因其未曾來朝，即謂為尚未有政治組織之存在。更由於太宗以前，高祖及隋朝之經略雲南，亦未曾言及「南詔」，故由歷來傳說及吾人之推測，南詔之建詔，可能在唐太宗時代。南詔首次朝貢於唐，始於細奴邏時，在唐為「高宗時，遣使者入朝，賜錦袍。」〔註 2〕細奴邏為南

〔註 1〕東謝入朝，時在唐太宗貞觀三年閏十二月，據世界書局章鈺校本《通鑑》卷一九三〈唐紀九〉頁 6067 云：「丁未，東謝酋長謝元深、南謝酋長謝彊來朝。諸謝皆南蠻別種，在黔州之西。詔以東謝為應州、南謝為莊州，隸黔州都督。」
〔註 2〕百衲本《新唐書》卷二二二上列傳第一四七上〈南蠻傳上〉頁 2。

詔開國之主，其得國經過，史書莫詳。然據一般野史〔註3〕所記，約有三說：
其一云：係建寧國王張樂進求遜位於細奴邏者。張樂進求之由來，世所難知；
但由其名字推測，似為白蠻。或云有九隆八族之四世孫曰仁果，漢代居昆彌川，
傳十七世至龍祐那，當蜀漢之時，諸葛亮封之為酋長，賜姓張。至其十六世孫
曰張樂進求，遜位蒙氏細奴邏，時唐貞觀三年（629）也。蒙氏改其國號曰封民，
遷居「瓏玗圖山」（今蒙化）。及細奴邏死，僞諡高祖，又稱奇王。〔註4〕此種
說法雖不值相信，然南詔至細奴邏時始建國，則無甚問題。

其二：或云細奴邏素有祥異，建寧國王張樂進求知天命有歸，因禪位於
細奴邏。據《鐵柱記》云：

> 初三賧白大首領將軍張樂盡求並興宗王等九人，共祭天於鐵柱側。
> 主鳥從鐵柱上，飛憩興宗王之臂上焉，張樂盡求自此已後，益加驚
> 訝，興宗王乃憶，此吾家中之主鳥也，始自忻悅。此鳥憩興宗王家，
> 經於一十一月後，乃化矣。又有一犬，白首黑身（號為龍犬），生於
> 奇王之家也。瑞花兩樹，生於舍隅，四時常發（俗云橙花），其二鳥
> 每棲此樹焉。又聖人梵僧未至前三日，有一黃鳥，來至奇王之家（即
> 鷹子也）。又於興宗王之時，先出一士，號曰各郡矣，著錦服，披虎
> 皮，手把白旗，教以用兵。次出一士，號曰羅傍，著錦衣。此二士
> 共佐興宗王，統治國政。其羅傍遇梵僧，以乞書教，即封民之書也
> （其二士表文武也）。後有天兵十二騎，來助興宗王，隱現有期。初
> 期住於十二日，再期住於六日，後期住於三日。從此兵盛國盛，闢
> 土開疆，此亦阿嵯耶之化也。〔註5〕

楊輯胡訂之《南詔野史》，亦有類似之記載，其傳說可能來自同一源流，故甚
相近，據其說云：

> （細）奴邏素有祥異，會唐封首領大將軍建寧國王張樂進求，以諸葛
> 武侯所立白崖鐵柱，歲久剝蝕，重鑄之。因社會祭柱，柱頂故有金鏤
> 鳥，忽能飛，集奴邏左肩，相誡勿動，八日乃去。眾駭異，謂天意有
> 屬，進求遂妻以女，舉國遜之，於唐太宗己酉貞觀二十三年即位，年

〔註3〕 指《南詔圖傳》所引之《鐵柱記》、楊慎《滇載記》、阮元聲《南詔野史》、楊
慎編輯胡蔚訂正之《南詔野史》而言。

〔註4〕 說詳楊慎《滇載記》頁1。

〔註5〕 此為《南詔圖傳》所引《鐵柱記》之言，《南詔圖傳》現存日本京都有鄰館，
本文轉引自李霖燦先生之〈南詔大理國新資料的綜合研究〉圖版肆拾叁。

三十二歲，建號大蒙國，稱奇嘉王，據南詔。高宗庚戌永徽元年，建
都蒙舍川，於瓏玗山（在今蒙化廳西北三十五里）築瓏玗城。〔註6〕

《鐵柱記》所載，與張樂進求共祭鐵柱者，乃興宗王邏盛炎，而《南詔野史》
則云與張樂進求共祭鐵柱者，係奇嘉王細奴邏。傳聞之事，多非事實，況此
怪力亂神，尤不足據爲信史而加以考證。至於飛下之鳥，一則曰「主鳥」，一
則曰：「金鏤鳥」，鏤於柱頂之鳥，「忽能飛」，乃不可思議之事，益顯其神，
亦愈不可信其眞有。吾人不過欲從此傳說中，尋出部份歷史眞相而已。

其三：另一傳說，則更簡單，將張樂進求之遜位，簡化爲細奴邏生有「異
相」，據阮元聲《南詔野史》云：

張氏傳三十三世，至張樂進求，一見蒙奇王有異相，遂妻以女，讓
位於奇王。王姓蒙，名細奴羅，遂滅張氏，號大封民國。〔註7〕

以上三種南詔得國傳說，實際是儒家理想與佛教迷信交互影響下之產
物。「禪讓」爲儒家理想政治之極致，此種「傳賢」制度所表現者爲大公無私
之精神，可得聞於往古之傳說，三代以下，未之或見。如此所言，張樂進求
之遜位蒙氏，以其夙有祥端，多得神佑，此類神話，多見之於《南詔圖傳》。
其他有關南詔之史志，取材於此《圖傳》者甚多，雖文字略有不同，但源自
同一母題，則昭然若揭。《南詔圖傳》多繪阿嵯耶觀音之變化，及其福佑蒙氏
之傳說，雜以史事，此當係佛教文化傳入雲南以後之產物。

因爲是傳說，故在時間上亦不一致。根據第一種說法，張氏遜位於細奴
邏時在貞觀三年（629）。阮元聲之《南詔野史》雖未明確說出遜位之年，然
隱隱約約似從《滇載記》之說，即貞觀三年。〔註8〕另據第二種說法中之《南
詔野史》，則爲貞觀二十三年（649），二者相差已二十餘年。更有清人馮甦，
不知何所據而云永徽四年（653），張樂進求讓位于蒙詔細奴邏。〔註9〕遜位之
事，既係傳說，故亦無法推求其正確年代。平心而論，南詔始建國於貞觀二

〔註6〕楊輯胡訂《南詔野史》上卷頁9。
〔註7〕阮元聲《南詔野史》頁5。
〔註8〕阮元聲《南詔野史》頁5云：「奇王蒙氏始唐高宗永徽三年，乃建都蒙舍，築
　　　城龍圖山（案《滇載記》作瓏玗圖山，在今蒙化）。貞觀初，滅南詔，號大蒙
　　　國，稱王僭號自此始，僞諡高祖。」頁6又云：「唐太宗貞觀初，蒙氏滅南詔。
　　　永徽四年（653），蒙受唐封即位，改元大封。是先細奴羅與張樂進求相讓，
　　　奴羅曰：『如我爲君，砍石劍入。』砍之，入三寸。名曰盟石，今在蒙化。是
　　　年唐僧西天取經。」
〔註9〕馮甦《滇攷》上頁17。

十三年（649），次年建都蒙舍川之說法，較爲合理。然亦非絕對正確，大約在此前後，不會出入太大。六詔之建立，當在七世紀中葉以後，而六詔之中，蒙舍詔最先建詔，亦爲無疑之事實。〔註10〕

　　張樂進求之遜位細奴邏，爲一經美化後之傳說。究其實際，恐非如此。當唐太宗晚年、高宗初年，唐數以梁建方、趙孝祖等征討西洱河區。自六朝以來，在此區形成之白蠻政治集團，突然遭受意外之打擊，無力與抗，損失必重，復以內部烏蠻勢盛，漸思奪取張氏之統治地位。白蠻在對唐戰爭中，勢力瓦解，烏蠻蒙氏遂取其地位而代之。後因受儒家思想之影響，於是將乘機奪國之事實，美化爲天命有屬，張氏遜國，蒙氏由於天與人歸，遂代張氏而爲統治者。

　　在唐朝之政策上，對於西洱河之經營，除以強大之軍力，徹底擊潰白蠻之勢力外，並以遠交近攻與分化爭取之方針，使白蠻內部陷於分崩離析中。因而在西洱河之羣蠻，有戰敗降唐者，更有未戰即降者，烏蠻蒙氏即其顯例也。蒙氏原居蒙舍川，距唐較遠，自是遠交之對象。且蒙氏素馴於唐，若有遜位之事，亦可能爲蒙氏挾唐自重，張氏衰落以後，代之而起。至於「遜位」之事，大可仿魏文帝之口氣曰：「舜、禹之事，吾知之矣。」〔註11〕舜、禹之事，魏文帝尚且疑之，張樂進求之遜位予蒙細奴邏，又安可相信其必有。篡奪或革命是實，所謂「遜位」，僅爲一經過美化之外衣而已。

二、初朝於唐

　　南詔既是在唐室扶植之下，建立起來之附庸政權，故其與唐之關係，自與其他部族不同。此種不同，可由其一旦建國以後，立即朝貢於唐一事表顯出來。

　　南詔建國既在貞觀、永徽之際，故建國以後，首朝於唐。朝唐之時間，兩《唐書》均言在高宗朝，至於何年，則未言及。〔註12〕據《蠻書》云：

　　　當高宗時，遣首領數詣京師朝參，皆得召見，賞錦袍、錦袖、紫袍。

〔註10〕馬長壽《南詔部族組成》頁50。
　　　　劉堯漢〈南詔統治者蒙氏家族屬於彝族之新證〉，《歷史研究》1954年2期。
　　　　藤澤義美《西南中國民族史の研究》第五章〈南詔の勃興〉頁185。
〔註11〕百衲本《三國志，魏志二・文帝紀》頁14引《魏氏春秋》曰：「帝升壇禮畢，顧謂羣臣曰：舜、禹之事，吾知之矣。」
〔註12〕百衲本《舊唐書》卷一九七列傳第一四七頁7〈南詔傳〉云：「……，生細奴邏，高宗時來朝。」
　　　　百衲本《新唐書》卷二二二上列傳第一四七上頁2云：「……，亦曰細奴邏，高宗時遣使者入朝，賜錦袍。」

〔註13〕

南詔在細奴邏得國後，曾於唐高宗時，遣使朝唐，當無疑問。然則究在高宗何年，與朝唐次數，則兩《唐書》與《蠻書》均未明言。因而晚出諸書，雖對此問題有所補充，但僅可作爲參考，未可驟以爲眞。據《南詔野史》云：

> 永徽癸丑四年（653），遣邏盛炎入朝。唐授（細）奴邏巍州刺史，
> 賜以錦袍。〔註14〕

《野史》所云，不惟指出入朝年代，抑且說明被遣入朝之使，乃細奴邏之子邏盛。〔註15〕唐並授細奴邏巍州刺史，巍州乃今雲南蒙化縣，爲南詔之原居地，授之爲巍州刺史，未曾征伐，不假兵威，就其地而置爲州縣，以其酋豪

〔註13〕《蠻書校注》卷三頁68。
〔註14〕楊輯胡訂本《南詔野史》上卷頁9。
〔註15〕蒙氏於細奴邏下之兩代，聚訟紛紜，莫衷一是，今條其異說於下：
　　　　百衲本《舊唐書》卷一九七列傳第一四七〈南詔傳〉頁7云：「細奴邏生邏盛，武后時來朝，其妻方娠，邏盛次姚州，聞妻生子，曰：『吾且有子，死於唐地足矣！』子名盛邏皮。邏盛至京師，賜錦袍、金帶歸國。開元初，邏盛死，子盛邏皮立。」細奴邏生邏盛，邏盛生盛邏皮，考之「聯名」制度，實合於情，今且從之。
　　　　百衲本《新唐書》承《蠻書》之說，於列傳第一四七上頁2云：「細奴邏生邏盛炎，邏盛炎生炎閣。武后時，盛炎身入朝，妻方娠，生盛邏皮，喜曰：『我又有子，雖死唐地，足矣！』炎閣立，死。開元時，弟盛邏皮立，生皮邏閣，授特進，封台登郡王。炎閣未有子時，以閣羅鳳爲嗣，及生子，還其宗，而名承閣，遂不改。」據新傳所云，則邏盛炎生炎閣及盛邏皮，而閣羅鳳爲皮羅閣之子，曾爲炎閣之嗣。此中有誤，誤在以邏盛爲邏盛炎，因增一炎閣。實則邏盛生盛邏皮，盛邏皮生皮邏閣，皮邏閣生閣邏鳳，揆之聯名制，實爲合理。
　　　　又據世界書局章鈺校本《通鑑》卷二一四〈唐紀三〇〉頁6836云：「細奴邏生邏盛、邏盛生盛邏皮，盛邏皮生皮邏閣。」《通鑑》不從《新唐書》而從《舊唐書》，自有其說，據《通鑑考異》曰：新傳云：「蒙氏父子以名相屬，細奴邏生邏盛炎，邏盛炎生炎閣。武后時，邏盛炎身入朝，妻方娠，生盛邏皮，喜曰：『我又有子，雖死唐地足矣。』炎閣立，死。開元時，弟盛邏皮立，生皮邏閣，授特進，封台登郡王。炎閣未有子時，以閣邏鳳爲嗣；及生子，還其宗，而名承閣遂不改。」按邏盛炎之子盛羅皮，豈得云以名相屬！既有炎閣，豈得云：「我又有子，雖死唐地足矣！」今從《舊唐書‧南詔傳》及〈楊國忠傳〉、《雲南別錄》。
　　　　向達《蠻書校注》頁69注云：「《通鑑》出邏盛之名，置邏盛炎、炎閣於不論，下接盛邏皮、皮邏閣，揆之以名相屬之例，以更合理。溫公於樊綽書外，袁滋、韋齊休、竇滂、徐雲虔諸人紀述雲南之書俱曾寓目，則其所勘定，必非漫無依據。因據其言改定樊氏所述細奴邏以下譜系，於邏盛炎刪炎字，盛邏皮生四字下、閣羅鳳三字上，補「皮邏閣皮邏閣生」七字。
　　　　據上引資料，知邏盛炎當作邏盛，因刪「炎」字。

爲長史，爲唐羈縻南詔之一法。在唐「不過宣政一見，禮賓一設，賜衣一襲，衛而出之於境」〔註16〕而已。而在蒙氏，正挾此關係，蠶食其他部族，終於造成日後之南詔。外族入朝，唐甚少不授予官職者，故知《野史》所言，授細奴邏爲巍州刺史乃合理而可信之事。

前引《蠻書》言細奴邏「遣首領數詣京師朝參」，其言數者，當不止一次。此事據《滇攷》云：

> 細奴邏立二年，遣子邏盛炎入朝，高宗納之，封爲巍州刺史，賜錦
> 袍。明年，復遣邏盛炎入朝，謝錫命。〔註17〕

《滇考》雖未言明何年入朝，但由「細奴邏立二年」觀之，亦當在高宗初年。所遣入朝之人，乃細奴邏之子邏盛，且次年復入朝，謝賜命，南詔對唐依賴之深，由是可見。貞觀末年之梁建方，永徽年間之趙孝祖，二人征伐滇西，頗有成就，蠻夷破降者，爲數甚夥，張樂進求即在此種情形下失其國，蒙氏覩此，知順唐者存，逆唐者亡，因而始立爲詔，即遣其子朝於唐。次年再往，以見其向心之殷，立意之誠。其後姚州羣蠻降於吐蕃，唐廢姚州，南詔似因此與唐隔絕，使臣不通。及垂拱四年（688）再置姚州，次年，南詔復來朝。據《滇考》云：

> 至上元元年（674），細奴邏死，子邏盛炎嗣，恭儉能治國。垂拱五
> 年（689）朝京師，賜金帶、錦袍，歸國。〔註18〕

垂拱四年再置姚州，五年即來朝，姚嶲路通是一原因，唐之勢力在雲南又見活躍，是另一原因。南詔爲政治上之現實利益，復朝於唐，以續舊誼，實有其必要。

邏盛身朝於唐，見於《新、舊唐書》及《蠻書》，僅言武后時來朝，而不言其年月。《滇攷》置於垂拱五年，除另有所據外，亦頗合理。

南詔初起，雖假唐之勢，乘機擴充，數朝於唐，以求賜命。反觀南詔對唐態度之忠誠，亦不負唐栽培之意，如細奴邏遣子邏盛入朝。及邏盛嗣位，親朝於唐。據《舊唐書》云：

> 細奴邏生邏盛，武后時來朝，其妻方娠。邏盛次姚州，聞妻生子，
> 曰：「吾且有子，死於唐地足矣。」子盛邏皮。邏盛至京師，賜錦袍、

〔註16〕臺北中華書局韓愈《昌黎先生集》卷三十九頁5〈論佛骨表〉中言。
〔註17〕馮甦《滇考》上頁18。
〔註18〕同前。

金帶，歸國。〔註19〕

在唐與南詔之關係史上，邏盛可能三度朝唐，故其對唐之孺慕依賴，亦超過其他部族。對唐之忠心，亦可由下述事件看出。

至睿宗景雲（710～711）中，姚州蠻先附吐蕃，御史李知古請兵擊降之，築城置州縣，重稅賦，因誅其豪儁，掠其子女爲奴婢。羣蠻怨怒，引吐蕃攻知古，殺之。於是姚巂路絕，盛猶奉唐正朔。〔註20〕

羣蠻復叛，引吐蕃攻殺李知古，唐再失姚州，而在此混亂不安之時代，邏盛「猶奉唐正朔」，無怪唐一心扶植南詔，與共抗羣蠻與吐蕃。終成西南之大國，與吐蕃、唐鼎足而三，舉足輕重，影響東亞之大局。

三、洱海建碑

唐雖於垂拱四年（688），再置姚州。但姚州是否能存在下去，實成問題。尤以姚州境內羣蠻，時生叛亂，更增加唐朝統治此一地區之困難。構成姚州羣蠻叛亂之原因，可分爲三：安戎城陷於吐蕃，已歷年所，唐未能將之奪回，因而吐蕃用此通道，誘脅羣蠻，反抗唐室，此其一也。姚州之設，依賴蜀州支援兵餉。張柬之所謂「空竭府庫，驅率平人。」是指「空竭」蜀州之「府庫」；「驅率」蜀州之「平民」，因此主張廢棄姚州。此建議雖未被中央採納，蜀州不再積極支持姚州，却爲不爭之事實。唐人勢力既弱，羣蠻蠢動，此其二也。再置姚州之後，當選賢能令長，撫綏此區，使蠻夷各得其所，漸染華風，而後方能有力役、錢粟之徵。不幸此區長官，正如張柬之所說：「今姚府所置之官，既無安邊靜寇之心，又無葛亮且縱且擒之伎。唯知詭謀狡算，恣情割剝。貪叨劫掠，積以爲常。扇動酋渠，遺成朋黨。折支詔笑，取媚蠻夷。拜跪趨伏，無復慚恥。提挈子弟，嘯引凶愚。聚會蒲博，一擲累萬。劍南逋逃，中原亡命，有二千餘戶，見散在彼州，專以掠奪爲業。」〔註21〕如此官吏，自當惹起羣蠻之反抗。及再置姚州，裴懷古奉命招輯姚州之叛蠻，蠻夷荷恩，競請其爲牧守以撫綏之。唐授裴懷古爲姚州都督，「以疾不行」。若懷古不以疾辭，再臨姚州，撫之以恩，臨之以威，姚州羣蠻，或不至叛。難得其人以撫綏姚州，俗吏臨之，促成蠻夷反叛，此其三也。

〔註19〕百衲本《舊唐書》卷一九七列傳第一四七〈南詔傳〉頁7。

〔註20〕楊慎《滇載記》頁2。

〔註21〕百衲本《舊唐書》卷九一列傳第四一〈張柬之傳〉頁9。

　　前言由於唐對吐蕃未獲得決定性之勝利，加以安戎城仍被吐蕃控制，吐蕃可由此通路，扇誘姚州羣蠻，使之叛唐。因而吐蕃入寇常挾羣蠻，北起秦隴，南迄蜀滇，盡成戰場。如何使吐蕃不騷擾西南，且阻止其與羣蠻合勢，爲唐之首要戰略。故有唐九徵、李知古之伐蠻。

　　姚州羣蠻之再叛，已無確切年代可考。羣蠻之能再叛，當係出於吐蕃之扇動，或竟導吐蕃入寇，與之取聯合行動，擾唐邊境。唐對姚州蠻採取軍事行動，以削弱吐蕃在西南之聲勢爲目的，時在唐中宗景龍元年（707）六月「戊子（二十二日），吐蕃及姚州蠻寇邊，姚巂道討擊使唐九徵敗之。」〔註22〕唐九徵擊敗吐蕃及姚州蠻，其戰績爲「俘虜三千餘級，遂樹碑以紀功焉。」〔註23〕唐九徵之勝利，豈僅是俘獲三千餘級，樹碑紀功而已。其所作《鐵柱圖記》，竟成日後唐與吐蕃交涉之根據，唐並以此說明滇西屬唐。唐九徵此戰，關係日後歷史者非淺，兩《唐書》未得其詳，據《大唐新語》云：

> 唐九徵爲監察御史監靈武諸軍，時吐蕃入寇蜀漢，九徵率兵出永昌郡千餘里討之，累戰皆捷。時吐蕃以鐵索跨漾水、濞水爲橋，以通西洱河蠻，築城以鎮之。九徵盡刊其城壘，焚其二橋，命管記閻丘均勒石於劍川，建鐵碑於滇池，以紀功焉。俘其魁帥以還。中宗不時加褒賞，左拾遺呼延皓論之，乃加朝散大夫，拜侍御史，賜繡袍、金帶、寶刀，累遷汾州刺史。〔註24〕

所謂「建鐵碑於滇池」者，恐當作「建鐵碑於洱海」，揆之實情，不當建碑於遙遠之滇池，當作姚州境內之洱海爲是。

四、再失姚州

　　唐九徵之敗姚州蠻，由「盡刊其城壘，焚其二橋」及「俘其魁帥以還」

〔註22〕百衲本《新唐書》卷四〈中宗紀〉頁14。
　　　　百衲本《舊唐書》卷七〈中宗紀〉頁6記神龍三年（707）六月「戊子（二十二日），姚巂道討擊使唐九徵，擊姚州叛蠻，破之，俘虜三千計，遂於其處勒石紀功焉。」
　　　　世界書局章鈺校本《通鑑》卷二○八〈唐紀二四〉頁6610於景龍元年（707）六月載云：「姚巂道討擊使、監察御史晉昌唐九徵，擊姚州叛蠻，破之，斬獲三千餘人。」
　　　　舊紀與《通鑑》未言因吐蕃入寇，方生是役，未得實情，今所不取。
〔註23〕清華書局《冊府元龜》卷三五八〈將帥部・立功一一〉頁8。
〔註24〕劉肅《大唐新語》卷一一〈褒錫第二三〉。

觀之，似是再復姚州，亦即姚州羣蠻經唐九徵擊敗後，復去吐蕃而羈屬於唐。姚州羣蠻既時而屬蕃，時而降唐，在唐人視之，認爲極不可靠，且時有引導吐蕃入寇之虞，不如因而滅之。持此議者，以李知古爲最著，其在睿宗即位時（710），即上書說明此議。據《舊唐書》云：

> 睿宗即位，攝監察御史李知古上言，姚州諸蠻，先屬吐蕃，請發兵擊之。遂令知古徵劍南兵募，往經略之。〔註25〕

在並時諸臣中，亦有部份文治主義者，不願生事邊陲，深懷「近悅遠來」之思想，以爲莫若先中國而後四夷，不必勞師動眾，以事蠻夷。即使能得其土地，無補耕稼；獲其人民，無所役使。此派代表，有前述之陳子昂、張柬之等人。當李知古倡議擊姚州蠻時，又遇到此派另一代表人物徐堅之反對。斯事據〈徐堅傳〉云：

> 睿宗即位，授太子左庶子兼崇文館學士，脩史，進東海郡公，遷黃門侍郎。時監察御史李知古兵擊姚州洱河蠻，降之。又請築城，使輸賦徭。堅議蠻夷羈縻以屬，不宜與中國同法，恐勞師遠伐，益不償損。不聽，詔知古發劍南兵，築城堡。列州縣。知古因是欲誅其豪酋，入子女爲奴婢。蠻懼，殺知古，相率潰叛，姚雋路閉，不通者數年。〔註26〕

李知古之「欲誅其豪酋，入子女爲奴婢」之手段，雖覺殘酷，然姚州羣蠻數反覆，屢引吐蕃入寇，使唐於西北及西南兩方，皆須置重兵以防吐蕃，不出於此，必出於彼，防線長而力分，故吐蕃常得手。職此之故，若能解決姚州之蠻，使不再生西南之邊患，而後獨力以抗吐蕃，則唐遊刃有餘，故知李知古之手段雖有問題，而其目的則無可厚非。

當時在姚州境內，後建爲浪穹詔之家族，爲蠻酋中之大首領，其勢力之大，遠邁南詔蒙氏，唯因「數反覆」而爲唐所忌。在南詔未併五詔之前，唐一直與之「虛與委蛇」。則天永昌元年（689），率二十五部來降之浪穹州蠻酋傍時昔，即《蠻書》之浪穹詔主豐時。〔註27〕唐以爲浪穹州刺史。其兄弟

〔註25〕百衲本《舊唐書》卷一九六上列傳第一四六上〈吐蕃傳上〉頁6。

〔註26〕百衲本《新唐書》卷一九九列傳第一二四〈儒學列傳中〉頁2〈徐堅傳〉。

〔註27〕「豐時」子「時羅鐸」，「時羅鐸」子「鐸羅望」。《張曲江文集》卷一二頁75，有〈勅蠻首領鐸羅望書〉。此書開始即云：「勅故姚州管內大酋長郎傍時嫡孫將軍鐸羅望。」故知「郎傍時」即「豐時」，亦即「傍時昔」。

馬長壽《南詔部族》頁54：「值得注意的，是引吐蕃攻殺李知古的傍名。傍與

豐咩，爲澄賧詔主，豐咩「初襲澄賧，御史李知古領詔出問罪，即日伏辜。」
〔註28〕李知古雖可一日之間，襲殺豐咩，而浪穹詔之豐時，必因此而反。力
不足以制李知古之死命，則重施聯絡吐蕃之故技。李知古之始討姚州蠻，當
在睿宗景雲元年（710），《通鑑》亦云：

> 姚州羣蠻，先附吐蕃，攝監察御史李知古請發兵擊之，既降，又請築
> 城，列置州縣，重稅之。黃門侍郎徐堅以爲不可；不從。知古發劍南
> 兵築城，因欲誅其豪傑，掠子女爲奴婢。羣蠻怨怒，蠻酋傍名引吐蕃
> 攻知古，殺之，以其尸祭天。由是姚、巂路絕，連年不通。〔註29〕

上述引吐蕃攻殺李知古之蠻酋「傍名」，依「豐古重唇音讀傍」，〔註30〕及「傍

豐同音，而名與咩又音近，然則豐咩並沒有被知古殺掉，反而引吐蕃把知古
殺死。可知浪穹詔豐時、豐咩兄弟始終是降吐蕃不肯投唐的。後咩羅皮之爲
澄賧州刺史，應是自立爲刺史，與唐無關。這是澄賧詔建立的開始。」
吉林案：「傍名」即是「豐咩」，或有可能，然無佐證，難令心服。然謂「浪
穹詔豐時，豐咩兄弟始終是降吐蕃而不肯投唐的」，則頗有問題，浪穹州蠻酋
傍時昔，於永昌元年（689）率二十五部來降，唐以傍時昔爲浪穹州刺史，斯
事見於《通鑑》，豈能謂之非「投唐」乎？故謂浪穹詔經常「兩屬」則可，而
謂其始終「不肯降唐」則不可。

〔註28〕《蠻書校注》卷三〈六詔第三〉頁 63。
〔註29〕世界書局章鈺校本《通鑑》卷二一○〈唐紀二六〉頁 6661。
　　　關於李知古被殺年代，各書所記各一，而《新唐書・吐蕃傳》所記，更成問
題，今試條析如左：《通鑑》以李知古之被殺，在睿宗景雲元年（710），據《兩
唐書・徐堅傳》，言睿宗即位後，知古方議伐蠻，堅諫，睿宗不納，知古敗死，
此事繫於睿宗景雲元年（710）或稍後，較爲合理。然據《兩唐書・中宗紀》，
記唐九徵於景龍元年（707）六月擊姚州蠻，早於李知古之被殺，至少三年。
而《新唐書・吐蕃傳》，次唐九徵之討蠻於李知古被殺之後，前後顛倒，易生
疑惑，不得不辨。
　　　其他書籍，於李知古之伐蠻，其年代亦不確定。如楊愼《滇載記》頁 2 則云：
「至睿宗景雲中（710～711）」。楊輯胡訂《南詔野史》上卷頁 10 則曰：「元
宗壬子先天元年（712），姚州蠻叛歸吐蕃，唐命御史李知古討之。」則李知
古之被殺，自當在先天元年或以後。阮元聲《南詔野史》頁 6 云：「庚戌（710），
姚州蠻歸吐蕃，唐遣御史李知古討之。築城，立州縣，知古誅豪傑，掠子女。
蠻怨，殺知古於姚州。是年王蒙、子晟邏皮立。」二《南詔野史》俱云知古
被殺之年，邏盛卒，子盛邏皮立，則爲玄宗壬子先天元年（712）。睿宗於景
雲元年（710）七月始即位，方議伐姚州蠻，何能在短短四、五月內，完成如
許工作。因知李知古之被殺，在景雲元年七月以後，較可信之時間爲玄宗先
天元年（712），絕不在唐九徵討姚州蠻之景龍元年（707）之前。
　　　《通鑑》以景雲元年始議討姚州蠻，而將李知古之被殺，一併繫於景雲元年，
頗成問題。
〔註30〕《南詔部族》頁 53。

時昔即《蠻書》之浪穹詔主豐時」之說法，則「傍名」亦即「豐名」。據父子連名制原則，「豐時」、「豐咩」、「傍名」，可能爲兄弟。由此，知古襲殺豐咩，其兄弟傍名引吐蕃攻殺知古，以其尸祭天，爲豐咩復仇。如此解釋，方可坐實李知古「誅其豪傑」之罪名。其所誅之豪傑，即豐咩等人也。正因「傍名」爲「豐時」、「豐咩」之兄弟，方肯爲豐咩復仇，且能引吐蕃攻知古，殺之。造成「姚、巂路絕，連年不通」之慘劇。姚州羣蠻，再附吐蕃。唐之經營姚州，又遭到空前之失敗。

　　自安戎城陷於吐蕃後，唐之官吏在西洱河區一再受挫，雖以唐九徵之戰績，亦無法使姚州羣蠻不再反叛。及至李知古一旦措置失當，惹起「蠻怨，引吐蕃攻殺知古。於是姚、巂路絕，而盛炎獨奉唐正朔。」〔註31〕姚州羣蠻叛降不常，而在洱河以南之南詔，對唐忠誠不貳。即使在姚州再叛，姚、巂路絕之惡劣情勢下，南詔猶奉唐正朔，無怪唐廷極力提攜南詔，使成滇西蠻族首領，能夠與之內併羣蠻，外抗吐蕃，此乃唐室扶植南詔之眞正目的。

第二節　唐取二城

一、爭奪姚州

　　唐睿宗景雲元年（710），蠻酋傍名引吐蕃攻殺李知古，以其尸祭天。唐在西南之威望，一落千丈。此後唐雖有意重振舊威，復置姚州，但其困難，倍於往昔。以往姚州羣蠻，雖亦暫降復叛，然尚未戕害唐之大吏，今不止殺害大吏而竟至「以尸祭天」之程度。此例一開，其影響於後者，約可分爲二端：其一、唐與姚州羣蠻，已反目成仇，欲望其「暫降」而不可得；而姚州羣蠻方面，昔雖「屢降」於吐蕃，但亦有降於唐之時，可稱之爲「兩屬」，既不專於蕃，亦不專於唐。今則「永降」於吐蕃，唐思「兩屬」亦不可得。其二、唐既對姚州羣蠻，斷絕希望，然對姚州土地，仍不望其落於吐蕃之手。因而思欲以其他部族，取代姚州羣蠻之位置，將其勢力，擴張於洱海區域及漾、濞二水。環顧當時情勢，適合於此條件者，唯有南詔。故蒙氏之興，又遇一天然機會。

　　自李知古死，姚巂蠻經常寇邊，唐亦屢加討伐，雙方情勢益形緊張。至

〔註31〕楊輯胡訂《南詔野史》上卷頁10。

唐玄宗繼位，此情未變，大局依然。至開元元年（713）「十月，姚嶲蠻寇姚州，都督李蒙死之」，〔註32〕前有監察御史李知古之被殺，以屍祭天，今又有都督李蒙，死於蠻之入寇，此時蠻勢猖獗，可以想見。二年後，即開元三年（715），是年「十月，辛酉（十三日），嶲州蠻寇邊，右驍衛將軍李玄道伐之。」〔註33〕玄道伐蠻，聲勢頗大，據《通鑑》云：

> 西南蠻寇邊，遣右驍衛將軍李玄道，發戎、巂、瀘、巴、梁、鳳等
> 州兵三萬人，並舊屯兵討之。〔註34〕

李玄道討蠻，戰況不明，勝負難知，此後有一段期間，幾乎絕無任何材料，可以說明雙方之關係。

　　初唐經營雲南之所以多遇挫折，固由吐蕃奪得安戎城後，聯絡羣蠻，指揮如意，進則寇邊，退而固守，使吐蕃有一外府。另一誘使吐蕃爭奪姚嶲地區之原因，蓋因吐蕃本土，缺乏鹽鐵，而嶲州之昆明城（西康鹽源縣），盛產鹽鐵，鹽乃日常生活所必需，鐵為製造武器之原料，其為吐蕃所重視，自不待言。吐蕃與唐在雲南之競爭，目的均在「昆明」城，恐為一不爭之事實。唐高祖武德二年（619），將北周之定莋鎮，因其南接昆明池之故，改為昆明縣。〔註35〕是後姚、嶲羣蠻叛服不常，昆明城亦非唐有。以情推測，可能為當地蠻人叛唐後，因居兩大之間，無法獨立存在，自當投向吐蕃，吐蕃因而控有昆明。鹽鐵之利，盡屬吐蕃。唐與吐蕃在雲南之紛爭，實導源於此。

二、攻拔昆明

　　唐玄宗開元（713～741）年間，內修政事，外振聲威，李唐之盛，於此

〔註32〕百衲本《新唐書・本紀第五・玄宗紀》頁4。
〔註33〕百衲本《新唐書・本紀第五・玄宗紀》頁5。
　　　　此李玄道，非百衲本《新唐書》卷一〇二列傳第二七頁 8〈褚亮傳〉後所附之「李玄道」也。〈褚亮傳〉後附之「李玄道」，據其附傳云：「仕隋為齊王府屬。李密據洛口，署記室。密敗，為王世充所執，眾懼不能寐，獨玄道曰：『死生有命，憂能了乎？』平寢甚安。及見世充，辭色不撓，釋縛為著作佐郎。東都平，為秦王府主簿。貞觀初，累遷給事中，姑臧縣男。」此李玄道之主要活動，皆在隋末唐初，以年齡推之，唐武德元年（618），玄道可能在三十左右，因其在隋時已為「齊王府屬」。如此，則至開元三年（715），已一百二十七歲矣，安能復為「右驍衛將軍」而伐蠻乎？是必另有一李玄道，不辨而可明也。
〔註34〕世界書局章鈺校本《通鑑》二一一〈唐紀二七〉頁6712。
〔註35〕百衲本《舊唐書》卷四一志第二一〈地理四〉頁18。

為最。大者固無論矣，就經略雲南之一端而言，亦有過於前代者，即收復昆明與攻拔安戎二城也。

昆明城之收復，時在開元十七年（729）二月，據《舊唐書》本紀云：

> 十七年二月丁卯（初六），巂州都督張審素攻破蠻，拔昆明城及鹽城，殺獲萬人。〔註36〕

張審素之所謂攻「拔昆明城及鹽城」，實即一地，昆明即鹽城，非另有一鹽城也。在唐與雲南、吐蕃之關係史上，此為大事，所造成之影響非淺。其顯著之事實，即吐蕃提出抗議，其內容雖不得而知，然從唐之答覆中，不難窺其梗概。據〈勅吐蕃贊普書〉云：

> 往者此蠻背恩，侵我邊鄙。昆明即巂州之故縣，鹽井乃昆明之本城。今復舊疆，何廢修築，而云除却，是何道理？且邊境備守，彼此常事。今既和好，何有嫌疑。〔註37〕

唐人收復昆明鹽城之後，構築工事，以備戰守，吐蕃抗議。唐乃提出「昆明即巂州之故縣，鹽井乃昆明之本城」，非取之於南蠻，更非奪之於吐蕃，昆明鹽井乃唐之舊疆，自可修築，毋勞吐蕃之多言也。

三、唐蕃爭論

玄宗對於姚巂地區之蠻夷，並不強調其當「屬唐」，亦不承認其應「隸蕃」，但對雲南地界，堅持當以唐九徵所立鐵柱為界。如此，蠻欲降蕃，可率眾前往，若留境內，自當受唐官治理。此為有其地而不有其民之作法，實則既有其地矣，何能不有其民，此不過為對吐蕃示以「平等」之一策略而已。如玄宗〈勅吐蕃贊普書〉云：

> 又西南諸蠻，元是異類。或叛或附，恍惚無常。往年被略，彼蕃率種歸我。緣李知古處置失所，又即翻然改圖。彼此之間，有何定分。而彼有來者，乃云此先舉兵，以蠻為詞，未知孰是。今既無外，當以此思之。緣彼州鐵柱，前書具報，一言不信，朕豈厚誣。更以相仍，便非義也。鐵柱書唐九徵所作，百姓咸知，何不審之，徒勞往

〔註36〕百衲本《舊唐書·本紀八·玄宗上》頁15。
　　　　關於張審素，百衲本《新唐書·本紀五》頁9、清華書局《冊府元龜》卷三五八〈將帥部·立功一一〉頁11並作「張審素」，「守」、「審」形近而訛，嚴校是也。
〔註37〕《唐丞相曲江張先生文集》卷一一。

復。至於邊將在遠，下人邀功，變好爲惡，誠亦有此。非獨相規，亦當自誡，如此覺察，更有何憂。萬事之間，一無所限隔。所以細故，無不盡言。想所知之，體至懷也。〔註38〕

玄宗於另一〈勅吐蕃贊普書〉中，再三剖析此意，反覆說明西南羣蠻之不屬於唐，亦不屬蕃之意，其言曰：

巂州之外，尚隔諸蠻，既背吐蕃，自行寇抄掠，而乃推託於我。何爲遙信虛詞！且西南羣蠻，別是一物。既不容於我，亦不專於吐蕃。去即不追，來亦不拒。乃是兩界所有，只合任其所歸。自數十年來，或叛或服，皆所親見，豈假縷言。〔註39〕

吐蕃與唐，論蠻中地界，書數往返，今不得見吐蕃之來書，而從唐「一面之辭」中，研究當時爭論之焦點，雖無法使兩造對質，但從唐多次說明中，不難見其端緒，此亦一再引用唐之〈勅書〉之原因。如唐玄宗〈覆吐蕃贊普書〉中云：

近得來章，又論蠻中地界。所有本末，前書具言。贊普不體朕懷，乃更傍引遠事。若論蠻不屬漢，豈復定屬吐蕃耶？彼不得所即叛來，此不得所即背去。如此常事，何乃固執。復於國家何有？朕豈利之！至如彼中鐵柱州圖地記，是唐九徵所記之地，誠有故事，朕豈妄言。所修城壁，亦依故地。若不復舊，豈爲通和。蠻中抄掠，彼人勘問，亦有此事，緣其初附，法令未行。亦有姚、巂邊人，姦險求利，或入蠻同盜，亦不可知。既與贊普重親，朕又君臨大國，正欲混同六合，豈復侵取一隅。再三已論，何乃不信。顧慙薄德，良用忝嗟。〔註40〕

神龍三年（707），唐以雍王守禮女爲金城公主，妻吐蕃贊普。〔註41〕至開元（713～741）年間，唐、蕃和戰不常。以戰而論，則唐多勝而蕃常敗；由和言之，即吐蕃求和而唐許之，故有〈勅吐蕃贊普書〉多通，互辯雲南疆界，說明控有姚巂之理由。如非李知古、張審素之經營姚巂地區，則吐蕃以此地區爲其所當有，何能容唐插手其間。吐蕃對姚、巂地區之重視，似超過西北地方，其所以如此者，蓋因西北地區，唐及其他遊牧民族，有堅強之武力，對吐蕃之防禦唯恐不固。故難得志於此區。姚、巂二州，部族弱而依賴吐蕃，

〔註38〕前書同卷。
〔註39〕同註37。
〔註40〕同前註。
〔註41〕百衲本《新唐書》二一六上列傳第一四一上〈吐蕃傳上〉頁7。

且有鹽鐵之利，故吐蕃視為「禁臠」，不容他人染指。及李知古伐蠻，以措置失當而被殺，唐亦承認李知古之乖戾無方，使知此非政府之意，藉以招誘羣蠻，使之重歸大唐。故至開元時，述及西南諸蠻，玄宗尚云：「往年被略，彼蕃率種歸我。緣李知古處置失所，又即翻然改圖。」〔註42〕雖以李知古之敗，而唐未放棄此一地區，終至開元十七年（729）由張審素收復昆明鹽城。此一事件，震驚吐蕃。後每與唐交涉，多以此為言。唐、蕃解釋戰爭之原因為：

> 且張玄表（即張審素）、李知古將兵侵暴甥國，故違誓而戰。〔註43〕

其後又云：

> 曩為張玄表、李知古交鬬，遂成大釁。〔註44〕

可知李知古之經略姚州，雖遭失敗，而實予吐蕃一警告，使其知唐並未放棄姚州。及張審素收復昆明鹽城，吐蕃始覺事態嚴重。

四、計取安戎

　　唐對雲南，不以收復昆明鹽城為滿足，次一步驟，將為安戎城之攻奪。主其事者，厥為王昱。

　　王昱其人，《兩唐書》無傳。據云：「王昱，上官昭容之姨弟也，神龍中引為左拾遺」，〔註45〕觀此，知其以外戚進。至開元二十六年（738）六月，王昱以劍南節度使，與河西節度使蕭炅、隴右節度使杜希望等，分道經略吐蕃。昱在西南，利於羣蠻相攻，許南詔併滅其他五詔，使蒙氏坐大。復由王昱銳於進取，因於是年九月率兵攻吐蕃安戎城。此城為吐蕃進入雲南之門戶，唐若得此城，吐蕃即無法進入雲南，與諸蠻合軍入寇。王昱攻安戎之役，據《舊唐書》本紀云：

> 益州長史王昱，率兵攻吐蕃安戎城，為賊所據，官軍大敗，棄甲而遁，兵士死者數千人。〔註46〕

舊紀所述，未得其詳，據《通鑑》云：

> 初，儀鳳（676～678）中，吐蕃陷安戎城而據之，其地險要，唐屢攻之，不克。劍南節度使王昱，築兩城於其側，頓軍蓬婆嶺下，運

〔註42〕同註38。
〔註43〕百衲本《新唐書》卷二一六上列傳第一四一上〈吐蕃傳上〉頁8。
〔註44〕同前頁10。
〔註45〕清華書局《冊府元龜》卷七八八〈總錄部‧知識〉頁26。
〔註46〕百衲本《舊唐書‧本紀第九‧玄宗下》頁2。

資糧以逼之。吐蕃大發兵救安戎城，昱眾大敗，死者數千人。昱脫

身走，糧仗軍資皆棄之。貶昱梧州刺史，再貶高要尉而死。〔註47〕

王昱貶死，繼其任為劍南節度使者為張宥。宥文吏，不習軍旅，悉以軍政委
團練副使章仇兼瓊。開元廿七年（739）十一月，兼瓊入奏事，盛言安戎城可
取，玄宗悅，丁巳（二十九日），以宥為光祿卿。十二月，以兼瓊為劍南節度
使。〔註48〕

兼瓊言而有徵，開元廿七年十二月，始受命為劍南節度使，至次年（740）
三月丁亥朔，壬子（十六日）即拔安戎城。據《舊書‧本紀》云：

壬子，權判益州長史章仇兼瓊拔吐蕃安戎城，分兵鎮守之。〔註49〕

「唐屢攻之不克」之安戎城，章仇兼瓊能拔之者，蓋有其因。緣「章仇兼瓊
潛與安戎城中吐蕃翟都局、及維州別駕董承晏結謀，使局開門，引內唐兵，
盡殺吐蕃將卒，使監察御史許遠將兵守之。」〔註50〕唐所得者，豈唯安戎，
尚有維州，若無內應，章仇率兵猛攻，其勝負之數尚不可知，更遑論拔取。

章仇兼瓊之能收復安戎城，在唐朝為一值得大書特書之事，此城不僅是
吐蕃入雲南之孔道，且易守難攻，如無內應，拔之實難，對於此一勝利，玄
宗之喜，不言可喻。「面柔而有狡計，能伺候人主意」〔註51〕之李林甫，自不
肯錯過機會，因而上表慶賀收復安戎城，玄宗在〈答李林甫收安戎城手制〉
中，說出此城之重要及得之之由，〈手制〉云：

此城儀鳳年中，羌引吐蕃，遂被固守。歲月既久，攻伐亦多。其城
巖險，非力所制，朝廷羣議，不令取之。朕以小蕃無知，事須處置，
授以奇計，所以行之。獲彼戎心，歸我城守，有足為慰也。〔註52〕

所謂「奇計」也者，不過使吐蕃內應，引納唐兵，盡殺吐蕃之不降唐者而已！

吐蕃失安戎城後，隨於同年六月圍安戎城。〔註53〕安戎城易守難攻，吐
蕃不得志。至十月，吐蕃再寇安戎城及維州。可能由於此次聲勢較大，而唐

〔註47〕世界書局章鈺校本《通鑑》卷二一四〈唐紀三〇〉頁6835。
「蓬婆嶺」原作「蒲婆嶺」，胡注曰：「新書作『蓬婆嶺』，其地在雪山外，杜
甫詩所謂『次取蓬婆雪外城』是也。」因改作「蓬婆嶺」。
〔註48〕同前頁6840。
〔註49〕百衲本《舊唐書‧本紀第九‧玄宗下》頁3。
〔註50〕世界書局章鈺校本《通鑑》卷二一四〈唐紀三〇〉頁684。
〔註51〕百衲本《舊唐書》卷一一六列傳第五六〈李林甫傳〉頁1。
〔註52〕《欽定全唐文》卷二四頁6。
〔註53〕同註50頁6842。

亦知若失此城，復得必難，故「發關中彍騎救之，吐蕃引去。更命安戎城曰平戎。」〔註54〕

　　開元之際，唐在雲南可算獲得空前勝利。扶植南詔，收復昆明與安戎，所求無一不遂。若能守此成果，聯南詔以制吐蕃，豈有後日受制於蕃、詔聯軍之日耶？顧月盈則虧，先以張虔陀之無禮，楊國忠之無能，遂致南詔叛離，前功盡失。復以安祿山之亂，中原鼎沸，雖以郭、李之功，光復舊物。然唐之盛世不再，外夷轉強，讅其前後因果，豈非人謀不臧耶？

第三節　併滅五詔

一、唐之政策

　　開元（713～741）年間，唐對姚、嶲地區積極經營，毫不放鬆，因而先有昆明鹽城之收復，後有安戎城之誘奪，造成唐朝在雲南之空前勝利。若從另一方面觀察，則見此時雲南蠻族互相吞併，戰靡寧日，南蠻以土地及其他緣故，相互仇殺，乃其常事，固無足怪者。然唐為獲得在雲南絕對支配權，不惜利用雲南內部諸族之鬥爭，縱橫捭闔，有意製造其內部紛亂，藉收漁翁之利，此種政策可由〈勅劍南節度使王昱書〉中明白看出，此為官方文書，自可代表唐朝君臣之態度。書云：

> 勅劍南節度副大使兼採訪使益州長史攝御史中丞王昱：蠻夷相攻，中國大利，自古如此，卿所知之。然吐蕃請和，近與結約，郡蠻翻附，彼將有詞。卿可審籌其宜，就中處置，使蠻落不失望，吐蕃又無憾詞。柔遠懷來，在卿良算。〔註55〕

由上引〈勅書〉中，不獨證實唐「漁翁得利」之政策，亦可看出唐將雲南經營，委之王昱，王昱之態度作法，自可代表唐朝中央。相攻之蠻夷，若能討好於王昱，即可得到唐之支持，在鬥爭中獲得勝利。知此關鍵，而善利用者，厥唯南詔。

　　南詔之併滅其他五詔，統一六詔，是一長期之奮鬥，絕非一朝一夕之功，亦非一蹴而就之事。《通鑑》於開元二十六年（738）九月，因皮邏閣之來朝，

〔註54〕同註53。
〔註55〕《唐丞相曲江張先生文集》卷八頁49。

述及其併滅五詔事云：

> 皮邏閣浸彊大，而五詔微弱。會有破洱河蠻之功，乃賂王昱，求合六
> 詔爲一。昱爲之奏請，朝廷許之，乃賜名歸義。於是以兵威脅服羣蠻，
> 不從者滅之，遂擊破吐蕃，徙居大和城，其後卒爲邊患。〔註56〕

《通鑑》所記，乃將長時期之征戰，加以簡化，並非承認併滅五詔之事，如
此單純，在開元廿六年一年內完成，不過附記於此而已。其他如《滇載記》、
《南詔野史》等書，將蒙舍詔統一五詔之長期鬥爭，略而不論，僅言松明樓
一炬，燒死五詔，〔註57〕僅剩南詔，故能不費吹灰之力，統一五詔。此種說
法，過分理想，不合於事實，使人無法相信，故檀萃在其《宸部瑣錄》中，
已提出懷疑。〔註58〕清人馮甦之《滇攷》，所述較爲合理，然於地理方位，致
誤甚多，又未參考《蠻書》及〈南詔德化碑〉，爲其最大之缺點。〔註59〕關於

〔註56〕 世界書局章鈺校本《通鑑》卷二一四〈唐紀三〇〉頁6836。

〔註57〕《滇載記》頁2云：「皮羅閣之立，當玄宗開元十六年（728），受唐冊封爲雲
南王，賜名歸義。於是南詔浸彊大，而五詔微弱，皮羅閣因仲夏二十五日祭
先之期，建松明爲樓，以會五詔。宴醉後，羅閣佯下樓擊鼓，舉火焚樓，五
詔遂滅。閣賂劍南節度使，求合五詔爲一，朝廷許之，於是盡有雲南之地，
因破吐蕃，卒爲邊患，不可復制。」《滇載記》中之「開元十六年」，爲其即
位之年，受封「雲南王，賜名歸義」，則在「開元二十六年」，由《新唐書・
南蠻傳》及《通鑑》可證。

楊輯胡訂《南詔野史》上卷頁11云：「皮邏閣唐元宗戊辰開元十六年即位，
年三十一歲。

開元十八年，滅五詔，自稱南詔王。先是，蒙氏恐三十七蠻部不服，選親族
爲五詔。未幾，五詔抗命，邏閣遂賂劍川節度使王昱，求合六詔爲一，昱奏
於朝，許之。邏閣乃豫建松明大樓，祀祖於上，使人諭五詔曰：『六月二十四
日，乃星回節，當祀祖，不赴者罪。』四詔聽命，惟越析詔波衝之兄子于贈，
遠不赴會。而邆賧詔豐咩之孫波邆遆之妻慈善者，止邆遆勿赴。遆不聽，慈
善不得已，以鐵釧穿於邆臂而行。二十四日，邆遆及施浪詔施望欠弟施望千，
浪穹詔豐時孫鐸羅望、蒙雋詔雋輔子羅原皆至邐閣所，邐閣偕登樓祭祖，祭
後享胙，食生飲酒。迨晚，四詔盡醉，邐閣獨下樓焚錢，邊縱火，火發，兵
圍之，四詔皆焚死，邐閣遣使至四詔所報焚錢失火，四詔被焚狀，令各詔收
骨。四詔妻至，莫辨其骨，獨慈善以鐵釧得焉，攜歸葬之。」

〔註58〕 轉引自馬長壽氏《南詔國內部族組成和奴隸制度》。

〔註59〕《滇攷》上頁20云：「五詔者一曰浪穹詔，蠻豐時據之。一曰施浪詔，蠻施
望欠據之，與邆賧詔蠻豐咩，俱在大理府北，是爲三浪。其西北曰摩些詔，
一名越析，即今麗江府地，蠻波衝所據，地甚廣，東南百五十里，石壁上有
色斑斕，類花馬，因又號花馬國。又其北爲蒙雋詔，蠻雋甫首據之，古越雋
地，今爲四川行都司。」

其言三浪在大理府北，大體不誤。其言「越析詔」在麗江府地，則沿《元史・

此一問題，以馬長壽之研究，較爲可信。〔註60〕

　　當六詔並立之時，地醜德齊，各自獨立，不相統屬，且「各受唐爵，爲諸州刺史，而屬于姚州都督府，受劍南節度使節度。」〔註61〕各受唐爵，俱爲唐官之六詔，若有相互吞併之事，自爲唐所不許，且能以武力干涉，藉以維持各詔間之均勢，但至唐玄宗朝，或許不願各詔之團結，進而聯合爲一，能與唐爲敵，故在唐玄宗給王昱之〈勑書〉中，一則曰：「蠻夷相攻，中國大利。」再則曰：「卿可審籌其宜，就中處置。……。柔遠懷來，在卿良算。」可是唐廷不僅不思維持各詔間之均勢，且有意製造其衝突，使中國獲得其大利。此時之王昱，官高權大，對於雲南事務，逕可自行處理，不必先請指示。瞭解此種情勢之南詔，乘時崛起，以賄賂王昱之手段，求合六詔爲一。昱爲之奏於朝，許之。於是南詔長期併吞各詔之行動，得到唐之承認與支持，始能順利完成。

二、首滅蒙嶲

　　南詔之併滅五詔，揆情度勢，當由近者始。最接近南詔者，自爲「當五詔俱存，而蒙舍北有蒙嶲詔，即楊瓜州也，同在一川」〔註62〕之蒙嶲詔，既最接近蒙舍詔，遠交近攻，最先滅亡者，當爲蒙嶲詔。但諸詔之中，關於蒙嶲詔之資料，最感缺乏。《蠻書》及《新唐書·南蠻傳》雖備載滅蒙嶲詔之事，惜無年代。蒙嶲詔之事，據《新唐書》云：

地理志》、《南詔野史注》、《讀史方輿紀要》之誤，更循《南詔野史注》「因又號花馬國」之誤，錯到不可以道里計。花馬山在麗江西北三百里之巨甸，與越析詔相去五百餘里，眞是一誤再誤。越析詔之所在地，考之《蠻書校注》卷三頁 57 云：「越析，一詔也，亦謂之磨些詔。部落在賓居，舊越析州也，去囊蔥山一日程。」同書卷二頁 41 又云：「囊蔥山在西洱河東隅，河流俯瞰山根，土山無樹石。高處不過數十丈，而對賓居、越析。山下有路，從渠歛趙出登川。」賓居即今賓川，渠歛趙即今鳳儀縣，登川即鄧川縣，囊蔥山則在賓川與洱海之間，故知越析詔原在洱海東之賓川，後退回麗江府地。

蒙嶲詔亦更不在越析詔北，故越嶲府地，清之四川行都司。蒙嶲詔所在地，據《蠻書校注》卷五頁 120 云：「而蒙舍北有蒙嶲詔，即楊瓜州也，同在一川。」故知蒙嶲詔與蒙舍詔相鄰，同在一川，不當在麗江府北。

〔註60〕參看馬氏《南詔部族》頁 41 至 55，「（2）六詔的名稱、所在地和幾個烏蠻首領在白蠻地區建詔的經過」。

〔註61〕《滇考》上頁 20。

〔註62〕《蠻書校注》卷五頁 120。

　　蒙嶲詔最大，其王嶲輔首死，無子，弟佉陽照立。佉陽照死，子照
原立，喪明，子原羅質南詔，歸義欲并國，故歸其子，原之眾果立
之。居數月，使人殺照原，逐原羅，遂有其地。〔註63〕

上文中雖未說明「殺照原，逐原羅」之年代，但開元十六年（728）盛邏
皮卒，皮邏閣（即蒙歸義）立，年三十一，諸書無異辭。故知蒙嶲詔之被滅，不當
早於開元十六年（728）。至開元二十六年（738），皮邏閣以破吐蕃及彌蠻功
入朝，玄宗禮之，加封皮邏閣爲「特進、雲南王、越國公、開府儀同三司，
賜名歸義，並錦袍、金鈿帶七事。王歸國，以兵逐洱河蠻，築太和城，又築
大釐城守之，盡有雲南之地，唐授王子閣邏鳳右領軍衛大將軍，兼陽瓜州刺
史。」〔註64〕故知授閣邏鳳右領軍衛大將軍兼陽瓜州刺史事，在開元廿六年。
陽瓜州爲蒙嶲詔之故地，此時蒙嶲詔已見滅，故唐得以閣邏鳳兼陽瓜州刺史。
從此二事推斷，蒙嶲詔之被滅，不早於開元十六年，亦不遲於開元廿六年，
詳確時間則無從考定。

　　近人馬長壽氏研究此一問題，根據《蠻書》卷三：

　　開元初（羅盛）卒，其子盛邏皮立。（盛羅皮卒，子皮邏閣立），朝
廷授特進、台登郡王、知沙壺州刺史。長男閣邏鳳授特進，兼陽瓜
州刺史；次男誠節度，蒙舍州刺史；次男崇，河東（州）刺史，次
男成進，雙祝州刺史。〔註65〕

肯定閣邏鳳之兼陽瓜州刺史，在開元之初。復據「蒙舍北有蒙嶲詔，即陽瓜
州也」之記載，得知蒙嶲詔原據有陽瓜州之地。今唐以閣邏鳳爲陽瓜州刺史，
自在蒙嶲州詔被滅之後。因之馬氏得一結論云：「然則蒙舍詔之滅蒙嶲的年
代，當在開元初年（713～）或開元以前（～713）」。〔註66〕馬氏將此段文字
誤讀，始生蒙嶲詔在開元初或以前被滅之印象。實則所謂「開元初」者，乃
記「羅盛卒，其子盛邏皮立」二事之年代。並非此一段文字所述之事情，俱

<hr>

〔註63〕 百衲本《新唐書》卷二二二中列傳第一四七中〈南蠻傳中〉頁6。
〔註64〕 楊輯胡訂《南詔野史》上卷頁12。
〔註65〕 馬長壽《南詔部族》頁56引《蠻書》卷三。
　　　　吉林按：馬氏雖在其註中云：「參考向達《蠻書校註》卷三蒙舍詔條，括號中
　　　　文字據《新唐書・南蠻傳》補入。下同。」然向氏校註在「知沙壺州刺史」
　　　　下，有「賜名歸義」四字，「次男誠節度」，向氏根據〈南詔德化碑〉中之：「誠
　　　　節王之庶弟，以其不忠不孝，貶在長沙，而被奏歸，擬令間我，二也。」改
　　　　「誠節度」爲「誠節」。
〔註66〕 馬長壽《南詔部族》頁57。

發在開元初也。至開元十六年（728）盛羅皮卒，子皮羅閣即位之後，朝廷方能授閣羅鳳官。如係「開元初」，唐即以閣羅鳳為陽瓜州刺史，揆之年齡，亦所不合。閣羅鳳之年歲，由天寶七載（748）即位，年三十六推算，則其生當在開元元年（713），而其諸弟誠節、崇、成進等人，在「開元初」出生與否俱不可知，又安能各兼刺史耶？日人藤澤義美博士，亦認馬氏誤解其所引之文字。「開元初」是指二代詔主羅盛之死與三代詔主盛羅皮即位之年代。實際「朝廷授」以下所述之事，與「開元初」完全無關。實際絕未說「開元初」任閣羅鳳為陽瓜州刺史。〔註67〕

　　在此研究中，牽涉到王昱之處甚多，是故王昱之事不可不知。《兩唐書》中無王昱傳，《通鑑》記其於開元二十六年夏六月「辛丑（初四），以岐州刺史蕭炅為河西節度使使總留後事，鄯州都督杜希望為隴右節度使，太僕卿王昱為劍南節度使。分道經略吐蕃，仍毀所立赤嶺碑。」〔註68〕此記載必定有錯，使人誤以為開元二十六年（738）六月辛丑（初四），王昱方以太僕卿而為節度使，《通鑑》又記，至同年九月，昱攻吐蕃安戎城不克，死者數千人，昱脫身走，糧仗軍資皆棄之，昱因而貶死。軍敗被貶在開元二十六年九月，當無問題，〔註69〕然王昱之被任為劍南節度使當在開元二十一年。〔註70〕若其為劍南節度使尚不及三月，皮羅閣恐不會略之而求統一六詔。更有進者，若王昱在劍南僅三月，對當地形勢尚不熟悉，何能進攻「其地險要，唐屢攻之不克」之安戎城，此均有疑問。

　　在張九齡之《唐丞相曲江張先生文集》中，有二〈勑劍南節度使王昱書〉，其一有云：「冬初薄寒，卿比平安好」，〔註71〕另一又云：「春晚極暄，卿比如宜」。〔註72〕由上二書言及冬初及春晚，可知王昱在劍南節度使之任期，絕非僅為從六月至九月，首尾尚不及三個月之時間。

　　今再從張九齡研究此一問題，開元廿四年（736）「十一月壬寅（二十七

〔註67〕藤澤義美《西南中國民族史の研究》前編《南詔成立の研究》第五章〈南詔の勃興〉頁215。
〔註68〕世界書局章鈺校本《通鑑》卷二一四〈唐紀三〇〉頁6833。
〔註69〕此事除見於章校本《通鑑》卷二一四〈唐紀三〇〉頁6835外，尚見百衲本《舊唐書・本紀九・玄宗下》頁2，以及百衲本《新唐書・本紀五・玄宗紀》頁12。
〔註70〕吳廷燮《唐方鎮年表》。
〔註71〕《唐丞相曲江張先生文集》卷八頁49。
〔註72〕《唐丞相曲江張先生文集》卷一一頁64。

日），侍中裴耀卿爲尙書左丞相，中書令張九齡爲尙書右丞相，並罷知政事。」〔註73〕至次年（737）四月「甲子（二十日），尙書右丞相張九齡以薦引（周）子諒，左授荊州長史。」〔註74〕此後張九齡即未再還朝，老死於外。張九齡之二〈勅劍南節度使王昱書〉，至遲當作於開元廿四年十一月壬寅（二十七日）以前，王昱不在開元廿六年六月始被任爲劍南節度使，其故也明。以下再敍滅越析詔之事蹟，自較清楚。

三、次伐越析

次於蒙巂詔被滅者，當爲越析詔。越析詔之被滅，可分爲二步驟。開元中，劍南節度使王昱，以其地併於南詔，爲第一階段。及後閣羅鳳破其餘眾於雙舍，爲另一段落。今分述之。

越析詔部落原在賓居，舊越析州之地，故稱越析詔。越析詔被滅之原因，據《蠻書》卷三云：

> 有豪族張尋求，白蠻也。貞元中通詔主波衝之妻，遂陰害波衝。劍南
> 節度巡邊至姚州，使召尋求，笞殺之。遂移其諸部落，以地并於南詔。
> 波衝兄子于贈，提携家眾出走，天降鐸鞘，東北渡瀘，邑龍佉沙，方
> 一百二十里，周廻石岸，其地總謂之雙舍。于贈部落亦名楊墮，居河
> 之東北，後蒙歸義隔瀘城臨逼于贈，再戰皆敗。長男閣羅鳳自請將兵，
> 乃擊破楊墮，于贈投瀘水死，數日始獲其屍，並得鐸鞘。〔註75〕

引文中之「貞元中」，當作開元中。若爲貞元中，則蒙歸義、閣羅鳳俱已早卒多年，無法臨逼于贈，迫使赴水而死，此爲治南詔史者所公認之問題。

越析詔主被害之後，巡邊至姚州之劍南節度使，據《滇攷》及雲南民間傳說，俱以爲王昱。〔註76〕張尋求通越析詔主波衝之妻，陰害波衝，王昱循「殺人者死」之律，治張尋求以死罪，理尙可通。然波衝既死，不立其侄于贈，而以「部落無長」〔註77〕爲詞，「遂移其諸部落，以地併於南詔」，此與皮羅閣之以厚利啖王昱，請合六詔爲一互相呼應之事件。至於王昱以越析併

〔註73〕百衲本《舊唐書・本紀八・玄宗上》頁21。
〔註74〕百衲本《舊唐書・本紀九・玄宗下》頁1。
〔註75〕《蠻書校注》卷三〈六詔第三〉頁59。
〔註76〕《滇攷》上頁20云：「時越析詔妻美而淫，與豪酋張尋求通，尋求因弒波衝。
　　　　南詔乘間說王昱至姚州，誘召尋求至，數其罪誅之，即以地畀南詔。」
〔註77〕百衲本《新唐書》卷二二二中列傳第一四七中〈南蠻列傳中〉頁7越析詔。

於南詔之年代，亦不能確指，當在開元廿二年（734）左右。若早於是年，姚州尚不隸於劍南。〔註78〕

越析詔餘眾之被殲，亦未載明年月，但從〈南詔德化碑〉中，尚可找出線索。其時間在三浪詔被滅之後，再破越析遺孽。其經過情形，〈南詔德化碑〉述之較詳。碑文云：

> 二河既宅，五詔已平。南國止戈，北朝分政。而越析詔餘孽于贈恃鐸鞘，渡瀘江。結彼兇渠，擾我邊鄙，飛書遣將，皆輒拒違。詔（指閣羅鳳）弱冠之年，已負英斷，恨茲殘醜，敢逆大隊。因請自征，志在掃平，梟于贈之頭，傾伏藏之穴。鐸鞘盡獲，寶物竝歸。解君父之憂，靜邊隅之祲，制使奏聞，酬上柱國。〔註79〕

〈德化碑〉中稱閣羅鳳「弱冠之年」，由此可知越析殘餘份子被征服之時間。閣羅鳳於唐玄宗天寶七載戊子（748）即位，年三十六。〔註80〕其「長男鳳伽異，時年十歲」。〔註81〕三十六歲之閣羅鳳，有十歲之長男鳳伽異，相當正常。若如阮元聲之《南詔野史》所云，閣羅鳳於「唐天寶八年（749）即位，年十九」，〔註82〕此誤有二，閣羅鳳即位時非十九歲，若為十九歲即位，而有十歲之長子鳳伽異，九歲生子，甚少可能，故當從即位年三十六之說，方能有一十歲之長男。

天寶七年（748）閣羅鳳年三十六，其弱冠之年，當指其二十二、三歲時，亦即開元二十二、三年左右，南詔始合併越析詔之餘眾。至於《新唐書・南詔傳》繫此事於天寶年間，安祿山叛亂之時，則為明顯之謬誤，不得不辨。〔註83〕此時閣羅鳳早已即位，何來「君父之憂」？又何得「蒙歸義隔瀘城臨逼于贈，再戰皆敗」？此誤顯而易見，不待多辨。

〔註78〕百衲本《新唐書》卷六七〈方鎮表第七〉頁3，於開元二十二年劍南下云：「劍南節度兼山南西道採訪處置使，號山劍西道，增領文、扶、姚三州。」

〔註79〕〈南詔德化碑〉。

〔註80〕楊輯胡訂《南詔野史》上卷頁13云：「閣羅鳳唐元宗天寶戊子七載即位，年三十六歲。」

〔註81〕〈南詔德化碑〉。

〔註82〕阮元聲《南詔野史》頁7。

〔註83〕百衲本《新唐書》卷二二二上列傳第一四七上〈南蠻傳上〉頁3云：「亦會安祿山反，閣羅鳳因之取巂州會同軍，據清溪關，以破越析，梟于贈。」推其致誤原因，蓋由作者蔽於越析詔在巂州之緣故。

四、統一三浪

南詔滅蒙嶲詔、越析詔後，兵鋒指向洱河蠻及浪穹、邆睒、施浪等所謂「三浪詔」。

河蠻及三浪詔兵敗之後，並未屈服，僅是退往劍川等地，靠攏吐蕃，受其保護，依然獨立存在。南詔所獲得者，僅為其土地及留下之餘眾。南詔之擊破劍川，徹底征服三浪詔，時在貞元十年（794），為南詔歸降吐蕃後四十餘年，再叛蕃而降唐，趁機摧毀吐蕃之外圍勢力，此為後事，暫不細敘。

所謂「河蠻」，即「西洱河蠻」之簡稱。在族類上，屬於白蠻，與屬於烏蠻之六詔不同。洱河西岸大和、大釐、陽苴咩諸城，皆河蠻故地。在文化上，亦似白蠻高過烏蠻。

在唐代雲南經營史上，亦可看出洱河白蠻之重要性。唐高祖武德七年（624）之韋仁壽、太宗貞觀二十二年（648）之梁建方，俱曾至西洱河。且貞觀二十二年之役，梁建方曾降其酋帥楊盛。高宗顯慶元年（656），西洱河蠻酋長楊棟附顯、和蠻酋長王郎祁，郎、昆、梨、盤四州酋長王伽衝等率眾內附，此等當俱為河蠻。及後烏蠻逐漸侵入白蠻邊境，且在此地區建詔，於是在對唐與吐蕃之關係上，烏蠻之地位反形重要，而見於記載之白蠻，相形見少。

河蠻見滅於南詔之史實，以《蠻書》所記為詳，云：

> 大和城、大釐城、陽苴咩城，本皆河蠻所居之地也。開元二十五年（737）蒙歸義逐河蠻，奪據大和城，後數月，又襲破咩羅皮，取大釐城，仍築龍口城為保障。[註84]

大和、大釐俱為河蠻之地，蒙歸義奪取大和城後，又從邆睒詔咩羅皮手中奪得大釐城。此由對河蠻作戰，蒙歸義聯咩羅皮以為助。既敗河蠻，咩羅皮亦分得一城，蒙歸義不願咩羅皮擁有此戰果，因襲奪之，其事經過，據《蠻書》云：

> 其子咩羅皮，後為邆睒州刺史，與蒙歸義同伐河蠻，遂分據大釐城。咩羅皮乃歸義甥也，弱而無謀，歸義襲其城奪之。咩羅皮復入邆睒，即與浪穹、施浪兩詔援兵伐歸義，歸義于時既剋大釐，築龍口城，聞三浪兵至，率眾拒戰，三浪大敗，追奔過邆睒，敗卒多陷死于泥沙之中，咩羅皮從此退居野共川。[註85]

[註84]《蠻書校注》卷五〈六賧第五〉頁115。
[註85]《蠻書校注》卷三〈六詔第三〉頁64。

哶羅皮不甘大釐被奪，聯絡浪穹詔主鐸羅望、施浪詔主施望欠，同伐蒙歸義。及至三浪兵敗，哶羅皮退居野共川，其他二詔，亦因此而遭覆亡之命運。

　　哶羅皮之父豐咩，與浪穹詔詔主鐸羅望之祖豐時爲兄弟，故此二詔關係殊爲密切，鐸羅望之嗣立，約在開元二十一年至二十四年之間，張九齡有〈勅蠻首領鐸羅望書〉，〔註86〕弔唁豐時（即郍傍時）之死，似鐸羅望繼承其祖之位，其父時羅鐸可能早卒，亦未嗣位爲詔。〔註87〕及哶羅皮與蒙歸義反目，大釐城被奪，退居澄賧，心有不甘，因聯浪穹詔與施浪語，進行報復。結果浪穹詔「與南詔戰敗，以部落退保劍川，故盛稱劍浪。」〔註88〕浪穹之地，自然爲南詔所奪。

　　另一隨澄賧詔而亡者爲施浪詔。南詔得唐之支持，滅蒙嶲、越析二詔及西洱河蠻，又奪哶羅皮所分得之大釐城，此時三浪詔俱已清楚，無法見容於南詔，與其坐以待斃，毋寧決一勝負，或可死裏求生。復因哶羅皮之求援，浪穹、澄賧、施浪三詔遂聯兵討伐蒙歸義。施浪詔之命運，據《蠻書》云：

〔註86〕《唐丞相曲江張先生文集》卷一二頁75〈勅蠻首領鐸羅望書〉云：
　　　「勅故姚州管內大酋長郍傍時嫡孫將軍鐸羅望：卿之先祖，輸忠奉國，遽聞徂逝，深愴于懷。言念邊人，必藉綏撫。又逼蕃界，兼資鎮遏。卿宜纘承先業，以副朕心。故遣宿衛首領王白于姚州都督達奚守珪計會，就彼弔慰。便授卿襲浪穹州刺史，並賜綾彩三百疋，至宜領取。秋中已涼，卿及首領已下並平安好！遣書指不多及。」

〔註87〕由註86所引〈勅蠻首領鐸羅望書〉，明白顯示郍傍時死，即由其孫鐸羅望嗣位，此書作於開元廿一年至廿四年（733～736）之間，適在郍傍時卒後，鐸羅望嗣位之時，所述自較可信。但由成於咸通年間（860～873）之《蠻書》開始，即以「時羅鐸」曾在郍傍時之後，鐸羅望以前，嗣位爲詔。此蓋由樊綽之撰《蠻書》，已在傍時卒後一百三、四十年，且浪穹詔退出浪穹州，亦百數十年，至貞元十年（794）南詔擊破劍川，徙其遺眾於永昌，亦且七、八十年。年代久遠，國滅不存，徒據「聯名制」而以時羅鐸嗣位爲詔，因生此誤。《新唐書》遂亦不悟，無所是正。今列於後，以明其非。
　　《蠻書校注》卷三〈六詔第三〉頁61云：
　　　「豐時卒，子時羅鐸立。時羅鐸卒，子鐸羅望立，爲浪穹州刺史。」
　　前書同頁向達注曰：
　　　「據本書，豐時卒後，時羅鐸立，時羅鐸卒，始爲鐸羅望。而據《曲江集》，豐時卒後，由鐸羅望襲浪穹州刺史，即在六詔統一前數年。故疑時羅鐸嗣立，或竟無其事也。」
　　百衲本《新唐書》卷二二二中列傳第一四七中頁7云：「浪穹詔，其王豐時死，子羅鐸立，羅鐸死，子鐸羅望立，爲浪穹州刺史。」
　　《蠻書》及《新唐書》雖均以時羅鐸曾嗣位，但以《曲江集》證之而知其誤。

〔註88〕《蠻書校注》卷三〈六詔第三〉頁62。

施浪，一詔也，詔主施望欠。初，閣羅鳳據石和城，俘施各皮，而
望欠援絕。後與豐咩子咩羅皮同伐蒙歸義，又皆敗潰，退保矣苴和
城。歸義稍從江口進兵，脅其部落。無幾，施望欠眾潰，僅以家族
之半，西走永昌。初聞蒙歸義又軍於蘭滄江東，去必取永昌，不能
容。望欠計無所出，有女名遺南，以色稱。即遣使求致遺南於歸義，
許之。望欠遂渡蘭滄江，終於蒙舍。〔註89〕

由施浪詔亦可看出，三浪詔未聯合對抗蒙歸義之前，已受到南詔之侵凌，「閣
羅鳳據石和城，俘施各皮」即一顯例。

施望欠與咩羅皮、鐸羅望擊蒙歸義失敗，退保「矣苴和城」，即施浪詔之根
據地。所謂「矣苴和城」，實即「蒙次和城」，故馬長壽氏云：「《蠻書》矣苴和
城之矣當作牟，牟與蒙同音，苴和即次和，故牟苴和即蒙次和無疑。」〔註90〕
蒙次和城之爲施浪詔故地，據《萬曆雲南通志》云：

蒙次和山在（浪穹）縣治東北四十里，三面險峻，一面臨河。六詔
時施浪詔居焉，望欠遺蹟尚在。〔註91〕

有「三面險峻，一面臨河」之地形，始可證「歸義稍從江口進兵」，爲得其實
情。所謂「江口」，實即「河口」。其他「三面險峻」，不可以進攻，故必從「江
口」也。

關於蒙次和城之所在與形勢，《讀史方輿紀要》注云：「施浪詔，今浪穹
縣次和山之地。」〔註92〕至於其地形，同書浪穹縣蓮花山下更注曰：

在縣東北四十里，形如蓮花，二面陡絕，惟一面僅容單馬。其相連
者，曰蒙次和山。三面絕險，一面臨河，六詔時，施浪詔居此兩山
下，亦曰蒙次和村。〔註93〕

如此易守難攻之要塞，施望欠竟無法防守，失敗後遠渡蘭滄江，獻女求容。
至於「（施）望欠弟望千，當矣苴和城初敗之時，北走吐蕃，吐蕃立爲詔，歸
於劍川，爲眾數萬。」〔註94〕

如從表面觀察，則見南詔并吞其他五詔及洱河蠻，純爲雲南蠻內部之分

〔註89〕《蠻書校注》卷三〈六詔第三〉頁65。
〔註90〕馬長壽《南詔部族》頁46。
〔註91〕《萬曆雲南通志》卷二〈地理‧大理府〉。
〔註92〕《讀史方輿紀要》卷二一三〈雲南總敘〉。
〔註93〕前書卷二一七浪穹縣蓮花山下注之語。
〔註94〕《蠻書校注》卷三〈六詔第三〉頁66。

合，與唐及吐蕃無關。實則南詔之得以統一六詔，爲雲南王，不僅得到唐之支持與承認，唐且派兵參與其事。據〈南詔德化碑〉云：

> 洎先詔（閣羅鳳）與御史嚴正誨謀靜邊寇，先王（皮羅閣蒙歸義）統軍打石橋城，差詔與嚴正誨攻石和子。父子分師，兩殄兇醜，加左領軍衛大將軍。無何，又與中使王承訓同破劍川。忠績載揚，賞延于嗣，遷左金吾衛大將軍。〔註95〕

唐之必欲藉南詔之力，統一西洱河區，實由此區羣蠻叛服無常，時引吐蕃寇邊。及至開元年間，唐對姚、嶲二州，雙管齊下，積極經營。吐蕃在嶲州地區，先失昆明鹽城於張審素之手，王昱又謀奪安戎城，使吐蕃無暇顧及姚州，故南詔得肆力於統一工作。

三浪詔之餘孽，敗亡之後，竄逃於劍、共二川，託庇吐蕃。由此亦可看出吐蕃在雲南勢力之大，及羣蠻依賴之深。此時南詔新起，亦不敢正面與吐蕃衝突，直至貞元十年（794），南詔與吐蕃決裂，得唐韋皋之協助，始以大兵掃平劍、共二川，再顯武威，擴張領土，完成蒙歸義未竟之志。

第四節 築路風波

一、唐之成功

南詔之統一五詔、併滅西洱河蠻之工作，於開元廿六年（738）正式完成，《通鑑》於九月記其經過而誌其成功，且敘其原委云：

> 戊午（十一日），冊南詔蒙歸義爲雲南王。歸義之先，本哀牢夷，地居姚州之西，東南接交趾，西北接吐蕃。蠻語謂王曰詔，先有六詔，曰蒙舍、曰蒙越、曰越析、曰浪穹、曰樣備、曰越澹。兵力相埒，莫能相壹，歷代因之，以分其勢。蒙舍最在南，故謂之南詔。高宗時蒙舍細奴邏初入朝。細奴邏生羅盛，邏盛生盛羅皮，盛羅皮生皮羅閣。皮羅閣浸強大，而五詔微弱。會有破洱河蠻之功，乃賂王昱，求合六詔爲一。昱爲之奏請，朝廷許之，仍賜名歸義。於是以兵威脅服羣蠻，不從者滅之。遂擊破吐蕃，徙居大和城，其後卒爲邊患。〔註96〕

〔註95〕〈南詔德化碑〉。

〔註96〕世界書局章鈺校本《通鑑》卷二一四〈唐紀三〇〉頁6835。此中所稱之六詔，

唐朝之扶植南詔，純爲其他蠻夷或公然叛唐，或潛通吐蕃，而南詔在李知古被殺之後，姚、嶲路絕，尚奉唐正朔。唐以其忠信可靠，乃派中使助其統一諸部。今從唐玄宗〈封蒙歸義雲南王〉制中，亦可看出此種關係。制云：

> 古之封建，誓以山河，義在疇庸，故無虛授。西南蠻都大酋帥特進越國公賜紫袍金鈿帶七事歸義，挺秀西南，是稱酋傑，仁而有勇，孝乃兼忠。懷馭衆之長材，秉事君之勁節。瞻言諸部，或有姦人，潛通犬戎，敢肆蜂蠆。遂能躬擐甲胄，總率驍雄，深入長驅，左縈右拂，凡厥醜類，應時誅翦。戎功若此，朝寵宜加，俾膺胙土之榮，以勵捍城之士，復遣中使李思敬齎冊書往冊焉。〔註97〕

開元廿六年（738）蒙歸義統一西洱河區，唐派中使李思敬冊爲雲南王。又二年（廿八），章仇兼瓊收復安戎城，吐蕃攻之不得。此時唐得意於西南，宜可長治久安，自致太平，無需再煩聖慮矣！孰知事有出人意料之外者，此一地區，不二十年，再啓兵戎，唐軍屢敗，而其一手所扶立之南詔，轉投吐蕃。自此蕃、蠻聯合入寇，北起陝隴，南盡滇蜀，戰線加長，兵力轉弱，唐之疲於奔命，自爲意料中事。此一時也，對唐而言，可謂「禍不單行」，西南事尚未了，東北事又起，安史之亂，適作於此時（天寶十四載，755）。雖賴郭子儀、李光弼之力，中興唐室，然此後藩鎮割據，唐之國力，已非昔比矣。

安祿山之亂，姑置不論。至於南詔叛唐，可謂全出人謀不臧，有以致之者，楊國忠也、章仇兼瓊也、鮮于仲通也、張虔陀也。今從此諸人之研究中，以明南詔何以叛唐。

開元末年之雲南經營，成於二人之手，其一爲王昱，另一爲章仇兼瓊。前者扶植蒙氏，統一六詔，後者攻拔安戎，斷吐蕃入滇之路。二路功勞雖同，命運不一，王氏以敗於安戎而貶死，章仇則官運亨通，一帆風順。推其所以不同之由，蓋出於章仇兼瓊富於機智，善用權術，爲一典型之政客。既知如何取得高位，又知如何維持之，此當於張宥、章仇兼瓊、楊國忠、鮮于仲通之綜合研究中，方能得知。

王昱貶死，代之而爲劍南節度使者爲張宥。張宥文吏，不知兵，委事益

《蠻書》及《新唐書》與之不同，據《考異》曰：「新書六詔曰：蒙嶲，越析、浪穹，邆賧、施浪、蒙舍。今從寶滂《雲南別錄》。」向達於《蠻書校注》卷三〈六詔第三〉頁56云：「則寶滂之說，疑不盡可據也。」吾從向氏之說。

〔註97〕清華書局《冊府元龜》卷九六四〈外臣部・封冊二〉頁19，又見《全唐文》卷二四頁4。

州司馬章仇兼瓊。〔註98〕兼瓊因得入奏事，盛言安戎城可取之狀，玄宗悅之。開元廿七年（739）十一月丁巳（二十九日），以張宥爲光祿卿。至十二月，又以章仇兼瓊爲劍南節度使，取宥之官職而代之。

張宥雖然文史，亦謀拔取安戎，既遣章仇兼瓊入奏事，所有戎事，皆與劍南採訪支使鮮于仲通商議，章仇兼瓊惡之。及代張宥爲節度，乃令郡收押仲通，月餘釋之，復令判使事。〔註99〕兼瓊言而有信，果下安戎，此舉頗得唐玄宗之激賞，於是兼瓊以邊功見重於當時矣。

二、置路通爨

此時之雲南，蒙氏統一西洱河區，唐朝收復安戎、昆明；滇東之爨氏，名義上早已內附，實質上各自獨立，唐之勢力無法進入此一地區。章仇兼瓊見此情形，欲置安寧府於今雲南東部，以之爲中心，透過爨中，開通由四川，經滇東，直抵安南之路。若此舉成功，爨氏處於唐之勢力包圍中，復欲獨立而可得耶？求爲羈縻亦不可能，勢必置爲州縣，使染唐風，兵不血刃而擁有兩爨之故地，消滅爨氏實力於無形之中。當時羣爨亦甚明白，此路開成之時，即其喪失獨立之日，故對築路之舉，極盡破壞之能事。

章仇兼瓊築路之舉，非但未獲得預期之效果，反而引起羣爨叛變，倒向南詔，使南詔之勢力坐大，其敢於叛唐，此爲重要之原因。此事經過，據〈南詔德化碑〉云：

> 初，節度章仇兼瓊不量成敗，妄奏是非。遣越巂都督竹靈倩置府通爨，通路安南。賦重役繁，政苛人弊。被南寧州都督爨歸王、昆州刺史爨日進、梨州刺史爨祺，求州爨守懿、螺山大鬼主爨彥昌、南寧州大鬼主爨崇道等，陷煞竹倩，兼破安寧。〔註100〕

章仇兼瓊開路之舉，造成羣爨之團結，一致對外，攻陷安寧，並殺越巂都督竹靈倩。斯時章仇兼瓊方爲唐玄宗所信，自將一切過錯，歸之諸爨，此即所謂「妄奏是非」也。玄宗對於此一事件，犯一最大錯誤，即派遣唐兵而外，又詔蒙歸義進討，使南詔勢力，滲入兩爨。兩爨混亂之後，蒙氏乘其弊而有

〔註98〕世界書局章鈺校本《通鑑》卷二一四〈唐紀三○〉玄宗開元二十八頁6840。
〔註99〕《顏魯公文集》卷六〈中散大夫京兆尹漢陽郡太守贈太子少保鮮于公神道碑銘〉。
〔註100〕〈南詔德化碑〉。

之。推其原因，莫非玄宗引狼入室，第三者介入之後，唐更無法得志於兩爨。防人之心不可無，此之謂也。據〈德化碑〉云：

> 天恩降中使孫希莊、御史韓洽、都督李宓等，委先詔招討。諸爨畏威懷德，再置安寧。〔註101〕

唐本身所派出之中使孫希莊、御史韓洽、都督李宓等人，自亦奉命招討爨氏，不獨南詔蒙歸義也。在此次行動中，南詔施惠爨氏，代為昭雪，使爨氏歸心南詔，而唐又遭一失敗。故《蠻書》云：

> 及章仇兼瓊開步頭路，方於安寧築城，羣蠻騷動，陷殺築城使者，玄宗遣使勑雲南王蒙歸義討之。歸義師次波州，而歸王及崇道兄弟爨彥璋等千餘人，詣軍門拜謝，請奏雪前事。歸義露章上聞，往返二十五日，詔書下，一切釋罪。〔註102〕

歸王等人能獲「釋罪」，歸義「露章上聞」之功不可沒。爨氏之德於南詔，自為意料中事。

章仇兼瓊開步頭路，諸書所記無年月。若加推測，似在天寶三、四年間，天寶五載（746）五月「乙亥（二十四日），以劍南節度使章仇兼瓊為戶部尚書，諸楊引之也。」〔註103〕開路之事自當在章仇兼瓊入為戶部尚書之前，故可判定在天寶五載（746）五月以前也。

三、楊釗進京

「諸楊」之引薦章仇兼瓊，實出於章仇之事前計劃。章仇以片言獲信於玄宗，代張宥為劍南節度使，朝無黨援，雖能收復安戎城，猶恐為宰相李林甫所中傷，故與鮮于仲通議此事，據《通鑑》云：

> 鮮于仲通名向，以字行，頗讀書，有材智，劍南節度使章仇兼瓊引為采訪支使，委以心腹。嘗從容謂仲通曰：「今吾獨為上所厚，苟無內援，必為李林甫所危。聞楊妃新得幸，人未敢附之。子能為我至長安，與其家相結，吾無患矣。」仲通曰：「仲通蜀人，未嘗遊上國，

〔註101〕同前。

韓洽為唐宰相韓休之子，百衲本《舊唐書》卷九八列傳第四八頁11云：「洽天寶初為殿中侍御史，卒。」百衲本《新唐書》卷一二六列傳第五一頁13亦云：「洽終殿中侍御史」。

〔註102〕《蠻書校注》卷四〈名類第四〉頁83。

〔註103〕世界書局章鈺校本《通鑑》卷二一五〈唐紀三一〉頁6872。

恐敗公事，今為公更求得一人。」因言釧本末。兼瓊引見釧，儀觀

豐偉，言辭敏給；兼瓊大喜，即辟為推官，往來浸親密。〔註104〕

楊釧即楊國忠，不學無行，嗜飲博，數乞貸於人，不為親族鄉黨所齒。從軍
於蜀，得新都尉；考滿，家貧不能自歸，常得鮮于仲通之資給。後以妃貴，
官至宰相，唐以此等人材為宰相，執政柄，國不亡，亦云幸矣。南詔被迫而
叛，實肇因於此三人，故不嫌辭費，詳為縷陳。

　　章仇兼瓊辟楊國忠為推官，在於藉此得附於楊貴妃，結為奧援，方可不
畏李林甫之陷害，辟為推官，往來親密，不過為一要結之手段而已。置之於
蜀，難於發生政治作用，無法達成目的，故需遣赴長安，始展其效。時蜀當
獻春貢於長安，使楊國忠將之而行。此事關係楊國忠頗大，並可看出章仇兼
瓊之政治手腕。《新唐書》記其原委云：

表為推官，使部春貢長安。將行，告曰：「郫有一日糧，君至可取之
也。」國忠至，乃得蜀貨百萬，即大喜，至京師，見羣女弟，致贈
遺。於時號國新寡，國忠多分略，宣淫不止。諸楊日為兼瓊譽，而
言國忠善摴蒲。玄宗引見，擢金吾兵曹參軍、閑廐判官。兼瓊入為
戶部尚書兼御史大夫，用其力也。〔註105〕

　　章仇入為戶部尚書以後，劍南之事轉為鮮于仲通經略，鮮于更為激切，
遂引起爨氏西投南詔。

四、南詔併爨

　　章仇兼瓊入為戶部尚書後，南詔蒙歸義和協諸爨，「再置安寧」，似乎築
路風波，已成過去。事實上，此時唐、南詔、諸爨三方之關係，外弛內張。
唐以築路事件，引起諸爨之一致行動，受挫爨氏，自不甘心。侍御史李宓，
繼章仇之後經營兩爨。李宓見及爨氏團結之力量，思有以分化之，殊不知南
詔之插手其間，已使唐之威望不足恃，而其用心為何，更可疑也。對唐而言，
此時已不能再動。李宓不備南詔，對兩爨仍製造其內部之矛盾，引起殘殺，
然後實行各個擊破，以達成其目的，負責執行此政策者，自為李宓。故〈德
化碑〉又云：

其李宓忘國家大計，躡章仇詭蹤，務求進官榮。宓阻扇東爨，遂激

〔註104〕前書同卷頁6867。
〔註105〕百衲本《新唐書》卷二○六列傳第一三一〈外戚・楊國忠傳〉頁6。

崇道，令煞歸王。議者紛紜，人各有志。王務過亂萌，思紹先績。

乃命大軍將段忠國等，與中使黎敬義，都督李宓，又赴安寧，再和

諸爨。〔註106〕

故李宓之分化政策施行，歸王被殺，南詔即刻派段忠國前往安寧，李宓又能何爲？在兩爨首領中，爨歸王之地位似超出他人之上。由世系而論，歸王繼爨弘達而爲南寧州都督，則歸王不爲弘達之子，亦爲其孫。弘達爲爨翫之子，翫於隋末被誅，諸子沒爲官奴。及唐高祖即位，以弘達爲昆州刺史，令護父喪歸。爨翫爲爨瓚之子，瓚自梁元帝（552～554）時，盤踞南中，故爨氏割據滇東，即使不計爨龍顏、爨寶子在內，至此時已二百餘年矣，而爨歸王爲其正統繼承人，襲殺歸王，雖爲削弱諸爨之一可行方法。但所引起之問題，爲唐朝諸臣所未思及者。更未想到爨氏分裂之後，爲南詔造成一統一雲南之機會。

再者，李宓未進行其分化政策之前，兩爨內部早有問題存在，李宓不過藉機擴大，欲收漁利而已。如《新唐書》即云：

爨弘達既死，以爨歸王爲南寧州都督，居石城，襲殺東爨首領孟聘

及子孟啓，徙共範川。〔註107〕

可見兩爨之間，已有嫌隙。且殺歸王之爨崇道，爲歸王之姪，其關係爲「歸王兄摩濴，濴生崇道，理曲軛川爲兩爨大鬼主。」〔註108〕此處稱爨崇道爲「兩爨大鬼主」，但據更早之史料，如《曲江集》中之〈勅安南首領爨仁哲書〉，即稱「南甯州司馬威州刺史都大鬼主爨崇道」。〔註109〕〈南詔德化碑〉則直接稱其爲「南寧州大鬼主」。時在南寧州境內，既有「南寧州都督爨歸王」，復有「南寧州大鬼主爨崇道」，甚違「古部落酋長，多爲宗教祭司，名曰鬼主，政教合一」〔註110〕之說。深疑是時之爨氏，已漸脫離政教合一之治，李宓運用此一矛盾，使爨崇道襲殺爨歸王，誘之以「政教合一」之制，許其以宗教領袖而兼爲政治領袖。

〔註106〕〈南詔德化碑〉。

〔註107〕百衲本《新唐書》二二二下列傳第一四七下〈南蠻下〉頁 11。「孟聘」、「孟啓」，原作「蓋聘」、「蓋啓」，據《蠻書校注》卷四〈名類第四〉頁 83 向達先生校注而改。

〔註108〕《蠻書校注》卷四〈名類第四〉頁 83。

〔註109〕《唐丞相曲江張先生文集》卷一二頁 75。

〔註110〕徐嘉瑞〈南詔初期宗教考〉，《東方雜誌》四一卷 18 期。

爨歸王被殺後，南詔又使大軍將段忠國，與唐之中使黎敬義、都督李宓等人，「又赴安寧，再和諸爨」，實際上是再度破壞李宓之計畫。李宓僅見及其分化政策之成功，而不知其愈成功，則爨氏倒向南詔之可能性愈大。因而其下一步驟，仍爲分化，故南詔云其：

> 而李宓矯僞居心，尚行反間，更令崇道謀蒸日進。東爨諸酋，並皆驚恐，曰：「歸王，崇道叔也；日進，弟也。信彼讒構，煞戮至親。骨肉既自相屠，天地之所不祐。」乃各興師，召我同討。李宓外形忠正，佯假我郡兵，内蘊奸欺，妄陳我違背。賴節度郭虛己仁鑒，方表我無辜。李宓尋被貶流，崇道因而亡潰。〔註111〕

諸爨召南詔往討，此時李宓已知其所面臨之大敵，並非爨氏，而係南詔。李宓所遭遇到之困難，係爨崇道無法統一兩爨，諸爨歸心南詔者，爲數不少。李宓在一不做二不休之心情下，陳述南詔「違背」，有意一并去之。劍南節度使郭虛己了解大勢，表其「無辜」，否則，南詔之叛，必更提前。唐、詔積怨已非一日，即使無張虔陀之事，南詔亦將叛唐。但其時機，可能稍後。

爨氏三度混亂，每次均使南詔在滇東之影響力加大，李宓思透過爨崇道控制諸爨，行「以夷制夷」之策，削弱爨氏力量，以懲諸爨「陷煞竹偣，兼破安寧」之害也。然南詔虎視耽耽，思收兩爨爲己有，亦不欲放過此一機會。故李宓之欲有所建樹，亦非易事。且歸王之妻阿姹，爲烏蠻之女，歸王被殺之後，「走投父母，稱兵相持，諸爨豪亂。」〔註112〕阿姹所出之烏蠻，並非南詔。故阿姹又「私遣使詣蒙舍川求投，歸義即日抗疏奏聞。阿姹男守偶，遂代歸王爲南寧州都督，歸義仍以女妻之。」〔註113〕唐之李宓，一意培植爨崇道。南詔蒙歸義，又一心支持阿姹母子。此種矛盾，已可看出唐與南詔在雲南之利益不同，政策異趣，衝突在所難免。南詔在其〈德化碑〉中，將兩爨混戰之責任，推給章仇兼瓊、李宓二人。對於章仇兼瓊，責其「不量成敗，妄奏是非。」其於李宓，一則曰：「忘國家之大計，蹋章仇跪蹤。」再則曰：「矯僞居心，尚行反間。」似乎南詔一秉公心，不偏不倚。實則南詔之譎詐、反覆，更有過於李宓者。

南詔蒙氏爲歸王被害事，「抗疏奏聞」，朝廷仍以歸王子守偶，代爲南寧

〔註111〕〈南詔德化碑〉。
〔註112〕同註108。
〔註113〕《蠻書校注》卷四〈名類第四〉頁85。

州都督，歸義且以女妻之，似蒙氏一意支持阿妸母子。實則南詔採「兩面」政策，亦利於諸爨之自相屠戮，其手段又甚於李宓也。據《蠻書》云：

> （蒙歸義）又以一女妻崇道男輔朝。崇道內懷忿惋，外示和平，猶與守偶母子日相攻伐。阿妸又訴於歸義，興師問罪。行次昆川，信宿而曲軛川潰散，崇道南走黎州，歸義盡俘其家族羽黨，并殺輔朝而取其女。崇道俄亦被殺，諸爨由是離弱。〔註114〕

南詔既不直崇道之所為，藉綏和諸爨為名，一再進入滇東，全力協助守偶母子，使守偶得嗣為南寧州都督，又以女妻之，藉以加強對南寧州控制。對於崇道，南詔可謂「匿怨而友其人」，亦以一女妻崇道子輔朝。如此，崇道不備南詔，南詔因得一舉而滅之，「殺輔朝而取其女」，充分表現政治婚姻之悲慘下場。南詔於其〈德化碑〉中所云：「崇道因而亡潰」，竟是如此「亡潰」，亦是取之不正，又何得獨責章仇、李宓等人哉！

　　爨氏之亂，始於天寶五載（746）五月以前，亦即章仇兼瓊任劍南節度使時，可能在天寶三、四年。此事終於蒙歸義在世之時，亦即結束於天寶七載（748）以前。

　　滇池地區之爨氏，文化水準本高於烏蠻南詔，但經過天寶年間之爨氏大亂後，此地區之西爨被徙，烏蠻走投山林，文化、經濟汛趨衰微，加以安史之亂，因而陷蠻。《蠻書》記其結局云：

> 及歸義卒，子閣羅鳳立，守偶並妻歸河賧，從此與皇化隔絕。阿妸自為烏蠻部落王，從京師朝參，大蒙恩賞。閣羅鳳遣昆川城使楊牟利，以兵圍脅西爨，徙二十餘萬戶於永昌城。烏蠻以言語不通，多散林谷，故得不徙。是後自曲靖州、石城、升麻川、昆川，南至龍和以來，蕩然兵荒矣！日用子孫，今並在永昌城界內。烏蠻種類稍稍復振，後徙居西爨故地，今與南詔為婚姻之家。〔註115〕

夏光南氏認為南詔移民，如徙西爨於永昌，徙西洱河蠻於柘東，皆同一意義，即兩部均為漢化之白蠻也。〔註116〕西洱河蠻與西爨同為白蠻，而又受到相當漢化，其文化水準超出烏蠻南詔之上，當無甚問題。至其遷徙降民之目的，可能由政治着眼，使其遠離巢穴，換一陌生之環境，因而心生畏懼，不敢反抗。

〔註114〕同前。
〔註115〕前書同卷頁86。
〔註116〕夏光南《元代雲南史地叢考》一〈哈喇章與察罕章〉頁6。

　　唐之邊吏過度輕視爨氏，以爲可以築安寧城，開步頭路，不意引起大亂。而唐之君主又過分信任蒙氏，召之討爨，結果滇東之地，盡入烏蠻所建南詔之手，而唐之西南邊徼烽煙不靖之局，竟達數百年之久，莫非肇始於兩爨之覆滅。

第五節　南詔叛唐

一、橫嶺會師

　　章仇兼瓊由開元廿七年十二月（739）被任爲劍南節度使，至天寶五載（746）入爲戶部尚書，前後七年有半。當其離開雲南之時，接替其未竟之業者，實有二人。其一爲侍御史李宓，繼章仇之後經營兩爨，通路安南，挑起爨氏自相殘殺。但唐不止未獲漁人之利，反而使諸爨入於南詔，造成南詔之擴張，埋下唐、詔衝突之種子。此事前節已加闡述，毋需詳說。另一人爲郭虛己，〔註117〕渠於天寶五載（746）九月繼章仇兼瓊爲劍南節度使。郭虛己原爲戶部侍郎兼御史大夫，不諳雲南事務，且不知兵，故以庶務委之於鮮于仲通。因敍其由來，以明唐與南詔失和之眞象。

　　鮮于仲通名向，以字行，雖曰漁陽人，從其祖士簡，父令徵，皆家於新政（今四川南部縣東南）。士簡與其弟士迪「皆魁岸英偉，以財雄巴蜀。招徠賓客，名動當時，郡中憚之，呼爲北虜。」〔註118〕其父令徵，「倜儻豪傑，多奇畫，嘗傾萬金之產，周濟天下士大夫。」〔註119〕鮮于仲通「少好俠，以鷹犬射獵自娛，輕財尚氣，果於然諾。年二十餘，尚未知書。」〔註120〕及成進士，年已近四十矣。其後仕於劍南節度使麾下，節帥前後三易，而仲通每被倚重，終代爲節度使。

〔註117〕郭虛己，《兩唐書》無傳，己、已、巳三字形近易訛。然據〈鮮于仲通神道碑銘〉及〈南詔德化碑〉，以作「郭虛己」爲是，且可見取名之義也。百衲本《舊唐書・本紀九・玄宗下》頁 7 云：「（天寶五載）八月，以戶部侍郎郭虛已爲御史大夫劍南節度使。」誤己爲已。沙宛於 1900 年之《通報》，發表"Une Inscription Du Royaume De Nan-TChao"於頁 410，譯郭虛己爲 Kouo Kiu-i，譯音亦誤，誤在以己爲已。

〔註118〕《顏魯公文集》卷六頁 9〈中散大夫京兆尹漢陽郡太守贈太子少保鮮于公神道碑銘〉。

〔註119〕同前。

〔註120〕同前。

　　鮮于仲通世皆豪富，且曾舉鄉貢進士高第，代居川北，自爲地方官吏所重視。首先賞識鮮于仲通爲人才者，厥爲不習軍旅之劍南節度使張宥，且「宥文吏」，而劍南節度使之職責，據《舊唐書》云：

> 劍南節度使，西抗吐蕃，南撫蠻獠，統團結營及松、維、蓬、恭、雅、黎、姚、悉等八州兵馬，天寶、平戎、昆明、寧遠、澄川、南江等六軍鎮。〔註121〕

自高宗朝吐蕃興起，以名將薛仁貴之善戰，且敗於大非川，故「西抗吐蕃」雖爲事實所必需，而非容易之舉。大非川之敗，唐之國威一落千丈，雲南蠻夷，多叛中國而投吐蕃，故〈王仁求碑〉云：

> 咸亨之歲，犬羊大擾，梟將失律，元凶莫懲。〔註122〕

此後之劍南，處於吐蕃與南蠻包圍之中，所謂「南撫蠻獠」又成不易達到之目的。自武后至玄宗，對於吐蕃及雲南蠻，力爭主動，漸佔上風，張宥恰於此時被任爲劍南節度使，因其所遭遇之困難既多，自必求助於熟悉當地情況者，鮮于仲通自爲最適當之人選。以是之故，鮮于仲通於開元二十七年（739），爲張宥奏充劍南採訪支使。時張宥方謀拔安戎城，唯獨與仲通計畫，幕中之事，一以咨之。〔註123〕及劍南司馬章仇兼瓊入朝京師，說玄宗以安戎城可取之狀，同年代張宥爲劍南節度使。

　　章仇兼瓊雖以鮮于仲通爲張宥之舊人，心中不無嫌怨，及後相處融洽，薦楊國忠以結楊貴妃，即出諸鮮于仲通之策略。在章仇兼瓊任內，鮮于仲通對雲南之經營，態度積極，親預其役，雖資料甚缺，仍可從顏眞卿所撰〈鮮于公神道碑銘〉中看出大概。碑云：

> 俄令攝判使事，監越雟兵馬，復奏充採訪支使，盡護邛南軍事。首尾二載，冒著渡瀘者凡一十八度。公秉操堅忮，使人望而畏之。改授新繁尉，充山南西道採訪支使。頃之，雲南蠻動，瓊請公往，以便宜從事，公戮其尤害者數人，蠻夏懾服。山南盜賊舊多光火，公察其名居，悉傾巢穴，人到于今賴焉。〔註124〕

兩年之內，渡瀘一十八度，又戮雲南蠻之亂首，復肅清山南盜賊，雖顏眞卿

〔註121〕百衲本《舊唐書》卷三八志第一八〈地理一〉頁3。
〔註122〕《全唐文》卷二九七頁9〈王仁求碑〉。
〔註123〕同註118。
〔註124〕同註118。

與之「既接通家之歡，載敦世親之好」，〔註125〕不有其事，何從銘之。而于邵嘗頌鮮于仲通之弟叔明曰：「公先兄仲通，擢桂枝，縉黃綬，不十年而權生殺於梁益之地。」〔註126〕鮮于仲通之勇於任事，屢事雲南，爲無法否認之事實。

天寶五載（746）五月乙亥（二十四），章仇兼瓊入爲戶部尚書，八月，朝廷以戶部侍郎郭虛己爲御史大夫劍南節度使。張宥文吏，郭虛己又何嘗不然。郭以庶務一皆仗仲通，仲通因懷感激，竭誠受委，故幕府之事無遺謂焉。次年（天寶六載，747），鮮于仲通拜爲監察御史。在郭虛己任劍南節度使時，雲南之事，似責成於侍御史李宓，此時鮮于仲通已由監越嶲兵馬，進而充西山督察使，故其注意之對象，非復雲南蠻，而爲弱水西之八國。故〈神道碑銘〉又云：

> 六載（747），拜監察御史，公誅羌豪董哥羅等數十人，以靖八州之地，郭公將圖弱水西之八國，奏公入觀。玄宗駭異之，即日拜尚書屯田員外郎兼侍御史，蜀郡司馬劍南行軍司馬。既略三河，收其八國，長驅至故洪州，與哥舒翰隴右官軍相遇於橫嶺，鳴鼓而還。〔註127〕

所謂弱水西之八國，實應稱爲西山八國，即東女、哥鄰、白狗、南水、弱水、悉董、清遠、咄霸等，其部落大約在茂州以西，雅州西北地區，夾於唐、黨項、吐蕃之三夾縫中。名爲八國，其實皆爲部落，而「其部落大者不過三二千戶，各置縣令十數人理之。」〔註128〕鮮于仲通既收此「八國」，自可北接哥舒翰之隴右官軍。

鮮于仲通在郭虛己麾下，由天寶六載（747）起，始圖西山八國。同年，哥舒翰代王忠嗣爲「隴右節度支度、營田副大使，知節度事。」是後哥舒翰之事業，即在與吐蕃爭奪青海。據〈翰傳〉云：

> 明年（天寶七載，748），築神威軍於青海上，吐蕃至，攻破之。又築城於青海中龍駒島，有白龍見，遂名爲應龍城，吐蕃屏跡不敢近青海。吐蕃保石堡城，路遠而險，久不拔。八載（748），以朔方、河東羣牧十萬眾，委翰總統，攻石堡城。翰使麾下將高秀巖、張守瑜進攻，不旬日而拔之。〔註129〕

〔註125〕同註118。
〔註126〕《全唐文》卷四二三頁4于邵〈唐劍南東川節度使鮮于公經頌〉。
〔註127〕同註118。
〔註128〕百衲本《舊唐書》卷一九七列傳第一四七〈東女國傳〉頁6。
〔註129〕百衲本《舊唐書》卷一〇四列傳第五四〈哥舒翰傳〉頁7。

哥舒翰之攻拔石堡城，在八載（749）六月乙卯（二十二日），至「閏（六）月己丑（初三），改石堡城爲神武軍。劍南索磨川，新置都護府，宜以保寧爲名。」〔註130〕隴右、劍南無不得意，吐蕃疆土日蹙，唐之邊功日盛，如非安史之亂，玄宗武功，或可媲美太宗之隆。

月盈則虧，盛極必反。是歲，郭虛己卒。以鮮于仲通之善於鑽營，爲章仇兼瓊結好楊貴妃，使楊釗得至長安，獲貴妃內助，未幾權傾朝野，賜名國忠，竟使玄宗疏薄李林甫，專信楊國忠。國忠既德仲通，仲通亦厚結之。遇此機會，故楊「國忠薦閬州人鮮于仲通爲益州長史」。〔註131〕仲通獨當方面之後，其成就仍在蜀西之開拓，亦即與吐蕃爭其外圍附庸，故〈神道碑銘〉亦云：

公當大任，既竭丹誠，射討吐蕃摩彌城，拔之。改洪州爲保寧都護府，塹弱水爲蕃、漢之界，收戶數十萬，闢土千餘里。〔註132〕

「收戶數十萬，闢土千餘里」者，全出誇張。前曾言「其部落大者不過三、二千戶，各置縣令十數人理之。」今又何從「收戶數十萬」。但從貞元九年（793）西山八國詣韋皋降，「相率獻款，兼齎天寶中國家所賜封告，共三十九通以進」，〔註133〕則鮮于仲通確曾收復西山八國。可能未及上奏，而郭虛己即殂，及其自己爲節度使時，上之朝廷，以專其功。

二、唐詔積怨

自章仇兼瓊置路通爨，築安寧城，引起兩爨騷動。結果諸爨入於南詔之手，在郭虛己爲劍南節度使時（746～749），唐與南詔之關係雖未決裂，但其間歧見漸深，後來反目之舉，已兆其端。

經過兩爨之地，置路通往安南，即所謂「步頭路」，可引安南之眾入平雲南之亂，亦可由此遙制安南。此路線，對於唐之國防，關係甚大，故唐認爲

〔註130〕百衲本《舊唐書》卷九本紀九〈玄宗下〉頁8。
〔註131〕百衲本《舊唐書》卷一〇六列傳第五六〈楊國忠傳〉頁6。
按：鮮于仲通之被任爲劍南節度使，其碑銘以爲先有郭虛己之推薦，至是遂拜爲劍南節度使。此言實爲仲通諱，非其情也。顏眞卿憎惡楊氏，但其與仲通「既接通家之歡，載敦世親之好。」故不願言楊國忠引之爲劍南節度使也。其碑文爲之諱曰：
「初，郭公對敭天休，每薦公有文武之材，堪方面之寄。至是，遂拜公爲蜀郡大都督府長史兼御史中丞，持節充劍南節度副大使。」
〔註132〕同註118。
〔註133〕世界書局《唐會要》下冊卷九九〈東女國〉頁1768。

有開通必要。安寧城中有鹽井，﹝註134﹞若控有鹽井，則等於控制爨人之民生。有此二項，可制爨氏之死命。諸爨有見於此，故殺越巂都督竹靈倩，並攻破安寧城。李宓與南詔競爭之結果，使兩爨人地俱入於南詔手中，玄宗自不甘心，因於「天寶八載（749），玄宗委特進何履光統領十道兵馬，從安南進伐蠻國。十載，已收復安寧城並馬援銅柱，本定疆界在安寧，去交阯四十八日程，安寧郡也。」﹝註135﹞可見唐之目的，在於奪回安寧城，南詔得此產鹽豐富之安寧城，又豈肯輕易放棄？戰端之啓，或者在此！故《新唐書》云：

> 初，安寧城有五鹽井，人得煮鬻自給。玄宗詔特進何履光以兵定南
>
> 詔境，取安寧城及井，復立馬援銅柱乃還。﹝註136﹞

由此更可看出，唐之目的純在鹽井。南詔千方百計所得之鹽井，又被唐軍奪回，豈肯罷休？故從此年開始，唐與南詔兵連禍結，種因於此。

　　唐與南詔既因兩爨失和，已處戰爭狀態，復有主張多事之楊國忠，務欲引起戰爭，以遂私願。﹝註137﹞此已爲節外生枝，又生張虔陀事。原來張虔陀官雲南太守，天寶七載（748），蒙歸義死，閣羅鳳立，襲雲南王。故事南詔與妻子謁都督，閣羅鳳於襲位之後，安定內部，自當謁見都督，告以繼立。不意張虔陀竟辱及南詔之妻，造成另一不可收拾之事件。此事《新唐書》云：

> 故事南詔嘗與妻子謁都督，過雲南，太守張虔陀私之，多所求丐，

﹝註134﹞《蠻書校注》卷七頁184云：「其鹽出處甚多，煎煮則少。安寧城中皆石鹽井，深八十尺。城外又有四井，勸百姓自煎。」同卷頁187又曰：「升麻、通海已來，諸爨蠻皆食安寧井鹽。」可見安寧鹽井之重要，及何以成爲所必爭之原因。

﹝註135﹞《蠻書校注》卷七〈雲南管內物產第七〉頁184至185。《新唐書‧本紀五‧玄宗》天寶八載十月亦記云：「是月，特進何履光率十道兵以伐雲南。」

﹝註136﹞百衲本《新唐書》卷二二二上列傳第一四七上〈南蠻傳上〉頁3。

﹝註137﹞百衲本《舊唐書》卷一〇六列傳第五六〈楊國忠傳〉頁6云：「南蠻質子閣羅鳳亡歸不獲，帝怒甚，欲討之，國忠薦閬州人鮮于仲通爲益州長史，令率精兵八萬討南蠻。」

百衲本《新唐書》卷二〇六列傳第一三一〈外戚‧楊國忠傳〉頁7亦云：「先此，南詔質子閣羅鳳亡去，帝欲討之，國忠薦鮮于仲通爲蜀郡長史，率兵六萬討之。」

按：閣羅鳳於天寶七載嗣位南詔，其是否曾爲質子均成問題，如確逃亡，亦當在天寶七載以前。鮮于仲通八載被任爲劍南節度使（《通鑑》誤爲九載），如確因質子逃亡而命師，則仲通當受任之始，即伐南蠻，不當俟之十載也。因此而疑全出楊國忠引仲通爲劍南節度使之藉口。閣羅鳳至唐甚有可能，可能並非質子。朝而歸，衛之出境，不須逃也。

閣羅鳳不應。虔陀數詬靳之,陰表其罪。由是忿怨反,發兵攻虔陀,
殺之,取姚州及小夷州凡三十二。〔註138〕

張虔陀之惡,罪不容誅,邊亂之生,邊吏實負其責。南詔於其〈德化碑〉中,
不便言及帷薄不修,而云:

屬豎臣無政,事以賄成。一信虔陀,共掩天聽,惡奏我將叛。〔註139〕

爲何「共掩天聽」,而奏南詔將叛,與《新唐書》兩相對照,不難得其眞象。

張虔陀之覆滅,在天寶九載(750),《新唐書‧玄宗紀》天寶九載記云:
「是歲,雲南蠻陷雲南郡,都督張虔陀死之。」虔陀如何死之,亦大有問題。
《新唐書‧南蠻傳》言其爲蠻所殺,〈南詔德化碑〉云:「虔陀飮酖,僚庶出
走。」似是服毒自殺。〈德化碑〉爲記載開元、天寶之間唐與南詔關係之最重
要史料,其言「虔陀飮酖」,可能出諸實情,今當從之。

張虔陀死後,南詔復攻破安寧,城使王克昭死之。〔註140〕先陷姚州,繼
破安寧,南詔武力擴張,漸成不可遏制之勢,此時身爲劍南節度使之鮮于仲
通,已統帥大軍由南谿路下,大將軍李暉由會同路進,安南都督王知進自步
頭路進。數道合勢,而欲規復失土,且圖重創叛蠻。〔註141〕仲通軍至曲靖,
南詔遣其首領楊子芬與雲南錄事參軍姜如之〔註142〕齎狀披雪,且以吐蕃威脅
仲通,其詞曰:

往因張卿讒構,遂令蕃漢生猜,贊普今見觀釁浪穹,或以眾相威,或
以利相導。尚如蚌鷸交守,死爲漁父所擒。伏乞居存見亡,在得思失,
二城復置,幸容自新。仲通殊不招承,勁至江口。我又切陳丹欵,至
於再三。仲通拂諫,棄親阻兵,安忍吐發,唯言屠戮,行使皆被詆呵。
仍前差將軍王天運帥領驍雄,自點蒼山西,欲腹背交襲。〔註143〕

「二城復置,幸容自新」者,爲南詔片面之辭,當時是否有如此之言,甚值
懷疑。除此之外,全篇均有二意,一者以吐蕃威脅仲通,一者歸過仲通,以

〔註138〕百衲本《新唐書》卷二二二上列傳第一四七上〈南蠻傳上〉頁3。
〔註139〕〈南詔德化碑〉。
〔註140〕〈南詔德化碑〉云:「王以爲惡止虔陀,罪豈加眾,舉城移置,猶爲後圖,即
便就安寧再申衷懇。城使王克昭執惑昧權,繼遑拒請。遣大軍將李克鐸等帥
師伐之,我直彼曲,城破將亡。」
〔註141〕〈南詔德化碑〉。
〔註142〕〈南詔德化碑〉。「姜如之」,百衲本《舊唐書》卷一九七〈南詔傳〉作「姜如
芝」。
〔註143〕〈南詔德化碑〉。

示其叛之不得已。

　　唐雖以三路伐南詔，而其主力仍在仲通。南詔見大軍壓境，「即差首領楊利等於浪穹參吐蕃御史論若贊，御史通變察情，分師入救。」〔註144〕敗鮮于仲通者，南詔而外，尚有吐蕃援軍。時鮮于仲通之軍，約有六萬，出陳江口，天寶十載（751）四月壬午（三十日），南詔縱兵夜襲，大將軍王天運死之，鮮于仲通棄師夜遁，僅以身免，軍士死者，約有六萬人左右。〔註145〕仲通敗後，「閣羅鳳歛戰胔，築京觀，遂北臣吐蕃。」〔註146〕

　　鮮于仲通之敗，不僅全軍覆沒，而其次子昊亦隨仲通陷於西二河，力戰而歿，〔註147〕由此可見其敗之慘，全軍陷沒，非出誇張。但由於楊國忠時兼兵部侍郎，且素德仲通知遇之恩，復以仲通之能爲劍南節度使，全出之於楊國忠之引薦，故楊「國忠掩其敗狀，仍敘其戰功，仍令仲通上表，請國忠兼領益部。十載，國忠權知蜀郡都督府長史，充劍南節度副大使，知節度事，仍薦仲通代己爲京兆尹。」〔註148〕楊國忠兼領劍南節度之正確時期，爲天寶十載（751）十一月丙午（二十七日）。〔註149〕十一載（752）四月，楊國忠兼京兆尹，薦鮮于仲通爲京兆尹，雖在同一年，但在四月以後。

　　楊國忠自兼劍南節度使事，深以雲南無功爲恥，且懼李林甫捃摭其過，言於玄宗，影響其政治前途。故楊國忠使麾下請其到屯，外示憂邊，以合上旨，實杜絕言路。李林甫果奏遣之。及辭，楊國忠涕泣訴於玄宗，言爲李林甫所中傷，楊貴妃又爲之言，故玄宗益親之，豫計召日，國忠就道，未至蜀而召還，遂代李林甫而爲相矣。

　　前言楊國忠以雲南無功爲恥，又欲以杜李林甫之口，故有捏造勝利之報告。據《通鑑》天寶十一載（752）記曰：

〔註144〕〈南詔德化碑〉。

〔註145〕關於仲通所率之兵數，百衲本《舊唐書》卷一〇六列傳第五六頁6云：「國忠薦閬州，鮮于仲通爲益州長史，令率精兵八萬討南蠻，與羅鳳戰于瀘南，全軍陷沒。」《新唐書》卷二〇六列傳第一三一〈外戚‧楊國忠傳〉頁7云：「國忠薦鮮于仲通爲蜀郡長史，率兵六萬討之，戰瀘川，舉軍沒，獨仲通挺身免。」今雖二書所記不同，然從其少者，亦有六萬於是役陷沒。

〔註146〕百衲本《新唐書》卷二二二上列傳第一四七上〈南蠻傳上〉頁3。

〔註147〕〈中散大夫京兆尹漢陽郡太守贈太子少保鮮于公神道碑銘〉云：「有子六人，仲曰贈左金吾衛郎將昊，隨公陷於西二河，力戰而歿。」

〔註148〕百衲本《舊唐書》卷一〇六列傳第五六〈楊國忠傳〉頁6。

〔註149〕百衲本《舊唐書‧本紀九‧玄宗下》頁10。

六月甲子（六月丙子朔，無甲子，當依新唐紀作壬午，初七日也），
楊國忠奏吐蕃兵六十萬救南詔，劍南兵擊破之於雲南，克故隰州等三
城，捕虜六千三百，以道遠，簡壯者千餘人及酋長降者獻之。〔註150〕

「吐蕃兵六十萬救南詔」，即一不可相信之事，吐蕃出兵，亦未嘗有達六十萬者，
此其不可信者一也。去歲劍南兵敗，六萬餘眾俱沒，今以何力而能抗六十萬眾，
此其不可信者二也。《通鑑》言此為「楊國忠奏」，而未言劍南以何兵力破吐蕃；
且《兩唐書‧楊國忠傳》俱未言及此事。此其不可信者三也。《新唐書‧吐蕃傳》
云：「是時，吐蕃與蠻閣羅鳳聯兵攻瀘南。劍南節度使楊國忠方以姦罔上，自言
破蠻眾六萬于雲南，拔故洪州等三城，獻俘口。」〔註151〕是明言楊國忠妄言，
此其不可信者四也。此事既於〈吐蕃傳〉言其不可信，復載於〈本紀〉〔註152〕
者，此史家激射隱現之法，筆誅楊國忠於千載以下者也。

　　唐以天寶十載（751）喪大軍於雲南後，楊國忠身在京師，而兼劍南節度
使，喪敗之餘，遙制無功，且軍隊亦非一朝一夕所能召募遣調者，故十一載
（752）唐軍未能有所行動。楊國忠奏破吐蕃，實無其事。南詔於擊敗鮮于仲
通之後，自知無法見容於唐，復自度非唐之敵，前既求援於吐蕃，今則降之。
其事據〈南詔德化碑〉自承云：

既而合謀曰：「小能勝大禍之胎，親仁善鄰國之寶。」遂遣男鐸傳，
舊大酋趙佺鄧、楊傳磨侔及子弟六十人，齎重帛珍寶等物，西朝獻凱。
屬贊普仁明，重酬我勳效。遂命宰相倚祥葉樂持金冠、錦袍、金寶帶、
金帳、狀安扛傘鞍銀獸及器皿珂貝珠毯衣服馳馬牛鞍等，賜為兄弟之
國。天寶十一載（752）正月一日，於鄧川冊詔為贊普鍾南國大詔。
授長男鳳伽異大瑟瑟告身、都知兵馬大將。凡在官寮，寵幸咸被。山
河約誓，永固維城。改年為贊普鍾元年。〔註153〕

從天寶十一載南詔「遂北臣吐蕃，吐蕃以為弟，夷謂弟鍾，故稱贊普鍾。給
金印，號東帝」。〔註154〕正式與唐決裂，「改年贊普鍾元年」者，示不用唐之
正朔，且表示得為贊普之義弟，深感榮寵，遂以為年號。此後蕃、詔一體，

〔註150〕世界書局章鈺校本《通鑑》卷二一六〈唐紀三二〉頁6912。
〔註151〕百衲本《新唐書》卷二一六列傳第一四一上〈吐蕃傳上〉頁11。
〔註152〕百衲本《新唐書‧本紀五‧玄宗紀》頁15云：「六月壬午（初七），御史大夫
　　　　兼劍南節度使楊國忠敗吐蕃于雲南，克故洪城。」
〔註153〕〈南詔德化碑〉。
〔註154〕百衲本《新唐書》卷二二二上列傳第一四七上〈南蠻傳上〉頁3。

聯軍抗唐。唐自武后以來所爭得之上風，再度下降。

三、楊釗誤國

　　天寶十一載（752），南詔被吐蕃冊爲贊普鍾南國大詔，改元爲「贊普鍾」元年。次年，亦即天寶十二載（753），唐又命「漢中郡太守司空襲禮、內使賈奇俊，帥師再置姚府，以將軍賈瓘爲都督。」〔註155〕此爲張虔陀死後，唐圖規復姚州之措施。此際南詔已北降吐蕃，無法容忍唐朝「再置姚府」之舉動，因而南詔「遂差軍將王兵各絕其糧道，又差大軍將洪光乘等神州都知兵馬使論綺里徐等同圍府城，信宿未逾，破如拉朽。賈瓘面縛，士卒全驅。」〔註156〕此次戰敗，唐未獲任何消息，亦未見記載。時楊國忠在長安，方以兒戲主選事，「鮮于仲通等諷選者鄭怤願立碑省戶下以頌德，詔仲通爲頌，帝爲易數字，因以黃金識其處。」〔註157〕以劍南之重任付如此之人，其事安有不壞之理。每年冬玄宗常幸華清宮，楊氏五家皆從，窮極奢侈，《通鑑》記云：

> 國忠謂客曰：「吾本寒家，一旦緣椒房至此，未知稅駕之所，然念終
> 不能致令名，不若且極樂耳。」楊氏五家，隊各爲一色衣以相別，
> 五家合隊，粲若雲錦；國忠仍以劍南旌節引於其前。〔註158〕

唐再折師於姚州，都督賈瓘被縛，而楊國忠竟有心以劍南旌節爲其前導，豈關心於雲南事故者所當爲。然由國忠對客之言，亦可看出其人之不足有爲，反而付以重任者，總因唐玄宗缺乏知人之明，一任李林甫，再任楊國忠，遂使國勢由盛而衰，竟不可爲。

　　唐一再敗於雲南，且以瘴癘，役者視爲畏途。楊國忠募征雲南士卒之法，據《新唐書》記云：

> 國忠雖當國，常領劍南召募使，遣戍瀘南，餉路險乏，舉無還者。
> 舊勳戶免行，所以寵戰功。國忠令當行者，先取勳家，故士無鬭志。
> 凡募法願奮者則籍之，國忠歲遣宋昱、鄭昂、韋儇以御史迫促，郡
> 縣吏窮無以應，乃詭設餌，召貧弱者，密縛置室中，衣絮衣，械而
> 送屯。亡者以送吏代之，人人思亂。〔註159〕

〔註155〕〈南詔德化碑〉。
〔註156〕同前。
〔註157〕百衲本《新唐書》卷二○六列傳第一三一〈外戚‧楊國忠〉頁8。
〔註158〕世界書局章鈺校本《通鑑》卷二一六〈唐紀三二〉頁6920。
〔註159〕百衲本《新唐書》卷二○六列傳第一三一〈楊國忠傳〉頁8。

以「士無鬥志」、「人人思亂」之軍，而欲出師有功，不亦緣木而求魚乎！

自鮮于仲通雲南喪師後，至天寶十一載（752）有詔伐蠻，右相楊國忠兼節制之寄，乃請起用前雲南太守李宓，十二載（753）四月，宓至長安，曾官監察御史之儲光羲，及曾官侍御史之高適，俱與曾官御史之李宓有舊，同有詩送李宓伐雲南蠻，〔註160〕以壯其行。李宓可能在長安停留不久，即赴雲南。十三載（754），唐以前雲南都督兼侍御史李宓、廣府節度何履光、中使薩道懸遜等三人，「總秦、隴英豪，兼安南子弟，頓營壠坪，廣布軍威。乃舟楫備修，擬水陸俱進，遂令軍將王樂寬等潛軍襲造船之師，伏屍遍毗舍之野。」〔註161〕造船之師被襲，可能並未損傷到唐之主力，故李宓之師仍向大和城挺進。及至龍尾城，〔註162〕為南詔與吐蕃之聯軍所敗。《兩唐書》所載，未得其詳，據〈南詔德化碑〉云：

> 李宓猶不量力，進逼遵川。時神州都知兵馬使論綺里徐來救，已至
> 巴蹻山。我命大軍將段附克等內外相應，掎角競衝。彼弓不暇張，
> 矢不及發。白日晦景，紅塵翳天。流血成川，積屍壅水。三軍潰衂，
> 元帥沉江。〔註163〕

《舊唐書》所謂「宓渡瀘水，為蠻所誘至和城，不戰而敗，李宓死于陣」〔註164〕之正確解釋，當係李宓進逼大和城，為吐蕃與南詔之軍隊突襲，內外夾擊，唐軍大敗。並非「不戰而敗」，實係中人埋伏，不暇成陣，因而大敗，全軍覆沒，李宓投江而死。

四、玄宗昏瞶

雲南之事，一壞於鮮于仲通，再壞於李宓，促成其事者，實為楊國忠。仲通敗而不罰，反以為京兆尹，雲南之亂已無法收拾。猶有更荒謬於此者，即李宓之敗，不僅舉軍喪沒，而且統帥亦亡，喪師如此，楊國忠尚敢以捷書上聞。〔註165〕唐玄宗之昏瞶，一至如此，唐之不亡，亦云天幸。

〔註160〕此當參考《蠻書校注》頁8。
〔註161〕〈南詔德化碑〉。
〔註162〕《蠻書校注》卷一〈雲南界內途程第一〉頁7云：「李諡伐蠻，於龍尾城誤陷
　　　　軍二十萬眾，今為萬人塚。」李諡當即李宓，龍尾即今雲南大理之下關。
〔註163〕〈南詔德化碑〉。
〔註164〕百衲本《舊唐書》卷一〇六列傳第五六〈楊國忠傳〉頁6。
〔註165〕《兩唐書・楊國忠傳》均有是項記載。

　　唐在雲南之挫敗，可能唐玄宗亦曾風聞，然彼已老邁，幸其身無事已滿意，不願爲後代憂心也。且雲南喪師，使唐之國力減弱，無以威鎮四方，祿山之反，或與此有關。雲南失敗之影響，據《舊唐書》云：

　　　　自仲通、李宓再舉討蠻之軍，其徵發皆中國利兵，然於土風不便，
　　　　沮洳之所陷，瘴疫之所傷，饋餉之所乏，物故者十八九。凡舉二十
　　　　萬眾，棄之死地，隻輪不還，人銜冤毒，無敢言者。〔註166〕

是豈眞無敢言者？李白於其〈懷贈南陵常贊府〉中即云：

　　　　……。雲南五月中，頻喪渡瀘師。毒草殺漢馬，張兵奪秦旗。至今
　　　　西洱河，流血擁僵屍。將無七擒略……。〔註167〕

下引唐玄宗與高力士之對話，亦可看出玄宗苟安心理：

　　　　天寶中，邊將爭立功。帝嘗曰：「朕春秋高，朝廷細務付宰相，蕃夷
　　　　不襲付諸將，寧不暇邪？」對曰：「臣間至閤門見奏事者，言雲南數
　　　　喪師，又北兵悍且彊，陛下何以制之？臣恐禍成不可禁。」其指蓋
　　　　謂祿山。帝曰：「卿勿言，朕將圖之」。〔註168〕

其如何「圖之」，據胡三省云：

　　　　高力士之言，明皇豈無所動於其心哉！禍機將發，直付之無可奈何，
　　　　僥幸其身之不及見而已。〔註169〕

「其身之不及見」，是所謂以禍遺之子孫。然豈知禍至眉睫，欲「其身之不及見」亦不可能乎？天寶十三載（754），李宓喪身雲南，十四載（755）十一月，「悍且彊」之北兵統帥安祿山反，正是「漁陽鞞鼓動地來，驚破霓裳羽衣曲」者也。

　　安祿山之反，以誅楊國忠爲名。楊國忠爲自完計，邀帝幸蜀，據《新唐書》云：

　　　　初，國忠聞難作，自以身帥劍南，豫置腹心梁益間，爲自完計。至
　　　　是，帝召宰相計事，國忠曰：「幸蜀便。」帝然之。〔註170〕

幸蜀途中，楊國忠及其黨爲右龍武大將軍陳玄禮所殺。肅宗即位靈武，內仗李泌，外賴郭子儀、李光弼之奮戰，方有「天旋日轉廻龍馭」之一天，使明

〔註166〕同註164。
〔註167〕《全唐詩》卷一七一頁1765。
〔註168〕百衲本《新唐書》卷二〇七列傳第一三二〈宦者上・高力士傳〉頁3。
〔註169〕世界書局章鈺校本《通鑑》卷二一七〈唐紀三三〉頁6927胡注。
〔註170〕百衲本《新唐書》卷二〇六列傳第一三一〈外戚・楊國忠傳〉九。

皇重睹舊日池苑，不思復國之艱難，竟謂左右曰：「吾爲天子五十年，未爲貴；今爲天子父，乃貴耳。」左右皆呼萬歲。〔註171〕故胡三省責之曰：

> 玄宗失國得反，宜痛自刻責以謝天下，乃以爲天子父之貴誇左右，
> 是全無心腸矣。〔註172〕

如此之君，如此之相，唐之未亡，蓋出諸萬幸。

唐之君主、宰相既如此，今反觀與唐關係最密切之吐蕃。與玄宗同時之吐蕃贊普爲乞黎蘇籠臘贊（即棄隸縮贊，Khri-Sron-lde-brcan 譯名當有誤），據《吐蕃歷史文書》記此王時云：

> 南方下部，爨部白蠻王土狹眾少，我王運其睿智奇謀，蠻王閣羅鳳
> 終於降附。〔註173〕

南詔之叛唐，除唐君臣措置失當之因素外，吐蕃勾引，實亦爲不容否認之事實。

南詔叛唐之後，隨即發生安史之亂，唐廷無力西顧，吐蕃、南詔因得聯合入寇，蠶食唐之邊地。及後安史亂平，蠻禍益深，其根豈不種於章仇兼瓊、鮮于仲通、楊國忠諸人哉！

〔註171〕世界書局章鈺校本《通鑑》卷二二〇〈唐紀三五〉頁7045。
〔註172〕同前胡注。
〔註173〕《吐蕃歷史文書》頁113，轉引自王忠《新唐書吐蕃傳箋證》頁85。

第四章 重歸唐室

南詔在安史之亂前，叛唐而投於吐蕃。安史亂起，唐軍主力用於討伐安史叛軍，邊境遂虛，吐蕃與南詔聯合入寇，邊境多失。及德宗之世，唐首謀通好吐蕃，以蘇西疆之困。初似順利，後以朱泚之亂，吐蕃藉口助平叛亂，多端索詐，復入寇盜。唐不堪其擾，始再謀聯絡迴紇、南詔以制吐蕃。時南詔亦苦吐蕃壓榨，因於貞元十年（794）重投唐室。在此四十餘年（天寶十一載，西元 752 年，南詔改元贊普鍾元年，至貞元十年，西元 794 年）之間，由分而合之關係，及南詔之兩度擴張，遂成爲本章研究之主體。

第一節 初投吐蕃

一、邊候空虛

天寶十四載（755）十一月，安祿山反，唐朝上下所關心者，厥爲何日討平叛亂，還於舊都。對於吐蕃及南詔之寇邊，只得暫置度外，由主要問題一變而成次要問題。從今之《兩唐書》及《通鑑》推測，當日史官所記，亦以有關平定安史之亂爲重心，鮮及其他邊疆民族之活動，故今日翻檢肅宗、代宗兩朝史料，發覺其對南詔之記載，視他朝爲凌亂而且甚少。在研究此一時代之南詔活動時，不免因史料之缺乏，而生銜接困難之感覺。

安祿山亂起，唐之雄兵驍將俱調而討亂，正如《新唐書》云：

還而安祿山亂，哥舒翰悉河隴兵東守潼關；而諸將各以所鎮兵討難，

　　始號行營。邊侯空虛，故吐蕃得乘隙暴掠。〔註1〕

緣「邊侯空虛」，不惟吐蕃得「乘隙暴掠」，而南詔亦然。

　　諸將各以鎮兵討難，因而邊防削弱之事，亦可舉一、二例以說明之。

　　何履光即一顯例，天寶八載（749）由安南率軍北上，收復安寧城（雲南安寧），圖與鮮于仲通南征之師相會。至十載（751），仲通潰師，履光亦當收兵。至天寶十三載（754）李宓伐蠻之役，何履光亦當參預其役，再由安南進軍。江口一役，三軍潰敗，李宓沉江，何氏率其殘部，倉皇敗退，幸保性命。至於《蠻書》所云：

　　　　何履光本是邕管貴州人，舊嘗任交、容、廣三州節度。天寶十五載
　　　　（即肅宗至德元載，西元756年），方收蠻王所坐大和城之次，屬安
　　　　祿山造逆，奉玄宗詔旨，將兵赴西川，遂寢其收復。〔註2〕

所謂收大和城云云，純出掩飾。但何氏之兵不調赴西川，雖未必能收復大和城，總不至自撤藩籬，而使門戶洞開。

　　安史亂起，唐將重兵置於長江以北。黔中、嶺南全委之蠻將，此等蠻將未受南詔引誘，與之結合，亦唐室不幸中之大幸。

　　天寶十四載（755）冬十一月安祿山反，豕突兩河。次年，亦即肅宗至德元載（756），五月丁巳（初四），魯炅兵潰，「其子弟半在軍，挾金爲資糧，至是與械偕棄與山等，賊資以富。炅擊散兵保南陽。」〔註3〕魯炅走保南陽，賊就圍之，太常卿張垍，薦夷陵太守虢王巨有勇略。玄宗徵吳王祇爲太僕卿，以巨爲陳留譙郡太守、河南節度使，兼統嶺南何履光、黔中趙國珍、南陽魯炅等三節度使。〔註4〕何履光於雲南潰敗之後，出鎮嶺南，尚能盡職。另一黔中節度使趙國珍，係牂柯別部充州蠻酋趙君道之裔。〔註5〕其任黔中節度使時之最大功績，係在中原兵亂之時，確保黔中安寧。其事據《舊唐書》云：

　　　　趙國珍，牂牁之苗裔也。天寶中，以軍功累邊黔府都督兼本管經略

〔註1〕百衲本《新唐書》卷二一六上列傳第一四一上〈吐蕃傳上〉頁11。吉林案：
　　　　由〈吐蕃傳〉之文，似覺安祿山亂起，哥舒翰方自河隴率兵東守潼關。實則
　　　　祿山反前，翰已廢居，百衲本《舊唐書》卷一〇四列傳五四〈翰傳〉頁7云：
　　　　「翰好飲酒，頗恣聲色。至土門軍，入浴室，遘風疾，絕倒，良久乃蘇，因
　　　　入京，廢疾于家。」

〔註2〕《蠻書校注》卷七〈雲南管內物產第七〉頁185。

〔註3〕百衲本《新唐書》卷一四七列傳第七二〈魯炅傳〉頁2。

〔註4〕世界書局章鈺校本《通鑑》卷二一八〈唐紀三四〉頁6962。

〔註5〕註4引胡三省注。

等使。時南蠻閣羅鳳叛，宰相楊國忠兼劍南節度，遙制其務，屢喪
師徒。中書舍人張漸薦國珍有武略，習知南方地形，國忠遂奏用之。
在五溪凡十餘年，中原興師，唯黔中封境無虞。〔註6〕

以趙國珍之「有武略」，且「習知南方地形」，原可大有爲於南詔之征服，適
遇安史之亂，不暇遠略，僅能保「黔中封境無虞」而已。

二、奉命寇唐

安祿山之亂，吐蕃、南詔時而聯兵入寇，時而南北競進，唐方以全國之
力，討伐安氏父子，不遑西顧，遂使邊城多失，國土日蹙。武后、玄宗兩朝
對吐蕃之征戰，在唐、蕃之關係上，唐已再佔上風，至安史亂起，吐蕃藉此
機會，大事侵伐，聲勢又凌駕在唐朝之上。南詔在此期間，初則侵佔中國西
南邊地，嗣復西向征伐，討定尋傳等蠻夷，使南詔之疆域，大爲擴張。

吐蕃與南詔聯兵之事實，雖不明顯，但仍有若干蛛絲馬跡，可供研究。
如《新唐書・吐蕃傳》云：

至德初（756），取巂州及威武等諸城，入屯石堡。〔註7〕

由上所引史料言之，似係安祿山之亂起，吐蕃趁機攻陷巂州（四川西昌）
及威武等諸城。然《新唐書・南蠻傳》則云：

亦會安祿山反，閣羅鳳因之取巂州會同軍（四川會理縣北），據清溪
關（四川清溪縣南）。〔註8〕

若從〈南蠻傳〉而言，則取巂州者，似爲南詔，而與吐蕃無關。雖爲聯
合行動，實係南詔奉吐蕃之命行事，吐蕃之參預其事，僅爲監軍性質，實際
行動，仍以南詔爲主。此事眞象，當求之〈南詔德化碑〉之記載。碑云：

五年（贊普鍾五年，756），范陽節度安祿山竊據河、洛，開元皇帝
出居江、劍。贊普差御史贊郎羅于羗結齎敕書曰：「樹德務滋長，去
惡務除本。越巂、會同謀多在我，圖之此爲美也。」詔恭承上命，
即遣大軍將洪光乘、杜羅盛、段附克、趙附于望、羅遷、王遷、羅
奉、清平官趙佺鄧等，統細于藩，從昆明路，及宰相倚祥葉樂、節
度尚檢贊同伐越巂，詔親率太子藩圍逼會同。越巂固拒被儌，會同

〔註6〕百衲本《舊唐書》卷一一五列傳第六五〈趙國珍傳〉頁1。
〔註7〕百衲本《新唐書》卷二一六上列傳第一四一上〈吐蕃傳上〉頁11。
〔註8〕百衲本《新唐書》卷二二二上列傳第一四七上〈南蠻傳上〉頁3。

　　請降無害。子女玉帛，百里塞途，牛羊積儲，一月館穀。〔註9〕

吐蕃贊普予南詔閣羅鳳之敕書，雖僅數言，然可充分看出吐蕃之本意，為堅定南詔叛唐之決心，而令其趁玄宗幸蜀之時，進攻越嶲、會同。南詔新降吐蕃，不得不奉命行事；乘中國之多難，趁火打劫。傾全國之力，進犯越嶲。南詔共有大軍將一十二人，此次即出動七人，另有清平官一人，以及吐蕃之宰相與節度使等二人，閣羅鳳且率其太子進圍會同，可見其聲勢之浩大，及實力之雄厚。陷越嶲、降會同後，南詔乘機大掠。雖其自撰之〈德化碑〉，亦無法為之掩飾。所掠「子女玉帛」之多，竟至「百里塞途」，二城之「牛羊積儲」，可支南詔大軍之「一月館穀」，亦可謂豐厚矣。然正由此，而可得知南詔並未佔據此二城，僅在攻陷之後，大搶月餘即棄之而去。

　　此時之唐，內有安祿山之叛，西南又喪越嶲、會同二城，同年，「吐蕃陷威戎、神威、定戎、宣威、制勝、金天、天成等軍，石堡城、百谷城、雕窠城」，〔註10〕此皆天寶十三載（754）所置，不二年而旋陷者，亦以唐之精兵東調，邊境空虛之故也。

　　南詔退兵之後，唐復置越嶲，而以楊廷璪為都督，為防南詔北竄，負有兼固臺登之責任。吐蕃又令南詔，進攻越嶲，據〈德化碑〉云：

　　六年（757），漢復置越嶲，以楊廷璪為都督，兼固臺登。贊普使來
　　曰：漢今更置越嶲，作爰昆明。若不再除，恐成滋蔓。既舉奉明旨，
　　乃遣長男鳳伽異駐軍瀘水，權事制宜。令大軍將楊傳磨侔等與軍將
　　欺急歷如，數道齊入。越嶲再掃，臺登滌除。都督見擒，兵士盡擄。
　　於是揚兵邛部，而漢將大奔，迴斾昆明，傾城稽顙。可謂紹家繼業，
　　世不乏賢。昔十萬橫行，七擒縱略，未足多也。〔註11〕

由此碑文得知，唐之再置越嶲，曾未一年，又被南詔攻陷，越嶲都督楊廷璪亦被俘虜。南詔此次佔領越嶲，與前次不同，並非掠後即還，而是作為邊塞，長期佔領。故《新唐書‧地理志》言，至德二載（757）嶲州沒於吐蕃，〔註12〕而非至德元載。

　　在南詔之俘虜中，另有一重要人物，影響於南詔之歷史發展極大者，厥

〔註 9〕〈南詔德化碑〉。

〔註10〕世界書局章鈺校本《通鑑》卷二一九〈唐紀三五〉頁 7011。

〔註11〕〈南詔德化碑〉。

〔註12〕百衲本《新唐書》卷四二志第三二〈地理六〉頁 2 云：「嶲州越嶲郡，本治越嶲，至德二載（757）沒吐蕃。」

爲鄭回。天寶、至德之間，鄭回官西瀘令，西瀘屬嶲州，及南詔破嶲州，鄭回因爲所擄。閣羅鳳以其儒者，號「蠻利」，令教子弟，得施夏楚，故國中無不憚之，後以爲清平官。〔註13〕南詔之重歸唐室，鄭回之謀，有足多者。此事後當詳敍，今且不表。

三、乘機西進

安史之亂，給予南詔發展之理想時機。此時唐無力顧及西南，因而南詔蠶食嶲州。復以降於吐蕃，化敵國爲盟邦，再無外患。故此一階段，南詔肆力於其他部族之吞併，以造成其與大唐、吐蕃之鼎足地位。可謂天假之緣，非人力所能制也。

此時南詔之西及其西南，尚有部份化外之民，既未臣於唐，亦不屬吐蕃，南詔因得併吞之，尋傳蠻、裸形蠻之類即是也。

唐肅宗寶應元年（762）冬，閣羅鳳以尋傳蠻「疇壤沃饒，人物殷湊。南通北海，西近大秦。開闢以來，聲教所不及，羲皇之後，兵革所不加。詔欲革之以衣冠，化之以義禮。」〔註14〕故親與僚佐，率領師徒，逢山開道，遇水架橋，水陸並進，剿撫兼施，因而尋傳降附，遂置尋傳城。〔註15〕

尋傳蠻之所在地，雖「南通北海，西近大秦」，所云過分籠統，但中外研究此一問題者，俱將尋傳位置滇西，接近緬甸之地。〔註16〕《蠻書》卷二記東瀘水，謂諾矣水自蕃中流出至尋傳部落，與磨些江合云云，是又以尋傳爲在金沙江上游也。〔註17〕此當有誤，尋傳蠻不在金沙口上游也，至於何以致

〔註13〕同註8頁4。

〔註14〕〈南詔德化碑〉。

〔註15〕〈南詔德化碑〉云：「矜愚解縛，擇勝置城。」
《蠻書校注》卷四〈名類第四〉頁99亦云：「裸形蠻，在尋傳城西三百里爲窠穴，謂之爲野蠻。」是知有築尋傳城之置，因尋傳蠻而得名也。

〔註16〕《蠻書校注》卷四〈名類第四〉頁99，向達注云：「是雲南地志認蛾昌爲即古代之尋傳，住於雲龍、騰衝一帶。英國戴維斯著《雲南》論雲南各民族，謂蛾昌或阿昌住於北緯二十四度三十分，東經九十七度五十五分地帶，即蠻允、瑞麗地方，正當大盈江與龍川江之間。其說與雲南地志不甚相遠。
伯希和在其《交廣印度兩道考》十三中，又謂尋傳蠻在伊洛瓦底江上流。凡此皆位置尋傳於今滇西也。」

〔註17〕《蠻書校注》卷二〈山川江源第二〉頁43云：「又有水，源出臺登城，南流過嶲州，西南至會州，諾賧與東瀘水合。古諾水也。源出吐蕃中節度北，謂之諾矣江，南郎部落。又東折流至尋傳部落，與磨些江合。源出吐蕃中節度

誤，今尚無法可知。

尋傳降附後，其西之「裸形不討自來，祁鮮望風而至。」〔註18〕裸形蠻在唐時之情形，據《蠻書》云：

> 裸形蠻在尋傳城西三百里爲窠穴，謂之爲野蠻。閣羅鳳既定尋傳，而令野蠻散居山谷。其蠻不戰自調伏集，戰即召之。其男女遍滿山野，亦無君長。作搨欄舍屋。多女少男。無農田，無衣服，惟取木皮以蔽形。或五妻十妻共養一丈夫，盡日持弓，不下搨欄。有外來侵暴者，則射之。其妻入山林，採食蟲魚菜螺蜆等歸啖食之。〔註19〕

此尋傳蠻西之裸形蠻，唐所謂之野蠻，即今之克欽人（Kachins），亦仍稱爲野人。

裸形蠻歸降南詔後，南詔軍中即有此蠻。此蓋由蒙舍詔人數有限，政權擴大以後，不得不利用異族，從事於戰爭或其他工作。當西元863年南詔攻陷安南（今北越）之時，裸形蠻「亦爲羣隊，當陣面上，如有不前衝者，監陣正蠻旋刄其後。」〔註20〕所謂「監陣正蠻」，疑即眞正南詔烏蠻，而非被征服或歸降之部族。

至於「祁鮮」，原非蠻名，而係山名。所謂「祁鮮」，蓋指此山之蠻。「祁鮮」山之位置，在尋傳之西，裸形之東，今之滇西鄰近緬甸之地區，詳細方位，已無可考。《蠻書》曾言「祁鮮山」云：

> 鎮西城南至蒼望城，臨麗水，東北至彌城，西北至麗水渡。麗水渡面南至祁鮮山。山西有神龍河柵。祁鮮以西即裸形蠻也。管摩零都督城，在山上。〔註21〕

此處所云之鎮西、蒼望、彌城俱無可考，僅知其均位於麗水以東而已。祁鮮山在麗水以西，然不知爲今何山耳！

以上所述尋傳、裸形、祁鮮之收入南詔版圖，可能俱在肅宗寶應元年（762）至代宗廣德元年（763）之間，亦即南詔贊普鍾十一、二年也。

西共籠川犛牛石下，故謂之犛牛河。環遶弄視川，南流過鐵橋上下磨些部落，即謂之磨些江。至尋傳與東瀘水合。東北過會同川，總名瀘水。」
〔註18〕〈南詔德化碑〉。
〔註19〕《蠻書校注》卷四〈名類第四〉頁99至100。
〔註20〕同前頁100。
〔註21〕《蠻書校注》卷六〈雲南城鎮第六〉頁168。

四、置城柘東

　　西疆既定，又圖東城。南詔自叛唐降蕃後，每有行動，皆與吐蕃相呼應。安祿山亂後，吐蕃乘機侵併唐在西北之領土，據《通鑑》云：

> 唐自武德以來，開拓邊境，地連西域，皆置都督府、州、縣。開元中，置朔方、隴右、河西、安西、北庭諸節度使以統之，歲發山東丁壯爲戍卒，繒帛爲軍資，開屯田，供糗糧，設監牧，畜馬牛，軍城戍邏，萬里相望。及安祿山反，邊兵精銳者皆徵發入援，謂之行營，所留兵單弱，胡虜稍蠶食之。數年間，西北數十州相繼淪沒，自鳳翔以西，邠州以北，皆爲左衽矣。〔註22〕

至肅宗寶應元年（762），唐朝迭生大故，更啓吐蕃窺伺之心。是年四月甲寅（初五）聖皇天帝唐玄宗崩於神龍殿。同月丙寅（十七日），肅宗又崩於長生殿，代宗即位，宦官李輔國恃功益橫，嘗謂代宗曰：「大家但居禁中，外事聽老奴處分。」〔註23〕代宗雖不能平，但以其方握禁兵，外示尊禮，常思有以去之。唐之朝政如此，豈能不啓寇心。故至次年（廣德元年，763）七月，「吐蕃入大震關，陷蘭、廓、河、鄯、洮、岷、秦、成、渭等州，盡取河西、隴右之地。」〔註24〕吐蕃入寇，一舉竟可盡舉河西、隴右之地，是秋吐蕃攻勢之兇猛，亦可想見。雖外患如此，而程元振仍壅蔽邊情，不以上聞，下情不能上達，邊將因而投降吐蕃，導之入寇，遂陷長安。此事據《通鑑》云：

> 吐蕃之初入寇也，邊將告急，程元振皆不以聞。冬，十月，吐蕃寇涇州，刺史高暉以城降之，遂爲之鄉導。引吐蕃深入；過邠州，上始聞之。辛未（初二），寇奉天、武功，京師震駭。詔以雍王适爲關內元帥，郭子儀爲副元帥，出鎮咸陽以禦之。〔註25〕

郭子儀閑廢日久，部曲離散，至於召募，得二十騎而行。至咸陽，吐蕃帥吐谷渾、黨項、氐、羌二十餘萬眾，彌漫數十里，已自司竹園渡渭，循山而東。郭子儀以敵勢過盛，遣使入奏，請益兵，竟爲程元振所遏。吐蕃破盩厔，兵度便橋，代宗不知所爲，十月丙子（初七），代宗出奔陝州。戊寅（初九），吐蕃入長安，立故邠王守禮之孫廣武王承宏爲帝。時長安散軍剽掠，士民亡

〔註22〕世界書局章鈺校本《通鑑》卷二二三〈唐紀三九〉頁7146。
〔註23〕前揭書頁7125。
〔註24〕前揭書頁7146。
〔註25〕前揭書頁7150。

竄山谷。郭子儀謀復長安，使左羽林大將軍長孫全緒將二百騎出藍田，觀虜勢。全緒令射生將王甫入長安，聚少年數百人，夜擊鼓，大呼於朱雀街，竟至「吐蕃惶駭，庚寅（二十一日），悉眾遁去。」〔註26〕十二月甲午（二十二日），代宗還至長安。

從廣德元年（763）七月，至同年十二月，半年之間，吐蕃不僅取河西、隴右之地，又佔據長安，扶立傀儡。其在西南，亦大肆侵佔，據《通鑑》云：

> 吐蕃陷松、維、保三州及雲山新築二城，西川節度使高適不能救，
> 於是劍南西山諸州亦入於吐蕃矣。〔註27〕

此半年內，吐蕃侵略，遍及南北，唐雖能收復京師，而領土損失，爲數必多。此時南詔爲吐蕃之屬邦，吐蕃之有軍事行動，必當徵調南詔軍隊參加，尤其對松、維、保三州之攻奪戰中，更當有南詔軍隊參預其中。

唐與南詔之構怨，肇因兩爨。天寶之末，唐兵屢敗，南詔北結吐蕃；未幾，唐內亂起，安祿山反於漁陽。大兵內移，邊境空虛，吐蕃乘機內侵，國土日削，至廣德元年之役，達於頂點。唐之內亂外患，雜然並至，對於邊疆及羈縻州縣，已無法作有效之控制。引起兩爨動亂之安寧城，既爲兩爨之要衝，復有鹽池之利，其他地區，多有賴以爲生者。自唐築路不成，用兵雲南失敗之後，此一地區入於南詔。南詔乃於此區設置「城監」，安置離散。至廣德元年（贊普鍾十二年，763），吐蕃大舉入侵，唐方狼狽失據。南詔閣羅鳳於是年進次昆川，審察滇東形勢，自「言山河可以作藩屏，川陸可以養人民。」〔註28〕因而令其子鳳伽異就昆川置柘東城，並居於此，以撫滇東。據〈德化碑〉云：

> 十四年（765）春，命長男鳳伽異於昆川置柘東城，居二詔，佐鎮撫。
> 於是威懾步頭，恩收曲靖。頒告所及，翕然俯從。〔註29〕

關於「柘東城」，《蠻書》以爲唐代宗廣德二年（764）鳳伽異所置，其地漢舊昆川，故謂昆池，〔註30〕即今之昆明地區。柘東之設似閣羅鳳欲與鳳伽異分治西、東二部，稱爲「二詔」，以便加強統制，防止叛亂。

所謂「威懾步頭」者，可知此時步頭尚在唐人手中。至大曆元年（766），羣蠻攻陷步頭之龍武，時日本歸化人朝衡（即阿倍仲麻呂）爲安南都護，進

〔註26〕前揭書頁7153。
〔註27〕前揭書頁7158。
〔註28〕〈南詔德化碑〉。
〔註29〕同前。
〔註30〕《蠻書校注》卷六〈雲南城鎮第六〉頁135至136。

軍龍武、得化。當時得化、龍武、郎茫等羈縻州之設置，或因此役也。〔註31〕
及後南詔屢侵安南，當係佔有步頭路後，由此而進軍。

　　至於「曲靖」，原爲東爨地區。經兩爨之亂，「是後自曲靖州、石城、升
麻川、昆川南至龍和以來，蕩然兵荒矣。」〔註32〕南詔收此地區，自是舉手
之勞，與恩不恩無涉。

　　南詔乘唐有內亂之時，挾吐蕃之勢，西取尋傳、裸形、祁鮮等蠻夷之地，
東置柘東，徙西爨於永昌，統一雲南，駸駸乎與唐、吐蕃鼎足而三矣。此後
漸覺無需吐蕃之協助，已可獨立存在，反覺吐蕃之徵調爲無法忍受，終至重
投唐室。

第二節　劍南殘破

一、東西分治

　　前曾道及劍南一道，置有劍南節度使，其責任與職掌，據《舊唐書》云：
　　　　劍南節度使，西抗吐蕃，南撫蠻獠；統團結營及松、維、蓬、恭、
　　　　雅、黎、姚、悉等八州兵馬，天寶、平戎、昆明、寧遠、澄川、南
　　　　江等六軍鎮。〔註33〕
故知在唐之政策上，劍南道是以「西抗吐蕃，南撫蠻獠」爲目的，「抗」之於
「撫」，在手段上自有其不同。但自章仇兼瓊爲節度使，即置安寧城，通步頭
路，引起兩爨混戰，全失「南撫蠻獠」之目的。而李宓、鮮于仲通不悟前非，
繼以劍南有限之人力與物力，屢事南蠻，終至舉軍覆沒，隻輪不返。復以楊
國忠秉政，以宰相而兼劍南節度使，舉全國之兵，以伐南詔，敗亡相繼，潰
不成軍。南詔之叛，雖起於與唐爭奪兩爨，而唐之劍南節帥，不思羈縻懷柔，
力事撫夷，竟欲以武力威服，終至迫使南詔投降吐蕃，而使吐蕃與南詔聯合
入侵，從此劍南既需「西抗吐蕃」，又要「南抗蠻獠」，備多而力分。及安祿
山亂起時，崔圓爲劍南節度留後，探知玄宗將幸蜀，竭力準備，以求恩寵，
因拜使相。故《舊唐書》云：

〔註31〕伯希和著馮承鈞譯《交廣印度兩道考》上卷〈陸道考〉頁9。
〔註32〕《蠻書校注》卷四〈名類第四〉頁86。
〔註33〕百衲本《舊唐書》卷三八志第一八〈地理一〉頁3。

宰臣楊國忠遙制劍南節度使，引（崔）圓佐理，乃奏授尚書郎，兼
蜀郡大都督府左司馬，知節度留後。天寶末，玄宗幸蜀郡，特遷蜀
郡大都督府長史、劍南節度。圓素懷功名，初聞國難，潛使人探國
忠深旨，知有行幸之計，乃增修城池，建置館宇，儲備什器。及乘
輿至，殿宇牙帳，咸如宿設，玄宗甚嗟賞之，即日拜中書侍郎同中
書門下平章事、劍南節度，餘如故。肅宗即位，玄宗命圓與房琯、
韋見素並赴肅宗行在所。〔註34〕

玄宗幸蜀，隨從不多，但俸祿衣食，衙署住宿，自當責之劍南，常賦而外，
難免有臨時攤派。關中百姓聞安祿山亂作，多避難入蜀，中多豪富，反使蜀
中財富增加，不因玄宗幸蜀而感疲弊。劍南殘破，實因分裂所致。

肅宗至德二載（757）十二月，唐將劍南分為東、西川二節度，以劍南東川、
劍南西川為名，曩之「西抗吐蕃，南撫蠻獠」之責任，似又盡歸之西川一道。
故當時之彭州刺史高適，因出西山三城置戍，而上疏論其形勢曰：

劍南雖名東西兩川，其實一道。自邛關、黎、雅，界於南蠻也。茂州
而西，經羌中至平戎數城，界於吐蕃也。臨邊小郡各舉軍戎，並取給
於劍南。其運糧戍，以全蜀之力，兼山南佐之而猶不舉。今梓、遂、
果、閬等八州分為東川節度，歲月之計，西川不可得而參也。而嘉陵
比為夷獠所陷，今雖小定，瘡痍未平。又一年已來，耕織都廢，而衣
食之業，皆貿易於成都，則其人不可得而役明矣。今可稅賦者，成都、
彭、蜀、漢州，又以四川（川當作州）殘弊，當他十州之重役，其於
終久，不亦至艱。又言利者穿鑿萬端，皆取之百姓。應差科者，自朝
至暮，案牘千重。官吏相承，懼於罪譴，或責之於鄰保，或威之以杖
罰，督促不已，逋逃益滋，欲無流亡，理不可得。比日關中米貴，而
衣冠士庶，頗亦出城，山南、劍南，道路相望，村坊市肆，與蜀人雜
居，其升合斗儲，皆求於蜀人矣。且田土疆界，蓋亦有涯，賦稅差科，
乃無涯矣。為蜀人之計，不亦難哉！今所界吐蕃城堡，而疲於蜀人，
不過平戎已西數城矣，邈在窮山之巔，垂於險絕之末，運糧於束馬之
路，坐甲於無人之鄉。以戎狄言之，不足以利戎狄。以國家言之，不
足以廣土宇。奈何以險阻彈丸之地，而困於全蜀太平之人哉！恐非今
日急務也。國家若將已戍之地不可廢，已鎮之兵不可收，當宜却停東

川，併力從事，猶恐狼狽，安可仰於成都、彭、漢、蜀四川（當作州）哉！慮乖聖朝洗盪關東，掃清逆亂之意也。儻蜀人復擾，豈不貽陛下之憂。昔公孫弘願罷西南夷、臨海，專事朔方；賈捐之請棄珠崖，以寧中土，讜言正本，匪一朝一夕。臣愚望罷東川節度，以一劍南。西山不急之城，稍以減削，則事無窮頓，庶免倒懸。陛下若以微臣所陳，有裨萬一，下宰相廷議，降公忠大臣定其損益，與劍南節度終始處置。疏奏，不納。〔註35〕

高適雖未明言，平戎以西數城可棄，但其疏中之意，以為不值因此「險阻彈丸之地，而困於全蜀太平之人哉！」豈不知全蜀之得以太平者，在能控有此「險阻彈丸之地」也。關隘阨塞之用，又豈在其土宇廣大能生產養民哉。至於其言劍南不當分為二道，西川一道無法負擔對南蠻與吐蕃之防務，則為不易之論也。觀後兩川再合為一，則知高適所言確有至理。

　　玄宗幸蜀，雖有麋費、元氣未傷，後分為兩道，實疲弱之端。未啓外寇，先生內亂。故劍南殘破，非止一端。外有吐蕃、南詔伺隙而動；而其內部，先有段子璋之亂，繼有崔寧之亂，後有劉闢之亂。雖成敗不一，然其破壞地方，招致外寇，並無二致。

二、嚴武遺禍

　　段子璋以驍勇聞，從玄宗幸蜀有功，官至梓州刺史。肅宗上元二年（761），東川節度使李奐奏替之，四月壬午（二十八）子璋舉兵反，襲奐於綿州。道過遂州，刺史嗣虢王巨倉卒不知所為，即出迎謁，為段子璋所殺，〔註36〕遂州因為所陷。復攻綿州，李奐戰敗，奔成都，綿州亦陷。「子璋自稱梁王，改元黃龍，以綿州為龍安府，置百官，又陷劍州。」〔註37〕

　　段子璋之稱王改元，亦不過虛張聲勢而已。李奐既敗，走投劍南西川節度使崔光遠。崔光遠率其大將花驚定進討段子璋，於同年五月乙未（十一日），與李奐攻綿州，庚子（十六日），拔之，斬段子璋。崔光遠雖能平定東川，但其將士之兇殘，亦駭人聽聞。《舊唐書》云：

　　將士肆其剽劫，婦人有金銀臂釧，兵士皆斷其腕以取之，亂殺數千

〔註35〕前揭書卷一一一列傳第六一〈高適傳〉頁8至9。
〔註36〕百衲本《新唐書》卷九九列傳第四〈高祖諸子・虢王莊傳附嗣王巨〉頁10。
〔註37〕世界書局章鈺校本《通鑑》卷二二二〈唐紀三八〉頁7113。

人，光遠不能禁。肅宗遣監軍使按其罪，光遠憂恚成疾，上元二年（761）十月卒。〔註38〕

由四月壬午（二十八日）段子璋之反，至五月庚子（十六日）被斬，首尾僅十九日，可謂迅速。然崔光遠之馭眾無方，其「牙將花驚定者恃勇，既誅子璋，大掠東蜀。天子怒光遠不能戢軍，以（高）適代光遠為成都尹、劍南西川節度使。」〔註39〕崔光遠既失官，復懼朝廷按其罪，同年十月以憂恚而卒。

高適既為劍南西川節度使，未幾，玄宗、肅宗相繼崩逝，代宗即位。廣德元年（763）吐蕃大舉入寇，南北並進，北取河西、隴右之地，入據長安，高「適練兵於蜀，臨吐蕃南境以牽制之。師出無功，而松、維等州尋為蕃兵所陷，代宗以黃門侍郎嚴武代還。」〔註40〕

嚴武原與元載相結，求為宰相而不可得，因求方面，至廣德二年（764）正月癸卯（初五），合劍南東、西川為一道，嚴武以黃門侍郎「復拜成都尹，充劍南節度等使。廣德二年（764），破吐蕃七萬餘眾，拔當狗城（在故四川盛州西）。十月，取鹽川城（四川綿陽縣東百一十里）。」〔註41〕廣德元年（763）吐蕃南北並入，且陷長安，今嚴武一舉而破蕃七萬餘眾，而又攻拔二城（當狗、鹽川），其對民心士氣影響之大，自可想見。

嚴武在蜀之能有功，與其善用崔寧有關。崔寧本名旰，雖儒家子，久於軍旅，熟於吐蕃、南詔之情。其早年「從軍為步卒，事鮮于仲通，又隨李宓討雲南，宓戰敗，旰歸成都。行軍司馬崔論見旰，悅其狀貌，又以其宗姓厚遇，薦為衙將，歷事崔圓、裴冕。」〔註42〕及嚴武再為劍南節度使，奏寧為漢州刺史。崔寧在漢州刺史任內，以為嚴武攻吐蕃知名。據《舊唐書》云：

> 久之，吐蕃與諸雜羌戎寇陷西山柘、靜等州，詔嚴武收復，武遣旰統兵西山。旰善撫士卒，皆願致死命。始次賊城，周圍皆石磧，攻具無所設，唯東南隅環丈之地，壤土可穴，諜知之，以告旰。畫夜穿地道，攻之，再宿而拔其城，因拓地數百里，下城寨數四。番眾相語曰：「崔旰，神兵也。」將更前進，以糧盡還師。武大悅，裝七

〔註38〕百衲本《舊唐書》卷一一一列傳第六一頁1〈崔光遠傳〉。
〔註39〕前書同卷頁9〈高適傳〉。
〔註40〕同前。
〔註41〕百衲本《舊唐書》卷一一七列傳第六七頁1〈嚴武傳〉。
〔註42〕前書同卷頁2〈崔寧傳〉。

　　　　寶鑾迎旰入成都，以誇士眾，賞賚過厚。〔註43〕

　　嚴武本人，絕非繩墨之士，任性而行，實不足以任一方之責。其八歲時，曾以鐵鎚碎其父妾英之首。「讀書不究精義，涉獵而已。」〔註44〕至其再鎮劍南，威服吐蕃而外，毀多於譽，他無可稱者。故《新唐書》云：

　　　　武在蜀，頗放肆，用度無藝。或一言之悅，賞至百萬。蜀雖號富饒，
　　　　而峻掊亟斂，閭里爲空，然虜亦不敢近境。梓州刺史章彝，始爲武
　　　　判官，因小忿殺之。（房）琯以故宰相爲巡內刺史，武慢倨不爲禮。
　　　　最厚杜甫，然欲殺甫數矣。李白爲〈蜀道難〉者，乃爲房與杜危之
　　　　也。永泰初卒，母哭且曰：「而今而後，吾知免爲官婢矣。」〔註45〕

嚴武之卒，在永泰元年（765）四月辛卯（三十日）。〔註46〕嚴武此次節度劍南，僅一年有奇。

三、崔寧亂蜀

　　嚴武卒後，西川行軍司馬權知軍府事杜濟、都知兵馬使郭英幹、都虞侯郭嘉琳，共請英幹兄英乂爲節度使。西山都知兵馬使崔旰，與軍眾共請大將王崇俊爲節度使。二奏俱至京師，而朝廷已早於同年五月癸丑（二十二日），「以尚書右僕射定襄郡王郭英乂爲成都尹、御史大夫，充劍南節度使。」〔註47〕郭英乂同於嚴武，亦「與宰臣元載交結，以久其權。」〔註48〕元載其人，先結李輔

〔註43〕同前。
〔註44〕同註41。
〔註45〕百衲本《新唐書》卷一二九列傳五四〈嚴挺之附子武傳〉頁7。
〔註46〕嚴武病卒之月日，各書異辭，分述於後：
　　　　百衲本《舊唐書・本紀一一・代宗》頁8云：「（永泰元年夏四月）庚寅，劍
　　　　南節度使檢校吏部尚書嚴武卒。」
　　　　世界書局章鈺校本《通鑑》卷二二三〈唐紀三九〉頁7174代宗永泰元年夏四
　　　　月記云：「辛卯，劍南節度使嚴武薨。」
　　　　已較舊紀遲一日，溫公知舊紀作庚寅而仍用辛卯者，疑必另有所據，故從之。
　　　　百衲本《舊唐書》卷一一七列傳六七頁1〈嚴武傳〉僅云：「永泰元年四月以
　　　　疾終，時年四十。」未言卒日。
　　　　百衲本《舊唐書》卷一一七列傳六七〈崔寧傳〉頁3云：「永泰元年五月，嚴
　　　　武卒。」似未得其實。
　　　　百衲本《新唐書》卷一二九列傳五四〈嚴挺之傳附子武傳〉，僅云：「永泰初
　　　　卒。」月日俱無。
〔註47〕百衲本《舊唐書・本紀一一・代宗紀》頁8。
〔註48〕百衲本《舊唐書》卷一一七列傳六七〈郭英乂傳〉頁2。

國，後結內侍董秀。及其當國，「外委胥吏，內聽婦言。」〔註49〕安史亂後，首
輔之壞，無出其右，故《舊唐書》云：

> 江淮方面，京輦要司，皆排去忠良，引用貪猥。士有求進者，不結
> 子弟，則謁主書，貨賄公行，近年以來，未有其比。〔註50〕

知郭英乂之所以進，則知其政矣。英乂至成都，誣殺王崇俊。又召崔旰還成
都，旰託備吐蕃，未赴成都。旰家在漢州，英乂遷之成都。「郭英乂淫崔寧之
室」，〔註51〕旰知之，轉入深山，英乂自率軍往討，屬天大雪，深數尺，士馬
凍死者眾，眾叛親離，英乂率餘眾歸成都，纔餘千人。崔旰率眾攻成都，英
乂之眾屢敗，多投崔旰。旰令降將統兵與英乂戰，英乂又敗。崔、郭互戰之
結果，不僅使英乂與其妻子同遭殺害，且使劍南引起大亂。故《舊唐書》云：

> 兵至子城，英乂單騎奔簡州，為普州刺史韓澄所殺。時邛、劍所在
> 起兵相攻，劍南大亂。〔註52〕

郭英乂嘗淫於崔寧之室，及英乂兵敗，奔於簡州，「普州刺史韓澄，斬英乂首
以送旰，旰並屠其妻子焉。」〔註53〕崔旰之「屠其妻子」，蓋亦有洩憤作用在
內。郭英乂擾亂劍南，使崔寧得為劍南節度，及寧入京不遣，遂有大曆十四
年（779）吐蕃、南詔之聯合入寇，故史臣曰：「英乂失政，其死也，宜哉。」
〔註54〕實則英乂之死，亦不足抵其罪。

　　所謂「劍南大亂」，蓋指崔旰據成都後，郭英乂之殘部有「邛州牙將柏貞
節、瀘州牙將楊子琳、劍州牙將李昌夔以兵討旰。」〔註55〕此戰雖未有決定
性之勝負，然構兵於內，爭戰不已。生靈塗炭，易招外侮。蜀之常遭外寇，
未必不由其多內亂也。

　　嚴武再為劍南節度使，合兩州為一。故嚴武、郭英乂俱為劍南節度使，
而不分為東川、西川。至郭英乂之亂，唐於大曆元年（766）二月壬子（二十
六日），「命黃門侍郎同平章事杜鴻漸兼成都尹，持節充山南西道、劍南東川

〔註49〕百衲本《舊唐書》卷一一八列傳六八〈元載傳〉頁2。
〔註50〕同前。
〔註51〕百衲本《舊唐書》卷一二九列傳九七〈張延賞傳〉頁6。同書卷一一七列傳六
　　　　七〈崔寧傳〉頁3亦云：「通其妾勝。」
〔註52〕百衲本《舊唐書》卷一一七列傳六七〈崔寧傳〉頁3。
〔註53〕同註48。
〔註54〕百衲本《舊唐書》卷一一七列傳六七頁8。
〔註55〕百衲本《新唐書》卷一○八列傳五一〈杜鴻漸傳〉頁7。「柏貞節」，百衲本《舊
　　　　唐書》及殿本《新唐書》俱作「柏貞節」，而《通鑑》作「柏茂琳」。

等道副元帥，仍充劍南西川節度使，以平郭英乂之亂也。」〔註56〕杜鴻漸一意撫綏，務欲皆大歡喜，故於次日，即「癸丑（二十七日），以山南西道節度使梁州刺史張獻誠兼充劍南東川節度、觀察使。邛州刺史栢茂林充邛南防禦使。劍南西山兵馬使崔旰，為茂州刺史充劍南西山防禦使。從杜鴻漸之請也。」〔註57〕可見杜鴻漸自始即無意進剿，先分東、西二川，而以東川予崔旰之前任直屬長官張獻誠，其意或以為崔旰可能讓其三分。將討崔旰之栢茂林任為邛南防禦使，尋改為邛南節度使，〔註58〕而將西川預留予崔旰。於是劍南三分，無人能統有三川，即無法構成大亂。對於此事，《新唐書・杜鴻漸傳》所云，似未探得其全情。如云：

> 鴻漸性畏怯，無它遠略，而晚節溺浮圖道，畏殺戮。及逾劍門，懲艾張獻誠敗，且憚旰雄武，先許以不死。既見，禮遇之，不敢加譙責，反委以政。〔註59〕

杜鴻漸被任命之次日，朝廷即循其所請，以崔旰「為茂州刺史，充劍南西山防禦使。」並不待張獻誠之敗，即許其不死。且杜氏本人既畏怯，又憚旰之雄武，亦不敢宣佈旰之罪狀而伸張國威。既不敢宣伸其罪狀，又何能「先許以不死」？唯恐崔旰惱羞成怒，不止不敢明令宣佈「先許以不死」，且先任其「為茂州刺史，充劍南西山防禦使」，以安其心，便利招撫，此杜鴻漸之素心也。

　　張獻誠與崔旰之戰，發生在張獻誠兼充劍南東川節度、觀察使之次月，亦即大曆元年（766）三月，故《舊唐紀》云：

> 三月辛未（十六日），張獻誠與崔旰戰于梓州，為旰所敗，僅以身免。
> 〔註60〕

　　崔旰原為利州刺史，屬山南西道，其節度使即張獻誠。及張獻誠兼充劍南東川節度使，二人互戰，張獻誠失敗之慘，據〈旰傳〉云：

> 先是，張獻誠數與旰戰，獻誠屢敗，旌節皆為旰所奪。〔註61〕

張獻誠屢敗，自使杜鴻漸喪膽，「會旰使至，卑辭厚禮，送繒錦數千匹。鴻漸

〔註56〕百衲本《舊唐書・本紀一一・代宗紀》頁10。

〔註57〕同前。

〔註58〕百衲本《新唐書》卷六七〈方鎮表七〉頁7云：「置邛南防禦使，治邛州，尋升為節度使，未幾廢。置劍南西山防禦使，治茂州，未幾廢。復以十五州還東川節度。」

〔註59〕百衲本《新唐書》卷一二六列傳第五一〈杜暹傳附族子鴻漸傳〉頁7。

〔註60〕百衲本《舊唐書・本紀一一・代宗紀》頁10。

〔註61〕百衲本《舊唐書》卷一一七列傳六七〈崔寧傳〉頁4。

貪其利，遂至成都，日與判官杜亞、楊炎、將吏等高會縱觀，軍州政事委旰，仍連表聞薦。」〔註62〕先有張獻誠之屢敗，後有杜鴻漸之連薦，朝廷遂於大曆元年（766）八月壬寅（十九日）加旰爲成都尹兼劍南西川節度使行軍司馬，〔註63〕仍賜名寧。

杜鴻漸之出帥劍南也，以東川付張獻誠，以邛南予柏貞節，今又將西川之政委之崔寧，其本身固無所是事，且以宰相而爲劍南西川節度使，亦非其本心。故杜鴻漸於大曆二年（767），請入朝奏事，以崔寧知西川留後。六月戊戌，〔註64〕行抵長安，「及見帝，盛言旰威略可任，宜爲留後。獻寶器五牀、羅錦十五牀、麝臍五石，復輔政。議者疾其長亂，進門下侍郎。」〔註65〕至七月丙寅（十九日），朝廷以崔寧爲西川節度使，杜濟爲東川節度使，東、西兩川之節度使同時更換。

崔寧被任爲劍南西川節度使後，於大曆三年（768）四月壬寅（二十八日），朝於長安。「五月戊申（初五日），加崔旰檢校右散騎常侍。」〔註66〕崔寧入朝之時，以其弟寬爲節度留後，瀘州刺史楊子琳帥精騎數千，乘虛突入成都，朝廷聞之，加旰檢校工部尚書，遣還鎮。崔寬與楊子琳戰，數不利。至其年秋七月，崔寧妾任氏，出家財數十萬，募兵得數千人，帥以擊子琳，破之，子琳走。〔註67〕

崔寧由京師歸來，對於長安政情，以及元載之爲人，自必更爲清楚，如何巴結籠絡之手段，已有成算，更何況以前之劍南節度使，從章仇兼瓊起，不少喜以財賄結納當政者，嚴武、郭英乂俱厚結元載，而得專制方面。崔寧進不以道，在朝無黨，因而又不得不循前人之舊習，賄賂權臣，以固其位。故《舊唐書》言崔寧云：

〔註62〕同前頁3。
〔註63〕百衲本《舊唐書·本紀一一·代宗紀》頁10及世界書局章鈺校本《通鑑》卷二二四〈唐紀四〇〉頁7192。
　　　　百衲本《舊唐書》卷一一七列傳六七〈崔寧傳〉頁4云：「朝廷因鴻漸之請，加成都尹，兼西山防禦使，西川節度行軍司馬。」此中有誤，西山防禦使之任命，早在大曆元年（766）二月癸丑（二十七日）。八月壬寅所加，唯成都尹及劍南西川節度行軍司馬而已。
〔註64〕百衲本《舊唐書·本紀一一·代宗紀》頁12「六月戊戌（二十日）」，《通鑑》作「六月甲戌」，考是年六月己卯朔，無甲戌。
〔註65〕百衲本《新唐書》卷一二六列傳第五一〈杜暹傳附族子鴻漸傳〉頁7。
〔註66〕百衲本《舊唐書·本紀一一·代宗紀》頁14。
〔註67〕世界書局章鈺校本《通鑑》卷二二四〈唐紀四〇〉頁7201。

　　恃地險人富，乃厚斂財貨，結權貴，令弟寬留京師，元載及諸子有
　　所欲，寬恣與之。故寬驟歷御史知雜事、御史中丞。寬兄審亦任郎
　　中、諫議大夫、給事中。寧在蜀十餘年，地險兵強，肆侈窮慾，將
　　吏妻妾，多為所淫污，朝廷患之而不能詰，累加尚書左僕射。〔註68〕
郭英乂厚結元載，得為劍南節度使，以「政暴及禍」，〔註69〕為崔寧所殺。及
崔寧節度西川，亦厚賂元載，崔寧兄弟並歷顯職。元載其人，代宗之政，於
此可見。

　　崔寧之能久任劍南西川節度使，除厚賂元載而外，恰值代宗一朝，吐蕃
入寇，無歲無之。西川「地險兵強」，吐蕃雖挾南詔寇蜀，當時吐蕃之主力，
全用之於對付中國之西北，南詔基礎不固，忙於穩定內部，故其入侵，純出
騷擾性質，似未構成重大威脅。雙方交戰，亦無決定性之勝負。而崔寧上奏，
言過其實，〔註70〕其戰功頗值懷疑。然其如此做法，使朝廷相信鎮守西川，
非崔寧不可，此亦邀君之一法也。

　　崔寧在蜀十餘年，內結元載，外假禦吐蕃之名，肆行不法，「朝廷患之而
不能詰。」大曆十二年（777）三月庚辰（二十八日），宰相元載得罪下獄，「辛
巳（二十九日），制中書侍郎平章事元載賜自盡。」〔註71〕四月壬午朔（初一），
以楊綰、常袞為相，楊炎、韓洄、王定、包佶、徐璜、趙縱、裴翼、王紞、
韓會等十餘人，皆坐載黨貶官。崔寧厚結元載已久，對於元載之下場，豈不
動心，故於同年「十二月丁亥（初九），西川崔寧奏：於西山破吐蕃十萬，斬
首八千，生擒九百人。」〔註72〕次年（778）七月癸丑（初九），加崔寧檢校
司空。〔註73〕

〔註68〕百衲本《舊唐書》卷一一七列傳第六七〈崔寧傳〉頁4。
〔註69〕《全唐文》卷四二○頁6常袞〈劍南節度判官崔君墓誌銘〉。
〔註70〕崔寧在西川之戰績，大部出之於其自奏，舊唐紀仍存其迹，所言雖未必無其
　　　　事，以少報多，或不能免。如：
　　　　大曆十一年正月「辛亥，劍南節度使崔寧奏：大破吐蕃二十萬，斬首萬級，
　　　　生擒首領一千五百人，獻于闕下。」
　　　　大曆十二年「十二月丁亥，西川崔寧奏：於西山破吐蕃十萬，斬首八千，生
　　　　擒九百人。」
〔註71〕百衲本《舊唐書‧本紀一一‧代宗紀》頁26。
〔註72〕同前頁27。
〔註73〕同前。《通鑑》與崔寧本傳，俱云於大曆十四年「加司空」，與「檢校」不同。

四、南詔寇蜀

　　大曆十四年（779），唐與南詔俱遭大喪。是年五月辛酉（二十一日）夕，代宗崩，德宗立。同歲，南詔閣羅鳳卒，子鳳伽異早死，其孫異牟尋立。異牟尋其人「有智數，善撫眾，略知書」，〔註74〕曾師事漢人鄭回。同年，西川節度使崔寧入朝，適遇代宗之喪，因兼山陵使。尋代喬琳為御史大夫，以選擇御史，與宰相楊炎意不合。其年十月，南詔乘虛寇蜀，聲勢之盛，及異牟尋口氣之大，前所未有。據《新唐書》記云：

> 異牟尋立，悉眾二十萬入寇，與吐蕃并力。一趨茂州，踰文川，擾灌口。一趨扶文，掠方維、白壩。一侵黎、雅，叩邛郲關。令其下曰：「為我取蜀為東府，工伎送邏娑城，歲賦一縑。」於是進陷城聚，人率走山。〔註75〕

崔寧在朝，而南詔並吐蕃大舉入寇，西川無帥，州縣覆沒，德宗促崔寧還鎮，以禦南詔。宰相楊炎既已與崔寧結怨，深恐崔寧歸川難制，思有以阻之，因上奏云：

> 蜀地富饒，寧據有之，貢賦不入，與無蜀同。若其有功，則義不可奪，是蜀地敗固失之，勝亦不得也。不若留寧，發范陽戍兵，雜禁兵往擊之，何憂不克，因得納親兵於其腹中，蜀將必不敢動，然後更授他帥，使千里沃野，復為國有，是因小害而收大利也。〔註76〕

德宗因從楊炎之議，發禁兵四千，使右神策都將李晟將之；又詔金吾大將軍曲環，以邠、隴、范陽兵五千人，共救劍南。

　　除中央所發之援軍外，東川與山南以鄰近西川，鑒於「脣亡齒寒」之義，故「東川出兵，自江油趨白壩，與山南兵合擊吐蕃、南詔，破之。」〔註77〕

　　李晟一支，「乃踰漏天，拔飛越、廓清、肅寧三城，絕大渡河，獲首虜千餘級，虜乃引退，因留成都數月而還。」〔註78〕

　　曲環之眾，「收七盤城、威武軍、維、茂等州。虜破走，威名大振，加太

〔註74〕百衲本《新唐書》卷二二二上列傳第一四七上〈南蠻傳上〉頁3。
〔註75〕同前頁4。
〔註76〕《全唐文》卷四二一頁11楊炎〈請留崔寧以收蜀奏〉；另見世界書局章鈺校本《通鑑》卷二二六頁7270，文字略有不同，且以對話方式出之。
〔註77〕世界書局章鈺校本《通鑑》卷二二六〈唐紀四二〉頁7271。
〔註78〕百衲本《舊唐書》卷一五三列傳第八三〈李晟傳〉頁1。

子賓客，賜名馬。」〔註79〕

　　是役也，吐蕃、南詔連遭敗績，又迫飢寒，「隕於崖谷死者八九萬人。吐蕃悔，怒殺誘導使之來者。異车尋懼，築苴咩城。」〔註80〕導吐蕃入寇者，必爲雲南蠻，遭此挫敗，使吐蕃與南詔先生嫌隙，是後數年，韋皋方得誘使異车尋重投唐室。若大曆十四年之役，唐軍覆敗，使南詔據有西川，則東川亦不可保，吐蕃擾於北，南詔將循諸葛亮之故智，北出祁山，或順江而下，騷動襄鄂，而唐之能否存在，實成問題。幸而唐軍大勝，蕃、詔離心，予唐以可乘之機，遂啓南詔重投唐室之運。

　　南詔退後，朝廷以張延賞爲劍南西川節度使，「延賞薄賦約事，動遵法度，僅至庶富焉。建中（780～783）末，駕在山南，延賞貢奉供億，頗竭忠力焉。駕在梁州，倚劍南蜀川爲根本。」〔註81〕延賞「動遵法度」，亦「僅至庶富」而已。至於崔寧在蜀十數年，極奢侈淫糜之能事，終至「蜀土殘弊，蕩然無制度。」〔註82〕故舉全蜀之兵，無法以抗蕃、詔之衆，反觀李晟、曲環以不足萬人，大破敵軍，始更疑崔寧前奏之戰果爲可疑，而堅信其殘破西川爲不爭之事實。

第三節　和蕃失敗

　　南詔自唐玄宗天寶十載（751）北降吐蕃，至德宗貞元十年（794）復歸唐室，其間四十餘年有關南詔之史實，所見殊少。蓋由於當時南詔不通中國，無從記錄，亦因爲從屬於吐蕃，不另著錄。是故今日欲明此一時期唐與南詔之關係，除由唐與吐蕃之關係測知外，亦當從當日之國際大勢推知。捨此而外，似尚無他途也。

一、德宗和蕃

　　南詔從叛唐投降吐蕃起，至大曆十四年（779）導吐蕃入寇西川止，在此二十九年間，唐室連遭大故，先有安史之亂，繼有廣德元年（763）吐蕃之陷長安，由內亂而導致外患。在此期間，南詔在吐蕃之卵翼下，蠶食唐之邊境，

〔註79〕百衲本《新唐書》卷一四七列傳第七二〈曲環傳〉頁6。
〔註80〕同註77。
〔註81〕百衲本《舊唐書》卷一二九列傳第七九〈張延賞傳〉頁6。
〔註82〕同前。

時而單獨入侵，時而聯合入寇。南詔與吐蕃關係，甚爲融洽。南詔藉此機會，得到充分之發展，漸有國家規模，然而文化生活，非可一蹴而成。巴蜀之富，引起南詔之垂涎，而其紡織技術之優良，尤爲南詔所羨慕，因生擄掠此批技術人員之心。前節曾敘及大曆十四年（779）南詔聯合吐蕃之眾二十萬寇成都，異牟尋且曰：「爲我取蜀爲東府，工伎悉送邏娑城，歲賦一縑。」此時之異牟尋，仍依吐蕃爲上國，對之忠誠無比。及至此役失敗，「吐蕃悔，怒殺誘導使之來者。異牟尋懼，築苴咩城。」南詔之再投唐室，實導因於此。並非如樊綽所說：

> 異牟尋每歎地卑夷雜，禮義不通，隔越中華，杜絕聲教。遂獻書檄，
> 寄西川節度使韋皋。韋皋答牟尋書，申以朝廷之命。牟尋不謀於下，
> 陰決大計。〔註83〕

所謂「大計」，即再歸唐室，實際並非如此。異牟尋之重投於唐，大半由於唐之籠絡政策成功，復以吐蕃壓榨過甚所激成，並非出諸異牟尋之主動。且在此三國之對立中，唐與吐蕃始終處於主導地位，南詔不附於唐，即從吐蕃，尚無法獨立以成鼎足之勢。直至吐蕃衰弱以後，此種情勢方始改變。

異牟尋不在大曆十四年（779）失敗之後，以吐蕃怒殺誘導使來者之故，因而投降唐室者，此蓋由去唐日久，不知唐之態度；雖與吐蕃嫌怨已生，然尚不至即刻決裂也。

另一原因，係由德宗於大曆十四年（779）即位之後，有感於前朝與吐蕃爭戰連年，得不償失，因欲修好息兵，各得安寧，故《新唐書‧吐蕃傳》云：

> 初，虜使數至，留不遣，所俘虜口悉部送江南。德宗即位，先內靖
> 方鎮，顧歲與虜确，其亡獲相償，欲以德綏懷之，遣太常少卿韋倫
> 持節歸其俘五百，厚給衣褚、切敕邊吏護亭障，無輒侵虜地，吐蕃
> 始聞未信，使者入境，乃皆感畏。〔註84〕

此一事件，《通鑑》繫於大曆十四年（779）八月，記云：

> 代宗之世，吐蕃數遣使求和，而寇盜不息，代宗悉留其使者，前後
> 八輩，有至老死不得歸者，俘獲其人，皆配江、嶺。上欲以德懷之，
> 乙巳（初八），以隨州司馬韋倫爲太常少卿，使于吐蕃，悉集其俘五

〔註83〕《蠻書校注》卷三〈六詔第三〉頁74及76。
〔註84〕百衲本《新唐書》卷二一六下列傳第一四一下〈吐蕃傳下〉頁1。

百人，各賜襲衣而遣之。〔註85〕

德宗之措施，未嘗不對，亦收到相當效果。如從大曆十四年（779）到建中四年（783）之間，不止吐蕃未再入寇，且信使互通，相處頗洽。唐之叛將雖質子於吐蕃，吐蕃以方睦於唐，亦不爲之發兵。今將此等事實，臚列於後，藉明德宗初年，撫綏吐蕃之成功。

建中元年（780）二月丁未（十二日），德宗以邠寧節度使李懷光兼四鎮、北庭行營、涇原節度使，使移軍原州，以四鎮、北庭留後劉文喜爲別駕。懷光軍令嚴峻，及兼涇原，諸將皆懼，「劉文喜因眾心不安，據原州、不受詔，上疏復求段秀實爲帥，不則朱泚。癸亥（廿八日），以朱泚兼四鎮、北庭行營、涇原節度使，代懷光。」〔註86〕劉文喜出爾反爾，「又不受詔，欲自邀旌節。夏四月乙未朔，據涇州叛，遣其子質於吐蕃以求援。上命朱泚、李懷光討之，又命神策軍使張巨濟將禁兵二千助之。」〔註87〕此時若吐蕃出兵援劉文喜，則大亂立至。時吐蕃以方睦於唐，不爲劉文喜發兵。五月庚寅（二十七日），文喜將劉海賓與諸將共殺文喜，傳首京師，涇州之亂因而平定。

去歲八月，遣韋倫使吐蕃，且還其俘。吐蕃大悅，除道迎倫，贊普即發使隨倫入貢，且致賻贈。於建中元年（780）四月「癸卯（初九），至京師，上禮接之」。〔註88〕韋倫既歸，德宗以其奉使有成，且吐蕃使與之俱來，是知可與和平相處，因有復使韋倫於吐蕃之舉。《舊唐書》紀云：

> 五月甲子朔，戊辰（初五），以太常少卿韋倫爲太常卿，復使吐蕃。

〔註89〕

韋倫復使吐蕃有與吐蕃結盟之目的。《通鑑》載其事云：

> 五月戊辰（初五），以韋倫爲太常卿。乙酉（廿二日），復遣倫使吐蕃。倫請上自爲載書，與吐蕃盟；楊炎以爲非敵，請與郭子儀輩爲載書以聞，令上畫可而已，從之。〔註90〕

吐蕃見韋倫再至，益喜。同年「十二月辛卯（初一），韋倫使廻，與吐蕃宰相論

〔註85〕世界書局章鈺校本《通鑑》卷二二六〈唐紀四二〉頁 7267。

〔註86〕同前頁 7278。

〔註87〕同前頁 7297。

〔註88〕同前。

〔註89〕百衲本《舊唐書‧本紀一二‧德宗紀上》頁 5。

〔註90〕世界書局章鈺校本《通鑑》卷二二六〈唐紀四二〉頁 7280。

欽明思等五十五人同至，獻方物，修好也。」〔註91〕時是使吐蕃者，稱之爲使絕域。韋倫兩使吐蕃，俱與蕃使同歸，甚稱朝廷之意，所謂「再使如旨」〔註92〕是也。有功無過，德宗不欲使之再赴絕域，故繼韋倫而使吐蕃者，爲崔漢衡。

二、吐蕃請盟

建中二年（781），吐蕃請盟；三月辛巳（二十二日）擢殿中少監崔漢衡爲和蕃使，使於吐蕃。崔漢衡至吐蕃，贊普以敕書稱貢獻及賜，全以臣禮見處。且靈州之西，當以賀蘭山爲境，邀漢衡更請之。十二月丁未（十三日），漢衡遣判官與吐蕃使者入奏，時唐方在關東、河北用兵，不暇與吐蕃計較，德宗因爲之改敕書、境土，皆如其請。〔註93〕

吐蕃對唐之自動釋俘，一再通使，因有「投桃報李」之舉，用敦兩國之好。故在建中三年（782）夏四月庚申（初八），隴右陷吐蕃之僧尼將士八百人來歸。〔註94〕自河西、隴右陷於吐蕃，繼而吐蕃入殘京師，所俘掠之唐人，豈可勝計耶？今吐蕃歸此八百人，雖有搪塞中國之嫌，然不愈於一人不歸乎？如不出諸德宗之懷撫，此八百人豈能得歸？生者既還，亡者繼之。吐蕃既通之後，因歸故伊西北庭節度使楊休明、河西節度使周鼎、西州刺史李琇璋、瓜州刺史張銑等之葬。五月丙申（十四日），朝廷追贈休明司徒、鼎太保、琇璋戶部尚書、銑兵部侍郎。〔註95〕此等皆隴右牧守，至德以來陷吐蕃而卒者，至今始得歸葬故國。

九月癸卯（二十三日），殿中少監崔漢衡自吐蕃歸，贊普遣其臣區頰贊隨漢衡入見，且請約盟。崔漢衡自殿中少監改鴻臚卿，持節送區頰贊歸，遂定盟清水。〔註96〕並於十月「戊辰（十九日），遣都官員外郎河中樊澤使于吐蕃，告以結盟之期。」〔註97〕

唐與吐蕃主盟者，爲鳳翔、隴右節度使張鎰。張鎰原爲中書侍郎、平章

〔註91〕百衲本《舊唐書・本紀一二・德宗紀上》頁6。

〔註92〕百衲本《新唐書》卷一四三列傳六八頁6〈韋倫傳〉。

〔註93〕世界書局章鈺校本《通鑑》卷二二七〈唐紀四三〉德宗建中二年十二月條。

〔註94〕百衲本《舊唐書・本紀一二・德宗紀上》頁9。

〔註95〕同前。

〔註96〕百衲本《新唐書》卷一四三列傳第六八頁7〈崔漢衡傳〉。
　　　　世界書局章鈺校本《通鑑》卷二二七〈唐紀四三〉頁7334。

〔註97〕世界書局章鈺校本《通鑑》卷二二七〈唐紀四三〉頁7335。

事、集賢殿學士、修國史。盧杞忌其名重道直，無以陷之，以方用兵西邊，杞乃僞請行，德宗固以爲不可，杞因薦鎰以中書侍郎代朱泚爲鳳翔、隴右節度使。建中四年（783）正月丁亥（初十），張鎰與吐蕃尚結贊等盟於清水，此盟爲唐與吐蕃首次結盟，正式劃定疆界，儀式隆重，爲前所未有。其詳情據〈鎰傳〉云：

> 將盟，鎰與結贊約，各以二千人赴壇所，執兵者半之，列於壇外二百步。散從者半之，分立壇下。鎰與賓佐齊映、齊抗及盟官崔漢衡、樊澤、常魯、于頔等七人皆朝服，結贊與其本國將相論悉頬藏、論熱、論利陁、斯官者、論力徐等亦七人，俱昇壇爲盟。初約漢以牛、蕃以馬爲牲。鎰恥與之盟，將殺其禮，乃請結贊曰：「漢非牛不田，蕃非馬不行，今請以羊、豕、犬三物代之。」結贊許諾。時塞外無豕，結贊請以羝羊，鎰出犬、白羊，乃坎於壇北刑之，雜血一器而歃。盟文曰……。結贊亦出盟文，不加於坎，但埋牲而已。盟畢，結贊請鎰就壇之西南隅佛幄中焚香爲誓，誓畢，復昇壇飲酒，獻酬之禮，各用其物，以將厚意而歸。〔註98〕

結盟之目的，既在劃清疆界，各守封域，無因邊境紛爭而生戰禍。當時所定之界，在西北方面，唐之邊境：涇州西至彈箏峽（甘肅平涼縣西一百里）、隴州西至清水縣（在今甘肅清水縣西）、鳳州西至同谷縣（甘肅成縣）。在劍南，唐與吐蕃以西山、大渡河爲界，以東屬唐。吐蕃守鎮在蘭、渭、原、會四州者，西至臨洮，又東至成州（甘肅成縣），抵劍南，西界磨些諸蠻，大渡水西南俱屬吐蕃。黃河以北，從故新泉軍直北至大磧，南至賀蘭山駱馳嶺爲界，中間悉爲閑田，〔註99〕以爲緩衝。

〔註98〕　《舊唐書》卷一二五列傳第七五〈張鎰傳〉頁 2 至 3。

〔註99〕　建中四年（783）正月丁亥，唐與吐蕃清水之盟，在早期東亞史上，爲一重要問題，其盟文見於百衲本《舊唐書》卷一二五列傳第七五〈張鎰傳〉，詳記當時所劃之界限。今錄於後，以供參考。「唐有天下，恢奄禹跡，舟車所至，莫不率〔服〕，俾以累聖重光，卜年惟永，恢王者之丕業，被四海以聲教。與吐蕃贊普代爲婚姻，因結鄰好，安危同體，甥舅之國，將二百年。其間或因小忿，棄惠爲讎，封疆騷然，靡有寧歲。皇帝踐祚，愍茲黎元，乃釋俘囚，悉歸蕃落。二國展禮，同茲協和；行人往復，累布成命。是必詐謀不起，兵革不用矣。彼猶以兩國之要，求之永久，古有結盟，今請用之。國家務息邊人，外其故地，棄利蹈義，堅盟從約。今國家所守界：涇州西至彈箏峽西口，隴州西至清水縣，鳳州西至同父（當作谷）縣，曁劍南西山大渡河東，爲漢界。蕃國守鎮在蘭、渭、原、會，西使（當作至）臨洮，又東至成州，抵劍南，西界磨些諸蠻，大

清水之盟以後，唐於建中四年（783）「二月戊申朔，命鴻臚卿崔漢衡送區頰贊還吐蕃。」〔註100〕唐雖有是命，然當以唐之大臣，與區頰贊盟於京師方能遣之。於是德宗於是年四月，命宰相、尚書與吐蕃區頰贊盟於長安豐邑里。「區頰贊以清水之盟，疆場未定，不果盟。己未（十三日），命崔漢衡入吐蕃，決於贊普。」〔註101〕實則清水之盟，疆場已定，此界不過爲張鎰提出，列於盟文之內，贊普同意與否，尙未得知。區頰贊奉使謹愼，因以「疆場未定」爲辭，拒與唐盟，亦不回國。此時唐疲於用兵，不願復生事西陲，因使漢衡再入吐蕃，決於贊普。

同年六月庚午（二十五日），答蕃判官監察御史于頎，與吐蕃使者論頰沒藏至自青海，言疆場已定，請遣區頰贊歸國。歸國之前，當有兩國大臣之會盟，前清水之盟，乃二國邊將之盟，今又有大臣之盟。吐蕃習俗重盟，其贊普與其臣下，尙每年一小盟，三年一大盟。今與唐約和而締盟，無甚可怪。七月壬辰（十七日），詔諸將相與區頰贊盟於長安城西，其經過，據《舊唐書·吐蕃傳》云：

> 七月，以禮部尚書李揆加御史大夫，爲入蕃會盟使。又命宰相李忠臣、盧杞、關播，右僕射崔寧，工部尚書喬琳，御史大夫于頎，太府卿張獻恭，司農卿段秀實，少府監李昌夔，京兆尹王翃，右金吾衛將軍渾瑊等，與區頰贊等會盟於壇所。初，于頎至自蕃中，與尙結贊約，疆場既定，請歸其使，從之。以豐邑坊盟壇在京城之內，非便，請卜壇於京城之西，其禮如清水之儀。先盟二日，命有司告太廟，監官致齋三日。朝服陞壇，關播跪讀盟文。盟畢，宴賜而遣之。〔註102〕

由大曆十四年（779）德宗決定懷柔吐蕃，歸其俘獲，至建中四年（783）七月壬辰（十七日），與吐蕃區頰贊盟於京師，前後四年之間，韋倫、崔漢衡俱再使吐蕃，其間沒蕃者有歸，卒於蕃者亦得歸葬，進而與唐首盟於清水，

渡河西南，爲蕃界。其兵馬鎮守之處，州縣見有居人，彼此兩邊，見屬漢（蕃）諸蠻以今所分，見住處以前旣定。其黃河以北，從故新泉軍直北至大磧，南至賀蘭山駱駝嶺爲界，中間悉爲閑田。盟文所有不載者，蕃有兵馬處蕃守，漢有兵馬處漢守，不得侵越。其先未有兵馬處，不得雜置並築城堡耕種。今二國將相受辭而會，齋戒將事，告天地山川之神，惟神照臨，無得愆墜，其盟文藏於郊廟，副在有司。二國之誠，其永保之。」

〔註100〕世界書局章鈺校本《通鑑》卷二二八〈唐紀四四〉頁7341。
〔註101〕同前頁7343。
〔註102〕百衲本《舊唐書》卷一九六下列傳第一四六下〈吐蕃傳下〉頁4。

再盟於京師，各守邊境，未有侵盜之事，德宗之撫綏政策，獲得相當之成功。固不必以日後之失和，而謂此一時期之和平相處，亦非出諸吐蕃之本心。唐與吐蕃相處既洽，因將南詔暫置一邊而不加理會。

三、內亂致患

　　內治為本，外交為末。不患喪交於外，而憂失治於內。德宗撫綏吐蕃，與之盟好，止其寇盜，可謂外交之成功。至於德宗之內政，其亂極矣！朝亂於盧杞，野亂於藩鎮。至朱泚亂起，求援吐蕃，後吐蕃索酬不獲，復起寇邊。德宗之和蕃成就，破壞無遺。

　　盧杞貌醜，色如藍，有口辯，德宗悅之。建中二年（781）二月丁未（十八日），由御史中丞擢為御史大夫。郭子儀嘗曰：「杞貌陋而心險，婦人輩見之必笑，他日杞得志，吾族無類矣！」〔註103〕同月乙巳（十六日），遷楊炎為中書侍郎，擢杞為門下侍郎，並同平章事，不專任楊炎矣。杞陰狡，欲起勢立威，小不附者必欲置之死地，引太常博士裴延齡為集賢殿直學士，親任之。故建中（780～783）之政，壞於盧杞，餘禍蔓延，迄於貞元之末，裴延齡之得肆其姦佞，全出盧杞之援引也。

　　建中四年（783）冬十月，涇原兵亂於京師，喧聲浩浩，百姓狼狽駭走，亂兵大呼告之曰：「汝曹勿恐，不奪汝商貨僦質矣！不稅汝間架陌錢矣！」〔註104〕姚令言與亂兵議，擁朱泚為帥，泚自稱「權知六軍」。德宗倉皇出走，由咸陽幸奉天（陝西乾縣）。朱泚以姚令言為元帥，攻奉天，城屢危，舉國震驚，若朝不保夕然。時唐與吐蕃新盟未久，遽遭此大亂，上下惶恐，不知所為。求援吐蕃，又成當時之公議，如韋皋據有隴州，不受朱泚之偽命，並斬其使。德宗乃以皋為御史大夫、隴州刺史，置奉義軍以旌之。皋遣從兄平及弇詣奉天，築壇於廷，與諸將士盟云「誓與韋公，竭誠王室。」「又遣使入吐蕃求援」。〔註105〕觀以後韋皋代張延賞為劍南西川節度使，離間南詔以叛吐蕃，則似吐蕃未曾出兵以援韋皋。

　　奉天之難，吐蕃居於舉足輕重之地位，觀望成敗，以求漁利，此一轉變，實將建中以來之友好關係，破壞淨盡。興元元年（784）正月，「吐蕃尚結贊

〔註103〕世界書局章鈺校本《通鑑》卷二二六〈唐紀四二〉頁 7297。
〔註104〕前揭書頁 7353。
〔註105〕百衲本《舊唐書》卷一四○列傳第九○〈韋皋傳〉頁 2。

請出兵助唐收京城。庚子（二十八日），遣祕書監崔漢衡使吐蕃，發其兵。」〔註106〕唐盼吐蕃之師甚殷，使臣不絕於道，於「興元元年（784）二月，以右散騎常侍兼御史大夫于頎，往涇州已來，宣慰吐蕃，仍與州府計會頓遞。時吐蕃款塞，請以兵助平國難，故遣使焉。」〔註107〕

時唐舉國上下，日盼吐蕃援兵之至，雖信使再發，而蕃兵不至。蓋吐蕃以雖有制書，而無統兵大臣署名，故兵不遣。吐蕃所指之主兵大臣，即李懷光，時為同平章事靈州大都督、鎮北大都護、朔方節度使，入援奉天。此事據〈李懷光傳〉云：

> 初，詔遣崔漢衡使於吐蕃，出兵佐收京城。蕃相尚結贊曰：「蕃法進軍，以統兵大臣為信，今奉制書，無懷光名署，故不敢前。」上聞之，遣翰林學士陸贄詣懷光，議用蕃軍。懷光堅執，言不可者三，不肯署制，詞慢，且謂贄曰：「爾何所能？」。〔註108〕

李懷光雖內不自安，存心觀望，養寇自重，其所謂不可令吐蕃發兵者三，有其遠見。唐之借外援以平內亂，生此三害，已成一般通則，不僅借兵吐蕃如此，借兵回紇亦然。李懷光所據以不署名之三不可，據《通鑑》云：

> 「若克京城，吐蕃必縱兵焚掠，誰能過之！此一害也。前有敕旨，募士卒克城者人賞百縑，彼發兵五萬，若援敕求賞，五百萬縑何從可得！此二害也。虜騎雖來，必不先進，勒兵自固，觀我兵勢，勝則從而分功，敗則從而圖變；譎詐多端，不可親信，此三害也。」竟不肯署敕；尚結贊亦不進軍。〔註109〕

三月甲申（十三日），李懷光燒營，走歸河中，與朱泚俱反，唐之主兵大臣，自然已非李懷光，而為渾瑊。

李懷光反後，唐以渾瑊為奉天行營兵馬副元帥，德宗臨軒授鉞，用漢高祖拜韓信為大將故事。是月，渾瑊將諸軍赴京畿，朱泚之將韓旻、張廷芝、宋歸朝等拒之於武功。崔漢衡再勸吐蕃出兵，吐蕃仍不情願，然卒與之共破武功，其經過據《通鑑》云：

> 渾瑊帥諸軍出斜谷，崔漢衡勸吐蕃出兵助之，尚結贊曰：「邠軍不出，

〔註106〕世界書局章鈺校本《通鑑》卷二二九〈唐紀四五〉頁7399。

〔註107〕百衲本《舊唐書》卷一九六下列傳第一四六下〈吐蕃傳下〉頁4。

〔註108〕百衲本《舊唐書》卷一二一列傳第七一〈李懷光傳〉頁11。

〔註109〕世界書局章鈺校本《通鑑》卷二三〇〈唐紀四六〉頁7403。

將襲我後。」韓遊瓌聞之，遣其將曹子達將兵三千往會瑊軍，吐蕃遣其將論莽羅依將兵二萬從之。李楚琳遣其將石鍠將卒七百從瑊拔武功。庚戌（初十），朱泚遣其將韓旻攻武功，鍠以其眾迎降。瑊戰不利，收兵登西原。會曹子達以吐蕃至，擊旻，大破之於武亭川，斬首萬餘級，旻僅以身免。瑊遂引兵屯奉天，與李晟東西相應，以逼長安。〔註110〕

　　吐蕃相尚結贊雖聲言入援，引兵入塞，止屯邠南，但遣論莽羅依將偏軍破韓旻等於武功，大掠而去。朱泚既敗於吐蕃，思有以止吐蕃之助唐，而知吐蕃援唐之目的利在劫掠，故「朱泚使田希鑒厚以金帛賂之，吐蕃受之；韓遊瓌以聞。」〔註111〕吐蕃既受朱泚之金帛，遂引兵歸國，不再助唐，故渾瑊奏云：「尚結贊屢遣人約刻日共取長安，既而不至；聞其眾今春大疫，近已引兵去。」〔註112〕時德宗方倚吐蕃收復長安，聞其引去，甚憂之，以問陸贄。陸贄「精敏小心，未嘗有過。艱難扈從，行在輒隨，啓沃謀猷，特所親信。有時謔語，不以公卿指名，但呼陸九而已。」〔註113〕德宗對之言聽計從，故其言每被採納。然陸贄以吐蕃引去，實可欣喜。乃上奏暢言吐蕃退去之利，以爲懷光之叛，或亦因吐蕃促成。唐一意望蕃兵平難，而吐蕃潛通朱泚，意在觀變。屢與諸軍剋期進討，至時皆不赴會。諸帥欲捨之獨前，又懼吐蕃懷怨乘躡。欲與之合勢進討，則苦其失信。且唐之將帥懼吐蕃奪其功，百姓懼吐蕃奪其財，賊黨懼吐蕃勝而爲其所擒，官軍怠而賊黨堅，此欲益反損耳。若唐與朱泚兩弊，吐蕃觀望，得漁人之利，是吐蕃有萬全之利，中國有不測之危。今吐蕃遠避，腹背無患，破賊必矣。〔註114〕事後演變，果不出陸贄所言。

四、唐蕃生怨

　　興元（784）、貞元之間，德宗最信任者，陸贄而外，首推李泌。李泌與德宗之關係，又較陸贄爲密切。當肅宗在靈武時，德宗爲奉節王，學文於李泌。代宗之世，泌居蓬萊書院，德宗爲太子，亦與之遊。及德宗在興元，泌

〔註110〕前揭書頁 7422。
〔註111〕前揭書頁 7429。
〔註112〕同前。
〔註113〕權德輿〈陸宣公翰苑集序〉。
〔註114〕陸贄《陸宣公集》卷第十六頁 1 至 3〈興元賀吐蕃尚結贊抽軍回歸狀〉（四部備要本）。

爲杭州刺史，急詔徵之，且令睦州刺史杜亞與俱詣行在所。興元元年（784）秋七月乙未（二十六日），以泌爲左散騎常侍，亞爲刑部侍郎；命泌日直西省以候對，朝野皆屬目附之。

德宗爲討朱泚，曾發吐蕃之眾，許成功以安西、北庭之地與之。及朱泚誅，吐蕃來求地，德宗欲召兩節度使郭昕、李元忠還朝，以其地許之。李泌以爲不可，因而上言曰：

> 「安西、北庭，人性驍悍，控制西域五十七國及十姓突厥，又分吐蕃之勢，使不能併兵東侵，奈何拱手與之！且兩鎮之人，勢孤地遠，盡忠竭力，爲國家固守近二十年，誠可哀憐。一旦棄之以與戎狄，彼其心必深怨中國，他日從吐蕃入寇，如報私讎矣。況日者吐蕃觀望不進，陰持兩端，大掠武功，受略而去，何功之有！」眾議亦以爲然，上遂不與。〔註115〕

唐之君臣既不以安西、北庭與吐蕃，使得唐、蕃反目成仇，二者之戰已不可免。唐將李晟明乎此點，故《新唐書》云：

> 涇州倚邊，數戕其帥，晟請治不龔命者，因以訓耕積粟實塞下，纛制西戎。帝乃拜晟鳳翔、隴右、涇原節度使兼行營副元帥，徙王西平郡，實封千五百戶。〔註116〕

吐蕃自興元元年（784）索安西、北庭不獲，雙方關係已趨惡化，唐雖積極備蕃，而仍希望維持和平，不肯輕啓戰端。故貞元二年（786），唐尚「命倉部郎中兼侍御史趙聿爲入吐蕃使」。〔註117〕就在是年，吐蕃大舉入寇，唐、蕃戰爭再次展開。

八月「丙戌（三十日），吐蕃寇涇、隴、邠、寧，諸鎮守閉壁自固，京師戒嚴，遣河中節度駱元光鎮咸陽。」〔註118〕此次吐蕃數道入寇，「掠人畜，取禾稼，西境騷然。」〔註119〕

九月「乙巳（十九日），吐蕃寇好時，京師戒嚴。李晟部將王佖擊吐蕃於汧陽城（陝西隴縣），敗其中軍。辛亥（二十五日），寇鳳翔，李晟出師禦之，

〔註115〕世界書局章鈺校本《通鑑》卷二三一〈唐紀四七〉頁 7442。又，《新唐書·李泌傳》亦載此言，簡而此義爲長，故寧用《通鑑》。
〔註116〕百衲本《新唐書》卷一五四列傳七九〈李晟傳〉頁 3 至 4。
〔註117〕百衲本《舊唐書》卷一九六下列傳一四六下〈吐蕃傳下〉頁 4。
〔註118〕前揭書〈本紀一二·德宗上〉頁 22。
〔註119〕同註117。

一夕而退。」〔註120〕十月，李晟破吐蕃堆沙堡。十一月，吐蕃陷鹽州，十二月，陷夏州。半年之內，唐連遭寇凌，苦於應付。

貞元三年（787）三月，馬燧入朝，言蕃相尙結贊請盟，可以保信，德宗許盟於平涼。「五月丁亥（初四），以侍中渾瑊爲吐蕃清水會盟使，兵部尙書崔漢衡副之。瑊與駱元光率師二萬往會盟所。」〔註121〕閏五月辛未（十九日），渾瑊及吐蕃盟於平涼，吐蕃執會盟副使兵部尙書崔漢衡，殺判官殿中御侍史韓弅。驅鹽、夏二州居民，焚其州城而去。

奉天之難以後，吐蕃初則入寇，繼則劫盟，馬燧因贊成結盟而罷兵柄，渾瑊素服待罪，唐之上下，始議對付吐蕃。

第四節　聯詔成功

南詔於天寶十載（751），北臣吐蕃，次年正月一日，吐蕃於鄧川冊封閣羅鳳爲贊普鍾、南國大詔，並改元爲贊普鍾元年。是後經常合兵入侵，或吐蕃寇邊，而以南詔爲先驅。至大曆十四年（779），南詔導吐蕃三路取成都，爲李晟所敗，傷亡者眾。吐蕃怒，殺誘導使之來者；異牟尋懼，築羊苴咩城。南詔之再度降唐，實導因於此。

唐原可趁此裂隙，拉攏南詔，使之叛蕃歸唐。然唐朝計不出此者，蓋以吐蕃爲當時之強鄰，若如此做，必招其怒。烽煙未息，蕃騎或又至長安。爲唐之至計，莫若結好吐蕃。吐蕃若與唐成盟國，南詔自亦不肯再事寇唐。由此着眼，德宗建中年間（780～783），爲唐、蕃交好時期。及朱泚亂發，吐蕃藉口助平叛亂，陰持兩端，兵不時出，且受泚賂，因而退兵。亂平之後，反索酬庸，竟求安西、北庭之地。雖因李泌之反對而罷，但此後兵連禍結，靡有寧歲。至貞元三年（787），吐蕃竟劫平涼之盟。此時之唐，對吐蕃和戰兩難，和既爲吐蕃所欺，戰亦無力，因又走上「聯月氏以斷匈奴右臂」之古法，不過此次所聯者多，所制者已非匈奴而爲吐蕃而已。

一、唐廷決策

德宗一朝，經建中、興元至貞元三年（787）吐蕃劫盟，君臣上下，漸知

〔註120〕同註 118 頁 23。
〔註121〕同前頁 24。

吐蕃持強反覆，撫、剿兩難。兩使吐蕃之韋倫，且曾：「謂『吐蕃豺虎野心，不可事信約，宜謹備邊。』帝善其言，厚禮之。」〔註122〕「不可事信約」一語，竟出諸曾兩使吐蕃之韋倫口中，其對朝廷之影響，自可想見。

貞元一朝，唐之重臣曰李泌、曰陸贄，二人對吐蕃之態度一致，俱以為和吐蕃不止非益，抑亦無成，當聯絡他國，共謀吐蕃。此議由李泌發之，而由韋皋行之。

朱泚之亂，以拒偽命受知於德宗之韋皋，曾遣使求援於吐蕃，竟無下文。至貞元元年（785），韋皋拜檢校戶部尚書、兼成都尹、御史大夫、劍南西川節度使，以代張延賞。皋至成都，瞭解「雲南蠻眾數十萬，與吐蕃和好，蕃人入寇，必以蠻為前鋒。」〔註123〕若能招撫雲南，自可分化吐蕃之勢，緩和唐之邊患。韋皋在蜀，即朝此方向努力，而其事功，亦成於此。

南詔自閣羅鳳北臣吐蕃之後，西川為之寢食不安，而南詔自身亦苦於吐蕃之侵凌徵發，亦思與唐恢復舊好，以免吐蕃之侵凌。唐亦欲得南詔之助，庶可以斷吐蕃之右臂。韋皋帥蜀，遭此際會，招懷南詔，以離吐蕃，使唐得以舒邊境之困，南詔亦可脫離吐蕃之控制，與唐合勢，乘機併吞臣於吐蕃之諸小部族，獲得再度發展之機會。

韋皋既明此情勢，有心懷柔，而南詔亦有再投中國之意，雙方心理相同，故易成功。此時之南詔，既苦吐蕃之徵調，復為鄭回所說，漸生異心，不願再事吐蕃，因求歸唐之途徑。故《通鑑》於貞元三年（787）記云：

> 初，雲南王閣羅鳳陷巂州，獲西瀘令鄭回。回，相州人，通經術，閣羅鳳愛重之，其子鳳伽異，及孫異牟尋、曾孫尋夢湊皆師事之。每授學，回得撻之。及異牟尋為王，以回為清平官。清平官者，蠻相也，凡有六人，而國事專決於回。五人者事回甚卑謹，有過，則回撻之。雲南有眾數十萬，吐蕃每入寇，常以雲南為前鋒，賦斂重數，又奪其險要，立城堡，歲徵兵助防，雲南苦之。回因說異牟尋復自歸於唐曰：「中國尚禮義，有惠澤，無賦役。」異牟尋以為然，而無路自致，凡十餘年。及西川節度使韋皋至鎮，招撫境上羣蠻，異牟尋潛遣人因羣蠻求內附。皋奏：「今吐蕃棄好，暴亂鹽、夏，宜因雲南及八國生羌有歸化之心，招納之，以離吐蕃之黨，分其勢。」上命皋

〔註122〕百衲本《新唐書》卷一四三列傳第六八〈韋倫傳〉頁6。
〔註123〕百衲本《舊唐書》卷一四〇列傳第九〇〈韋皋傳〉頁2。

先作邊將書以諭之，微觀其趣。〔註124〕

鄭回原爲唐之西瀘令，身雖在雲南，而心向唐室，由一俘虜而爲南詔子、孫之師，並爲清平官，參南詔大政，亦非一朝一夕之故。欲說南詔復歸於唐，亦需有適當之時機，進言方能奏效，所謂「嫌隙已生，說之易入」也。故異牟尋初即位之時，正欲「取蜀爲東府」。此時雖儀、秦復生，亦不能使其歸唐。寇蜀之兵，三路俱敗，且爲吐蕃所怒，南詔始懼而與吐蕃貳心。其後吐蕃復重賦於南詔，奪其險要，徵兵助防，南詔對吐蕃既懼且恨，亟欲脫離其羈絆，故鄭回得乘機而說之。

促成南詔重歸於唐之重要人物爲鄭回，關於鄭回之事跡，據《舊唐書》云：

> 有鄭回者，本相州人，天寶中舉明經，授巂州西瀘縣令。巂州陷，
> 爲所虜。閣羅鳳以回有儒學，更名曰：「蠻利」，甚愛重之，命教鳳
> 伽異。及異牟尋立，又令教其子尋夢湊。回久爲蠻師，凡授學，雖
> 牟尋、夢湊，回得箠撻，故牟尋以下皆嚴憚之。〔註125〕

鄭回「明經」出身，「久爲蠻師」，其所教者，自爲中國之經史，異牟尋等受教既久，沾染儒風，漸慕唐之文化，而有自卑之感，故《蠻書》云：

> 異牟尋每歎地卑夷雜，禮義不通，隔越中華，杜絕聲教。遂獻書檄，
> 寄西川節度使韋皋。〔註126〕

若無鄭回之爲「蠻師」，異牟尋何能知中華禮儀，以及大唐之聲威教化！且異牟尋通曉中國文字，而爲在西川之韋皋所知；此自爲鄭回所授。貞元三年（787）六月，「韋皋以雲南頗知書，壬辰（十一日），自以書招諭之，令趣遣使入見。」〔註127〕所謂「雲南」，殆指雲南王異牟尋。故異牟尋之再投唐室，除現實政治之因素外，親受唐人鄭回之教誨而謀輸進大唐文化，亦爲一不容否認之事實。

韋皋之招撫雲南，事前略知南詔有向化之心，再加爭取，乃底於成。並非南詔毫無動靜，全出諸唐人之策略，而使唐與南詔恢復舊好。觀鄭回之勸南詔歸唐，似不純爲唐，而爲南詔之成份較大。南詔降唐之後，鄭回本人並未重歸故國，反而「蠻化」，其後裔竟成南詔人氏矣！

在唐與吐蕃、南詔之關係史上，貞元三年（787）爲具有決定性之一年。

〔註124〕世界書局章鈺校本《通鑑》卷二三二〈唐紀四八〉頁7479。
〔註125〕百衲本《舊唐書》卷一九七列傳第一四七〈南蠻傳〉頁7。
〔註126〕《蠻書校注》卷三〈六詔第三〉頁74。
〔註127〕世界書局章鈺校本《通鑑》卷二三二〈唐紀四八〉頁7489。

是年閏五月辛未（十九日），吐蕃劫平涼之盟。六月，唐以陝虢觀察使李泌爲中書侍郎、同平章事。

　　自李泌拜相，唐之氣象一新。泌先釋德宗與李晟、馬燧間之猜疑，使君臣坦然相處。君不以臣之功高而忌之，臣勿以位高而自疑，則天下永無事矣。次又下令州縣，於應留使、留州之稅外，其餘權率、徵發悉輸京師，敢有隱沒者，重設告賞之科而罪之；國用以充。繼又欲以屯田之法，復府兵之實，可變關中之疲弊之區而成富強之地。德宗以爲能如此，則天下無事矣。李泌以爲如此並未達到「天下無事」，欲致「無事」，需圖吐蕃。其圖吐蕃之法，據《通鑑》云：

> 泌曰：「未也。臣能不用中國之兵使吐蕃自困。」上曰：「計將安出？」
> 對曰：「臣未敢言之，俟麥禾有效，然後可議也。」上固問，不對。
> 泌意欲結回紇、大食、雲南與共圖吐蕃，令吐蕃所備者多；知上素恨回紇，恐聞之不悅，并屯田之議不行，故不肯言。〔註128〕

李泌雖不欲先事言之，而又不得不言；問而不對者，蓋預留一伏筆，使德宗先有心理上之準備，不致異日言及而致過分激動也。

　　是年九月，回紇求和親，邊將告乏馬，李泌因此機會向德宗建言，說明欲結回紇、大食與雲南之意。《通鑑》記其事曰：

> 回紇合骨咄祿可汗屢求和親，且請昏，上未之許。會邊將告乏馬，無以給之，李泌言於上曰：「陛下誠用臣策，數年之後，馬賤於今十倍矣！」上曰：「何故？」對曰：「願陛下推至公之心，屈己徇人，爲社稷大計，臣乃敢言。」上曰：「卿何自疑若是！」對曰：「臣願陛下北和回紇，南通雲南，西結大食、天竺，如此，則吐蕃自困，馬亦易致矣。」上曰：「三國當如卿言，至於回紇則不可！」泌曰：「臣固知陛下如此，所以不敢早言。爲今之計，當以回紇爲先，三國差緩耳。」上曰：「唯回紇卿勿言」。〔註129〕

德宗雖不許復言回紇事，而李泌爲德宗解釋，前害韋少華、屈辱德宗者乃回紇之牟羽可汗，已爲今合骨咄祿可汗所殺，而其國人有再復京城之勳，〔註130〕

〔註128〕前揭書頁 7495。
〔註129〕前揭書卷二三三〈唐紀四九〉頁 7501 至 7502。
〔註130〕至德二載（757）與代宗復兩京，寶應元年（762）又與德宗復東京，是有再復京城之勳。

有功而無罪，豈能不和？和回紇所以報吐蕃，吐蕃幸唐之災，陷河、隴數千里之地，又引兵入京城，使代宗出奔陝南，此乃必報之讎，況其贊普尚存乎？前之宰相思不及此，乃欲聯吐蕃以攻回紇，是爲可怨耳。德宗意動，但恐爲回紇所拒，則騰笑夷狄。李泌又言決不至此，且言其必成之理。《通鑑》載泌對答德宗之言曰：

> 上曰：「朕與之爲怨已久，又聞吐蕃劫盟，今往與之和，得無復拒我，爲夷狄之笑乎？」對曰：「不然，臣曩在彭原，今可汗爲胡祿都督，與今國相白婆帝皆從葉護而來，臣待之頗親厚，故聞臣爲相而求和，安有復相拒乎！臣今請以書與之約：稱臣、爲陛下子，每使來不過二百人、印馬不過千匹、無得携中國人及商胡出塞。五者皆能如約，則主上必許和親。如此，威加北荒，旁讋吐蕃，足以快陛下平昔之心矣。」上曰：「自至德以來，與爲兄弟之國，今一旦欲臣之，彼安肯和乎？」對曰：「彼思與中國和親久矣，其可汗、國相素信臣言，若其未諧，但應再發一書耳。」上從之。
>
> 既而回紇可汗遣使上表稱兒及臣，凡泌所與約五事，一皆聽命。上大喜，謂泌曰：「回紇何畏服卿如此！」對曰：「此乃陛下威靈，臣何力焉！」上曰：「回紇則既和矣，所以招雲南、大食、天竺奈何？」對曰：「回紇和，則吐蕃已不敢輕犯塞矣。次招雲南，則是斷吐蕃之右臂也。雲南自漢以來臣屬中國，楊國忠無故擾之使叛，臣于吐蕃，苦於吐蕃賦役重，未嘗一日不思復爲唐臣也。大食在西域爲最強，自葱嶺盡西海，地幾半天下，與天竺皆慕中國，代與吐蕃爲仇，臣故知其可招也」。〔註131〕

回紇如約，德宗以咸安公主妻回紇合骨咄祿毘伽可汗，可汗上書恭甚，言：「昔爲兄弟，今婿，半子也。陛下若患西戎，子請以兵除之。」〔註132〕回紇雖未能以兵除吐蕃，而吐蕃亦未因唐與回紇和親，即如李泌所云，「不敢輕犯塞矣」。實則聯回紇最顯著之效果，能令吐蕃所備者多，無法全力侵凌中國，則爲一不易之事實。

　　李泌所建議之「北和回紇，南通雲南，西結大食、天竺。」以通雲南之成效最大。然此乃德宗與李泌定策於廟堂，韋皋躬行於邊徼，以成其事。然吾以

〔註131〕世界書局章鈺校本《通鑑》卷二三三〈唐紀四九〉頁7504至7505。
〔註132〕百衲本《新唐書》卷二一七上列傳第一四二上〈回鶻列傳上〉頁9。

爲若無李泌之建議，韋皋亦將招撫雲南，客觀環境不異，故而英雄所見略同。

二、韋皋招撫

李泌言招撫回紇、大食、天竺、雲南等四國，以圖吐蕃，所見雖是，不免有不切實際之處。蓋唐雖以德宗之親女——咸安公主——嫁與回紇合骨咄祿可汗之後，吐蕃入寇如故，且未幾回紇內亂，自顧不暇，豈能爲唐除吐蕃！大食、天竺，相距既遠，往還亦少，雖可聯爲與國，但對吐蕃之大患，並無多大助益。且此二國，亦未必能爲唐之故，與吐蕃爲仇，而至兵戎相見，以紓唐之邊患。唯有招撫雲南，所收效果最大，確能達成削弱吐蕃之目的。其所以能致此者，原因有二：其一爲南詔本有向化之心；其二爲韋皋亦有招撫之計。二者遇合，故成其功。

韋皋任西川節度使時，與南詔之關係究如何開始？正如《新唐書》所云：「初，雲南蠻羈附吐蕃，其盜塞必以蠻爲鄕道，皋計得雲南，則斬虜右支，乃間使招徠之，稍稍通西南夷。」〔註133〕是乃韋皋有「得雲南」之計，以斬吐蕃之右支。而此時之南詔，既苦吐蕃之徵發，復受鄭回之遊說，亦有托庇於唐，以去吐蕃控制之意。故當南詔異牟尋聞知韋皋招懷境上羣蠻時，異牟尋乃潛遣人因羣蠻求內附。〔註134〕異牟尋之「求內附」，爲一秘密行動，不敢使吐蕃知之，中經七、八年之時間，至時機成熟，方始正式叛蕃歸唐。對此段歷程，《蠻書》簡而言之曰：

> 異牟尋每歎地卑夷雜，禮義不通，隔越中華，杜絕聲教。遂獻書檄，寄西川節度使韋皋。韋皋答牟尋書，申以朝廷之命。牟尋不謀於下，陰決大計。遂三路奉使，冀有一達：一使出安南，一使出西川，一使由黔中。貞元十年（794），三使悉至闕下。朝廷納其誠款，許其歸化。〔註135〕

由異牟尋獻書檄於韋皋，至貞元十年（794）冊南詔，其間韋皋步步爲營，既撫東蠻，復破吐蕃，使南詔不得不歸降於唐。明此原委，則知韋皋之鎭西川，亦不同於他人，而其事功，即建立於此期間。

韋皋對於西南民族，是採取逐個爭取之方式，達到削弱吐蕃之目的。其第

〔註133〕百衲本《新唐書》卷一五八列傳第八三〈韋皋傳〉。
〔註134〕世界書局章鈺校本《通鑑》卷二三二〈唐紀四八〉頁7480。
〔註135〕《蠻書校注》卷三〈六詔第三〉頁74至76。

一步驟，即開始於東蠻。所謂東蠻，實指「勿鄧、豐琶、兩林，皆謂之東蠻」，
〔註136〕亦謂之三部落，皆在唐之巂州。三部落中之勿鄧，居唐代之邛部、臺登
之間，即今西康之越巂與冕寧之間。勿鄧南七十里爲兩林，「兩林地雖陋，而諸
部推爲長，號都大鬼主。」〔註137〕而三部落中之豐琶蠻，又在兩林南二百里。
〔註138〕當日東蠻所活動之地，大致在今日鴉礱江以東，西康伸展入雲南之地
區，其地東臨四川，南爲雲南，唐代處西川、吐蕃、南詔之間，故東蠻之政治
態度亦搖擺不定，恆視三者之強弱爲轉移，或竟同時臣屬於兩、三方面，以求
自存。韋皋爲對付吐蕃，招撫雲南，非先收復東蠻，即無法達成目的。

東蠻之中，兩林既被諸部推爲長，故韋皋先事招撫者，厥爲兩林部落。當
時之兩林都大鬼主爲苴那時，〔註139〕以王爵讓其兄子苴烏星。烏星幼時，那時
攝領其部，故請歸爵。韋皋以此爲絕好機會，故上言曰：「禮讓行于殊俗，則悖
戾者化，願皆封以示褒進。」〔註140〕朝廷從之。故苴那時、苴烏星俱被唐封爲
郡王，但今史書所傳，或云那時爲順政郡王，或云烏星爲順政郡王，〔註141〕但
已無法詳考矣。

韋皋之意，在透過東蠻以招徠南詔。南詔亦利用東蠻，使之入朝，觀看
唐之態度，以定取捨。但二者意既相同，故易成功，《舊唐書》記其事云：

> （貞元）四年，皋遣判官崔佐時入南詔蠻，說令向化，以離吐蕃之
> 助。佐時至蠻國羊咀咩城，其王異牟尋忻然接遇，請絕吐蕃，遣使
> 朝貢。其年，遣東蠻鬼主驃傍、苴夢衝、苴烏（星）等相率入朝。

〔註136〕百衲本《新唐書》卷二二二下列傳第一四七下〈南蠻列傳下〉頁12。
〔註137〕同前。
〔註138〕《蠻書校注》卷四〈名類第四〉頁106云：「豐巴蠻，本出巂州百姓，兩林南
二百里而居焉。」
〔註139〕苴那時，苴烏星、苴夢衝等之苴，據向達在《蠻書校注》頁105注云：「達案：
民國廿九年，前中央博物院吳金鼎、曾昭燏在大理大和村五華樓一帶，發掘
所得南詔帶字殘瓦中有苴成造、苜軍、官苜諸片，所紀爲造瓦人姓名。是當
時苴姓固甚盛也。竊疑夢蠻主苴夢衝之姓亦應作苜，苴乃沿襲致誤。《永樂大
典》苴猶作苜，原來痕跡，尚可概見，以無他證。姑識所疑於此。」
〔註140〕百衲本《新唐書》卷一五八列傳第八三〈韋皋傳〉頁1。
〔註141〕云冊苴那時爲順政郡王者爲《新唐書・韋皋傳》、及同書〈南蠻傳下〉。云封
苴烏星爲順政郡王者爲《舊唐書・韋皋傳》、《冊府元龜》卷九六五〈外臣部・
封冊三〉、及同書〈外臣部・褒異三〉。《資治通鑑》之注則有云苴烏星者，如
藝文李氏三校本、世界《新校資治通鑑》注。亦有云爲苴那時者，如文化景
印興文署本即是。

南蠻自巂州陷沒，絕朝貢者二十餘年，至是復通。〔註142〕

兩林之都大鬼主苴那時既先通好中國，今又爲南詔異牟尋所授意，故豐琶大鬼主驃傍、勿鄧大鬼主苴夢衝，亦隨那時之後，於貞元四年（788）四月，親朝於中國。《冊府元龜》載其事云：

> 四年四月，封東蠻鬼王（當作主）驃傍、苴夢衝、苴烏星等爲和義、順政等郡王。驃傍等自陷巂州，臣於吐蕃，絕朝貢者二十餘年。及是，劍南節度韋皋招誘之，始棄吐蕃內附來朝。特封爲郡王，且衣以冠帶，仍給兩林、勿鄧等部落印而遣之。〔註143〕

三部落之鬼主入朝，唐於五月乙卯（初八），宴之於麟德殿，賜賚甚厚，封驃傍爲和義郡王、苴夢衝爲懷化王、苴烏星爲順政郡王，並遣其歸。〔註144〕

在貞元四年一年之內，韋皋雖曾派崔佐時說異牟尋內屬，異牟尋亦藉東蠻通情款，然南詔尚有所顧忌，不敢公然叛吐蕃，對於聯雲南之計畫，僅開其端，尚未達成目的。恰在此年十月，吐蕃予韋皋一機會，因而製造吐蕃與南詔間之猜疑，進而發生摩擦，而使南詔不得不歸向大唐。此事之原委，《通鑑》記云：

> 吐蕃發兵十萬將寇西川，亦發雲南兵。雲南內雖附唐，外未敢叛吐蕃，亦發兵數萬屯於瀘北。韋皋知雲南計方猶豫，乃爲書遺雲南王，敘其叛吐蕃歸化之誠，貯以銀函，使東蠻轉致吐蕃。吐蕃始疑雲南，遣兵二萬屯會川，以塞雲南趣蜀之路。雲南怒，引兵歸國。由是雲南與吐蕃大相猜阻，歸唐之志益堅。吐蕃失雲南之助，兵勢始弱矣。然吐蕃業已入寇，遂分兵四萬攻兩林、驃旁，三萬攻東蠻，七千寇清溪關，五千寇銅山。皋遣黎州刺史韋晉等，與東蠻連兵禦之，破吐蕃於清溪關外。〔註145〕

韋皋以智破壞南詔與吐蕃之關係，正所謂離間之計，雖非正大光明之手段，然兩軍相對，無所不用其極，亦未可厚非。韋皋遣黎州刺史韋晉助東蠻，敗吐蕃於清溪關外。此次戰爭之作用，促使東蠻與吐蕃兵戎相見，仇恨益深，唐亦藉助東蠻之便，將其軍事力量伸入三部落，加強控制此交通要道，斷絕

〔註142〕百衲本《舊唐書》卷一四〇列傳第九〇〈韋皋傳〉頁2。
〔註143〕清華書局《冊府元龜》卷九六五〈外臣部・封冊三〉頁8。
〔註144〕世界書局章鈺校本《通鑑》卷二三三〈唐紀四九〉頁7513及胡注。
〔註145〕前揭書頁7515及7516。

南詔與吐蕃之來往。

　　韋晉能與東蠻擊敗吐蕃，使南詔認爲叛吐蕃歸唐有利無害，與唐聯合即無懼於吐蕃之軍事行動。設使此次戰爭韋晉與東蠻不幸敗北，韋皋招撫雲南之舉，能否成功，深值考慮。

　　吐蕃敗於清溪關後，心有不甘，復以二萬寇清溪關，一萬攻東蠻。韋皋命韋晉鎮要衝城，督諸軍以禦之。巂州經略使劉朝彩出關與戰，自十一月乙卯（十一日）至癸亥（十九日），又大破吐蕃之眾。〔註146〕

　　吐蕃數失利，亦知此乃失雲南之助，方有此敗，因屢遣人誘脅雲南。韋皋亦以一使離間，再破吐蕃，南詔仍未表明態度，實屬曖昧，故於貞元五年（789）二月丁亥（十四日），再遣異牟尋書，稱：「回鶻屢請佐天子共滅吐蕃，王不早定計，一旦爲回鶻所先，則王累代功名虛棄矣。且雲南久爲吐蕃屈辱，今不乘此時依大國之勢以復怨雪恥，後悔無及矣。」〔註147〕從韋皋致異牟尋之書中，亦可看出韋皋所執行者，實爲李泌之計劃，而且明瞭整個計畫之關聯，故能以回鶻誘南詔，使之背叛吐蕃。

　　東蠻假韋皋之力，兩敗吐蕃，因想徹底摧毀吐蕃在西南之勢力，而韋皋亦欲趁機收復巂州。故兩林都大鬼主苴那時，遣書於韋皋，乞兵攻吐蕃。韋皋分兵三路，遣劉朝彩出銅山道，吳鳴鶴出清溪關道，鄧英俊出定蕃柵道，進逼臺登城。吐蕃退壁西貢川，據高爲營。苴那時戰甚力，分兵大破吐蕃青海、臘城二節度軍於北谷。青海大兵馬使乞藏遮遮，臘城兵馬使悉多楊朱、節度使論東柴、大將論結突梨等皆戰死，執籠官四十五人，鎧仗一萬，牛馬稱是，進拔于葱柵。〔註148〕

　　此次戰爭，爲唐進行南聯南詔以來最輝煌之勝利。所殺之青海大兵馬使乞藏遮遮，或云爲尙結贊之子，吐蕃之驍將也，其「既死，皋所攻城柵無不下，數年，盡復巂州之境。」〔註149〕乞藏遮遮爲吐蕃將領中之悍雄者，「悍將已亡，則屯柵以次降定。」〔註150〕遮遮既死，正是兵敗如山倒，吐蕃之眾望風而靡。

　　關於乞藏遮遮既死之後，運屍北歸，其禮不同於眾。《新唐書》記其經過云：

　　　乞藏遮遮，尙結贊子也，以尸還。其下囊貢節度蘇論百餘人行哭，

〔註146〕前揭書頁7516。

〔註147〕前揭書頁7517。

〔註148〕百衲本《新唐書》卷二二二下列傳第一四七下〈南蠻傳下〉頁12至13。

〔註149〕世界書局章鈺校本《通鑑》卷二三三〈唐紀四九〉頁7519。

〔註150〕百衲本《新唐書》卷一五八列傳第八三〈韋皋傳〉頁2。

使一人立尸左，一人問之曰：「瘡痛乎？」曰：「然。」即傅藥。曰：「食乎？」曰「然。」即進膳。曰：「衣乎？」曰：「然。」即命裝。又問：「歸乎？」曰：「然。」以馬載尸而去。〔註151〕

乞藏遮遮之尸運回本國，其禮絕異，故《咸通錄》曾云：「若此異禮，必其國之貴臣也。」〔註152〕韋皋亦以能殺此「貴臣」，進位檢校吏部尚書。

韋皋與東蠻大張撻伐，數破吐蕃，而南詔雖貳於吐蕃，亦未敢顯與之絕。貞元五年（789）十二月壬辰（二十五日），「韋皋復以書招諭之」。〔註153〕又經一年半之光陰，南詔雖仍未復其片言隻字，但皋知南詔貳於吐蕃，歸心於唐，故於貞元七年（791）六月，遣段忠義使南詔。《通鑑》記云：

> 韋皋比年致書招雲南王異牟尋，終未獲報。然吐蕃每發雲南兵，雲南與之益少。皋知異牟尋心附於唐，討擊副使段忠義，本閣羅鳳使者也，六月丙申（初七），皋遣忠義還雲南，並致書敦諭之。〔註154〕

吐蕃知韋皋使者在雲南，遣使責之。雲南王異牟尋始則曰：「唐使，本蠻也，皋聽其歸耳，無他謀也。」因執以送吐蕃。吐蕃多取其大臣之子爲質，雲南愈怨。〔註155〕由貞元三年（787）招懷雲南，至此四年有奇，南詔心雖附於唐而不敢表明態度，怨恨吐蕃日甚一日而不顯與之絕，異牟尋之爲人，可謂老謀深算者矣。

正韋皋遺書遣使再三招徠南詔之時，勿鄧大鬼主苴夢衝「內受恩賞於國，外私於吐蕃」，〔註156〕復誘羣蠻，隔絕雲南使者。韋皋正爲南聯南詔，尚未收到預期之效果而煩惱，因遣三部落總管蘇峞，將兵至琵琶川，於貞元八年（792）二月壬寅（十七日）執夢衝，數其罪而斬之，雲南之路始通。〔註157〕夢衝死後，韋皋立次鬼主襪棄，且將其部落分爲六，羣蠻震服。韋皋乘機「建安夷軍於資州，維制諸蠻。城龍谿於西山，保納降羌。」〔註158〕此舉不僅獲得通雲南之路，亦正顯示韋皋對東蠻之控制力。

韋皋對於南詔，既屢示懷柔，復展其武力，數破吐蕃，更利用反間，造

〔註151〕前揭書卷二二二下列傳第一四七下〈南蠻傳下〉頁13。

〔註152〕《太平廣記》卷四八○引。

〔註153〕世界書局章鈺校本《通鑑》卷二三三〈唐紀四九〉頁7520。

〔註154〕前揭書頁7524。

〔註155〕同前。

〔註156〕《蠻書校注》卷一〈雲南界內途程第一〉頁35。

〔註157〕世界書局章鈺校本《通鑑》卷二三四〈唐紀五○〉頁7526。

〔註158〕百衲本《新唐書》卷一五八列傳卷八三〈韋皋傳〉頁2。

成吐蕃與南詔之猜疑，迫其不得不投向唐室。今又數苴夢衝之罪而斬之，非
唯震服羣蠻，且使西川兵力，及於雲南。如南詔向化，自是至佳，如再遷延，
或將在吐蕃不及救之情形下，使用武力，使之屈服。然唐之計劃在聯雲南，
非萬不得已，恐不致使用武力，以免南詔再投吐蕃，使天寶年間之失策重演。
故韋臯於貞元八年（792）二月殺苴夢衝後，雲南路通。吐蕃更加疑忌，幾欲
以兵戎相見。是年（792）十一月，韋臯復遺書異牟尋，《通鑑》記云：

> 吐蕃、雲南日益相猜，每有雲南兵至境上，吐蕃輒亦發兵，聲言相
> 應，實為之備。辛酉（初十），韋臯復遺雲南王書，欲與共襲吐蕃，
> 驅之雲嶺之外，悉平吐蕃城堡，獨與雲南築大城於境上，置戍相保，
> 永同一家。〔註159〕

此次遺書，雖仍未得異牟尋之答復，然未久又有機會，展示其武力，使南詔
因而動心。

原來吐蕃自貞元二年（786）據鹽州後，塞外無復保障。吐蕃常阻絕靈武，
侵擾邠坊。至貞元九年（793）二月，詔發兵三萬五千人城鹽州，又詔涇原、山
南、劍南各發兵深入吐蕃以分其勢，〔註160〕使不得相救。

韋臯原奉命深入吐蕃，牽制其軍，使吐蕃無法阻撓唐之復城鹽州。然而
韋臯不僅達成任務，更進而大破吐蕃，使西山八國因而入朝，並遣判官崔佐
時入雲南，復通南詔。《新唐書》詳記其經過云：

> 九年，天子城鹽州，策虜且來撓襲，詔臯出師牽維之。乃命大將董
> 勔、張芬分出西山、靈關，破峨和、通鶴、定廉城，踰的博嶺，遂
> 圍維州、搏棲雞，攻下羊溪等三城，取劍山屯焚之。南道元帥論莽
> 熱來援，與戰，破其軍，進收白岸，乃城鹽州。詔臯休士，以功為
> 檢校尚書右僕射、扶風縣伯。於是西山羌女、訶陵、南水、白狗、
> 逋租、弱水、清遠、咄霸八國酋長，皆因臯請入朝。乃遣幕府崔佐
> 時，由石門趣雲南，而南詔復通。〔註161〕

貞元九年（793）之破吐蕃，降西山八國，對於南詔又為一大刺激。故是年南
詔三路獻書，冀有一達，韋臯之招撫工作，始告完成。

〔註159〕世界書局章鈺校本《通鑑》卷二三四〈唐紀五○〉頁 7537。
〔註160〕同前頁 7540。
〔註161〕百衲本《新唐書》卷一五八列傳第八三〈韋臯傳〉頁 2。

三、叛蕃降唐

南詔處於唐與吐蕃之間，時唐時蕃，無時不視其自身之利益而改變。更以其在唐與吐蕃之衝突中，居於舉足輕重之地位，待價而估，往往以聯強侵弱，滿足其領土野心。且從其歷史發展上觀察，南詔慣於遠交近攻，假外力以擴充，乘機坐大。其不處於萬全之地而確有利益，絕不改變其外交方向，此南詔一貫之國策也。在南詔史上，執行此種政策，完全表現其特性，而有優異之成就者，厥唯異牟尋一人而已。

南詔之再度降唐，由於客觀環境使然。且由當時情勢推究，降唐可能為南詔外交上最有利之一途，故終於叛蕃歸唐，其主要原因，約有以下三點：

一、南詔臣事吐蕃以後，既苦賦役苛重，而所受到的威脅尤大；由此異牟尋心中悔恨，且感不安。

二、異牟尋父子兄弟，均受鄭回教育有年；所以一經勸說，便受感動，遂生叛蕃向唐之心。

三、韋皋善撫邊民，深得邊民歡心；所以南詔願受唐室招撫，而叛吐蕃。

〔註 162〕

獲得此三點結論之史實，前文俱有敘述，此處不再辭費。然從貞元三年（787）李泌定計聯雲南，韋皋即積極進行，屢破吐蕃以示唐威，數遣書南詔以諭唐德，直至貞元九年（793）異牟尋方三路遣使，上書韋皋。其間六、七年之時光，南詔與唐無直接交通，其態度不明。據事猜測，異牟尋顯係心存觀望，在唐與吐蕃未有決定性之勝負前，如過早表明其態度，可能為一冒險行動。異牟尋誠可謂「老謀深算」，且有鄭回等漢人等之籌畫，故直到唐北城鹽州，韋皋三路破蕃，南詔始認投靠唐室，能獲充分保護，乃在迫不得已之情勢下，方敢正式與吐蕃決裂，歸向唐室。從此亦可看出異牟尋臨事之謹慎，絕非莽撞冒失者可比。

異牟尋之決計歸唐，時在貞元九年（793）。為謹慎計，將其使臣分為三路，一出戎州，一由黔中，一走安南，其目的地俱為長安，並非如《通鑑》所云，「皆達成都」。〔註 163〕三輩使者，可能俱於貞元九年（793）之四月中旬

〔註 162〕此三點意見，採自吾師芮逸夫先生之〈唐代南詔與吐蕃〉，收入《西藏研究》頁 101 至 119。

〔註 163〕世界書局章鈺校本《通鑑》卷二三四〈唐紀五○〉貞元九年五月條頁 7547。《通鑑》此條沿《兩唐書》之誤。《新唐書‧南蠻傳》云：「後五年，乃決策遣使者三人，異道同趨成都。」實則異道同趨長安，而非成都，由趙昌之奏

出發。出石門入戎州之一路，於五月到達成都。另一路經過當時之夷獠地區，從安南入中國者，在當年六月十八日抵安南府，其使自稱係四月十九日由大和城出發，經兩月之時光，始至安南。當時之安南都護爲趙昌，渠於六月廿一日將南詔之表與其本人之書，並南詔所獻金鏤合子等物，一並差十將李茂同攜至長安，奏獻德宗。另有趙昌之奏文，說明原委，亦由李茂呈上。〔註164〕由此推斷，其由戎州入成都之一路，亦當在四月中旬出發，《通鑑》記其五月至成都，符合當時情形。

南詔之三路使臣，雖俱至長安，但由牂柯入黔府之一路，則未留下其他資料，可供研究。

南詔三路使臣所攜帶之信物，黔中府路雖不可考，以意度之，當與其他兩路，大致相同。其由戎州，趨成都之一路，齎有生金、丹砂，並韋臯所與之書信。金以示堅，丹砂以示赤心。〔註165〕其從安南入之一路，所攜物品，與前者大同小異。據當時之安南都護趙昌奏云：

> 東蠻和使楊傳盛等，六月十八日到安南，齎蠻王蒙異牟尋與臣絹書一
> 封，并金鏤合子一具。合子有縣，有當歸，有硃砂，有金。右東蠻國
> 王是故雲南詔王閣羅鳳孫，姓蒙，名異牟尋。遣前件使齎表詣闕，於
> 今月十八日到，兼得其王牟尋與臣書，遠陳誠懇，並金鏤合子一枚。
> 其使味言，送合子中有縣者，以表柔服，不敢更與爲生梗，有當歸者
> 永願爲內屬，有硃砂者蓋獻丹心向闕，有金者言歸義之意，如金之堅。
> 又言蠻王蒙異牟尋積代唐臣，徧霑皇化。天寶年中，其祖閣羅鳳被邊
> 將張乾陀譖搆，部落驚懼，遂違聖化，北向歸投吐蕃贊普。以贊普年
> 少，信任讒佞，欲併其國。蒙異牟尋遠懷聖化，北向請命。故遣和使，
> 乞釋前罪，願與部落竭誠歸附。緣道遏阻，伏恐和使不達，故三道遣：
> 一道出石門，從戎州路入；一道出牂柯，從黔府路入；一道出夷獠，
> 從安南路入。其楊傳盛等，今年四月十九日從蠻王蒙異牟尋所理大和
> 城發，六月十八日到安南府。其和使楊傳盛年老染瘴癘，未得進發。
> 臣見醫療，使獲稍損，即差專使領赴闕廷。其使云：異牟尋自祖父久
> 背國恩，今者願棄豺狼之思，歸聖人之德。此皆陛下雨露之澤及外夷，

狀可知。

〔註164〕此處所引，全出安南都護趙昌之奏狀，見《蠻書校注》卷一○頁266至267。

〔註165〕《通鑑》卷二三四〈唐紀五○〉頁7547。

故蠻徼遐荒，願爲內屬。臣忝領蕃鎮，目觀昇平，踴躍忻歡，倍萬常幸。右蠻王與臣書及金鍊合子等，謹差十將李茂等隨表奉進。謹奏。貞元十年六月二十一日，安南都護充管內節度觀察處置等使檢校工部尚書御史大夫臣趙昌奏狀。〔註166〕

趙昌奏狀之「貞元十年六月二十一日」，當作「貞元九年六月二十一日」。致誤原因，在於《蠻書》作者樊綽。《蠻書》卷三亦云：「貞元十年，三使悉至闕下。朝廷納其誠款，許其歸化。」〔註167〕以事實推測，不當在「貞元十年」也。且異牟尋於貞元十年正月初與中國誓文中有云：「去年四月十三日，差趙莫羅眉、楊大和眉等賫僕射來書，三路獻表，願歸清化，誓爲漢臣。」〔註168〕在「三路獻表」之中，自當有安南一路，由此更可證明「貞元十年」當爲「九年」之誤。

異牟尋三道通使，決心投唐，前引安南都護趙昌之奏狀，得知並非如《新唐書》及《通鑑》所云，「同趨成都」，而係「三使悉至闕下」。

其趨成都之一路，攜有異牟尋致韋皋之帛書，此函件等於南詔之正式聲明。在此文件中，南詔對於天寶年間之叛唐降蕃，以及經四十餘年後，再叛蕃歸唐，俱有一套說辭。此雖出諸「夫子自道」，但在研究南詔重投李唐之關係史上，仍不失爲最原始之資料，今錄於後，以供參考：

異牟尋世爲唐臣，曩緣張虔陀志在吞侮，中使者至，不爲澄雪。舉部惶窘，得生異計。鮮于仲通比年舉兵，故自新無繇。代祖棄背，吐蕃欺孤背約，神川都督論訥舌使浪人利羅式眩惑部姓，發兵無時，今十二年，此一忍也。天禍蕃廷，降釁蕭牆，太子弟兄流竄，近臣橫汙，皆尚結贊陰計以行屠害，平日功臣無一二在，訥舌等皆冊封王，小國奏請，不令上達，此二忍也。又遣訥舌逼城于鄙，弊邑不堪，利羅式私取重賞，部落皆驚，此三忍也。又利羅式罵使者曰：「滅子之將，非我其誰！子所富，當爲我有。」此四忍也。今吐蕃委利羅式甲士六十侍衛，因知懷惡不謬，此一難忍也。吐蕃陰毒野心，輒懷搏噬，有如喻生，實汙辱先人，辜負部落，此二難忍也。往退渾王爲吐蕃所害，孤遺受欺。西山女王見奪其位，拓拔首領並蒙誅刈，僕固志忠身亦喪亡。每慮一朝，亦被此禍，此三難忍也。往朝

〔註166〕同註164頁266。

〔註167〕《蠻書校注》卷三〈名類第三〉頁76。

〔註168〕前揭書卷十樊綽所附〈雲南詔蒙異牟尋與中國誓文〉，頁264。

廷降使招撫，情心無二，詔函信節，皆送蕃廷。雖知中夏至仁，業
為蕃臣，吞聲無訴，此四難忍也。曾祖有寵先帝，後嗣率蒙襲王。
人知禮樂，本唐風化；吐蕃詐紿百情，懷惡相戚，異年尋願竭誠日
新，歸款天子。請加戍劍南西山、涇、原等州，安西鎮守，揚兵四
臨。委回鶻諸國，所在侵掠，使吐蕃勢分力散，不能為彊，此西南
隅不煩天兵，可以立功云。〔註169〕

對於早期叛唐之事，南詔完全歸咎於張虔陀、鮮于仲通之為吏不良，而於兩
爨爭奪，隻字不提。對於背叛吐蕃，全似懼其併吞而遭殺害，因而尋求唐室
保護，於韋皋在西南之攘蕃勝利，亦避而不言。至於「使吐蕃勢分力散，不
能為強」，此本為唐之政策，亦無南詔建議之必要。但在此可以看出吐蕃內部，
確有困難。而吐蕃對退渾、西山、羌之加強控制，使南詔憂懼，擔心其本身
亦將步其後塵，為吐蕃所併。在唐高宗、武后、玄宗時代，南詔屢藉唐之聲
威，兼併其他小部族，統一大理地區。及至北投吐蕃，為其所制，無法向外
擴充，此亦為南詔所無法忍受者，不過未便明言而已。

　　韋皋出兵西山，大破吐蕃，劍南西川諸羌，原屬吐蕃，至是畏威來降，
時在貞元九年（793）七月。其事據《通鑑》云：

劍南西山諸羌女王湯立志、哥鄰王董臥庭、白狗王羅陀忽、弱水王
董辟和、南水王薛莫庭、悉董王湯悉贊、清遠王蘇唐磨、咄霸王董
邈蓬及逋租王，先皆役屬吐蕃，至是各帥眾內附。韋皋處之於維、
保、霸州，給以耕牛種糧。立志、陀忽、辟和入朝，皆拜官，厚賜
而遣之。〔註170〕

〔註169〕百衲本《新唐書》卷二二二上列傳第一四七上〈南蠻傳上〉頁4。
〔註170〕世界書局章鈺校本《通鑑》卷二三四〈唐紀五〇〉頁 7548。《通鑑》所列，
　　　　實為九國，其言八國者，據同書7552胡三省注云：「弱水最小，不得預八國
　　　　數。」時究係西山八國內附，抑或六蠻內附，各書所記，臚列於後，以見從
　　　　《通鑑》之意。百衲本《舊唐書‧本紀一三‧德宗》頁9云韋皋所招撫者，
　　　　僅為六國，原文曰：「劍南西川羌女國王楊立志、哥鄰王董臥庭、白狗王羅陀
　　　　忿、弱水王董避和、逋租王弟鄧告知、南水王姪尚悉囊等六國君王自來朝貢。
　　　　六國初附吐蕃，韋皋出兵西山討吐蕃，故六蠻內附，各授官勒遣之。」舊記所
　　　　列，僅言「六蠻內附」。較《通鑑》少悉董、清遠、咄霸三國。百衲本《舊唐
　　　　書》列傳九〇〈韋皋傳〉頁2云：「皋又招撫西山羌女、訶陵、白狗、逋租、
　　　　弱水、南王等八國酋長，入貢闕廷。」雖云「八國酋長」，所列僅有六國，且
　　　　「南王」當作「南水王」，中漏一「水」字。訶陵即哥鄰，所少三國與舊紀同。
　　　　百衲本《新唐書》列傳八三〈韋皋傳〉頁2云：「於是西山羌女、訶陵、南水、

西山八國亦降，韋皋方能在是年十月甲子（十八日），遣其節度巡官崔佐時由清溪關路，齎詔詣雲南，並自爲帛書答之。〔註171〕

四、貞元冊封

貞元九年（793）四月，異牟尋三路遣使，而「三使悉至闕下，朝廷納其誠款，許其歸化。」〔註172〕此爲自李泌定策，經韋皋五、六年之努力，所獲成果，朝廷之喜，可以想知。故「德宗嘉之，賜以詔書，命皋遣諜往覘。」〔註173〕南詔不通中華，已四十餘年，遣使往視，明瞭實況，自爲正當途徑。同年七月，西山諸羌亦降，南溪道復通，故韋皋於是年冬十月甲子（十八日），遣其節度巡官崔佐時，由黎州，出邛部，過清溪關，至南詔之羊苴咩城（今大理）外時，南詔雖決心投唐，然亦未敢顯與吐蕃絕，時在羊苴咩城之吐蕃使者尚多。異牟尋不敢令吐蕃使者知唐使之至，陰令崔佐時衣牂柯使者衣以入城。崔佐時以體統有關，且欲南詔與吐蕃決裂，故曰：「我乃唐使者，安得從小夷服！」異牟尋不得已，乃夜迎之，設位陳燎，佐時即宣詔，陳天子意。此時之異牟尋仍畏吐蕃，顧左右而失色流涕，再拜受命。崔佐時之處事恰中符節，全由鄭回暗中指示，故能盡得其情，因勸其盡殺吐蕃使者，去吐蕃所立之號，獻其金印，復南詔舊名，異牟尋皆從之。〔註174〕貞元十年（794）正月初五，異牟尋率其子尋閤勸與崔佐時盟於點蒼山，「誓文四本：內一本進獻，一本異牟尋置於玷蒼山下神祠石函內，一本納於祖父等廟，一本置府庫中，以示子孫，不令背逆，不令侵掠。」〔註175〕南詔與崔佐時相盟之「誓文」，至今尚在，〔註176〕在唐與雲南

白狗、逋租、弱水、清遠、咄霸八國長，皆因皋請入朝。」新傳明言八國，缺悉董一國，而有不預八國之數之弱水在其中。

世界書局《唐會要》卷九九〈東女國〉頁1768云：「貞元九年，其王湯立悉，與哥鄰國王董臥庭、白狗國王羅忽、逋租國王弟鄧吉知、南水王國王姪薛尚悉曩、弱水國董辟和、悉董國王湯悉贊、清遠國王蘇唐磨、咄霸國王董藐蓬，各率其種落，詣劍南四（當作西）川內附。」所述九國，與《通鑑》。

〔註171〕世界書局章鈺校本《通鑑》卷二三四〈唐紀五〇〉頁7549。

崔佐時入雲南，所行爲清溪關路，亦即南路，新書〈韋皋傳〉誤爲石門路，亦即北路，故不取。

〔註172〕《蠻書校注》卷三〈六詔第三〉頁76。

〔註173〕百衲本《新唐書》卷二二二上列傳第一四七上〈南蠻傳上〉頁5。

〔註174〕同前，另參考《通鑑》卷二三四〈唐紀五〇〉頁7552改寫而成。

〔註175〕《蠻書校注》卷三〈六詔第三〉頁77。

〔註176〕南詔與崔佐時相盟之誓文，樊綽將之附錄《蠻書》卷十之後，今錄於後。

之關係史上，亦爲彌足珍貴之原始史料。

　　唐與吐蕃處在勢不兩立之地位，南詔只能二者從一，無法騎牆，故崔佐時一入羊苴咩城，即勸異牟尋盡殺吐蕃使者。異牟尋既殺吐蕃使者，復率眾與崔佐時相盟於點蒼山下，誓文中曾云：

> 請漢使計會，發動兵馬，同心戮力，共行討伐。然吐蕃神川、昆明、
> 會同已來，不假天兵，牟尋盡收復鐵橋爲界，歸漢舊疆宇。〔註177〕

異牟尋之殺吐蕃使者，可能在貞元十年（794）正月初五以前。吐蕃使者被殺之後，吐蕃尚未及知，南詔迅即襲擊吐蕃，戰于神川，大破之。

　　此次戰爭之起，由於吐蕃與回鶻爭奪北庭，殺傷甚眾，因向南詔徵兵萬人。時異牟尋已有貳心，辭以國小，請發三千人，吐蕃以爲少，益至五千人，乃可。異牟尋遣五千人前行，自將數萬躡其後，晝夜兼行，「壬辰（正月十八），南詔

雲南詔蒙異牟尋與中國誓文，臣（樊綽自稱）今錄白進獻。貞元十年歲次甲戌正月乙亥朔，越五日己卯，雲南詔異牟尋及清平官大軍將，與劍南西川節度巡官崔佐時，謹詣玷蒼山北，上請天、地、水三官、五嶽四瀆及管川谷諸神靈同請降臨，永爲證據。念異牟尋乃祖乃父忠赤附漢。去天寶九載，被姚州都督張乾陀等離間部落，因此與漢阻絕，經今四十三年。與吐蕃洽和，爲兄弟之國。吐蕃贊普冊牟尋爲日東王，亦無二心，亦無二志。去貞元四年，奉劍南節度使韋皋僕射書，具陳漢皇帝聖明，懷柔好生之德。七年，又蒙遣使段忠義招諭，兼送皇帝勅書。遂與清平官大軍將大首領等圖大計，誠矢天地，發於禎祥，所管部落，誓心如一。去年四月十三日，差趙莫羅眉、楊大和眉等賫僕射來書，三路獻表，願歸清化，誓爲漢臣。啓告祖宗明神，鑒照忠款。今再蒙皇帝、蒙劍南西川節度使韋皋僕射，遣巡官崔佐時傳語牟尋等契誠，誓無遷變，謹請西洱河玷蒼山神祠監盟，牟尋與清平官洪驃利時、大軍將段盛等，請全部落，歸附漢朝，山河兩利。即願牟尋、清平官、大軍將等福祚無疆，子孫昌盛不絕。管諸賧首領，永無離二。興兵動眾，討伐吐蕃，無不尅捷。如會盟之後發起二心，及與吐蕃私相會合，或輒窺侵漢界內田地，即願天地神祇共降災罰，宗祠殄滅，部落不安，災疾臻湊，人戶流散，稼穡產畜，悉皆減耗。如蒙漢與通知之後，有起異心，窺圖牟尋所管疆土，侵害百姓，致使部落不安，及有患難，不賜救卹，亦請准此誓文，神祇共罰。如蒙大漢和通之後，更無異意，即願大漢國祚長久，福盛子孫，天下清平，永保無疆之祚。漢使崔佐時至益州，不爲牟尋陳說，及節度使不爲奏聞牟尋赤心歸國之意，亦願神祇降之災。今牟尋率眾官具牢醴，到西洱河，奏請山川土地靈祇。請漢使計會，發動兵馬，同心戮力，共行討伐。然吐蕃神川、昆明、會同已來，不假天兵，牟尋盡收復鐵橋爲界，歸漢舊疆宇。謹率羣官虔誠盟誓，共尅金契，永爲誓信。其誓文一本請劍南節度隨表進獻，一本藏於神室，一本投西洱河，一本牟尋留詔城內府庫，貽誠子孫，伏惟山川神祇，同鑒誠懇。

〔註177〕同前。

異牟尋大破吐蕃於神川，使來獻捷。」〔註178〕至三月庚辰（初七）南詔又破吐蕃於神川，遂斷鐵橋，溺死以萬計，取鐵橋等十六城，俘其五王，降其眾十餘萬。南詔既有是捷，「乃遣弟湊羅棟、清平官尹仇寬等二十七人，入獻地圖、方物，請復號南詔。帝賜賚有加，拜仇寬左散騎常侍，封高溪郡王。」〔註179〕至此，唐使崔佐時入雲南，南詔遣尹仇寬入朝獻，二者關係，驟形密切。

崔佐時之往南詔，無正式朝命，非官方代表，僅是德宗命韋皋「遣諜往覘」之「諜」而已。及異牟尋遣其弟湊羅棟、清平官尹仇寬等人獻地圖及方物，唐必須遣正式之使臣冊封南詔，用以確定與南詔之名份，固定雙方之關係。出使人選，頗費周章，「德宗選郎吏可撫循者，皆憚行；至（袁）滋，不辭。帝嘉之，擢祠部郎中兼御史中丞，賜金紫，持節往。」〔註180〕袁滋原爲工部員外郎，先擢升，再出使，故《舊唐書‧德宗紀》貞元十年（794）六月記云：

　　癸丑（十二日），以祠部郎中袁滋兼御史中丞，爲冊南詔使。〔註181〕

　　袁滋奉命不辭，爲時人所稱，故權德輿有詩及序送之。〔註182〕其他未流

〔註178〕百衲本《舊唐書‧本紀一三‧德宗下》頁9。新書〈南蠻傳〉與《通鑑》將正月與三月之兩次戰爭，混而爲一，今不取而從舊紀。

〔註179〕百衲本《新唐書》卷二二二上列傳第一四七上〈南蠻傳上〉頁5。

〔註180〕前揭書卷一五一列傳第七六〈袁滋傳〉頁4。

〔註181〕百衲本《舊唐書‧本紀一三‧德宗下》頁10。

〔註182〕權德輿《權載之文集》卷四有〈送袁中丞持節冊南詔五韻〉一首，詩云：「西南使星去，遠徹通朝聘。煙雨巂道深，麾幢漢儀盛。途輕五尺嶺，水愛雙流淨。上國洽恩波，外臣遵禮命。離堂駐驍馭，且盡轉中聖。」

同書卷三六有〈送袁中丞持節迴鶻序〉一首，文曰：「國家用文教明德，懷徠外區。今年春，迴鶻君長納忠內附。譯吉語于象胥，復古地於職方。方帥條其功實，聞于天子。乃擇才臣以宣皇仁，於是詔工部郎袁君加中憲之重，被命服之貴。將行，又拜祠部郎中。有司具儀法，持節冊命，所以新其號而厚其禮也。中丞端淳而清，交敏而誠，才以周物，智以達變。識柔遠之五利，能專對于四方。攝衣登車不問夷險。朝賢縉紳是以壯其志而嘉其忠。且滇池、昆明爲西南雄部。嘗樂聲教，是焉纂修，奇功自劾，願爲保障。方今規摹宏大，八表一家。然則俛首以帥化者，吾君受之而不阻，勤人於遠略者，吾君薄之而不務。彼唐蒙開地，爲好事之臣，諸葛渡瀘，蓋一方之利。況今文武吉甫，鎮安蜀都。而中丞持大君之禮命，因殊鄰之職約。德行言語，實在是行。使邊人緩帶安枕，無煙火之警。酌古經遠，才者能之。金章瑞節，光耀原隰，近臣主文，乃類歌詩。鄙人不腆，忝記言之職。故西南之冊命，使臣之優詔，皆得書之，授于史官。又嘗與中丞同爲江西從事。辱命內引，所不敢辭。」

此序雖題爲「持節迴鶻」，內中所云，不外「滇池昆明」、「諸葛渡瀘」，以及「西南之冊命」，故知爲「送袁滋持節冊南詔序」，至於何以誤爲「迴鶻」，今

傳於後世者，想必尚有。

當時唐廷所派出之人員，雖爲一批，但分屬二團體。袁滋、龐頎、崔佐時爲冊封南詔使團，袁滋爲正使、龐頎副之，崔佐時爲判官。另有「雲南宣慰使內給事俱文珍、判官劉幽巖、小使吐突承璀」〔註183〕等人，屬於雲南宣慰使團，所有成員，似俱爲宦官。俱文珍即劉貞亮，與吐突承璀俱爲宦官，《新唐書》有傳，但未言及宣慰雲南事。劉幽巖無考，可能亦爲宦官。

德宗雖在六月癸丑（十二日）任命袁滋爲「冊南詔使」。至七月庚辰（初九），始決定賜南詔異牟尋銀窠金印，其文曰：「貞元冊南詔印」。蓋因吐蕃嘗賜南詔金印，韋皋請仍其舊習，賜以金印，朝廷從之。〔註184〕袁滋等人之起行，似在七月，或稍後。

袁滋等人出發之後，當於八月左右，首至成都，與韋皋商洽，並由韋皋派兵保護，兼負開路架橋之責。此次所行路線，確爲石門路，而非清溪關路。九月中旬，此一使團已出四川，而到達雲南東北角之豆沙關，是月廿日，有袁滋開石門路，置行館之摩崖題記。〔註185〕從石門以下之路程，據《新唐書》云：

> 又經鄧枕山、馬鞍渡，二百二十五里至阿傍部落，又經蒙夔山百九十里至阿夔部落。又百八十里至諭官川，又經薄哞川百五十里至界江山下，又經荊溪谷、瀲澒池三百二十里至湯麻頓。又二百五十里至柘東城。又經安寧井三百九十里至曲水。又經石鼓二百二十里渡石門，至佉龍驛。又六十里至雲南城。又八十里至白崖城。又八十里至龍尾城。又四十里至羊苴哶城。〔註186〕

袁滋等人由石門以下之行程，除前引材料外，再無詳細記載，更不知何日至某地，其地蠻族情況如何。但從安寧以下，有明確記載，可供研究。

尚無考。

〔註183〕此次使南詔之人員與職銜，《兩唐書》及《通鑑》所記，俱不如在今雲南大關縣豆沙關摩崖之題名。其文云：「大唐貞元十年□□□□九月廿日，雲南宣慰使內給事俱文珍、判官劉幽巖、小使吐突承璀、持節冊南詔使御史中丞袁滋、副使成都少尹龐頎、判官監察御史崔佐時，同奉恩命赴雲南，冊蒙異牟尋爲南詔。其時節度使尚書右僕射成都尹兼御史大夫韋皋，署巡官監察御史馬益統行營兵馬，開路置驛。故刊石紀之，袁滋題。」全部題名八行，自左至右，真書，只袁滋題三字篆書。以上轉引自向達《蠻書校注》頁26注文。

〔註184〕百衲本《舊唐書·本紀一三·德宗下》頁10。

〔註185〕黃仲琴〈唐貞元十年開封南詔開路刊石〉，《中山大學文史學研究所月刊》第一卷2期，民國22年。

〔註186〕百衲本《新唐書》卷四二志第三二〈地理志六〉頁4。

　　大唐之南詔冊封使團，於是年十月十五日至安寧城，其城使爲段伽諾，曾率馬、步軍去城五十里迎候。十九日到曲驛，鎮使楊盛亦率馬、步軍去驛十里迎接。二十一日過欠舍川，有首領父老百餘人，蠻夷百姓數千人，羅列路傍而拜，雲南節度將五十匹馬來迎，二十三日到雲南城，雲南節度蒙酋物率馬、步軍，去城十里相迎。有父老二百餘人，及吐蕃封王數人，迎拜門前。同日，南詔使大軍將兼戶曹長王各苴來迎。二十四日到白崖城，城使尹嵯率馬、步軍去城五里迎接。南詔遣大軍將李鳳嵐將細馬一千匹來迎，經渠歛趙，大軍將喻于俭去城五里來迎。至龍尾城，李波羅諾來迎入客館。南詔異牟尋叔父阿思，將大馬二百匹來迎。二十六日，過大和城，南詔迎接禮儀之隆，又非前比。據《蠻書》記云：

> 二十六日過大和城，南詔蒙異牟尋從父兄蒙細羅勿及清平官李異傍、大軍將李千傍等，將細馬六十匹來迎，皆金鐞玉珂，拂麾振鐸。夾路馬、步軍排隊二十餘里，南詔蒙異牟尋出陽苴咩城五里迎。先飾大象一十二頭引前，以次馬軍隊，以次伎樂隊，以次子弟持斧鉞。南詔異牟尋衣金甲，披大蟲皮，執雙鐸鞘。男蒙閣勸在傍，步槍千餘人隨後，馬上祇揖而退。〔註187〕

二十六日抵羊苴咩城，當日無法冊封，只有俟諸次日。

　　袁滋冊南詔盛況，據《蠻書》記云：

> 貞元十年十月二十七日陽苴咩城具儀注設位，旌節當庭，東西特立。南詔異牟尋及清平官已下，各具儀禮，面北序立。宣慰南詔使東向立，冊立南詔使南向立，宣勅書讀冊文訖，相者引南詔蒙異牟尋離位受冊，次受貞元十年曆日。南詔及清平官已下稽顙再拜，手舞足蹈，慶退而言：「牟尋曾祖父開元中冊雲南王，祖父天寶中又蒙冊襲雲南王。自隔大國，向五十年。貞元中皇帝聖明，念錄微劾，今又賜禮命，復覩漢儀，對揚天休，實感心肺。」其日樓下大會，又坐上割牲，用銀平脫馬頭盤二面。牟尋曰：「此是天寶初，先人任鴻臚少卿宿衛時，開元皇帝所賜。比寶藏不敢用，得至今。」又伎樂中有老人吹笛，婦人唱歌，各年近七十餘。牟尋指之曰：「先人歸蕃來國，開元皇帝賜胡部及龜茲音聲各兩部。今死亡零落盡，只餘此二人在國。」酒既行，牟尋自捧杯擎跽勸讓。冊立使袁滋引杯釃酒曰：「南詔當深思祖宗緒

〔註187〕《蠻書校注》卷十〈南蠻疆界接連諸蕃夷國名第十〉頁251。

業，堅守誠信，爲西南藩屏，使後嗣有以傳繼也。」異牟尋嘘唏曰：
「敢不承命！」其年十一月七日事畢，發陽苴咩城。〔註188〕
從袁滋等人到陽苴咩城至離開，首尾不過十一、二天。唐既有冊封，又有宣慰，可能尚有賞賚，南詔因而又遣使貢獻，並派人護唐使返國。其詳情據《蠻書》云：

> 雲南王蒙異牟尋以清平官尹輔酋十七人，奉表謝恩，進納吐蕃贊普鍾印一面。並獻鐸鞘、浪川劍、生金、瑟瑟、牛黃、琥珀、白氎、紡絲、象牙、犀角、越睒馬、統備甲馬、並甲文金，皆方土所貴之物也。仍令大軍將王各苴、柘東副使杜伽諾具牛羊領睪馬及丁夫三百人提荷食物。其年十一月二十四日送至石門。從石門更十日程到戎州。自後南蠻移心向化，遂與吐蕃離隙。〔註189〕

袁滋等人到戎州已是十二月初旬，回到長安，可能已是第二年正月，故其本傳云：「踰年還，使有指，進諫議大夫。」〔註190〕尹輔酋等人之奉表謝恩，並獻鐸鞘等物，亦當在貞元十一年春，而非十年。〔註191〕

　　南詔自天寶九載（750）叛唐，至貞元九年（793）降唐，十年冊封，其間四十餘年，唐之由盛而衰在此期間，吐蕃猖獗亦在此期間。謂南詔爲視強弱爲轉移，其誰曰「不然」？德宗之爲君雖猜疑太甚，然先任李泌，次用陸贄，將西南付與韋皋，復成小康之局。此時吐蕃外受制於唐，內有蕭牆之禍，正如異牟尋與韋皋書所云，衰兆已現，敗亡立至。南詔之投唐，豈非出於事勢哉！

〔註188〕同前頁251至252。
〔註189〕同前頁252。
〔註190〕百衲本《新唐書》卷一五一列傳七六頁4。舊書〈良吏・袁滋傳〉云：「來年夏，使還，擢爲諫議大夫。」不當遲至夏天，或爲「來年春」之誤。
〔註191〕百衲本《舊唐書・本紀一三・德宗下》頁11貞元十年九月「辛卯，南詔獻鐸槊、浪人劍、吐蕃印八紐。」
清華書局《冊府元龜》卷九七二〈外臣部・朝貢五〉頁4貞元十年條云：「是年，南詔王遣使蒙湊羅棟等來獻鐸槊、浪人劍及吐蕃印八紐。」
以上並誤，獻此等物當是尹輔酋，在貞元十一年春。

第五章　和戰無常

南詔自貞元十年（794）再度降唐，初期頗爲恭順，以後叛服不常，時侵邊境。唐廷爲此，煞費苦心，備邊則易人而廢，和親則計費不行；西北之侵伐暫息，西南之騷擾又起，西川、邕州、安南遍受蹂躪，窮兵不已，唐、詔兩疲，大盜一起，俱遭篡弑。時間略同，境況相似，研究至此，暫作結束；行有餘力，再從事宋與大理關係之探討。豈不相宜？

自貞元十年以後，南詔之異於前者，爲與唐雖時有和戰，但未再復通吐蕃，此其意義有三：一則吐蕃衰敗，自顧不暇；再則南詔經數十年之磨練，逐漸成長壯大，已能獨立，不需依賴其他大國。三則南詔恨吐蕃太深，傷吐蕃尤眾，無法重溫舊好。本章所述，純爲唐與南詔之關係，涉及吐蕃者絕少。

第一節　由和而戰

一、民族遷徙

唐初對西南之經營，所遭遇到之強敵，並非西南之民族，而是與唐有同樣用心之吐蕃。爲此緣故，唐乃扶植距吐蕃最遠，而又忠心於唐之南詔，共抗吐蕃。南詔在唐室之大力扶助下，併吞五詔，統一西洱河區，此時不願臣服於南詔之五詔殘餘份子，逃於雲南北疆，託庇吐蕃，南詔對之無可奈何。及南詔與唐室因兩爨之爭而決裂，亦投吐蕃，與早投吐蕃之雲南部族，同臣吐蕃，自當隱忍不發，無法重算舊帳。但當貞元十年（794）南詔重投唐室之後，情勢大爲改變。南詔不僅出兵攻擊吐蕃，佔領許多「陷蕃」地區，且對北臣吐蕃之雲南部族，從事征討，使其完全屈服，藉機統一雲南。

當時之唐，僅想疲弱吐蕃，使其備多而力分，解除國防上之威脅，殊不知其時吐蕃已衰，無能爲患。南詔有見及此，轉而投唐，攻佔吐蕃所奪之唐地，

據爲己有。在吐蕃無力保護之情況下，且併吞其他蠻族，統一雲南，造成眞正獨立之大國，不再依賴吐蕃，且能力抗大唐。此全由異牟尋所奠立之根基。

貞元十年（794）一年之中，異牟尋先與崔佐時結盟，次受袁滋之冊封，與唐關係之好，達於頂點。與吐蕃之關係，驟然惡化，兵戎相見。

以下所述，爲南詔趁降唐之際，獲得唐之支持，對已衰敗之吐蕃，進行戰爭，乘機擴充勢力。

是年，異牟尋攻吐蕃，奪獲昆明城（今四川之鹽源縣，非雲南之昆明），獲得新鹽池。

昆明爲西南產鹽要地，爲吐蕃所重視，故此地唐初爲吐蕃所奪，開元（713～741）中爲唐收復。至天寶（742～756）後與南詔俱屬吐蕃矣！關於煮鹽之法，吐蕃與唐不同，故《蠻書》云：

> 昆明城有大鹽池，比陷吐蕃，蕃中不解煮法，以鹹池水沃柴上，以火焚柴成炭，即於炭上掠取鹽也。貞元十年（794）春，南詔收昆明城。今鹽池屬南詔，蠻官煮之，如漢法也。〔註1〕

南詔擁有昆明，爲時甚暫，不久又陷吐蕃手中。〔註2〕吐蕃爭奪昆明之目的，可能仍在於「鹽」。

貞元十年（794）南詔與吐蕃戰於神川，吐蕃大敗，南詔遂斷鐵橋（在今雲南麗江西北，故巨津州北百三十餘里），吐蕃溺死者以萬計，俘其五王，南詔因遣使獻捷於唐。此一決定性之勝利，使南詔乘機征服在鐵橋以南，劍、共二川之附蕃部族。此類部族，大都爲五詔之子遺，或其他部族，然俱附於吐蕃，受其保護。今鐵橋已斷，吐蕃援救不及，南詔因得從容征服此一地區之部族，將之遷往他地，既便統治，復使其無法與吐蕃接觸。雲南內部之團結，即如此造成。以下逐一說明，即可了解。

蒙舍詔之統一其他五詔，僅蒙嶲詔與越析詔應時誅滅，而無子遺流落在外（參考第三章第三節「併滅五詔」）。其他三詔，俱有後裔，逃於劍、共二川，託庇吐蕃。劍川今爲滇西之縣，野共川雖無考，當屬毗連之地，言劍川則包野共，言野共即有劍川。至貞元十年（794），南詔破此二川，方能消滅此殘餘勢力。

〔註1〕《蠻書校注》卷七〈雲南管內物產第七〉頁189。

〔註2〕百衲本《新唐書》卷二二二上列傳第一四七上〈南蠻傳上〉頁8，韋皋與南詔十五萬「圍昆明、維州不能克」而知未久昆明又陷吐蕃。

浪穹詔之詔主豐時，傳子時羅鐸，再傳鐸羅望，爲浪穹州刺史，與南詔戰，失敗，以部落退保劍川，因稱劍浪。退居劍川後，鐸羅望又傳望偏。望偏卒，子偏羅矣立，三傳矣羅君，正值南詔降唐，《蠻書》記云：

> 貞元十年（794），南詔擊破劍川，俘矣羅君，徙永昌。凡浪穹、邆賧、施浪，總謂之浪人，故云三浪詔也。〔註3〕

「三浪詔」除浪穹詔外，尚有邆賧、施浪二詔，其命運相差不多。

邆賧詔建詔之主豐咩，爲浪穹詔主豐時之弟，傳子咩羅皮，與蒙歸義相戰，大敗，敗卒多陷死泥沙之中，故「咩羅皮從此退居野共川。咩羅皮卒，子皮邏邆立。皮羅邆卒，子邆羅顚立。邆羅顚卒，子顚之託立。南詔既破劍川，收野共，俘顚之託，徙永昌。」〔註4〕

施浪詔詔主施望欠爲閣羅鳳所敗，遂降。望欠弟望千，北走吐蕃，吐蕃立爲詔，歸於劍川，有眾數萬。望千傳子千傍，千傍傳子傍羅顚。傍羅顚爲詔時，南詔攻破劍川，《蠻書》記其結局云：

> 南詔既破劍川，盡獲施浪部落，傍羅顚脫身走瀘北。今三浪悉平，惟傍羅顚、矣羅識子孫在蕃中。〔註5〕

「三浪詔」之破滅，雖僅云浪穹、邆賧之餘眾被徙永昌，對施浪詔未有交待。按情判斷，施浪詔除傍羅顚逃身吐蕃外，其餘份子或亦徙於永昌。

隋末唐初，活躍於西洱河者，蓋屬白蠻，與吐蕃關係較好。後遭唐與南詔之雙層壓迫，大多數被南詔征服而臣屬於南詔，仕至清平官、大軍將者頗不乏人。〔註6〕其不甘於臣屬南詔者，亦如「三浪詔」，逃於劍、共二川，依吐蕃之保護而存在。

白蠻中之弄棟蠻，因誤殺其司戶，懼唐北走，依於吐蕃，故《新唐書》云：

> 弄棟蠻，白蠻種也，其部本居弄棟縣鄙地，昔爲襃州，有首領爲刺史，誤殺其參軍，挈族北走，後散居磨些江側，故劍、共諸川亦有之。〔註7〕

〔註3〕《蠻書校注》卷三〈六詔第三〉頁62。
〔註4〕前揭書頁64。
〔註5〕前揭書頁66。
〔註6〕前揭書卷四〈名類第四〉頁91云：「青蛉蠻，亦白蠻苗裔也。本青蛉縣部落，天寶中巂州初陷，有首領尹氏父兄子弟相率南奔河賧，閣羅鳳厚待之。貞元年中南詔清平官尹輔酋、尹寬求，皆其人也。衣服言語與蒙舍略同。」
〔註7〕百衲本《新唐書》卷二二二上列傳第一四七上〈南蠻傳上〉頁6。

散居劍、共諸川，其情形與「三浪詔」同，至其下場，亦復相同。故至「貞元十年（794），南詔異牟尋破掠吐蕃城邑，收獲弄棟城，遷於永昌之地。」〔註8〕至於先有弄棟、青蛉之蠻，方因族名以名其地，抑先名弄棟、青蛉之地，復因地名而名其地之居民，已不可考。

南詔之政策，是將居於劍、共二川及鐵橋周圍之各部族，遷往雲南之東、西二區，使其不能團結，便於統治。前述之「三浪詔」及弄棟蠻，〔註9〕是遷往雲南西部之永昌城者也。其他尚有裳人、長褌蠻、河蠻、順蠻、磨蠻等，皆徙於柘東（今昆明）地區。

裳人，《新唐書》作「漢裳人」，〔註10〕據說本為漢人，流落西南，逐漸蠻化，唯衣裳尚有漢人痕迹，因有「漢裳蠻」之稱。《新唐書》云：

> 漢裳蠻，本漢人，部種在鐵橋，惟以朝霞纏頭，餘尚同漢服。〔註11〕

《新唐書》同於《蠻書》，〔註12〕直云裳人本漢人，恐未必可信，但無直接證據，以明其說之非。及至「貞元十年（794），南詔異牟尋領兵攻破吐蕃鐵橋節度城，獲裳人數千戶，悉移於雲南東北諸川。」〔註13〕所謂「東北諸川」，即指「昆川」等地，仍在柘東。

另有長褌蠻，據《蠻書》云：

> 長褌蠻，本烏蠻之後，部落在劍川，屬浪詔。其本俗皆衣長褌曳地，
> 更無衣服，惟披牛羊皮。南詔既破劍浪，遂遷其部落，與施、順諸
> 蠻居，養給之。〔註14〕

長褌非部族名，唐人不知其名，因其皆衣「長褌」，遂名之曰「長褌蠻」，宋祁等人據《蠻書》以撰《新唐書・南蠻傳》，相沿至今。貞元十年（794），南詔攻破吐蕃，遷其部落與施、順諸蠻雜居者，同徙之柘東而已。

與裳人、長褌蠻同徙柘東者，尚有河蠻。所謂「河蠻」，當屬白蠻系統，

〔註8〕《蠻書校注》卷四〈名類第四〉頁91。
〔註9〕百衲本《新唐書》卷二二二上列傳第一四七上〈南蠻傳上〉頁6云：「掠弄棟蠻、漢裳蠻以實雲南東北。」似弄棟蠻未嘗徙往永昌，而與漢裳蠻同徙雲南東北者，今從《蠻書》。
〔註10〕同前。
〔註11〕同前。
〔註12〕《蠻書校注》卷四〈名類第四〉頁92云：「裳人，本漢人也。部落在鐵橋北，不知遷徙年月。」
〔註13〕前揭書頁92。
〔註14〕同前。

在唐代初年，已有相當高之文化，住於西洱河區。後屢與唐戰，力不能支，又遭南詔攻擊，因北徙劍、共諸川。西洱河區，竟成南詔之根據地。《蠻書》記其始末云：

> 河蠻，本西洱河人，今呼爲河蠻，故地當六詔皆在，而河蠻自固洱河城邑。開元（713～741）已前，嘗有首領入朝本州刺史，受賞而歸者。及南詔蒙歸義攻拔大釐城，河蠻遂並遷北，皆羈制於浪詔。
> 貞元十年（794），浪詔破敗，復徙於雲南東北柘東以居。〔註15〕

另有施蠻、順蠻，俱爲烏蠻族屬，此二部族，原參居劍、共諸川，及浪穹詔、邆賧詔爲蒙歸義所敗，失其浪穹、邆川之地，鐸羅望、咩羅皮退而奪據劍、共諸地，原居劍、共諸川之施蠻與順蠻，被迫遷於鐵橋以上，其部落之主吐蕃皆封爲王。至異牟尋攻破鐵橋，對施蠻之處理，據《蠻書》云：

> 貞元十年（794），南詔攻城邑，虜其王尋羅并宗族置於蒙舍城，養給之。〔註16〕

將施蠻之王及其宗族遷於蒙舍城，並非所有施蠻部落，俱遷於蒙舍城。對於順蠻之處理，與此原則相同，據《蠻書》云：

> 貞元十年（794），南詔異牟尋虜其王傍彌潛宗族，置於雲南白岩，養給之。〔註17〕

同樣情形，將順蠻首領及其宗族置於白岩城。施蠻首領置於蒙舍，順蠻首領置於白岩，名曰：「養給之」，實爲「軟禁」。南詔將此二族之首領，分別「軟禁」，復將此二部落之羣眾，徙於柘東。〔註18〕使首領與羣眾分離，復徙於異地，雖欲反抗，其可得乎！

另有磨蠻，可能即係磨些，《新唐書》逕作「磨些蠻」，〔註19〕《蠻書》有時亦作「磨些蠻」。此蠻亦屬烏蠻族類，原居昆明（今四川鹽源）左右，據《蠻書》云：

> 磨蠻，亦烏蠻種類也。鐵橋上下及大婆、小婆、三探覽、昆池等川，

〔註15〕同前。
〔註16〕前揭書頁94。
〔註17〕前揭書頁95。
〔註18〕施蠻與順蠻部落百姓，徙於柘東，據《蠻書校注》卷六〈雲南城鎮第六〉頁138，言及拓東城云：「貞元十年（794），南詔破西戎，遷施、順、磨些諸種數萬戶以實其地。」
〔註19〕百衲本《新唐書》卷二二二上列傳第一四七上〈南蠻傳上〉頁6云：「因定磨些蠻，隸昆山西爨故地。」

皆其所居之地也。土多牛羊，一家即有羊羣。終身不洗手面，男女皆
披羊皮。俗好飲酒歌舞，此種本姚州部落百姓也。南詔既襲破鐵橋及
昆池等諸城，凡虜獲萬戶，盡分隸昆川左右，及西爨故地。〔註20〕

被虜而遷徙者，僅有萬戶，留居其地者，爲數尚多。

　　貞元十年（794）南詔攻破吐蕃，斫斷鐵橋，將所有住於鐵橋上下及劍、
共二川之吐蕃附庸，悉數征服，然後將之分徙雲南東西二區，造成雲南之民
族大遷徙與大混合。南詔之目的，在將此等部族，遷離吐蕃邊境，分在雲南
東西，使其無法共同行動，故不生二心，亦不敢叛變，易於控制。將其分徙
永昌與柘東，亦爲南詔之特別安排。蓋永昌地區，爲望苴子及望外喻之居地，
其人勇悍，且爲南詔所信任；〔註21〕三浪詔及弄棟蠻之徙永昌，自由望苴子
及望外喻就近監視。至於徙置柘東之部族，亦由望苴子、望外喻等監視，故
《蠻書》論及柘東時云：

　　　　貞元十年（794），南詔破西戎，遷施、順、磨些諸種數萬戶以實其地。

　　　　又徙永昌以望苴子、望外喻等千餘戶，分隸城傍，以靜道路。〔註22〕

「以靜道路」者，就近監視使不生叛亂之意也。

　　從貞元十年（794）雲南之民族遷徙，亦可看出南詔異牟尋頗有才略，其
能控制民族複雜之雲南，自有其一套有效之方法，非可以「蠻夷」或落後視
之也。

二、合力破蕃

　　南詔自貞元十年（794）與唐結盟，繼破吐蕃於鐵橋，拔劍、共二川，復
受唐冊封，作西南藩屏，與韋皋互爲犄角，共抗吐蕃。

　　韋皋方面，恩威並用，先後招撫東蠻、西山八國以及南詔，達成孤立吐
蕃之目的，故貞元十一年（795）九月，朝廷加韋皋「統押近界諸蠻、西山八

〔註20〕《蠻書校注》卷四〈名類第四〉頁96。

〔註21〕關於望苴子、望外喻之居地及爲南詔信任情形，據《蠻書校注》卷四〈名類
　　　　第四〉頁100云：「望苴子蠻，在蘭滄江以西，是盛羅皮所討定也。其人勇捷，
　　　　善於馬上用槍。所乘馬不用鞍。跣足衣短甲，纏蔽胸腹而已，股膝皆露。兜
　　　　鍪上插犛牛尾，馳突若飛。其婦人亦如此。南詔及諸城鎮大將出兵，則望苴
　　　　子爲前驅。」
　　　　前揭書同卷頁103云：「望蠻外喻部落，在永昌西北。其人長大，負排持槊，
　　　　前往無敵。又能用木弓短箭，箭鏃傅毒藥，所中人立斃。」

〔註22〕《蠻書校注》卷六〈雲南城鎮第六〉頁138。

國兼雲南安撫等使。十二年（796）二月，就加同中書門下平章事。」〔註23〕
至十三年，韋皐收復巂州城，〔註24〕吐蕃自劍山、馬嶺，進向臺登（四川晃
寧縣東）。是役也，唐與東蠻合勢大破吐蕃，《舊唐書》記云：

> 五月十七日，吐蕃於劍南山、馬嶺三處開路，分軍下營，僅經一月，
> 進軍逼臺登城。巂州刺史曹高任率領諸軍將士並東蠻子弟，合勢接
> 戰，自朝至午，大破犬戎，生擒大籠官七人，陣上殺獲三百人，餘
> 被刀箭者不可勝紀，收獲馬畜五百餘頭匹，器械二千餘事。〔註25〕

臺登城之戰所以能獲得輝煌勝利，與東蠻子弟之積極支持，有相當關係。

　　韋皐鎮守西南，兼資文武，除以武力捍衛、征討而外，亦注意文化之薰
陶、同化，其成就之大，可能在此。故至貞元十四年（798）「十一月己未（十
四日），韋皐進《開西南蠻事狀》十卷，敘開復南詔之由。」〔註26〕此書對當
時之西南史事，必當有翔實之記載，可惜早已亡佚，無從參考，誠爲無可奈
何之事。

　　此時吐蕃之軍力日弱，先受挫於臺登城下，潰不成軍；至貞元「十四年
十月，夏州節度使韓全義破吐蕃於鹽州西北」。〔註27〕韓全義之爲人，「貪而
無勇，短於撫御。」故「將略非所長，能以巧佞財賄結中貴人，以被薦用。」
〔註28〕以如此之人爲帥，竟能破吐蕃，吐蕃國勢之益被輕視，乃成自然之事。
故至貞元十五年（799），南詔異牟尋欲擊吐蕃，請唐爲助，且遣子弟質於韋
皐，故《新唐書》云：

> 十五年，異牟尋謀擊吐蕃，以邆川、寧北等城當寇路，乃峭山深塹
> 修戰備，帝許出兵助力。又請以大臣子弟質於皐，皐辭，固請，乃
> 盡舍成都，咸遣就學。且言昆明、巂州與吐蕃接，不先加兵，爲虜
> 所脅，反爲我患，請皐圖之。〔註29〕

對於異牟尋之請求，韋皐並未立刻答應，且以三點理由，說明不必急於進攻

〔註23〕百衲本《舊唐書》卷一四〇列傳第九〇〈韋皐傳〉頁2。
〔註24〕《兩唐書‧韋皐傳》載此事。
〔註25〕百衲本《舊唐書》卷一九六下列傳第一四六下〈吐蕃傳下〉頁11。又：曹高
　　　　任，《新唐書》與《通鑑》俱作曹高仕。
〔註26〕百衲本《舊唐書‧本紀一三‧德宗下》頁15。
〔註27〕同註25。
〔註28〕俱引自百衲本《舊唐書》卷一六二列傳第一一二〈韓全義傳〉頁5及6。
〔註29〕百衲本《新唐書》卷二二二上列傳第一四七上〈南蠻傳上〉頁6。

吐蕃：其一，有關唐本身者，「時唐兵比歲屯京西、朔方、大峙糧，欲南北並攻取故地，然南北轉饟稽期，兵不悉集。」其二，關於吐蕃者，「是夏虜麥不熟，疫癘仍興，贊普死，新君立，皐揣虜未敢動。」其三，有關西南情勢者，「今境上兵十倍往歲，且行營皆在嶲州，扼西瀘吐蕃路，昆明、弄棟可以無虞。」〔註30〕異牟尋無奈，期以它年。

韋皐根據當時情況，揣測吐蕃無力對南詔用兵，然而事情有出人意外者，「吐蕃大臣以歲在辰，兵宜出，謀襲南詔。閱眾治道，將以十月圍嶲州，軍屯昆明凡八萬，皆命一歲糧。贊普以舅攘郆羅爲都統，遣尙乞力欺、徐濫鑠屯西貢川。」〔註31〕吐蕃既有行動，異牟尋自然報告韋皐，韋皐令部將武免率弩士三千赴援。另派亢榮朝率萬人屯黎州，韋良金以二萬五千人屯嶲州。並且約定，若南詔有急，皆進軍相救；軍隊過俄準添城後，由南詔供饋。此次吐蕃出動軍隊五萬，自曩貢川分二軍攻雲南，一軍自諾濟城攻嶲州。此時異牟尋畏東蠻、磨些蠻懷貳，蛇鼠兩端，爲吐蕃嚮導，欲先擊滅之。韋皐告以嶲州實往來孔道，扞蔽數州，吐蕃百計窺伺，故嚴兵以守，屯壁相望，糧械處處有之，東蠻庸敢懷貳乎？異牟尋乃檄東、磨些諸蠻，納糧城中，不者悉燒之，無資於敵。

時吐蕃顒城楊萬波約降，事洩，吐蕃以兵五千守顒城，皐將擊破之。萬波與籠官拔顒城而來，徙其人二千于宿川。韋皐將扶忠義又取末恭城。俘其牛羊千計。吐蕃大將既煎讓律以兵距十貢川一舍而屯，國師馬定德率種落出降。西貢節度監軍野多輸煎者，贊普乞立贊之養子，以吐蕃習慣，當殉先贊普之卒，亦趨扶忠義降。吐蕃勢衰，軍不振，欺徐濫鑠率軍至鐵橋，南詔置毒水中，蕃兵多死，乃徙納川壁而待。是歲（貞元十六年，800），虜霜雪早，兵無功而還，期以明年。〔註32〕

吐蕃既敗於西南，大將多降，更使吐蕃氣惱，故至貞元十七年（801），吐蕃「贊普怒，遂北掠靈、朔，破麟州以取償焉。帝詔皐深入以橈虜。」〔註33〕麟州之破，刺史郭鋒死之。鋒，郭曜之子也；曜，郭子儀之子也。德宗因而令皐再出西南，以報吐蕃。此次戰爭，韋皐出動人馬甚眾，痛懲吐蕃，又獲一非

〔註30〕同前。
〔註31〕同前。
〔註32〕同前。
〔註33〕百衲本《新唐書》卷一五八列傳第八三〈韋皐傳〉頁2。

常出色之勝仗，故《舊唐書》詳記之云：

> 皐乃令鎮靜軍使陳洎等，統兵萬人，出三奇路。威戎軍使崔堯臣兵千
> 人，出龍溪石門路。南維、保二州兵馬使仇冕、保、霸二州刺史董振
> 等兵二千，趨吐蕃維州城。中北路兵馬使邢玼等四千，趨吐蕃棲雞老
> 翁城。都將高倜、王英俊兵二千，趨故松州。隴東兵馬使元膺兵八千
> 人，出南道雅、邛、黎、嶲路。又令鎮南軍使韋良金兵一千三百續進。
> 雅州經略使路惟明等兵三千，趨吐蕃租松等城。黎州經略使王有道兵
> 二千人，過大渡河，深入蕃界。嶲州經略使陳孝陽，兵馬使何大海、
> 韋義等，及磨些蠻、東蠻二部落主苴那時等兵四千，進攻昆明城、諾
> 濟城。自八月出軍齊入，至十月破蕃兵十六萬，拔城七，軍鎮五，戶
> 三千，擒生六千，斬首萬餘級，遂進攻維州。救軍再至，轉戰千里，
> 蕃軍連戰，於是寇靈、朔之眾引而南下。贊普遣論莽熱以內大相兼東
> 境五道節度兵馬都羣牧大使，率雜虜十萬而來，解維州之圍。蜀師萬
> 人據險設伏以待之，先出千人挑戰。莽熱見我師之少，悉眾追之。發
> 伏掩擊，鼓譟雷駭，蕃兵自潰，生擒論莽熱。虜眾十萬，殲夷者半。
> 是歲十月，遣使獻論莽熱于朝。德宗數而釋之，賜第於崇仁里。皐以
> 功加檢校司徒兼中書令，封南康郡王。〔註34〕

以上所引，不過說明在西南之戰爭。而此戰爭，亦非全由韋皐之功，而是與
南詔會師，合力作戰，方有如此成績。當時吐蕃四面受敵，無處不敗。《新唐
書》記云：

> 是時回鶻、太原、邠寧、涇原軍獵其北，劍南東川、山南兵震其東，
> 鳳翔軍當其西，蜀、南詔深入，克城七，焚堡百五十所，斬首萬級，
> 獲鎧械十五萬。圍昆明、維州不能克，乃班師。〔註35〕

昆明之再淪於吐蕃，似在貞元十五年（799）底，或十六年（800）。昆明產鹽；
維州易守難攻，吐蕃雖敗，絕不輕易放棄此二城，可見唐與南詔聯合作戰，
亦未能制吐蕃之死命，僅僅獲勝而已。

此戰為一決定性之戰爭，是後近二十年，吐蕃未敢再向中國生事，南詔
亦解除北疆威脅，乘機發展，漸成強國。是後南詔敢於寇邊，亦以無吐蕃之
威脅，不必挾唐為輕重也。

〔註34〕百衲本《舊唐書》卷一四〇列傳第九〇〈韋皐傳〉頁2至3。
〔註35〕百衲本《新唐書》卷二二二上列傳第一四七上〈南蠻傳上〉頁8。

異车尋自貞元十年（794）降唐後，朝獻、賀正比年不絕，驃國且因南詔之故，獻其樂頌。〔註36〕彼有貢獻，我有賞賜，藉此關係，達成文化交流之目的。南詔之受唐文化影響，捨朝貢、通聘一道外，遣大臣子弟，就學成都，亦一直接途徑。

由貞元三年（787）韋皋招撫雲南蠻夷至十八年（802）擒論莽熱獻之朝，前後十六年間，所有西南大事，莫不由韋皋與異车尋爲之。至順宗永貞元年（805）八月癸丑（十七日），西川節度使南康郡王韋皋薨。又三年，憲宗元和三年（808），南詔異车尋亦卒。所謂英雄俱去，吐蕃已衰，是後情勢，各守邊境而已。

三、邊釁再起

約在元和三年（808）冬，〔註37〕南詔異车尋卒，是年十二月甲子（十七日），唐朝接獲訃告。同月辛未（二十四日），唐以諫議大夫段平仲爲弔祭兼冊封使，司封郎中李逢吉副之。並由段平仲之建議，鑄「元和冊南詔印」，〔註38〕冊異车尋子尋閣勸爲南詔，次年（809）使還。〔註39〕

大曆十四年（779）異车尋以廿四歲之青年繼位，〔註40〕至元和三年（808）

〔註36〕貞元十年（794）以後，南詔朝賀，至少有下列各次：
貞元十二年（796）十二月：「癸未（二十六日），迴紇、南詔、劍南西山國女國王並來朝賀。」
貞元十四年（798）十二月「己亥（二十四日），南詔異车尋遣使賀正旦。」
貞元十六年（800）正月乙巳（初六）：「南詔獻奉聖樂舞曲，上閱於麟德殿前。」
《通鑑》於貞元十八年記云：「十八年春正月，驃王摩羅思那，遣其子悉利移入貢。驃國在南詔西南六千八百里，聞南詔內附而慕之，因南詔入見，仍獻其樂。」其樂即「驃國樂頌」，存於《新唐書·南蠻傳》。

〔註37〕異车尋卒於元和三年（808），諸書無異辭，唯商務印書館《叢書集成初編》本《滇記載》頁4云：「尋閣勸以唐德宗貞元十五年（799）死，子勸龍晟立。」似異车尋卒於貞元十五年（799）或以前，其說不待辨而知其僞。

〔註38〕元和三年（808）冊封南詔之使臣，舊書〈南詔傳〉、新書〈南蠻傳〉，俱云爲「武少儀」，今從百衲本《舊唐書·記一四·憲宗上》頁14、《冊府元龜》卷九六五〈外臣部·封冊三〉頁11。段平仲《兩唐書》俱有傳，言其曾官「諫議大夫」，但未言及使南詔事。李逢吉《兩唐書》均有傳，唯舊書言其曾爲冊南詔副使事。

〔註39〕百衲本《舊唐書》卷一六七列傳第一一七〈李逢吉傳〉頁3云：「又充入南詔副使，元和四年使還，拜祠部郎中，轉右司。」

〔註40〕《新、舊唐書》、《通鑑》俱云異车尋於大曆十四年（779）即位，唯楊輯胡訂《南詔野史》上卷頁16言大曆十三年（778）即位，年廿四。

卒，約五十四、五歲，不爲上壽。異牟尋在位期間，南詔受到吐蕃與唐兩種文化之影響，尤其自貞元十年（794）以後，南詔大量吸收唐之文化，且與唐保持良好之關係，故漢化頗爲迅速。及異牟尋卒，雙方關係漸趨轉變。

尋閣勸於元和三年（808）繼位爲南詔，時年三十一，改稱驃信，〔註41〕並以鄯闡爲東京，大理爲西京，重修曲靖崇眞寺。〔註42〕翌年（809）十一月，尋閣勸卒，在位僅一年，子勸龍晟立。

勸龍晟即位於元和四年（809）十一月，時年十二，少不更事，大權因而旁落。權臣每喜幼君，以便擅權，因假勸龍晟「淫肆不道，上下怨疾，十一年（816），爲弄棟節度王嵯巔所殺，立其弟勸利。」〔註43〕勸龍晟爲其下所弑時，年僅十九。〔註44〕可能無法忍受王嵯巔之欺壓，因生衝突，而爲王嵯巔所殺，首開南詔史上弑君之惡例。

勸利，或名之爲勸利晟。元和十一年（816）即位，時年十五。勸利之立，深懼嵯巔，隱而不露，並於元和十三年（818）賜王嵯巔姓蒙，封大容。蠻謂兄爲容，所謂「大容」，當即「長兄」之意。元和十四年（819），廢王嵯巔，赦其罪，命其敬信三寶，爲清平官。〔註45〕勸利能陽示尊寵，一舉而黜王嵯巔，可知並非簡單人物。

南詔自尋閣勸卒（809），幼君在位，強臣擅權，弑暴相繼，偏安一隅，不暇外務。此時對唐尚稱恭順，朝貢不絕。勸利即位，唐曾派少府少監李銑爲冊立弔祭使，左贊善大夫許堯佐副之。〔註46〕勸利卒於穆宗長慶三年（823）七月，弟勸豐祐立，〔註47〕唐遣京兆少尹韋審規持節臨冊，豐祐遣洪成酋、

〔註41〕百衲本《新唐書・南蠻傳中》頁 1 言尋閣勸「自稱驃信，夷語君也。」
　　　　楊輯胡訂《南詔野史》卷上頁 19 云：「羣臣上尊號曰驃信。」
　　　　巴克（E. H. Parker）在其〈早期獠族與中國〉（The Early Laos and China）一文中，僅將《新唐書》之語譯爲英文云：（His son sunkokkuan succeeded, otherwise called Meng-tseu styled himself Piau-sin which means "Sovereign prince" in the barbarian tongue.）
　　　　伯希和在《交廣印度兩道考》上卷頁 28，論及「驃信」，而以驃信爲「緬語君也。」因無他種說明，祇能舉此，聊備一格。
〔註42〕楊輯胡訂《南詔野史》上卷頁 19。
〔註43〕百衲本《新唐書》卷二二二中列傳第一四七中〈南蠻傳中〉頁 1。
〔註44〕楊輯胡訂《南詔野史》上卷頁 20。
〔註45〕同前。
〔註46〕此事見百衲本《舊唐書》卷一九七列傳一四七〈南詔傳〉頁 9 及清華書局《冊府元龜》卷九六五〈外臣部・封冊三〉頁 12。
〔註47〕豐祐究爲勸利之弟，抑或其子，爲南詔史上一不易解決之問題。《新唐書》、《通

趙龍些、楊定奇入謝天子。〔註48〕

　　長慶三年（823），豐祐繼爲南詔，「豐祐趫敢，善用其下，慕中國不肯連父名。」〔註49〕同年十月己丑（初八），唐以中書侍郎、同平章事杜元穎同平章事，充西川節度使。次年（824）春正月壬申（二十二日），穆宗崩，年三十。敬宗立，始十六，其爲人「遊戲無度，狎暱羣小，善擊毬，好手搏，禁軍及諸道爭獻力士，又以錢萬緡付內園令召募力士，晝夜不離側；又好深夜自捕狐狸，性復褊急，力士或恃恩不遜，輒配流、籍沒；宦官小過，動遭捶撻，皆怨且懼。」〔註50〕宜其身遭橫禍，不得善終，被諡爲昭愍。

　　杜元穎甫至成都，即遇敬宗嗣位。以杜元穎升遷之快，必有所以固主恩者，故其舊傳云：

　　　　昭愍即位，童心多僻，務爲奢侈，而元穎求蜀中珍異玩好之具，貢
　　　　奉相繼。以固恩寵。〔註51〕

元穎之過，尚不止此，《新唐書》云：

　　　　敬宗驕僻不君，元穎每欲中帝意以固幸，乃巧索珍異獻之，踵相躡
　　　　於道。百工造作無程，歛取苛重，至削軍食，以助哀畜。又給予不
　　　　時，戍人寒饑，乃仰足蠻徼。於是人人咨苦，反爲蠻內覘，戎備不
　　　　脩。〔註52〕

重歛於地方，「以固恩寵」，已覺太過，至乃削減軍食，剋扣寒衣，而使戎卒饑寒交迫，所謂「仰足蠻徼」者，乃「西南戍邊之卒，衣食不足，皆入蠻境鈔盜以自給，蠻人反以衣食資之；由是蜀中虛實動靜，蠻皆知之。」〔註53〕此正所謂「開門揖盜」。邊帥如此，尚可爲耶！

　　至太和三年（829）冬，南詔命王嵯巓寇蜀。舊書〈杜元穎傳〉記云：

　　　　鑑》、《雲南志略》、《南詔源流紀要》，《南詔野史》，俱以勸龍晟、勸利晟、勸
　　　　豐祐爲兄弟，其不可通處，在《野史》云豐祐即位，年七歲，其父卒於十四
　　　　年前。若此年歲不誤，豐祐可能勸利之弟，況《野史》註云：「豐祐，石刻作
　　　　勸豐祐。」南詔行聯名制，自當爲尋閣勸勸之子。
　　　　唯楊愼《滇載記》逕云：「勸利晟以唐德宗元和元年立，死，僞諡靖王，子晟
　　　　豐祐立，改元全義。」

〔註48〕同註43。
〔註49〕同前。
〔註50〕世界書局章鈺校本《通鑑》卷二四三〈唐紀五九〉頁 7851。
〔註51〕百衲本《舊唐書》卷一六三列傳第一一三〈杜元穎傳〉頁 5。
〔註52〕百衲本《新唐書》卷九六列傳第二一〈杜如晦傳附杜元穎傳〉頁 6。
〔註53〕世界書局章鈺校本《通鑑》卷二四四〈唐紀六〇〉頁 7867。

太和三年，南詔蠻攻陷戎、巂等州，徑犯成都，兵及城下，一無備擬，方率左右固牙城而已。蠻兵大掠蜀城玉帛、子女、工巧之具而去。是時蠻三道而來，東道攻梓州，郭釗禦之而退，時元穎幾陷，賴郭釗擊敗其眾方還，蠻驅蜀人至大渡河，謂之曰：「此南吾境，放爾哭別鄉國。」數萬士女，一時慟哭，風日為之慘悽。哭已，赴水而死者千餘，怨毒之氣，累年不息。〔註54〕

子女工伎被掠而南，望鄉痛哭，不願為異域之鬼，投水而死者竟有千人之多，讀史至此，當日悲慘情境，如在目前。時有成都雍陶，工於詞賦，少貧，躬遇南詔寇蜀之亂，後播越羈旅，〔註55〕有詩多首記南蠻破蜀虜掠事，如：

〈蜀人為南蠻俘虜〉詩云：

但見城池還漢將，豈知佳麗屬蠻兵。錦州南渡聞遙哭，盡是離家別國聲。

〈過大渡河泣望鄉國〉詩云：

大渡河邊蠻亦愁，漢人將渡盡回頭。此中剩寄思鄉淚，南去應無水北流。

〈別巂州一時慟哭雲日為之變色〉詩云：

越巂城南無漢地，傷心從此便為蠻。冤聲一慟悲風起，雲暗青天日下山。

〈蠻界不許有悲泣之聲〉詩云：

雲南路出陷河西，毒草長青瘴色低。漸近蠻城誰敢哭，一時收淚羨猿啼。

〈答蜀中經蠻後友人馬艾見寄〉詩云：

茜馬渡瀘水，北來如鳥輕，幾年朝鳳闕，一日破龜城。此地有征戰，誰家無死生。人悲還舊里，鳥喜下空營。弟姪意初定，交朋心尚驚。自從經難後，吟苦似猿聲。〔註56〕

杜元穎傳所言之郭釗，為郭曖之子，郭子儀之孫，其母為昇平長公主，郭曖女又為憲宗妃，生穆宗，故郭釗非唯勳臣之後，且親連帝室；敬宗即位

〔註54〕同註51。
〔註55〕臺北廣文書局影印三間草堂雕本辛文房《唐才子傳》卷七頁3。
〔註56〕臺灣中華書局國學叢書本計有功《唐詩紀事》卷五六頁854雍陶。

後，以元舅出爲梓州刺史，劍南東川節度使。文宗即位，加郭釗司空。太和三年（829）南詔搶掠成都，郭釗不敢進擊。與蠻約和而退。《舊書》記其始末云：

> 太和三年（829）冬，南蠻陷巂州，遂寇西川。杜元穎失於控禦，蠻軍陷成都府外城。朝廷未暇除帥，乃以釗兼領西川節度。蠻軍已寇梓州，諸道援軍未至，川軍寡弱，不可令戰；釗致書於蠻首領筈巔，責以侵寇之意。筈巔曰：「杜元穎不守疆場，屢侵吾圉，以是修報也。」與釗修好而退。朝廷嘉之，授成都尹、劍南西川節度使，與南詔立約，疆陲不擾，以疾求代，四年，入爲太常卿、檢校司徒。十二月，在道卒。〔註57〕

南詔之退，可能出諸孤軍深入，恐懼唐之援軍大集，對之圍剿，故與郭釗約和而退。杜元穎剗剗是眞，實未侵南詔疆域，嵯巔之言，無理取鬧。

郭釗與杜元穎相去不遠，東川治梓州，「蠻軍已寇梓州」，「郭釗兵寡弱不能戰，以書責嵯巔。」〔註58〕此正有幸與不幸，南詔兵退，郭釗因領西川。

南詔猖狂，公然入侵兩川，大掠子女、百工數萬人及珍貨而去。既去之後，復上表言杜元穎之罪，《舊唐書》言其事云：

> 蠻首領筈巔遣人上表曰：「蠻軍比修職貢，遽敢侵邊？但杜元穎不恤三軍，令入蠻疆作賊。移文報彼，都不見信，故蜀部軍人，繼爲鄉導。蓋蜀人怨苦之深，祈我此行誅虐帥也，誅之不遂，無以慰蜀士之心，願陛下誅之。」監軍小使張士謙至，備言元穎之咎，坐貶循州司馬。〔註59〕

虐帥自有朝廷誅之，何勞蠻軍？恣爲搶劫，掠蜀人數萬而去，此所以慰蜀士之心耶？強詞奪理，正此之謂。

南詔寇蜀，旨在掠奪，故來去匆匆，唐雖「詔發東川、興元、荊南兵以救西川。十二月丁未朔，又發鄂岳、襄鄧、陳許等兵繼之。」〔註60〕諸軍未及至而蠻兵已退，興元兵有常額，詔罷新募之軍，山南西道節度使李絳以詔旨諭而遣之，仍賜廩麥，監軍楊叔元以賜物薄刺激之。新軍亂，殺李絳，節度推官趙

〔註57〕百衲本《舊唐書》卷一二〇列傳第七〇〈郭子儀傳附郭釗〉頁15。
〔註58〕世界書局章鈺校本《通鑑》卷二四四〈唐紀六〇〉頁7868。
〔註59〕百衲本《舊唐書》卷一六三列傳第一一三〈杜元穎傳〉頁5。
〔註60〕世界書局章鈺校本《通鑑》卷二四四〈唐紀六〇〉頁7867。

存約、牙將王景延、觀察判官薛齊皆爲亂兵所害。朝廷以溫造繼爲山南西道節度使，三省共論李絳之冤，造與興元都將衛志忠密誅殺新軍八百人，朝廷流楊叔元於康州。〔註61〕由此事觀之，唐之兵不足戰，臨事召募；暴民亂兵，脅制主帥，事權不一，監軍跋扈，下陵其上，制度之弊，無過此者。

四、西南備邊

南詔入侵，兩川殘破，郭釗以老病之身，兼領西川，顧「西川承蠻寇剽虜之後，郭釗撫理無術，人不聊生」，〔註62〕乃於太和四年（830），以疾求代。十月戊申（初七），朝廷以鄭滑節度使李德裕檢校兵部尚書、成都尹、劍南西川節度副大使知節度事，管內觀察、處置、西山八國、雲南招撫等使。

李德裕既至成都，承破敗之後，時「成都既南失姚、嶲，西亡維、松，由清溪下沫水而左，盡爲蠻有。」〔註63〕險阻全失，殘疆怯民，望敵生畏。李「德裕至，則完殘奮怯，皆有條次。」〔註64〕所謂「條次者」，蓋指籌邊備，精器械、練雄兵三者耳。

籌邊備乃西川首要之務，因川兵寡弱而不能戰，西川西臨吐蕃，南對南詔，山川崎嶇，秘徑甚多，昔年吐蕃入寇，多由東蠻導之。故熟知西、南二邊之險要，置兵防守，靈活運用，厥爲不易之策。爲達到此一目的，乃有「籌邊樓」之設。據《新唐書》云：

> 乃建籌邊樓，按南道山川險要，與蠻相入者圖之左。西道與吐蕃接者圖之右。其部落眾寨，饋餉遠邇，曲折咸具。乃召習邊事者與之指畫商訂，凡虜之情僞盡知之。〔註65〕

如何「召習邊事者」，詢其邊塞險要，據《通鑑》云：

> 日召老於軍旅、習邊事者，雖走卒蠻夷無所間，訪以山川、城邑、道路險易，廣狹遠近，未踰月，皆若身嘗涉歷。〔註66〕

在最短之時間內，對邊疆阨塞一目瞭然，然後設防制敵，無往不利，於此可

〔註61〕參考百衲本《舊唐書》卷一六四列傳第一一四〈李絳傳〉頁10及同書卷一六五列傳第一一五〈溫造傳〉頁13。
〔註62〕百衲本《舊唐書》卷一七四列傳第一二四〈李德裕傳〉頁6。
〔註63〕百衲本《新唐書》卷一八〇列傳第一〇五〈李德裕傳〉頁3。
〔註64〕同前。
〔註65〕同前。
〔註66〕世界書局章鈺校本《通鑑》卷二四四〈唐紀六〇〉頁7872。

見李文饒之勤於所事且知其方也。

既知其「道路險易」，然後「築杖義城以制大度、青溪關之阻，作禦侮城以控榮經掎角勢，作柔遠城以阨西山吐蕃。復邛峽關，徙巂州治臺登，以奪蠻險。」〔註67〕今李德裕所作諸城雖不可詳考，然其能阻過西、南兩方之入侵，當無問題。

邊備既籌，則當改進器械，所謂「工欲善其事，必先利其器」。李德裕講求利器之方法，乃請他地名匠至蜀，爲蜀製造武器，正似今日之接受技術援助。所謂「又請甲人於安定、弓人河中、弩人浙西，繇是蜀之器械皆犀銳。」〔註68〕

徒使邊備完固，器械精良，而無善於使用此器械以捍衛邊疆者，則是以之資敵也，故裁冗去怯，召募雄兵，乃成一不可或缺之事。

蜀兵脆弱，不堪一戰，一遇外患，輒需外援。大曆十四年（779）及太和三年（829）皆其例也。太和三年之役，南詔退後，赴援各軍皆歸本道，惟河中，陳許三千人在成都，有詔來年（831）三月亦歸，蜀人恟懼，不知所爲。李德裕奏留鄭滑五百人、陳許千人以鎮蜀；且上言曰：

> 蜀兵脆弱，新爲蠻寇所困，皆破膽，不堪征戍。若北兵盡歸，則與杜元穎時無異，蜀不可保，恐議者云蜀經蠻寇以來，已自增兵，鄉者蠻寇已逼，元穎始募市人爲兵，得三千餘人，徒有其數，實不可用。郭釗募北兵僅得百餘人，臣復召募得二百餘人，此外皆元穎舊兵也。〔註69〕

蜀兵既不堪征戍，自當加以精簡，留其可用者，李德裕之做法，是「又料擇伏瘴舊獠與州兵之任戰者，廢遣獰耄什三四，士無敢怨。」〔註70〕臨時召募，皆市井子弟，不習征戰，故李德裕師府兵之遺意，行徵兵之法，練有「雄邊子弟」兵。據《新唐書》言其法云：

> 率戶二百取一人，使習戰，貰物事；緩則農，急則戰，謂之「雄邊子弟」。其精兵曰：南燕，保義、保惠，兩河慕義、左右連弩；騎士曰：飛星、鷙擊、奇鋒、流電、霆聲、突騎，總十一軍。〔註71〕

〔註67〕同註63。
〔註68〕同前。
〔註69〕世界書局章鈺校本《通鑑》卷二四四〈唐紀六〇〉頁7872至7873。
〔註70〕百衲本《新唐書》卷一八〇列傳第一〇五〈李德裕傳〉頁3。
〔註71〕同前。

有此十一軍，然後儲糧備邊，蜀人粗安。

　　邊防略具，可以一戰，李德裕乃遣使南詔，索還所掠百姓四千餘人（據李所著《西南備邊錄》所記當爲五千三百六十四人），並於太和五年（831）夏五月丙辰（十九日），奏知朝廷。〔註72〕南詔之肯於歸還此四千人，恐亦因李德裕整軍經武，氣象一新，若不歸還，難免一戰，因而和平解決，以謀相處無事。

　　蜀之兵器與軍隊經李德裕一番革新後，兵精器良，迥異於前，故李德裕上奏言其辦理方法云：

> 蜀兵羸疾老弱者，從來終身不簡，臣命立五尺五寸之度，簡去四千四百餘人，復簡募少壯者千人以慰其心。所募北兵已得千五百人，與土兵參居，轉相訓習，日益精練。又，蜀工所作兵器，徒務華飾不堪用；臣今取工於別道以治之，無不堅利。〔註73〕

　　或由李德裕之治蜀有成，同年九月，吐蕃維州守將「悉怛謀遣人送款，德裕疑其詐，遣人送錦袍、金帶與之，託云候取進止，悉怛謀乃盡率郡人歸成都。德裕乃發兵鎮守，因陳出兵之利害。」〔註74〕李德裕出兵之計畫，據其上奏云：

> 「若以生羌三千，出戎不意，燒十三橋，搗戎之腹心，可以得志矣。」
> 上惑其事，下尚書省議，衆狀請如德裕之策。〔註75〕

時宰相牛僧孺素與德裕不協，以敗盟納降爲非計，因上奏云：

> 此議非也！吐蕃疆土，四面萬里，失一維州，無損其勢，況論董勃義纔還，劉元鼎未到，比來修好，約罷戍兵。中國禦戎，守信爲上，應敵次之。今一朝失信，戎醜得以爲詞。聞贊普牧馬茹川，俯於秦隴，若東襲隴坂，徑走回中，不三日抵咸陽橋，而發兵枝梧，駭動京國，事或及此，雖得百維州亦何補也。〔註76〕

文宗是其議，遂詔西川不納維州降將，以其城還吐蕃，執悉怛謀與偕來者悉

〔註72〕世界書局章鈺校本《通鑑》卷二四四〈唐紀六○〉頁 7877《考異》引《西南備邊錄》曰：「南詔以所虜男女五千三百六十四人歸于我。」舊傳曰：「又遣人入南詔，求其所俘工匠，得僧、道、工巧四千餘人，復歸成都。」按《實錄》云：「約四千人。」今從之。
〔註73〕前揭書頁 7878。
〔註74〕百衲本《舊唐書》卷一七四列傳第一二四〈李德裕傳〉頁 7。
〔註75〕百衲本《舊唐書》卷一七二列傳第一二二〈牛僧孺傳〉頁 8。
〔註76〕同前。

歸之。吐蕃盡戮於境上，極其慘酷。後西川監軍王踐言入知樞密，數言：「縛送悉怛謀以快虜心，絕後來降者，非計也。」〔註77〕文宗悔之，怨牛僧孺失策，復以他故罷相，德裕逐漸進用。

李德裕在蜀時間雖短，但講求邊備，著有成效。著有《西南備邊錄》十三卷，其進書狀中有云：

> 臣頃在西川，講求利病，頗收要害之地，實盡經遠之圖，因著《西南備邊錄》十三卷。臣所創立城鎮，兼畫小圖，米鹽器甲，無不該備。昔蕭何收秦圖書，具知阨塞。軍國之政，莫切於斯。〔註78〕

可惜此書已佚，無從參考，《通鑑考異》曾引該書，〔註79〕可見北宋尚存此書，今也則無。

第二節　安南爭奪

西川自李德裕備邊以後，練兵置塞，糧足器精，是後雖朝廷黨爭日烈，波及西川節帥，但文饒之良規仍在，南詔不寇劍南者，凡三十餘年（大和三年，829～大中十三年，859）。

此時之南詔勸豐祐，為人既「趫敢，善用其下」，〔註80〕若無對外發展，又何以表示其能「善用其下」？南詔所重視者，為蜀之紡織技術，此可從大曆十四年（779）異牟尋之寇蜀，與大和三年（829）王嵯巔之掠成都看出。故豐祐一掠成都「南詔自是工文織，與中國埒」。〔註81〕其目的既達，復以西川自是備戰守，故南詔與之和平相處，將兵鋒轉移方向。南詔向西南發展，殘破驃、彌臣等國。復向東南，始與唐爭奪安南矣。

一、初擾安南

南詔之始通驃國，約在閣羅鳳時。至大和六年（832），南詔劫掠驃國，虜其眾三千，徙之柘東，令其自給。咸通（唐懿宗年號自，西元 860 至 873

〔註77〕世界書局章鈺校本《通鑑》卷二四四〈唐紀六〇〉頁 7880。

〔註78〕李德裕《會昌一品集》。

〔註79〕世界書局章鈺校本《通鑑》卷二四四〈唐紀六〇〉頁 7877《考異》引李德裕《西南備邊錄》曰：「南詔以所虜男女五千三百六十四人歸于我。」

〔註80〕百衲本《新唐書》卷二二二中列傳第一四七中〈南蠻傳中〉頁 1。

〔註81〕同前。

年）年間，其遺種尙存，亦食魚蟲之類。〔註82〕

　　另有在永昌城西南六十日程之彌臣國，其人面黑而短，大和九年（835）南詔曾攻破其國，劫其金銀，並虜其族三二千人，徙之麗水，役之淘金。〔註83〕

　　此外南詔尙曾進攻崑崙國、小婆羅門國、夜半國、女王國等，不唯失敗而歸，即其時間亦不可考。〔註84〕

　　唐自天寶（742～756）之末，滇東兩爨地區，陷於南詔。其後南詔復降，唐亦未能收復此一地區。南詔控有滇東後，遂由步頭路向安南擴充。會昌六年（846）九月，南詔始寇安南，經略使裴元裕率鄰道兵討之。〔註85〕蠻未得志，相率而退。

　　南詔失敗之後，深知安南非一舉可下，遂採蠶食方式，逐漸推進。由今之雲南東南隅進向河內，亦即唐之「步頭路」。交阯西北，原爲唐之羈縻州縣，當地蠻族，助唐防遏寇盜。先由南詔之積極引誘，復由安南都護之不得其人，遂使此一地區陷於南詔之手，安南失其外廓。此等史料相當缺乏，僅可就所知者加以推論。

　　影響於安南之重要人物，爲大中七年至九年（853 至 855）之安南都護李涿。李涿之得爲安南都護，係由賄賂令狐淳而來，淳父綯於大中四年（850）以兵部侍郎同中書門下平章事，至十三年（859）罷相，輔政十年，其子令狐淳「恃父秉權，恣受貨賂，取李涿錢，除涿安南都護，遂致蠻陷交州。」〔註86〕在李涿任安南都護時，交州並未陷沒，但安南陷沒之原因，確爲李涿造成。

　　安南都護府所屬有峯州，在安南西北，峯州之西有林西原，舊有防多兵六千，防蠻爲寇。其傍有七綰洞蠻，酋長曰李由獨，常助中國戍守，輸租賦。

〔註82〕《蠻書校注》卷十〈南蠻疆界接連諸蕃夷國名第十〉頁238。
〔註83〕同前頁232。彌臣方位難詳，可能在暹羅灣邊。
〔註84〕《蠻書校注》卷十〈南蠻疆界接連諸蕃夷國名第十〉頁239至245。
〔註85〕世界書局章鈺校本《通鑑》卷二四八〈唐紀六四〉頁8026。按：會昌六年（846）南詔雖曾進擾安南，似未得意，楊輯胡訂之《南詔野史》上卷頁23所云：「會昌六年（846）九月，佑攻陷安南，經略使裴元裕死之。」不知何所據而云然，實則是年南詔並未攻陷安南。
〔註86〕百衲本《舊唐書》卷一七二列傳第一二二〈令狐楚附淳傳〉頁6。同書〈本紀一九上‧懿宗〉頁4咸通四年（863）云：「十一月，長安縣尉集賢校理令狐淳爲左拾遺。制出，左拾遺劉蛻、起居郎張雲，上疏論淳父綯秉權之日，廣納賂遺，受李琢賄，除安南，致生蠻寇，淳不宜居諫諍之列。時綯在淮南，上表論訴，乃貶雲興元少尹、蛻華陰令。」

至大中八年（854），知峯州者言於李琢，請罷戍兵，專委由獨防遏。「其由獨兄弟力不禁，被蠻柘東節度使與書信，將外甥嫁與李由獨小男，補柘東押衙。自此之後，七綰洞悉爲蠻收管。」〔註87〕唐既罷「防冬將健」，「七綰洞蠻」又爲南詔所誘致，安南門戶洞開，自是南詔始能爲患安南。

李琢另一失策，即其「爲政貪暴，強市蠻中馬牛，一頭止與鹽一斗」。〔註88〕遭其強市之「蠻」，今可考知者，有崇魔蠻，或作「棠魔蠻」。〔註89〕《蠻書》記云：

> 崇魔蠻，去安南管內林西原十二日程。溪洞而居，俗養牛馬。比年與漢博易。自大中八年（854）經略使苛暴，令人將鹽往林西原博牛馬，每一頭匹只許鹽一斗。因此隔絕，不將牛馬來。〔註90〕

此時安南與雲南間之溪洞羣蠻，不羈屬於唐，即爲南詔所誘致，其關鍵全在安南都護得人與否。時安南都護李琢「貪殘頗甚」，〔註91〕喜「侵刻獠民」，〔註92〕不止不得邊民之歡心，反生怨恨，時蠻首領愛州刺史兼土軍兵馬使杜存誠家兵甚眾，密誘溪洞夷獠爲南詔之嚮導，李琢察其不忠，因而殺之。〔註93〕「羣蠻怨怒，導南詔侵盜邊境。」〔註94〕存誠雖被殺，其本爲溪洞首領，家兵數多，子弟繼總軍旅，豈能再輸忠勇？歸於南詔，導之入寇者，正是此輩。然自大中八年至十一年間（854～857），蠻於邊境小有鈔盜，然未敢犯州縣，故兩《唐書》不言蠻爲患。至大中十二年（858），蠻禍始深。

南詔之再圖安南，已至宣宗大中十二年（858）。是年「春正月，以康王傅、分司王式爲安南都護、經略使。式有才略，至交趾，樹芳木爲柵，可支數十年。深塹其外，泄城中水，塹外植竹，寇不能冒。選教士卒甚銳。」〔註95〕未久，

〔註87〕《蠻書校注》卷四〈名類第四〉頁108，另參考《通鑑》卷二四九〈唐紀六五〉大中十二年六月：「是月，蠻寇安南」條。

〔註88〕世界書局章鈺校本《通鑑》卷二四九〈唐紀六五〉頁8070。

〔註89〕《御覽》引《蠻書》作「棠魔蠻」，崇、棠形近，未知孰是。

〔註90〕《蠻書校注》卷四〈名類第四〉頁107。

〔註91〕世界書局章鈺校本《通鑑》卷二四九〈唐紀六五〉頁8071《考異》引《唐實錄》。

〔註92〕百衲本《舊唐書・本紀第一九上・穆宗紀》頁4。

〔註93〕世界書局章鈺校本《通鑑》卷二五〇〈唐紀六六〉頁8094《考異》引《實錄》。

〔註94〕前揭書8070。

〔註95〕前揭書頁8066。
百衲本《舊唐書》卷一四七，《新唐書》一六七俱附有式，太過簡略，《通鑑》當別有所據，今從之。

南詔大至，屯錦田步，去交阯半日程，王式曉以利害，南蠻竟退。故《新唐書》記云：

> 後蠻兵入掠錦田步，式使譯者開諭，一昔去，謝曰：「我自縛叛獠，非爲寇也。」〔註96〕

王式使譯者開諭，南詔謝去，此非溢美，實有可能。式在安南，另有可稱道者三事，亦足見其威略。據《通鑑》云：

> 初忠武軍精兵皆以黃冒首，號黃頭軍。李承勛以百人定嶺南，宋涯使麾下效其服裝，亦定容州。安南有惡民，屢爲亂，聞之，驚曰：「黃頭軍渡海來襲我矣！」相與夜圍交阯城，鼓譟：「願送都護北歸，我須此城禦黃頭軍。」王式方食，或勸出避之。式曰：「吾足一動，則城潰矣。」徐食畢，擐甲，率左右登城，建大將旗，坐而責之，亂者反走。明日，悉捕誅之。有杜守澄者，自齊、梁以來擁眾據溪洞，不可制。式離間其親黨，守澄走死。安南饑亂相繼，六年無上供，軍中無犒賞，式使脩貢賦，饗將士，占城、眞臘皆復通使。〔註97〕

王式以大中十二年（858）爲安南都護，推算「安南饑亂相繼，六年無上供」之時間，正始自李涿爲安南都護時，涿既貪暴侵刻，自易造成「饑亂相繼」之結果。由內部之饑亂，外結南詔入侵，唐在安南之統治地位，始受到嚴重之考驗。然在大中末期，安南雖小有騷擾，卒未成大患者，〔註98〕豈非王式之功耶？

二、兩陷交阯

大中十三年（859）浙東賊帥仇甫攻陷象山，官軍屢敗，明州城門晝閉。進逼剡縣，浙東騷動，觀察使鄭祗德不能討，累表告急，且求援於鄰道。懿宗咸通元年（860）春，朝廷知祗德畏怯，選可以代者，時相夏侯孜曰：「浙

〔註96〕百衲本《新唐書》卷一六七列傳第九二〈王播附王式傳〉頁9。
〔註97〕世界書局章鈺校本《通鑑》卷二四九〈唐紀六五〉頁8071至8072。
〔註98〕前揭書頁8092《考異》曰：《新唐書·南詔傳》：「大中時，李琢爲安南經略使，苛墨自私，以斗鹽易一牛。夷人不堪，結南詔將段酋遷陷安南都護府，號白衣沒命軍。懿宗絕其朝貢，乃陷播州。安南都護李鄠屯武州，咸通元年，爲蠻所攻，棄州走，天子斥鄠，以王寬代之。」按宣宗時，南詔未嘗陷安南。據新傳，則似大中時已陷安南，咸通元年又陷武州也。且李鄠安南失守，然後奔武州，非在武州而棄之。新傳誤也。今從《實錄》

東山海幽阻，可以計取，難以力攻，西班中無可與語者。前安南都護王式，雖儒家子，在安南威服華夷，名聞遠近，可任也。」諸相皆以爲然，遂以式爲浙東觀察使，〔註99〕委以討賊。同年六月庚子（二十一日）後，遂執仇甫等；壬寅（二十三日），械甫送京師。八月，斬甫於長安東市，浙東郡邑皆平。

在大中十三年（859），唐與南詔俱爲大喪（宣宗與豐祐先後崩卒，詳下文），而雙方之間，又因故生嫌，終成大隙。

當韋皋帥西川時，異牟尋遣其大臣子弟，質於韋皋。皋不受，舍之成都學舍，教以書數，業成則去，復以他子弟繼之。如是者六十年，〔註100〕羣蠻子弟學於成都者殆以千數，軍府頗厭於廩給。又，蠻使入貢，利於賜與，所從傔人浸多，杜悰再爲西川節度使（大中九年至咸通元年，855～860），奏請節減其數。因此二事，遂致「南詔豐祐怒，其賀多使者留表付嶲州而還。又索習學子弟，移牒不遜，自是入貢不時，頗擾邊境。」〔註101〕

同年八月，宣宗崩，懿宗立，遣中使告哀於南詔。時南詔豐祐亦卒，子世隆立，唐人謂之酋龍，以其名犯太宗、玄宗諱，遂不行冊封，益激怒世隆，故《通鑑》記云：

子酋龍立，怒曰：「我國亦有喪，朝廷不弔祭。又詔書乃賜故王。」遂置使者於外館，禮遇甚薄。使者還，具以狀聞。上以酋龍不遣使來告喪，又名近玄宗諱，遂不行冊禮，酋龍乃自稱皇帝，國號大禮，改元建極，遣兵陷播州。〔註102〕

此時世隆有意生釁，攻陷播州（貴州遵義縣），而唐調王式至浙東，以李鄠繼爲安南經略使。李鄠爲求表現，於咸通元年（860）冬，率兵越境收復播州。

〔註99〕前揭書頁8081。

關於王式被任爲浙東觀察使之時間，《新唐·本紀九》以爲在「咸通元年（860）正月，浙東人仇甫反，安南經略使王式爲浙江東道觀察使以討之。」《通鑑》所記爲二月受命，三月入對。又，王式爲由安南經略使遷爲浙東觀察使並非如夏侯孜所言爲「前安南都護。」

〔註100〕異牟尋始送質子，時在貞元十五年（799），可參看本章第一節二「合力破蕃」一目，至大中十三年（859）已六十年，非如《通鑑·唐紀》大中十三年條所云：「如是五十年。」

〔註101〕世界書局章鈺校本《通鑑》卷二四九〈唐紀六五〉頁8078。

〔註102〕同前。

吉林案：世隆即位於大中十三年（859），諸書無異辭，唯楊愼《滇載記》頁4 云：「世隆之立，以唐武宗會昌十三年。」會昌僅六年，「武宗會昌」當爲「宣宗大中」之誤。

時安南空虛，當地土蠻引南詔兵合三萬餘人，乘虛攻交阯，十二月戊申（初三），陷之。都護李鄠與監軍奔武州（在今越南北境）。咸通二年（861）「春正月，詔發邕管及鄰道兵救安南，擊南蠻。」〔註103〕此舉無益於收復，徒使南詔兵鋒指向邕管。

李鄠敢於越境收取播州，其人膽識才氣，必有可稱者。南詔之能陷安南，純出乘虛而入。李鄠自奔武州後，收集土軍，攻羣蠻，竟能復取安南。〔註104〕朝廷責其失守，貶儋州（海南儋縣）司戶。又以他罪，長流崖州（海南瓊山）。責其過而不錄其功，不用人才，終至無才可用，此唐季之大弊也。

同年夏六月癸丑（初十），朝廷以鹽州防禦使王寬代李鄠爲安南經略使。王寬之才，不及李鄠遠甚，朝廷自毀長城，正見安南之禍未已。

南詔退出安南之後，於是年秋七月，又乘虛攻陷邕州（今廣西邕寧縣治）。時經略使李弘源至鎮纔十餘日，無兵以禦之，脫身奔巒州（今廣西永淳縣北）。蠻據邕州廿餘日，大掠而去，弘源坐貶建州（當指閩之建甌縣）司戶。朝廷復以段文楚爲邕管經略使，「至鎮，城邑居人什不存一。」〔註105〕南詔入侵，以劫掠爲先，其殘破有如此者。

南詔既陷播州，又破安南。復入邕州。三兩年間，遍戰則防線長而所費甚多，且未必能勝。時杜悰再入輔相，務欲姑息，思有以彌縫唐與南詔間之裂痕，佯不知南詔已僭號，而以陷安南者爲土蠻，因議弔祭、冊封。杜悰欲用懷柔方式，達成妥協目的，化解雙方之戰爭行爲，復歸舊好。《通鑑》記云：

> 杜悰上言：「南詔向化七十年，蜀中寢兵無事，羣蠻率服。今西川兵
> 食單寡，未可輕與之絕，且應遣使弔祭，曉諭清平官等以新王名犯
> 廟諱，故未行冊命，待其更名謝恩，然後遣使冊命，庶全大體。」
> 上從之。命左司郎中孟穆爲弔祭使；未發，會南詔寇巂州，攻邛峽
> 關，穆遂不行。〔註106〕

〔註103〕前揭書卷二五○頁 8092。

〔註104〕前揭書頁 8094。

〔註105〕前揭書頁 8095，南詔之所以能攻陷邕州，據前引《通鑑》云：「先是，廣、桂、容三道共發兵三千人戍邕州，三年一代。經略使段文楚請以三道衣糧自募士軍以代之，朝廷許之，所募纔得五百許人。文楚入爲金吾將軍，經略使李蒙利其闕額衣糧以自入，悉罷遣三道戍卒，止以所募兵守左、右江，比舊什減七八，故蠻人乘虛入寇。」國防如此，安能禦敵，唐末季之弊，其端非一。

〔註106〕前揭書頁 8095。

及議弔祭、冊封，南詔竟以「寇巂州、攻邛崍關」做為答覆。故唐與南詔之間，和議無成。

王寬在安南，南詔復來寇，寬數告急。至咸通「三年（862），以湖南觀察使蔡襲代之，發諸道兵二萬屯守。南詔憺畏，不敢出。」〔註107〕兵勢既盛，南詔引去。

時左庶子蔡京制置嶺南事還，奏事稱旨，復充荊襄以南宣慰安撫使。嶺南舊分五管，廣、桂、邕、容、安南，皆隸嶺南節度使。蔡京欲得節旄，因奏分嶺南為兩道節度；朝廷從之。咸通三年（862）五月，敕以廣州為東道，邕州為西道，又割桂管龔、象二州，容管藤、巖二州隸邕管。尋以嶺南節度使韋宙為東道節度使，以蔡京為西道節度使。

蔡京既二分嶺南，自得為西道節度使，復奏罷諸道屯守安南之軍。《通鑑》記云：

> 蔡襲將諸道兵在安南，蔡京忌之，恐其立功，奏稱：「南蠻遠遁，邊徼無虞，武夫邀功，妄占戍兵，虛費饒運。蓋以荒陬路遠，難於覆驗，故得肆其姦詐。請罷戍兵，各還本道。」朝廷從之。襲累奏羣蠻伺隙日久，不可無備，乞留戍兵五千人，不聽。襲以蠻寇必至，交趾兵食皆闕，謀力兩窮，作十必死狀申中書；時相信京之言，終不之省。〔註108〕

蔡京在邕州，為政苛慘，為軍士所逐，貶不至官，竟賜自盡。〔註109〕安南戍兵既罷，南詔入寇，竟使安南陷沒，蔡襲戰死，蔡京之罪也。故樊綽深責之曰：「蔡京擅放軍廻，苟求朝獎，致令臣本使蔡襲枉傷矢石，陷失城池。徵之其由，莫非蔡京、王寬之過。」〔註110〕

蔡襲之被任為安南經略使，在咸通三年（862）二月間，至三月四日，襲差

〔註107〕百衲本《新唐書》卷二二二中列傳第一四七中〈南蠻傳中〉頁1。

〔註108〕世界書局章鈺校本《通鑑》卷二五〇〈唐紀六六〉頁8098。

〔註109〕百衲本《新唐書》卷二二二中列傳第一四七中〈南蠻傳中〉頁1云：「乃拜京西道節度使。京褊忮貪克，峻條令，為炮熏刳斷法，下愁毒，為軍中所逐。走藤州，矯制作攻討使印，召鄉兵比道軍攻邕州，不克，眾潰，貶死崖州。」世界書局章鈺校本《通鑑》卷二五〇〈唐紀六六〉頁8100言其敗狀云：「奔滕州，詐為敕書及攻討使印，募鄉丁及旁側土軍以攻邕州。眾既烏合，動輒潰敗，往依桂州，桂州人怨其分裂，不納。京無所自容，敕貶崖州司戶，不肯之官；還，至零陵，敕賜自盡。」

〔註110〕《蠻書校注》卷四〈名類第四〉頁87。

其幕僚樊綽單騎及健步等近二十人，使於南詔，深入蠻帥朱道古營寨。三月八日，已至南詔蠻重圍之中，南詔將楊秉忠，大羌楊阿觸、楊酋盛等，「悉是烏蠻，賊人同迎，言辭狡詐。」〔註111〕「言辭狡詐」者，即南詔不肯放棄軍事行動，無法與唐和平相處，而又不便說明，因被樊綽認爲「狡詐」。樊綽將此情形，報告尙在安南之王寬，寬不設備，竟使安南失陷，此即「王寬之過」。

南詔再度大舉圖安南，當在咸通三年（862）十一月，冬季嶺南瘴輕，正適用兵。觀兩陷安南，皆在冬春之交。時「南詔帥羣蠻五萬寇安南，都護蔡襲告急，敕發荊南、湖南兩道兵二千，桂管義征子弟三千，詣邕州，受鄭愚節度。」〔註112〕唐爲保邕州，令襲棄安南保海門。十二月，襲再求益兵，敕山南東道發弩手千人赴之，時南詔已圍交阯，救兵不得至，襲亦無法退至海門。

南詔此次進攻安南，所屬各部族之精銳悉出，今所能考知者，有河蠻、撲子蠻、尋傳蠻、裸形蠻、望苴子蠻、茫蠻、桃花蠻等，〔註113〕此諸蠻似俱兇狠好戰，每作戰時，「如有不前衝者，監陣正蠻旋刄其後。」〔註114〕此「正蠻」可能爲南詔之核心份子，即蒙舍詔或白蠻中之大姓。

十一月，南詔已入安南，至十二月下旬，始爲交阯城之攻守戰，戰況激烈，雙方死傷甚多。襲錄異车尋盟文繫矢上，射入南詔軍營，不答。延至咸通四年（863）「二月七日城陷」，〔註115〕蔡襲前已受傷，遂溺海死。其幕僚樊綽携印泅水而逃，安南再度陷於南詔之手。此次南詔進攻安南，並非如咸通元年（860）之時，係乘安南空虛而驟攻陷之。今也係雙方集中武力，以大軍決戰，勝負之間，關係甚大，《通鑑》記其事云：

> 荊南、江西、鄂岳、襄州將士四百餘人，走至城東水際，荊南虞侯
> 元惟德等謂眾曰：「吾輩無船，入水則死，不若還向城與蠻鬬，人以
> 一身易二蠻，亦爲有利。」遂還向城，入東羅門，蠻不爲備，惟德
> 等縱兵殺蠻二千餘人，逮夜，蠻將楊思縉始自子城出救之，惟德等

〔註111〕同前。
〔註112〕世界書局章鈺校本《通鑑》卷二五〇〈唐紀六六〉頁 8101。
〔註113〕此據《蠻書校注》卷四〈名類第四〉頁 92 至 108 所載。
〔註114〕《蠻書校注》卷四〈名類第四〉頁 100。
〔註115〕此據《蠻書校注》卷四〈名類第四〉頁 101，《新唐紀》、《通鑑》俱云係咸通四年正月庚午（初七）、南詔陷交阯，蓋誤將二月作正月也。《蠻書校注》頁 101 云：「咸通四年正月二十三日，蔡襲城上以車弩射得望苴子二百人，馬三十餘匹。」因知正月二十三日，蔡襲尚守交阯城，則知《新唐‧紀》、《通鑑》之非是。

皆死。南詔兩陷交趾，所殺虜且十五萬人。留兵二萬，使思縉據交
趾城，谿洞夷獠無遠近皆降之。詔諸道兵赴安南者悉召還，分保嶺
南東西道。〔註116〕

樊綽據其深入蠻中及其採訪所得之資料，撰成《蠻書》十卷，為研究唐代西
南民族之要籍，今傳於世。

三、唐圖收復

南詔再陷安南，嶺南西道立受威脅，故至咸通四年（863）三月，南蠻寇
左、右江，浸逼邕州。嶺南西道節度使鄭愚懼，自言儒臣無將略，請任武臣。
朝廷為鞏固邕州邊防，乃「召義武節度使康承訓詣闕，欲使之代愚，仍詔選
軍校數人，士卒數百人自隨。……康承訓至京師，以為嶺南西道節度使，發
荊、襄、洪、鄂四道兵萬人與之俱。」〔註117〕南詔向西川，則調東川、興元、
荊南兵以救之，往往又繼以鄂岳、襄鄧、陳許等兵繼之；若向安南、邕管，
又發荊南、江西、鄂岳、襄州將士以援之，以半天下之兵，對付南詔，尚不
免於城陷將死，軍民屠夷，南詔之禍，至此益深。

安南既陷，唐乃於咸通四年（863）六月間，廢安南都護府，置行交州於海
門鎮（在廣西博白縣西南一百五十里，舊為入安南之道），以右監門將軍宋戎為
行交州刺史，以康承訓兼領安南及諸軍行營，招撫安南之流亡及逃歸者。故於
是年七月朔（初一），「免安南戶稅、丁錢二歲，弛廉州珠池禁」，〔註118〕並令
救恤安南官民逃至海門者，即對逃歸軍士及草賊徒黨，亦令勿再追捕，〔註119〕
以免逼其投向南詔，增加其勢力。此為戰敗之後，收拾人心之措施。

〔註116〕世界書局章鈺校本《通鑑》卷二五〇〈唐紀六六〉頁 8102 至 8103。
〔註117〕同前頁 8104。
〔註118〕百衲本《新唐書・本紀九・懿宗紀》頁 2。
〔註119〕百衲本《舊唐書・本紀一九上・懿宗紀》頁 4，咸通四年「七月朔，制：安
南寇陷之初，流人多寄溪洞；其安南將吏官健走至海門者，人數不少，宜令
宋式、李良瑍察訪人數，量事救卹。安南管內被蠻賊驅劫處，本戶兩稅、丁
錢等量放二年，候收復後別有指揮。其安南溪洞首領素推誠節，雖蠻寇竊據
城壁，而酋豪各守土疆，如聞溪洞之間，悉藉嶺北茶藥，宜令諸道一任商人
興販，不得禁止往來。廣州珠池，與人共利，近聞本道禁斷，遂絕通商。宜
令本州任百姓採取，不得止約。其徐州銀刀官健，其中先有逃竄者，累降勑
旨，不令捕逐。其今年四月十八日，草賊頭首，已抵極法，其餘徒黨，各自
奔逃，所在更勿捕逐。」

　　同月，復置安南都護府於行交州，亦即海門，以宋戎爲經略使，發山東兵萬人鎮之。時諸道兵援安南者屯嶺南，頗以糧運爲難，諸軍或至乏食。或言自海運米，又有風濤沒溺之危險，因而囚繫綱史，使償其米，頗爲人所恐懼。時嶺南東道節度使韋宙始聞「南詔陷交趾，撫兵積備，以幹聞。」〔註120〕同年八月，韋宙又奏：「蠻必向邕州，請分兵屯容、藤州。」〔註121〕十二月，又傳南詔寇西川。至咸通「五年（864）南詔回掠嶲州，以搖西南。西川節度使蕭鄴率屬蠻鬼主邀南詔大渡河，敗之。」〔註122〕

　　南詔兵回，欲掠嶲州，而唐以安南可圖，命張茵爲容管經略使兼句當交州事；益海門鎮兵至二萬五千人，令茵經略安南。茵逗留，不敢往。〔註123〕

　　時在嶺南帥諸軍以備南詔者，爲嶺南西道節度使康承訓。康氏出自將門，乃康日知之子，當其爲天德軍防禦使時，頗以威政聞，及爲嶺南西道節度使，其劣懦一何似張茵，據其《新唐書》本傳云：

> 會南詔破安南，詔徒嶺南西道，城邕州，合容管經略使隸之，遂統諸軍行營兵馬。南詔深入，承訓分兵六道出以掩蠻，戰不利，士死十八。唯天平辛二千還屯，闔軍震，於是節度副使李行素，完城不出，南詔圍之四日，或請夜出兵襲蠻，承訓意索，不聽。天平禆將陰募勇兒三百，夜縋燒蠻屯，斬首五百；南詔恐，明日，解而去。承訓謬言大破賊，告于朝，羣臣皆賀，加檢校尚書右僕射；籍子弟媟昵冒賞而士不及，怨言讙流。嶺南道東道節度使韋宙白狀宰相，承訓懟，移疾，授右武衛大將軍，分司東都。〔註124〕

康承訓爲蠻所敗，及後天平軍破蠻，皆在咸通五年（864）三、四月間。是年秋，康承訓罷帥，以容管經略使張茵代之，復以容管等四州別爲經略使。此時南詔主力已自安南退回，所留者爲數不多。復知邕州空竭，無可劫掠，因而不復入寇。張茵於外無強敵之時，久而不敢進軍取安南，故夏侯孜薦驍衛將軍高駢代之，朝廷乃以駢爲安南都護、本管經略招討使，茵所將兵悉以授之，〔註125〕委以安南之事。

〔註120〕百衲本《新唐書》卷一九七列傳第一二二〈循吏・韋舟附子宙傳〉頁7。
〔註121〕世界書局章鈺校本《通鑑》卷二五○〈唐紀六六〉頁8106。
〔註122〕百衲本《新唐書》卷二二二中列傳第一四七中〈南蠻傳中〉頁2。
〔註123〕同前。另參考世界書局章鈺校本《通鑑》卷二五○〈唐紀六六〉頁8108。
〔註124〕百衲本《新唐書》卷一四八列傳第七三〈康日知附子承訓傳〉頁5至6。
〔註125〕高駢爲安南，《兩唐書・高駢傳》、〈夏侯孜傳〉，俱不言爲孜所薦，此從《補

自安南陷蠻之後，唐廷既怕南詔騷擾嶺南西道及劍南西川，復欲收復安南，故對嶺南西道節度使及安南都護，期望過高，責之太切，而又用非其人，卒無成功。至用高駢，始收其效。高駢復叛，唐尚有可為耶！

四、高駢破蠻

是時懿宗深以南詔為憂，故於咸通五年（864）五月之制中，表露其關懷曰：

> 獨惟南蠻，姦宄不率，侵陷交阯，突犯朗寧，爰及巂州，亦用攘寇。
> 勞我士卒，興吾甲兵，騷動黎元，役力飛輓，每一軫念，閔然疚懷。

復以嶺南之戰屢敗，命以徐州甲卒戍嶺南，事寧即回，制中又云：

> 徐州土風雄勁，甲士精強，比以制馭乖方，頻致騷擾。近者再置使額，卻領四州，勞逸既均，人心甚泰，但聞比因罷節之日，或有被罪奔逃，雖朝廷頻下詔書，並令一切不問，猶恐尚懷疑懼，未委招携，結聚山林，終成註誤。況邊方未靜，深藉人才，宜令徐泗團練使選揀召募官健三千人赴邕管防戍，待嶺外事寧之後，即與替代歸還。仍令每召滿五百人，即差軍將押送，其糧料賞給，所司準例處分。〔註126〕

懿宗既知徐卒強悍而好亂，招募使遠戍桂州，初約三年一代，至期不代，卒成龐勛之亂，此又為南詔陷安南，影響於唐代衰亡之大事也。

唐於咸通五年（864），遣兵調將，積極佈置，思有以制南詔，然是年雙方無大戰。

至咸通六年（865），宰相楊收建議於江西積粟，募強弩三萬人，以接應嶺南。調徐州甲士，猶恐不足，復募豫章健兒，以拒南蠻。傾全國之力，以禦蒙氏，卒至兩敗。《新唐書》詳言其事云：

> 始南蠻自大中以來，火邕州，掠交阯，調華人往屯，涉氣瘴死者十七，戰無功，蠻勢益張。收議豫章募士三萬，置鎮南軍以拒蠻。悉教蹋張，戰必注滿，蠻不能支。又峙食汎舟餉南海。天子嘉其功，進尚書右僕射，封晉陽縣男。〔註127〕

懿宗既從其議，乃於五月辛丑（二十一日），置鎮南軍於洪州（今江西南昌縣），

國史》。
〔註126〕百衲本《舊唐書‧本紀一九上‧懿宗紀》頁5。
〔註127〕百衲本《新唐書》卷一八四列傳第一○九〈楊收傳〉頁2。

「屯兵積粟，以餉南海。」〔註128〕兵食俱足，乃可議進取。

　　唐全力佈置嶺南，一意進圖安南，而此時南詔兵鋒，復指向西川。「時嶲州刺史喻士珍貪獪，掠兩林蠻以易金；南詔復寇嶲州，兩林蠻開門納之，南詔盡殺戍卒，士珍降之。」〔註129〕

　　高駢拜安南都護後，匡合五管之眾，治兵於海門，未進；監軍李維周惡駢，欲去之，屢趣駢使進軍。駢以五千人先濟，約維周發兵應援；駢既行，維周擁眾壁海門，不發一卒以繼之。咸通六年（865）九月，駢至南定，峯州蠻眾近五萬，方穫田，駢掩擊，大破之，〔註130〕收其所獲以贍軍用。既破峯州蠻，高駢帥軍繼進，「擊南詔龍州屯，蠻酋燒貲畜走。」〔註131〕高駢進向安南，頗為順利。南詔方面，大起恐慌，增兵防守，自在意中。

　　咸通四年（863）南詔再陷安南之後，據為己有，派官統治，取唐之地位而代之。既高駢兵出海門，勝於峯州，南詔知安南之戰將不可免，因派都閫節度使楊緝思助其安南節度使段酋遷守交趾，以范昵些為安南都統，趙諾眉為扶邪都統，以抗唐軍。時唐之監陣敕使韋仲宰將七千人至峯州，高駢得以益其軍，進擊南詔，屢破之，捷奏至海門，監軍李維周忌駢之功，匿其捷書不奏。朝廷不知駢音訊百有餘日，詔問近況，維周劾駢駐軍峯州，玩敵不進。懿宗更以右武衛將軍王晏權代駢鎮安南，召駢詣闕，欲重責之。是時信使不通，全為李維周所阻，高駢一心南進，遂於咸通七年（866）「是月（六月）大破南詔蠻於交趾，殺獲甚眾，遂圍交趾城。」〔註132〕

　　監陣敕使韋仲宰遣小使王惠贊，高駢遣小校曾袞入奏交趾之捷，航至海中，望見旌旗東來，問遊船，云新經略使與監軍也。二人謀曰：「維周必奪表留我」，乃匿於島間，俟維周過，間關飛馳詣京師，上得奏，「御宣政殿，羣臣皆賀，大赦天下，進駢檢校刑部尚書，仍鎮安南，以都護府為靜海軍，授駢節度兼諸道行營招討使。」〔註133〕

　　王惠贊、曾袞等北上，李維周、王晏權等南下。時高駢已圍交趾十餘日，蠻不能支，城且夕且下。會得王晏權牒，已與李維周將大軍發海門。駢即以軍

〔註128〕百衲本《舊唐書》卷一七七列傳第一二七〈楊收傳〉頁14。
〔註129〕世界書局章鈺校本《通鑑》卷二五○〈唐紀六六〉頁8111。
〔註130〕前揭書頁8112。
〔註131〕百衲本《新唐書》卷二二二中列傳第一四七中〈南蠻傳中〉頁2。
〔註132〕世界書局章鈺校本《通鑑》卷二五○〈唐紀六六〉頁8115。
〔註133〕百衲本《新唐書》卷二二四下列傳第一四九下〈叛臣・高駢傳〉頁3。

事授韋仲宰，自將麾下百餘人北歸。至海門，得復任之明命，因而重回安南。

　　王晏權闇懦，動稟李維周之命；維周凶貪，諸將不爲之用。時交阯之圍漸弛，蠻遁去者半。「騈至，復督勵將士攻城，遂克之，殺段酋遷及土蠻爲南詔鄉導者朱道古，斬首三萬餘級，南詔遁去。騈又破土蠻附南詔者二洞，誅其酋長，土蠻率眾歸附者萬七千人。」〔註 134〕高騈再復交阯，時在咸通七年（866）十月間。〔註 135〕自李琢失政，羣蠻侵擾，爲安南患者殆將十年，至是始平，朝廷之喜可知。故於「十一月壬子（十一日），赦天下。詔安南、邕州、西川諸軍各保疆域，勿復進攻南詔；委劉潼曉諭，如能更脩舊好，一切不問。」〔註 136〕唐雖勝利，求和之心如是之切，實感爲蠻騷擾之苦，亟盼能各安邊境，和平相處。

　　高騈收復安南之後，爲圖鞏固安南之防務，及加強與中國本土之聯繫，乃將重築安南城及疏鑿水道做爲急務，全力進行。高騈重築之安南城，「周三千步，造屋四十餘萬間。」〔註 137〕其開水道，目的在漕運方便，《新唐書》記其詳情云：

　　　由安南至廣州，江漕梗險，多巨石，騈募工劖治，由是舟濟安行，
　　　儲餉畢給。又使者歲至，乃鑿道五所，置兵護送。其徑青石者，或
　　　傳馬援所不能治。既攻之，有震碎其石乃得通，因名道曰天威云。

　　〔註 138〕

自高騈治安南後，南詔不再侵犯此一區域，是後糾紛，又將轉向劍南西川矣。

　　唐在咸通七年（866）收復安南，南詔之患暫甦，內部叛亂又起。當南詔陷交阯之時，朝廷敕「徐泗募兵二千赴援，分八百人別戍桂州，初約三年一代」，〔註 139〕至期不代。咸通九年（868）夏六月，徐卒擁龐勛爲亂，此亂「破十餘州，凡二歲滅。」〔註 140〕至咸通十年（869）九月，始藉沙陀首領朱邪赤心之力，討平此亂。

　　康承訓進沙陀以平龐勛之亂，王夫之直言爲「進沙陀以亡唐」，〔註 141〕

〔註 134〕世界書局章鈺校本《通鑑》卷二五〇〈唐紀六六〉頁 8116。
〔註 135〕此從《新唐紀》、《通鑑》，舊紀列在咸通六年。
〔註 136〕同註 134。
〔註 137〕同前頁 8117。
〔註 138〕百衲本《新唐書》卷二二四下列傳第一四九下〈叛臣・高騈傳下〉頁 3 至 4。
〔註 139〕世界書局章鈺校本《通鑑》卷二五一〈唐紀六七〉頁 8120。
〔註 140〕百衲本《新唐書》卷一四八列傳第七三〈康日知附子承訓傳〉頁 9。
〔註 141〕世界書局本《讀通鑑論》卷二七唐懿宗頁 571。

復申論之曰：「唐之亡不可救，五代之亂不可止，自康承訓奏使朱邪赤心率沙陀三部落討龐勛始。」〔註142〕引進沙陀，禍延五代，王夫之深責沙陀之禍亂中華，似暗譴吳三桂之引清兵入關，然則沙陀之暴虐，亦如其言。對於言李克用父子盡忠唐室之說，船山先生嚴加駁斥，《讀通鑑論》曰：

> 乃論者曰：「克用父子，盡忠唐室，以賜姓而收爲宗支，又何陋邪？」
> 然則承訓召寇以入，爲滅唐之戎首，罪其可逭乎？朱溫甫滅，沙陀
> 旋竊，石敬瑭、劉知遠皆其部落，延至郭威，而□□始有得□之望，
> 禍亦烈矣哉。〔註143〕

王船山有見於以後沙陀爲禍之烈，故深責康承訓召其平亂，以爲「召寇以入」。而對於禍首南詔，因其未曾入主中原，略而不論。實則南詔對唐末國勢影響之鉅，有不得不論者。若無南詔之兩陷安南，唐亦不至以徐州甲卒遠戍桂林，三年不代，崔彥曾以軍餉空虛爲辭，實則邕管屢爲南詔所劫掠，府庫不充，自是實情，因而促成龐勛之亂者，寧非南詔乎？故宋祁論之曰：

> 懿宗任相不明，藩鎮屢畔。南詔內侮，屯戍思亂。龐勛乘之，倡戈
> 橫行。雖凶渠殲夷，兵連不解，唐遂以亡。〔註144〕

由於龐勛之亂，可知南詔雖不能亡唐，而實爲促成唐之滅亡者。咸通以降，爲對付南詔，竟至兵財俱盡，及大盜再起，唐遂以亡。

第三節　兩敗俱傷

自咸通七年（866）高駢收復安南之後，唐與南詔之安南爭奪，暫告一段落。從此以後，南詔復擾西川，唐與南詔之衝突中心，又回至西川。此時唐之國勢大不如昔，外有十餘年之安南爭奪，內部先有裘甫之亂，繼以龐勛之亂，兵疲財盡，不得已引進沙陀，故唐懿宗於收復交阯之後，詔各守疆界，勿復進攻南詔。更委劉潼曉諭南詔，如能更修舊好，一切不問。由此可見唐已無力再戰，盼望和平。但南詔世隆於安南敗退後，略事喘息，於咸通十年（869）冬，復寇西川。戰幕既揭，釁續不絕，終至兩敗俱傷，各遭篡弒而後已。

〔註142〕前揭書頁 574。
〔註143〕前揭書頁 575。三空格，可能爲「宋祖始有得國之望」。
〔註144〕百衲本《新唐書》卷二二二中列傳第一四七中〈南蠻傳中〉頁 7 之贊曰。

一、短期和平

咸通四年（863）春，南詔攻陷安南，是後三、四年間，唐集中全力，謀復安南，但在西川境上，唐與南詔似未發生重大衝突。一者南詔無力將戰場擴張，另一原因亦爲唐在西川得人，使南詔無隙可乘。此一時期之西川節度使，自咸通五年（864）至七年（866）爲李福，其人不足責；自七年至九年（868）爲劉潼，是人處事有方，邊夷悅服。以下爲盧耽，唐與南詔之軍事衝突再起，造成唐收復安南後，再一次與南詔之大戰，下當詳述。

在李福節度西川時，南詔世隆曾遣使成都，因爭相見之禮，遂至衝突。《新唐書》記其事云：

> 初，酋龍遣清平官董成等十九人詣成都，節度使李福將廷見之，成
> 辭曰：「皇帝奉天命，改正朔，請以敵國禮見。」福不許，導譯五返，
> 日旰士倦，議不決。福怒，命武士捽辱之，械繫于館。〔註145〕

世隆既稱皇帝，又陷安南，實爲「敵國」，而李福必欲待以藩屬之禮，無怪董成之不受。既毆辱使臣於先，復械繫於獄，徒使二國關係惡化，增加困難，無補實際，亦違唐之國策。唐與南詔之戰爭，全出被動。一意修好，尚未必能免除戰爭之禍，何況節外生枝，徒惹爭端，此又非李福之所能知也。

至咸通七年（866）三月戊寅（初二），河東節度使劉潼代李福爲西川節度使。劉潼至鎭，立釋董成等人，奏遣還國。朝廷「有詔召成等至京師，見別殿，賜物良厚，慰遣還國。」〔註146〕唐在西川，厚待南詔之羈使，同時復進向安南，大敗南詔。南詔在唐恩威並用之情況下，當知既虧於理，又弱於兵，和戰利害，昭然若揭，爲南詔計，理應自守邊疆，勿再生事。基於此一事實，由咸通七年至九年（866至868）之間，南詔未再侵寇邊境。

由於南詔在安南失敗太甚，損失過大，一時無法對唐報復，故劉潼得於咸通八年（867）二月間，順利討定近邊之六姓蠻，《通鑑》云：

> 西川近邊六姓蠻，常持兩端，無寇則稱效順，有寇必爲前鋒；卑籠
> 部獨盡心於唐，與羣蠻爲讎，朝廷賜姓李，除爲刺史。節度使劉潼
> 遣將將兵助之，討六姓蠻，焚其部落，斬首五千餘級。〔註147〕

〔註145〕百衲本《新唐書》卷二二二中列傳第一四七中〈南蠻傳中〉頁2。
〔註146〕同前。
〔註147〕世界書局章鈺校本《通鑑》卷二五〇〈唐紀六六〉頁8118。（六蠻爲蒙蠻、夷蠻、訛蠻、狼蠻、勿鄧蠻、白蠻。）

劉潼之得以成功，固在南詔失敗，不暇施救所致，並不如〈潼傳〉所云：「南詔大懼，自是不犯邊。」〔註148〕觀後南詔大舉入寇，則知〈潼傳〉之過於溢美。

　　唐代西南多患，亦可從另一方面研究。唐初雲南為散漫而不統一之地區，互爭雄長，無大勢力。至高宗時，南詔始起，統一雲南，北投吐蕃。至貞元十年降唐之後，再事擴張，在唐與吐蕃間，鼎足而三。反觀唐代負有「南撫蠻夷」之劍南道，分合無定，終成劍南東川與西川兩道。分為兩道，前已言其無力以抗羌蠻，不幸至咸通九年（868）六月，由於鳳翔少尹李師望之建議，竟再將西川畫出七州，別為定邊軍，二分已感無力捍邊，況又三分耶？《新唐書》言其事云：

> 初，李師望建言：「成都經總蠻事，曠日不能決；請析邛、蜀、嘉、眉、黎、雅、巂七州為定邊軍，建節度，制機事近且速。」天子謂然，即詔師望為節度使，治邛州。邛距成都才五舍，巂州最南，去邛乃千里，緩急首尾不相副，而師望利專制，譁不言，裒積無厭，私賄以百萬計。〔註149〕

李師望之建定邊軍，純出欺罔，而朝廷竟無一人指其謬者，可見唐末朝廷之無人。既由西川境內分出一定邊軍，而諸蠻皆在定邊軍巡內，故至是年（868）「九月戊戌（初八），以山南東道節度使盧耽為西川節度使；以有定邊軍之故，不領統押諸蠻安撫等使。」〔註150〕以李師望之欺罔貪婪，而職司統押諸蠻，若不敗事，實出諸意料之外。

　　唐與南詔之關係，繫於西川節度使之賢愚者為多。故有韋皋而能降南詔，用劉潼而知和南詔，至以李師望為定邊軍，則邊事不寧矣。當唐釋董成之囚後，南詔遣使楊酋慶來謝，李師望欲激怒南詔，挑起戰端，而成其不世之功，因殺酋慶。唐與南詔間短暫之和平，為李師望破壞淨盡。師望不惟開罪南詔，復不見容於西川將士。西川大將怨其「分裂巡屬，陰遣人致意南詔，使入寇。師望貪殘，聚私貨以百萬計，戍卒怨怒，欲生食之，師望以計免。朝廷徵還，以太府少卿竇滂代之。滂貪殘又甚於師望，故蠻寇未至，而定邊固已困矣。」〔註151〕李師望但求苟免於禍，及身而退，他日自有任其咎者。不幸繼其任之

〔註148〕百衲本《新唐書》卷一四九列傳第七四〈劉晏附潼傳〉頁5。
〔註149〕同註145。
〔註150〕世界書局章鈺校本《通鑑》卷二五一〈唐紀六七〉頁8121。
〔註151〕前揭書頁8150。

竇滂，貪殘又甚於師望。南詔虎伺於外，又有內應，唐與南詔間之短暫和平，將為李師望、竇滂二人所毀壞。杜元穎鎮蜀之禍，又將出現於今日矣！

二、定邊致寇

唐與南詔間之短期和平，到咸通十年（869）冬十月，南詔大舉入侵，於是戰爭再起。關於世隆之復犯西川，《新唐書·南蠻傳》及《通鑑》所載均較詳細，尤以《通鑑》取材於張雲之《咸通解圍錄》。〔註152〕其書久佚。本目所敘，如無特別註明，均從《通鑑》。此次南詔傾國而來，先以數萬之眾攻西川附塞蠻董春烏部，破之。〔註153〕十一月，南詔遂進向巂州（四川西昌），定邊軍之都頭安再榮〔註154〕守清溪關，南詔攻之，再榮退屯大渡河北，與南詔隔河相射者，竟至九日八夜。南詔無計可施，乃密分軍伐木開道，逾雪坡（四川洪雅縣南），奄至木源川（四川沐川）。定邊軍節度使遣兖海將黃卓帥五百人拒之，舉軍盡沒。十二月丁酉（十四日），蠻衣兖海士卒之衣，至青衣江岸呼船，已濟，眾乃覺之，因陷犍為，縱兵焚掠陵（四川仁壽縣）、榮（四川榮縣）二州之境。越數日，南詔大軍集於嘉州（今樂山）對岸之陵雲寺（在樂山縣南之山上），嘉州刺史楊忞興定邊監軍楊充瓊勒兵拒之。南詔潛奇兵，自東津濟，東、南兩方夾擊官軍，殺忠武都將顏慶師，餘眾皆潰，忞、允瓊脫身走。是月（十二月）壬子（二十九日），陷嘉州（樂山）。

唐對南詔，沿大渡河設防，依河為界，阻其入侵。及南詔陷嘉州（樂山），定邊軍節度使竇滂親自將兵，拒南詔於大渡河，世隆遣清平官數人詣滂請和，滂與語未畢，南詔之眾已乘船栰爭渡，忠武、徐宿兩軍結陣抗之。**竇滂**懼，傳言自經於帳中。〔註155〕徐州將苗全緒〔註156〕解之，曰：「都統何至於是！」全緒與安再榮及忠武將勒兵出戰，滂遂單騎宵遁。主帥既遁，軍中無主，苗全緒、安再榮與忠武將等謀曰：「今眾寡不敵，明旦復戰，吾盡矣！不若乘夜攻之，使

〔註152〕《咸通解圍錄》一卷，張雲撰。雲字景之，一字瑞卿，官至起居舍人，其書《新唐書·藝文志》歸於雜史類。

〔註153〕此出張雲《咸通解圍錄》，為《通鑑》所採。

〔註154〕安再榮，《新唐書·南蠻傳》作「杜再榮」，今從《通鑑》。

〔註155〕「自經於帳中」之說，從《通鑑》，《新唐書·南蠻傳》僅云：「將自殺」，未言將採何種方式自殺。

〔註156〕徐州，舊武寧軍，以其軍數亂逆，因罷節鎮，《新唐書·南蠻傳》逕曰：「武寧將苗全緒」。

之驚亂，然後解去。」於是夜入蠻軍，弓弩亂發，蠻大亂，三將乃全軍引去。南詔因而進陷黎、雅二州，百姓竄匿山谷，敗軍所在焚掠。竇滂棄邛州（邛崍），奔北至二百里外之導江（今灌縣東二十里），邛州軍資儲存皆爲亂兵所搶，蠻未至，唐兵固已散遁，及南詔至，城已空，故得通行無阻，進窺成都。

朝廷知南詔入侵後，詔故忠武都頭顏慶師之兄，左神武將軍顏慶復將兵援成都。

西川之眾聞南詔復入寇，競奔成都以避之。時成都唯有子城，亦無壕塹，人所占地，不過一席許，雨則頂箕盎以自庇，又乏水，取摩訶池泥汁，澄而飲之。

西川將士不習武備，既聞南詔入侵，「節度使盧耽召彭州刺史吳行魯使攝參謀，與前瀘州刺史楊慶復共修守備，選將校，分職事，立戰棚，具礮櫑，造器備，嚴警邏。」〔註157〕先是，西川將士多虛職名，亦無稟給，宜乎其不習戰備也。及聞南詔又至，節度使盧耽揭榜募驍勇之士，補以實職，厚給糧賜，應募者雲集。慶復乃諭之曰：「汝曹皆軍中子弟，年少材勇，平居無由自進，今蠻寇憑陵，乃汝曹取富貴之秋也，可不勉乎！」皆歡呼踴躍。〔註158〕於是列兵械於庭，使其各試所能，兩兩角勝，察其勇怯以爲去取，得選兵三千人，號曰：「突將」。

咸通十一年（870）正月戊午（初五日），南詔至眉州（今眉山縣），西川節度使盧耽遣同節度副使王偓等齎書見其用事之臣杜元忠，與之約和。南詔報曰：「我輩行止，只繫雅懷。」〔註159〕

約和未成，南詔復進軍新津（今新津縣），新津爲定邊軍之北境，至此定邊軍境全陷於南詔。

西川節度使盧耽見事迫切，復遣其同節度副使譚奉祀致書於杜元忠，好言申約，且問其所以來之意；蠻留之不遣。耽畏援軍未集，爲南詔所破，因遣使告急於朝，且請遣使與和，以紓邊患，朝廷乃命知四方館事、太僕卿支詳爲宣諭通和使。〔註160〕

〔註157〕世界書局章鈺校本《通鑑》卷二五二〈唐紀六八〉頁8154。
〔註158〕前揭書頁8155。
〔註159〕百衲本《新唐書》卷二二二中列傳第一四七中〈南蠻傳中〉頁3云：「於是西川節度使盧耽遣其副王偓、中人張思廣約和，蠻彊之，使南面拜，然卒不見酋龍而還。」與此不同，今從《通鑑》。
〔註160〕百衲本《新唐書·南蠻傳中》頁3作：「和蠻使」，今從《通鑑》。

　　南詔入侵，事前固無周詳之計畫，亦不知乘勝鼓行亟驅，其目的全在搶掠而已。故入蜀之後，「但蚍結蠅營，忸虜剽小利，處處留屯，故蜀孺老得扶攜，悉入成都。」〔註161〕南詔之軍隊，既利於剽掠，復「處處留屯」，故行動遲緩而戰鬥力逐漸減弱。在心理上，「蠻以耽待之恭，亦為之盤桓，而成都守備由是粗完。」〔註162〕是月甲子（十一日），南詔長驅而北，遂陷雙流（今雙流縣）。庚午（十七日），耽又遣其節度副使柳槃使於南詔，杜元忠授槃書一通，曰：「此通和之後，驃信與軍府相見之儀也。」其儀以帝者自處。〔註163〕妄言帝見耽，請具車蓋葆翟，語極驕慢。槃未能決，因還。南詔又遣人負綵幕至成都城南，云欲張陳隋蜀王秀之廳，以居驃信。盧耽不許，乃馳去。

　　同月癸酉（二十日），朝廷廢定邊軍，復以邛、眉、蜀、雅、嘉、黎、嶲等七州歸之西川。時七州大部陷於南詔，歸之西川者，正待其收復耳。

　　朝廷廢定邊軍之日，南詔軍已抵成都城下。盧耽亦於十九日遣先鋒遊弈使王晝至漢州（廣漢）伺援軍，且促之。是時興元兵六千、鳳翔兵四千已至漢州，同時竇滂亦率其忠武、義成、徐宿等軍四千人，自導江奔漢州，就援軍以自存。丁丑（二十四日），王晝以興元、資、簡兵三千餘人軍於毗橋，遇南詔前鋒，與戰不利，退保漢州。時在漢州之唐軍，指揮不一，且有盼其敗者，即竇滂是也。是時竇滂「自以失定邊，覬成都陷，得薄其罪。」〔註164〕故每有援軍自北來，竇滂輒說之曰：「蠻眾多於官軍數十倍，官軍遠來疲弊，未易遽前。」〔註165〕諸將信之，皆狐疑不前。

　　時在成都，又有十將李自孝者，與前嶲州「刺史喻士珍善，士珍臣蠻，自孝陰與賊通。」〔註166〕自孝欲為內應，為下所覺，唐將執而殺之。後數日，南詔攻城，久之，以無內應而止。

　　二月癸未朔（初一），南詔以雲梁、鵝車四面攻成都，車尚未至，城上以巨索鉤繫，挽之使近。投火沃油焚之，攻者皆死，盧耽又以楊慶復、攝左都押牙李驤〔註167〕各帥突將戰城下，俘斬二千餘級。經此勝利，城中突將人人

〔註161〕百衲本《新唐書》卷二二二中列傳第一四七中〈南蠻傳中〉頁3。
〔註162〕世界書局章鈺校本《通鑑》卷二五二〈唐紀六八〉頁8155。
〔註163〕《通鑑》言其「以王者自處」，今從《新唐書·南蠻傳》之說。
〔註164〕百衲本《新唐書》卷二二二中列傳第一四七中〈南蠻傳中〉頁3。
〔註165〕世界書局章鈺校本《通鑑》卷二五二〈唐紀六八〉頁8155。
〔註166〕百衲本《新唐書》卷二二二中列傳第一四七中〈南蠻傳中〉頁3。
〔註167〕百衲本《新唐書·南蠻傳中》頁3作「李璘、張察」，今從《通鑑》。

思奮，咸以不出戰爲憾。

　　未久，南詔復取民籬，重沓濕而屈之，以爲篷，置人其下，舉以抵城而斸之，矢石不能入，火不能燃，楊慶復〔註168〕鎔鐵汁以灌之，攻者又死。

　　二月乙酉（初三），支詳遣使與南詔約和。丁亥（初五），南詔歛兵請和。戊子（初六），南詔遣使迎支詳。時顏慶復所帥援軍將至，支詳未赴，《新唐書》言其原因曰：

> 　　（支詳）謂蠻使者曰：「天子詔雲南和解，而兵薄成都奈何？」請退舍撤警以脩好。或勸詳，蠻多詐，毋入死地。詳不行。〔註169〕

　　約和不成，南詔於是月庚寅（初八），復攻成都。辛卯（初九），城中出兵擊退之。

　　朝廷以竇滂守土不力，貶爲康州司戶，而以顏慶復爲東川節度使，凡援蜀諸軍，皆受慶復節制。癸巳（十一日），慶復帥軍至新都（故城在今新都縣東），南詔分兵往拒之。次日甲午（十二日），與慶復之師相遇，博野將曾元裕〔註170〕大破南詔軍，斬首二千級。蜀民見官軍之破蠻軍，爭操芟刀、白棓以助官軍者有數千人，呼聲震野。

　　乙未（十三日）晨，南詔以騎兵數萬壓官軍以騁，適右武衛上將軍宋威以忠武軍二千人至，即與諸軍會戰，南詔大敗，死者五千餘人，退保星宿山。宋威乘勝南下，進軍沱江驛（在新繁縣境），距成都僅三十里。南詔見唐之援軍將至，派往阻擋之師又連遭挫敗，故遣其臣楊定保詣支詳請和，詳曰：「宜先解圍退軍。」定保返，蠻圍城如故。城中之人雖不知援軍已至，但見南詔數來請和，因悟援軍已勝矣。戊戌（十六日），南詔復來請和，使者十返，支詳亦依違答之。南詔見和戰兩難，尤懼爲成都兵與援軍所夾攻，又不願就此遁返，故攻城尤急，驃信以下親立矢石之間，庚子（十八日），官軍至城下與南詔軍戰，奪其升遷橋。是夕，南詔自焚其攻具遁去，比明，官軍乃覺之。

　　初，唐使顏慶復救成都，命宋威屯綿、漢二州以爲後援。宋威乘勝先至成都城下，破南詔功居多，慶復疾之。宋威飯士欲追南詔軍，城中戰士亦欲與北軍合勢俱進，慶復牒威，奪其軍，勒歸漢州。南詔軍隊至雙流，爲新穿水（在四川新津縣東北）所阻，臨時造橋，狼狽失度。三日，橋乃成，通過

〔註168〕百衲本《新唐書・南蠻傳》頁3作「楊忠」，今從《通鑑》。
〔註169〕百衲本《新唐書》卷二二二中列傳第一四七中〈南蠻傳中〉頁4。
〔註170〕此據百衲本《新唐書・南蠻傳中》頁4，《通鑑》歸之顏慶復。

之後，斷橋而遁。甲兵服物遺棄於路，蜀人甚恨顏慶復之未乘勝急追，以雪入寇之恥。

南詔軍隊從成都城外後退途中，復圍邛州（四川邛崃縣），時黎州刺史嚴師本收散卒數千保邛州，南詔攻不克，因捨去。

南詔退後，顏慶復始教蜀人築防禦工事，如築甕門城，穿護城河，植鹿角，分營舖，南詔知有備，自是不復犯成都。

唐末紀綱之壞，可從酋龍圍成都之事，又得一實例，即《通鑑》所云：

> 先是，四川牙將有職無官，及拒却南詔，四人以功授監察御史。堂帖，人輸堂例錢三百緡，貧者苦之。〔註171〕

因功而授官，竟徵其輸錢，政風至此，綱紀焉能復維而不墜。

南詔之軍，殘暴過甚，蜀民痛恨，敵愾心重。其最甚者，莫過「蠻俘華民，必劓耳鼻，已，縱之。既而居人刻木為耳鼻者什八。」〔註172〕如此，以全蜀抗之，宜乎其後南詔之無法得志於蜀。南詔復圍成都之役，亦不利於南詔，所謂「蜀之役，男子十五以下悉發，婦耕以餉軍。」〔註173〕唐以南詔而衰，南詔蒙氏又何嘗不以寇唐而亡！

三、圖蜀失敗

咸通庚寅（十一年，西元870年）西川解圍後，南詔並未終止對中國之侵略。其後轉寇黔南，黔中經略使秦匡謀兵少不敵，棄城奔荊南。時荊南節度使為杜悰，囚秦匡謀，且劾其不能伏節，咸通十四年（873）「六月乙未（初二），敕斬匡謀，籍沒其家貲，親族應緣坐者，令有司搜捕以聞。」〔註174〕朝廷處分匡謀，其嚴出乎常情，原杜悰之意，可能僅在免秦匡謀之官而已，不意竟致其死，且坐及親族，此為始料所不及者。杜悰內慚於心，「且悰不意其死，駭愕得疾，卒，年八十。」〔註175〕

南詔之入侵，似偏重在經濟之掠奪，而非領土之佔領。從經濟之立場觀察，西川自為搶掠之最佳對象，不僅富而且交通方便，故至僖宗乾符元年（874）

〔註171〕世界書局章鈺校本《通鑑》卷二五二〈唐紀六八〉頁8158。
〔註172〕百衲本《新唐書》卷二二二中列傳第一四七中〈南蠻傳中〉頁4。
〔註173〕同前。
〔註174〕世界書局章鈺校本《通鑑》卷二五二〈唐紀六八〉頁8166。
〔註175〕殿本《新唐書》卷一六六列傳第九一〈杜佑附悰傳〉頁10。百衲本「悰不意其意……」文不通，故不取。

十一月，世隆再度進攻西川。〔註176〕此次入侵，南詔使一不知名之坦綽〔註177〕
為帥，率眾作浮梁，將渡大渡河。時唐之防河都知兵馬使、黎州刺史黃景復
職在防守大渡河，見蠻半渡，下令擊之。南詔軍敗退走，景復更斷其浮梁。
正面進攻失敗後，南詔於其軍中多張旗幟，分兵潛出上、下游各二十里，夜
作浮梁，天明俱渡，襲破諸城柵，夾攻黃景復。互戰三日，不分勝負，景復
佯敗走，南詔盡銳追之，景復設三伏以待之，南詔過三分之二，乃發伏擊之，
南詔大敗，殺二千餘人，追至大渡河而還，復修完城柵而守之。南詔退至之
羅谷，其國發兵繼至，新舊相合，鉦鼓聲聞數十里。南詔捲土重來，復至大
渡河南，與唐夾水而陣，仆旗息鼓而請曰「坦綽欲上書天子白冤事。」〔註178〕
唐守懈，南詔又自上、下流偷渡，與景復鏖戰連日，援軍不至，而南詔兵愈
眾，景復不能支，軍遂潰，黎州（四川漢源縣）陷。

　　南詔攻陷黎州之後，乘勝入邛峽關（今四川滎經縣有太關山，山西麓有邛
峽關），攻雅州（四川雅安縣）。黃景復部潰兵，奔入邛州（四川邛峽縣），成都
驚擾，民爭入城，或北奔他州。成都城中大為守備，而其塹壘較巂時為嚴固。
坦綽遣使王成等四十人，齎驃信書遺劍南西川節度使牛叢曰：「非敢為寇也，欲
入見天子，面訴數十年為讒人離間冤抑之事。儻蒙聖恩矜恤，當還與尚書永敦
鄰好。今假道貴府，欲借蜀王廳留止數日，即東上。」〔註179〕牛叢素來儒怯，
竟欲許之，楊慶復諫曰：「蠻無信，彼禮屈辭甘，詐我也。請斬其使，留二人還
書」，〔註180〕叢從之，且責南詔之背恩，書辭極詈辱之能事。〔註181〕南詔及新
津而還，蜀人怨之。朝廷詔發河東、山南西道、東川兵援之，並命天平節度使
高駢詣西川制置蠻事。

〔註176〕世隆之再度進犯西川，《錦里耆舊傳》以為在咸通十四年（873）十一月五日，
　　　　《新唐書》取作〈南蠻傳〉，《通鑑考異》以為當在乾符元年（874）冬十一月，
　　　　今從之。
〔註177〕坦綽，南詔清平官之首也。
〔註178〕百衲本《新唐書》卷二二二中列傳第一四七中〈南蠻傳中〉頁4。
〔註179〕世界書局章鈺校本《通鑑》卷二五二〈唐紀六八〉頁8172。
〔註180〕百衲本《新唐書》卷二二二中列傳第一四七中〈南蠻傳中〉頁4，又不許坦
　　　　綽之請，且請斬其使者，乃楊慶復也，此事《新唐書·南蠻傳》及《通鑑》
　　　　均無異辭，《新唐書》列傳九九〈牛僧孺附子叢傳〉云：「咸通末，拜劍南西
　　　　川節度使。時蠻犯邊，抵大渡，進略黎、雅，叩邛峽關。謾書求入朝，且曰
　　　　假道。叢囚其使四十人，釋二人還之，蠻懼，即引去。」此出溢美，且掠楊
　　　　慶復之功，今不取。
〔註181〕其辭見《新唐書·南蠻傳》中，文長不錄。

　　高駢受命之後，乘傳詣軍。乾符三年（876）春正月，駢至劍門，先遣使走馬開成都門，縱民出入。左右或諫，高駢自以曾在安南破蠻，意南詔必聞風而逃。《通鑑》記其情曰：

> 或曰：「蠻寇逼近成都，相公尚遠，萬一豨突，奈何？」駢曰：「吾在交趾破蠻二十萬餘，蠻聞我來，逃竄不暇，何敢輒犯成都！今春氣向暖，數十萬人蘊積城中，生死共處，污穢鬱蒸，將成癘疫，不可緩也！」使者至成都，開城縱民出，各復常業，乘城者皆下城解甲；民大悅。蠻方攻雅州，聞之，遣使請和，引兵去。駢又奏：「南蠻小醜，易以枝梧，今西川新舊兵已多，所發長武、廊坊、河東兵，徒有勞費，並迄勒還。」敕止河東兵而已。〔註182〕

　　高駢至成都，次日，乘其銳氣，發步騎五千追南詔，追至大渡河，殺獲甚眾，擒其酋長數十人，至成都，盡斬之。修復邛崍關、大渡河諸城柵，又築城於戎州馬湖鎮（在四川屏山縣西，雷波縣北），號「平夷軍」。又築城於沐源川（今沐川），皆南詔入蜀之要路也，各置兵數千戍之。自是，南詔遂不復寇蜀。高駢又召黃景復，責以大渡河失守，腹斬之。〔註183〕高駢又奏請自將本管西川及天平、昭義、義成等軍共六萬人擊南詔，朝廷不許。

　　高駢雖有大言，亦不敢輕成都之防務，且「蜀之土惡，成都城歲壞」，〔註184〕故高駢不得不重築成都羅城。築城之役，始自乾符三年（876）八月癸丑（初九），至十一月戊子（十五日）而畢工。其築城之法，「使僧景仙規度，周二十五里，悉召縣令庀徒賦役，吏受百錢以上皆死。蜀土疏惡，以甓甃之，環城十里內取土，皆剗丘垤平之，無得為坎埳以害耕種；役者不過十日而代，眾樂其均，不費扑撻而功辦。」〔註185〕高駢築城之始，深恐南詔揚聲入寇，雖不能必來，但恐驚擾役工，因奏遣浮屠景仙託遊以入南詔。往昔西川將吏入南詔，驃信皆坐受其拜，駢以其俗尚浮屠，因遣僧景仙往，驃信果帥其大臣迎拜，信用其言。說諭驃信使歸附中國，仍許妻以公主。高駢又聲言欲巡邊，朝夕通烽火，至大渡河，而實不行，由是訖於城成，邊候無風塵之驚。

〔註182〕世界書局章鈺校本《通鑑》卷二五二〈唐紀六八〉頁8175。
〔註183〕前揭書頁8176。
〔註184〕百衲本《新唐書》卷二二四下列傳第一四九下〈叛臣・高駢傳〉頁4。
〔註185〕世界書局章鈺校本《通鑑》卷二五二〈唐紀六八〉頁8185。

高駢在蜀，自專威福，迷於妖術，復奪突將之職名、稟給，又陰掩殺之，怨氣沖天，人神同憤，西川不破於南詔，而受虐於高駢，豈非命也！

四、和親不成

乾符四年（877）二月，南詔世隆卒。世隆立於唐宣宗大中十三年（859），為邊患者近二十年，中國固為之虛耗，而南詔亦因而疲弊。世隆卒後，南詔自謚為「景莊皇帝」；子隆舜立，〔註186〕改元貞明、承智、大同，國號「鶴拓」，亦號「大封民」。〔註187〕

南詔自隆舜嗣立，與唐之關係又一改變。隆舜即位之年，年方十七，〔註188〕為一國之主，而尚有童心，「好畋獵酣飲，委國事於大臣。」〔註189〕且南詔與唐征戰連年，財窮民困，帑藏不充，因而遣其陀西（猶中國判官）段瑳寶等詣嶺南西道節度使辛讜請和。辛讜於閏二月奏其事，且言「諸道兵戍邕州歲久，饋餉之費，疲弊中國，請許其和，使羸瘵息肩。」〔註190〕朝廷許之。時西原蠻屢結南詔為助，一再叛亂。〔註191〕今南詔請和，辛讜自不輕易放過此一機會，因遣其大將杜弘等齎書幣，遣段瑳寶還南詔，但留荊南、宣歙數軍戍邕州，自餘諸道兵什減其七。

乾符五年（878）春，南詔因高駢許妻公主，遣其酋望趙宗政來請和親，無表，但令其督爽牒中書，請為弟而不稱臣。朝廷詔百僚議之，禮部侍郎崔澹等以為：「南詔驕僭無禮，高駢不識大體，反因一僧呫囁，卑辭誘致其使，若從其

〔註186〕《新唐書·南蠻傳》及《通鑑》均作名「法」，又作「法堯」（芮逸夫先生《南詔史》），揆之聯名制，恐有疑問，《滇載記》謂其名為「隆舜」，且夾註曰：「《通鑑》作法，誤也。南詔名皆父子相承，世隆之子，曰隆舜近是。」楊輯胡訂《南詔野史》則曰：「隆舜，一名法。」父名世隆，子名舜化貞，其名當為隆舜無疑。

〔註187〕世界書局章鈺校本《通鑑》卷二五二〈唐紀六八〉頁8190《通鑑考異》引徐雲虔《南詔錄》曰：「南詔別名鶴拓，其後亦自稱大封人。」楊輯胡訂《南詔野史》上卷頁28曰：「改國號曰大封民國。」唐以太宗之故，諱民為人，當作「大封民國」為是。

〔註188〕楊輯胡訂《南詔野史》上卷頁28。

〔註189〕世界書局章鈺校本《通鑑》卷二五三〈唐紀六九〉頁8190。

〔註190〕同前。

〔註191〕百衲本《新唐書》卷二二二下列傳第一四七下〈南蠻傳下〉西原蠻頁21云：「其後儂洞最彊，結南詔為助，懿宗與南詔約和，二洞數構敗之。」

請，恐垂笑後代。」〔註192〕高駢聞之，上表與澹爭辯，詔解論之。

對南詔和親事，宰相之意見不同，據《實錄》云：

> 五年五月，丙申朔，是日，宰臣鄭畋、盧攜議南蠻事，攜請降公主
> 通和，畋固爭以爲不可，抗論是非。攜怒，拂衣而起，袂染於硯，
> 因投碎之。〔註193〕

宰相相爭，以至擲硯洩憤，故僖宗知後，曰：「大臣相詬，何以儀刑四海」？
〔註194〕因於丁酉（初二日），畋、攜同罷爲太子賓客、分司。

辛讜所派送段瑳寶回南詔之大將杜弘，踰年始歸。乾符五年（878）五月甲
辰（初九日），辛讜復派其攝巡官賈宏、大將左瑜、曹朗等使於南詔。〔註195〕

此時嶺南西道與南詔相處甚好，信使往返，不絕於途。但唐之中央政府，
對南詔之政策，始終舉棋不定，既無法使之稱臣，復不能予以平等地位。故
至乾符五年（878）年底，南詔使者趙宗政將回國時，中書不答其督爽之牒，
「但作西川節度使崔安潛書意，使安潛答之。」〔註196〕趙宗政使唐所求者，
一爲和親，另一爲「爲弟而不稱臣」。唐可能兩俱不允，故由安潛答之。

辛讜所遣之賈宏等人，未至南詔，相繼卒於道中，從者死亦過半。時辛讜
已病風痹，召攝巡官徐雲虔，執其手曰：「讜已奏朝廷發使入南詔，而使者相繼
物故，奈何？吾子既仕則思徇國，能爲此行乎？讜恨風痹不能拜耳。」〔註197〕
因嗚咽流涕，雲虔感其知遇之恩，因承命出使。

乾符六年（879）二月丙寅（初六），徐雲虔等至善闡城，初見南詔隆舜，
其情形據《新唐書》云：

> 到善闡府，見騎數十，曳長矛，擁絳服少年，朱繒約髮；典客伽陀
> 酋孫慶曰：「此驃信也。」問天子起居，下馬揖客，取使者佩刀視之，
> 自解左右鈕以示。乃除地，刻三丈版，命左右馳射，每一人射，法
> 騄馬逐以爲樂，數十發，止。引客就幄，侲子捧瓶盂，四女子侍樂
> 飲，夜乃罷，又遣問客《春秋》大義，送使者還。〔註198〕

〔註192〕世界書局章鈺校本《通鑑》卷二五三〈唐紀六九〉頁8204。
〔註193〕前揭書頁8205《考異》引《實錄》。
〔註194〕同註192。
〔註195〕前揭書頁8206。
〔註196〕前揭書頁8209。
〔註197〕前揭書頁8211。
〔註198〕百衲本《新唐書》卷二二二中列傳第一四七中〈南蠻傳中〉頁5。

徐雲虔至善闡，與驃信所爭者，僅爲表貢書幣等問題，亦即稱臣或約爲兄弟
之差別而已，此時隆舜似已無力犯邊，唐亦爲黃巢所苦，又恐南詔乘機入侵，
故不惜多方與之委蛇。《通鑑》記徐雲虔使南詔云：

> 二月丙寅（初六），雲虔至善闡城，驃信見大使抗禮，受副使已下拜。
> 己巳（初九），驃信使慈雙羽、楊宗就館謂雲虔曰：「貴府牒欲使驃
> 信稱臣、奉表貢方物；驃信已遣人自西川入唐，與唐約爲兄弟，不
> 則舅甥。夫兄弟舅甥，書幣而已，何表貢之有？」雲虔曰：「驃信既
> 欲爲弟、爲甥，驃信景莊之子，景莊豈無兄弟，於驃信爲諸父，驃
> 信爲君，則諸父皆稱臣，況弟與甥乎！且驃信之先，由大唐之命，
> 得合六詔爲一，恩德深厚，中間小忿，罪在邊鄙。今驃信欲脩舊好，
> 豈好違祖宗之故事乎！順祖考，孝也；事大國，義也；息戰爭，仁
> 也；審名分，禮也。四者，皆令德也，可不勉乎！」驃信待雲虔甚
> 厚，雲虔留善闡十七日而還，驃信以木夾二授雲虔，其一上中書門
> 下，其一牒嶺南西道，然猶未肯奉表稱貢。〔註199〕

徐雲虔因出使南詔之便，著有《南詔錄》三卷，今其書雖不傳，然爲《通鑑》
所采者當不少，故《通鑑》每敘南詔事，反較《滇載記》、《南詔野史》諸書
爲詳者在此。

唐至僖宗朝，政事已不可爲，朝內則南牙、北司互相矛盾，朝外則王仙
芝、黃巢之亂，愈演愈熾，馴至邊境不寧，竟至廣明元年（880）三月，「安
南軍亂，節度使曾袞出城避之，諸道兵戍邕管者往往自歸。」〔註200〕戍兵自
歸，已可見唐末綱紀廢弛，邊境空虛，故論及南詔稱臣者，崔澹、崔安潛也；
但求通使和好者，盧攜、豆盧瑑之主張也。崔安潛爲劍南西川節度使，而盧
攜再爲宰相，內挾田令孜，外倚高駢，廣明元年（880）三月庚午（十七日），
以令孜兄陳敬瑄代崔安潛爲西川節度使，而豆盧瑑專附會攜，和蠻派逐漸得
勢。兩派所恃之理由，據《通鑑》云：

> 趙宗政之還南詔也，西川節度使崔安潛表以崔澹之說爲是，且曰：「南
> 詔小蠻，本雲南一郡之地；今遣使與和，彼謂中國爲怯，復求尚主，
> 何以拒之！」上命宰相議之。盧攜、豆盧瑑上言：「大中之末，府庫
> 充實。自咸通以來，蠻兩陷安南、邕管，一入黔中，四犯西川，徵

〔註199〕世界書局章鈺校本《通鑑》卷二五三〈唐紀六九〉頁8211至8212。
〔註200〕前揭書頁8224。

兵運糧，天下疲弊，踰十五年，租賦太半不入京師，三使、內庫由茲空竭，戰士死於瘴癘，百姓困爲盜賊，致中原榛杞，皆蠻故也。前歲冬，蠻不爲寇，由趙宗政未歸。去歲冬，蠻不爲寇，由徐雲虔復命，蠻尚有覬望。今安南子城爲叛卒所據，節度使攻之未下，自餘戍卒，多已自歸，邕管客軍，又減其半。冬期且至，儻蠻寇侵軼，何以枝梧！不若且遣使臣報復，縱未得其稱臣奉貢，且不使之懷怨益深，堅決犯邊，則可矣。」乃作詔賜陳敬瑄，許其和親，不稱臣，令敬瑄錄詔白，並移書與之，仍增賜金帛。以嗣曹王龜年爲宗正少卿充使，以徐雲虔爲副使，別遣內使，共齎詣南詔。〔註201〕

盧攜之論，知中國而不知南詔，南詔何嘗不疲弊，豈能有力復犯中國耶！

宗正少卿嗣曹王龜年於廣明元年（880）六月奉命使南詔，次年（中和元年，西元881年）八月歸，驃信上表款附，請悉遵詔旨。時黃巢陷長安，僖宗奔成都，帝以宗室女安化長公主許婚。時隆舜「遣宰相趙隆眉、楊奇混、段義宗朝行在，迎公主。高駢自楊州上言：三人者，南詔心腹也，宜止而鴆之，蠻可圖也。帝從之，隆眉等皆死，自是謀臣盡矣，蠻益衰。」〔註202〕中和二年（882），南詔上書請早降公主，朝廷以方議禮儀而拖延之。中和三年（883），南詔遣布燮楊奇肱來迎公主，詔陳敬瑄與書，辭以「鑾輿巡幸，儀物未備，俟還京邑，然後出降。」奇肱不從，直前至成都。〔註203〕及黃巢平，僖宗東還，更不言和親事。至昭宗乾寧四年（897），隆舜爲其豎臣楊登所弒，立其子舜化貞，上書於唐，年號中興，唐欲以詔書報之。時王建在西川，誇口小夷不敢犯邊，不足辱詔書。天復二年（902），鄭回後裔買嗣弒舜化貞，篡其位，改國號曰大長和，南詔亡。後五年，唐亦爲朱溫所篡，改國號曰梁，唐亦亡。

南詔之興亡，與唐相終始，粗敘其關係，至此暫止。

〔註201〕前揭書頁8227至8228。
〔註202〕百衲本《新唐書》卷二二二中列傳第一四七中〈南蠻傳中〉頁6。
〔註203〕世界書局章鈺校本《通鑑》卷二五五〈唐紀七一〉頁8297。

結　論

　　百餘年來，討論南詔族屬之文章頗多，而其所提出之說法亦不少。如探究南詔族類之來源者，則有謂之爲漢代「哀牢夷」之後者，亦有以爲來自西北之氐羌民族者，更有託諸印度阿育王之後者。凡此諸說，多出臆測，或則存有政治野心，曲爲之解，其實並無充分之史料，可資佐證。故此諸說，爲吾人所不取。

　　在唐代以前之中國文獻中，甚少記載滇西地區之民族活動者，即偶有言及，亦爲滇西之洱海昆明等部族，多有語焉不詳，難得其解之感。至於建立南詔之烏蠻部族活動情形，概未在唐代以前之文獻中，留下一鱗半爪之史料，可供吾人研究之用。及至蒙舍詔併吞六詔，建立南詔王國之後，蒙舍詔突然成爲少數統治階級；南詔國內，烏蠻而外，尚有大量之白蠻及其他民族。故南詔一詞，非僅指統治階級之烏蠻，實指一聯合政權，而非一單純之民族政權。

　　從單一之語彙或名詞之偶同，即逕認爲民族相同者，爲一非常危險之作法。故吾人既無法相信由「詔」爲王之義，而即斷定南詔與苻氏同爲氐族，亦無法由此斷定南詔即爲泰族之一系。名詞與傳說，可自外族採借，有外來成份，而非一成不變，何況雲南地區，自昔族類繁多，其相互採借與引用之情形，自不在少，故不能以語音上之偶同，肯定其族屬問題。

　　在中國史籍中之孟獲、爨習等人，以及六朝時代之爨氏，全屬滇東系統，與南詔之統治階級，似無多大關係。且滇東地區，與中國之關係不唯早而且密切，由莊蹻開滇，到漢武帝之收復西南夷，經兩漢而至三國，使此地區深受漢人文化之影響，降至南北朝時期，遂有大、小爨碑之出現。無論從文章上或是字體上，二碑俱可認爲高度漢化以後之產物，非一般邊疆民族所能爲。

　　由於五胡亂華，晉室南渡，北方分合無定，南朝更迭不常，建寧爨氏遂

形同獨立，及隋代周，志切統一，遂有史萬歲之征滇，而其對象，仍以滇東地區爲重。由於史萬歲受賄賂而縱爨翫，終於獲罪。爨翫懼而復反，隋朝再事雲南，爨翫亂平被殺，諸子沒爲官奴。滇東地區經長期獨立後，再度成爲中國之領土。

及唐高祖代隋，對西南採招撫政策，爲安慰西南，特將爨翫之子弘達釋歸，並以其爲昆州刺史。是後雖以邊吏不良，時生叛亂，然旋被撫定，仍屬於唐。名爲唐之刺史，實則父子相承，儼同一國，此即所謂羈縻耶？

至太宗之世，唐對雲南之經營，其重心漸移向西北，即今之大理、鹽源（在今西康）一帶，遂與新興之吐蕃，發生衝突。此區民族，依吐蕃爲奧援，時服旋叛，唐無可奈何，因而實行以夷制夷之政策，扶植距吐蕃最遠，在今蒙化之蒙舍詔，以對抗西洱河地區之民族。蒙舍詔在唐之支持下，併吞其他五詔，佔據西洱河區。其他五詔及西洱河白蠻，不歸順南詔，即北走劍川，依吐蕃而存在，南詔之力量不足以抗吐蕃，故亦無如之何。南詔在此期間，感激唐之扶助，對唐特別恭順。

南詔統一滇西後，漸思擴張勢力，及於兩爨，苦無機會。至唐玄宗時，劍南節度使章仇兼瓊謀開步頭路，經建寧而至安南。唐之目的，在藉此路加強對滇東地區之控制。在手段上，章瓊極盡挑撥利用之能事，造成兩爨之混亂。南詔對滇池地區，原有野心，復恐唐之勢力深入雲南，或將控制雲南，因而與唐衝突，大敗唐軍，北投吐蕃。雖有張虔陀之無禮，但南詔叛唐之根本因素，仍在獲得兩爨地區，不叛唐則無法將勢力伸及滇東，遑論領有此地區耶！

南詔之再度降唐，固出諸李泌、韋皋之計謀，以及韋皋之屢敗吐蕃，使南詔不得不降。實則此時吐蕃已衰，不足爲恃，因而另投靠山，此其一也，再則吐蕃無厭，南詔不堪其壓榨，投唐以求自保，此其二也。貞元十年（794）南詔再投唐室，乘機收復劍、共二川，消滅依賴吐蕃之反對份子，然而唐却無法收復滇東地區。南詔之漸趨強大，此又爲一重要關鍵。

南詔之再度降唐，不止達成孤立吐蕃之目的，且乘吐蕃衰弱之機會，聯合韋皋，夾擊吐蕃，造成輝煌之勝利。南詔之國勢，至此已達顛峯狀態，此不能不歸功於異牟尋之善覘時機，兼弱攻昧，南詔能在唐與吐蕃之間，鼎足而三，千年之後，吾人仍不能不佩服異牟尋之善用關係，使南詔獲得獨立與擴張之業績。

南詔終異牟尋之世，與唐相處融洽，西南無事。自異牟尋卒（808）後，

南詔幼君相繼，強臣專權，對唐尙稱恭順。至勸豐祐即位（823），始於大和三年（829）寇蜀，掠子女玉帛而去。南詔每寇西川，重在經濟之掠奪，似無領土之野心，時西川節度使杜元穎因南詔入侵，捍禦不力，貶官而去，郭釗又以老病爲辭，李德裕始帥西川，即以籌邊備寇爲務，南詔知蜀有備，亦不復擾西川。

由於擴張之結果，南詔勾引峯州林西原之七綰洞蠻，造成兩陷安南之事。唐朝政治之解體，始於懿宗，成於僖宗，後遂不可爲矣！懿宗之前，雖有藩鎮、宦官、朋黨之禍，然上有求治之君，下無大盜。及懿宗之世，南詔爲禍加深，兩陷安南，進掠邕管，用兵不止，百姓不勝負擔。復以大臣奢侈，貪墨日甚，水旱相繼，民不聊生，盜賊漸多，裘甫、龐勛之亂俱起於懿宗朝。所謂「懿宗時，王政多僻，宰臣用事。（路）巖既承委遇，稍務奢靡，頗通賂遺。」〔註1〕內有盜匪，外有強敵，君臣如此，唐政尙可爲耶！故《通鑑》又曰：

> 自懿宗以來，奢侈日甚，用兵不息，賦斂愈急。關東連年水旱，州縣不以實聞，上下相蒙，百姓流殍，無所控訴，相聚爲盜，所在蜂起。
>
> 州縣兵少，加以承平日久，人不習戰，每與盜遇，官軍多敗。〔註2〕

正因「每與盜遇，官軍多敗」之事實，乃不得不引進沙陀，故五代之禍，實肇於懿宗之世。

繼懿宗者爲僖宗，咸通十四年（873）即位，年方十二，因其年少，「政在臣下，南牙、北司互相矛楯。」〔註3〕次年改元乾符，王仙芝於是年聚眾數千，起於長垣，仙芝兵敗，黃巢代領其眾，終成唐末大亂之局。在此期間，南詔再寇西川，爲高駢逐出。乾符四年（877），世隆卒，唐與南詔兩敗俱傷，無力再戰，因而議和親，事雖不成，亦可看出戰爭之耗費，使二國同趨衰弱，以至滅亡。

當唐之盛世，以突厥、高麗之強大兇悍，曾不足以當太宗、高宗之兵鋒。然吐蕃之起，實造成唐之威脅，薛仁貴以東征之名將，敗於大非川，一葉知秋。武后、玄宗處心積慮，圖謀吐蕃，漸佔上風，不幸又經安史之亂，大兵東調，先爲平亂，後又用以對抗藩鎮，西北空虛，吐蕃更爲猖獗。和既不成，始謀聯回紇、大食、天竺、雲南以弱吐蕃。吐蕃既弱，南詔復強，此時唐之君臣不如

〔註1〕《舊唐書》卷一七七列傳第一二七〈路巖傳〉。

〔註2〕《通鑑》卷二五二〈唐紀六七〉頁8174。

〔註3〕同前。

貞觀、永徽之時，爲抗南詔，驚動天下。故南詔雖非亡唐者，然唐因南詔之寇邊而衰微，無法內平流寇，終爲歸順之流寇所簒。故陳寅恪於其《唐代政治史述論稿》下篇〈外族盛衰之連環性及外患與內政之關係〉中論云：

> 自咸通以後，南詔侵邊，影響唐財政及內亂頗與明季之「邊餉」及流寇相類，此誠外患與內亂互相關係之顯著例證也。夫黃巢既破壞東南諸道財富之區，時溥復斷絕南北運輸之汴路，藉東南經濟力量及科舉文化以維持之李唐皇室，遂不得不傾覆矣。史家推迹龐勛之作亂，由於南詔之侵邊，而勛之根據所在適爲汴路之咽喉，故宋子京曰：「唐亡於黃巢，而禍基於桂林。」嗚呼！世之讀史者儻亦有感於斯言歟？〔註4〕

以上所論，及陳寅恪先生言，俱爲以中國爲本位之見解，將南詔置於從屬之地位，有見於中央，忽略於邊疆。今將再以數言，從南詔之發展史上，說明唐代南詔之重要意義。

從李唐一朝對雲南之關係史上，以及南詔之發展史中，可找出二者間之若干關鍵，將蒙氏南詔時代，劃分爲若干顯明不同之段落，藉以說明南詔茁長壯大之過程，作爲本論文之補充。

由唐高祖即位（618）招撫西南起，至唐玄宗開元廿六年（738）封南詔皮羅閣爲雲南王，賜名蒙歸義止，可算爲南詔史之初期，在此一百二十年間，可從唐及南詔兩方面研究當時雲南之實況。在高祖、太宗時代（618～649），雲南東有爨氏，西部羣蠻雜居，無大首領，所謂六詔，不過爲貞觀之末方始出現之六烏蠻部族而已。以當時之情勢而言，無論在文化、政治、經濟各方面，俱不如滇東爨氏，亦不如洱海白蠻。但其出現時際，爲一絕佳機會。一入高宗朝，吐蕃突起，南北俱進，洱海羣蠻，多投吐蕃，唐爲在雲南與吐蕃競爭，因而培植南詔，經武后、玄宗兩朝之努力，唐在西北與雲南漸勝吐蕃，而南詔亦併滅其他五詔，佔有西洱河區，取白蠻之地位而代之。南詔爲感激唐之扶助，及加強二者之關係，遂有開元廿六年入朝之舉。至此，唐與南詔俱達成其目的，志得意滿。

由開元廿六年至天寶十載（738至751）南詔叛唐止，共十四年，可稱爲南詔之轉變期。此期時間雖短，意義甚大。從當時之國際關係上看，唐羈縻

兩爨，控有滇東，扶植蒙氏，取代吐蕃在滇西之影響力，吐蕃豈不思結交蒙氏，恢復其在雲南之勢力耶？且滇東地區，名爲「羈縻」，實不穩定，爲唐之計，莫若先加強滇東西二區之控制，不然亦當使二區制衡，使其唯唐之馬首是瞻。不此之圖，章仇、鮮于、李宓等人，擾亂滇東，使其投向蒙氏。唐措施此事失宜，復以邊吏不良，竟使南詔投向吐蕃。若非張虔陀輩無禮，南詔雖有與唐衝突之因素存在，當不至叛唐如是之速。且在安史大亂之前夕，益使李唐威望大減，困難倍增。

由天寶十載至德宗貞元十年（751～794）異牟尋再度降唐，爲南詔臣屬吐蕃期，共四十四年。此時唐勢中衰，內亂外患，幾無歲無之。吐蕃國勢再度大盛，南詔擇強而依，正此之謂。此時南詔安定，吐蕃之文化、大量輸入，但在物質方面，二者俱不如唐遠甚。然吐蕃對南詔之壓榨、控制、需索，亦使南詔無法應付，復以吐蕃漸衰，有不足依恃之感，而唐德宗用李泌、陸贄、韋皋等人，使國勢危而復安，再由李泌定策，韋皋執行，終使南詔再度降唐，此舉實未達成弱吐蕃之目的，因吐蕃已弱而唐未知。

從德宗貞元十年至文宗太和三年（794～829）南詔寇蜀止。此一階段，南詔再度大量輸入唐之文化，並擴張領土，佔有全滇，及部份西康、貴州。在此三十餘年之時間，穩定內部，加強統治。南詔由一小部落，混一雲南，不止有國家之規模，且漸趨成熟。但因爲假借外來之高度文明過多，而其本身之不足適應性亦漸暴露，因而由於通貢，學於成都，使南詔人士享受漸高，慾望難以滿足。而其本身，又是生產技術落後的地區，無法自給自足，因而寇蜀，其目的固在於搶掠。

自大和三年至唐昭宗天復二年（829～902）南詔被篡，前後八十餘年，爲唐與南詔「和戰無常」期，亦爲其衰亡期。王朝政權由成熟而趨衰亡，其必然出現之現象爲權臣當國。南詔後期，亦復如此，此時不唯吐蕃已衰，唐室亦趨向衰弱，南詔不止自認無需依附他國，且以進可與之爭雄，於是陷安南、掠邕管、寇西川，南詔畢竟地小民寡，過度使用其國力，後竟無力再戰。且以多次對外用兵之結果，無決定性之勝利，終於造成戰既不勝，和亦不能之局面，而爲權臣所篡。唐雖能多延五年之壽命，而其命運亦復相同，其可慨也歟！

在本論文，理應將黃巢之亂與南詔關係，作一闡述，但以有前引陳恪寅先生之言，因而省略！

參考書目

一、中日文

甲、書　刊

 1. 王溥，《唐會要》，歷代會要本，臺北世界書局。

 2. 王先謙，《漢書補注》，虛受堂本，臺北藝文印書館景印。

 3. 王欽若、楊億，《冊府元龜》，臺北清華書局景印。

 4. 王定保，《唐摭言》，四部備要本，臺北中華書局。

 5. 王讜，《唐語林》，臺北廣文書局。

 6. 王國維，《觀堂集林》，烏程蔣氏密韻樓印本，臺北藝文印書館。

 7. 王夫之，《讀通鑑論》，臺北世界書局。

 8. 王忠，《新唐書吐蕃傳箋證》，國防研究院藏書。

 9. 司馬光，《資治通鑑》，轟崇歧，臺北世界書局。

10. 司馬遷，《史記》，百衲本，臺北商務印書館。

11. 司馬遷，《史記》，仁壽本，仁壽本廿五史編刊館。

12. 司馬遷，《史記》，會注考證本，藝文印書館。

13. 令狐德棻，《周書》，百衲本，商務印書館。

14. 全祖望，《鮚埼亭集》，四部叢刊初編縮本，商務印書館。

15. 江應樑，《西南邊疆民族論叢》，嶺南大學印行。

16. 向達，《蠻書校注》，1962 年 5 月一版，中華書局。

17. 辛文房，《唐才子傳》，三間草堂雕本，臺北廣文書局。

18. 杜佑，《通典》，臺北新興書局。

19. 李肇，《唐國史補》，臺北世界書局。

20. 李白，《分類補註李太白詩》，臺北新興書局。

21. 李昉，《太平御覽》，臺灣商務印書館。

22. 李霖燦，《南詔大理國新資料的綜合研究》，中央研究院民族學研究所專刊之九。

23. 李德裕，《會昌一品集》，叢書集成初編，商務印書館。

24. 阮元聲，《南詔野史》，雲南備徵志本，臺北成文出版社。

25. 岑仲勉，《元和姓纂四校記》，中央研究院專刊。

26. 岑仲勉，《隋書求是》，1958 年 6 月初版，商務印書館。

27. 岑仲勉，《中外史地考證》，國防研究院藏書。

28. 沈約，《宋書》，百衲本，商務印書館。

29. 伯希和（Paul Pelliot）著，馮承鈞譯，《交廣印度兩道考》，民國 51 年 9 月臺一版，臺灣商務印書館。

30. 沙宛（E. Chavannes）著，馮承鈞譯，《西突厥史料》，民國 58 年 2 月臺一版人人文庫本，臺灣商務印書館。

31. 吳廷燮，《唐方鎮年表》，廿五史補編本，臺北開明書店。

32. 計有功，《唐詩紀事》，臺灣中華書局。

33. 班固，《漢書》，百衲本，商務印書館。

34. 范義田，《雲南古代民族之史的分析》，民國 33 年 9 月初版，重慶商務印書館。

35. 姚思廉，《梁書》，百衲本，商務印書館。

36. 姚思廉，《陳書》，百衲本，商務印書館。

37. 高適，《高常侍集》，四部叢刊本，商務印書館。

38. 唐太宗，《晉書》，百衲本，商務印書館。

39. 夏光南，《元代雲南史地叢攷》，臺灣中華書局。

40. 馬長壽，《南詔國內的部族組成和奴隸制度》，1961 年上海出版。

41. 馬端臨，《文獻通考》，臺灣新興書局。

42. 脫脫，《宋史》，百衲本，臺灣商務印書館。

43. 陳壽，《三國志》，百衲本，臺灣商務印書館。

44. 陸贄，《陸宣公集》，國學叢書本，臺灣中華書局。

45. 崔適，《史記探源》，臺北廣文書局。

46. 常璩，《華陽國志》，明錢穀鈔校本，臺北世界書局。

47. 常璩，《華陽國志》，四部備要廖寅刻本校刊，臺北中華書局。

48. 陳鴻墀，《全唐文紀事》，臺北世界書局。

49. 陳寅恪，《唐代政治史述論稿》，史語所專刊。

50. 張道宗，《記古滇說》，雲南備徵志本，臺北成文出版社。

51. 張九齡，《唐丞相曲江張先生文集》，四部叢刊本，商務印書館。

52. 寂裕，《白國因由》，芮逸夫先生藏本。

53. 馮甦，《滇考》，雲南備徵志本，臺北成文出版社。

54. 楊慎，《滇載記》，叢書集成初編本，商務印書館。

55. 楊慎編輯，胡蔚訂正，《南詔野史》，中華文史叢書，臺灣華文書局本。

56. 董誥，《全唐文》，臺灣經緯書局。

57. 劉昫，《舊唐書》，百衲本，臺灣商務印書館。

58. 劉肅，《大唐新語》，唐代叢書本，臺北新興書局。

59. 歐陽修，《新唐書》，百衲本，臺灣商務印書館。

60. 歐陽修，《新唐書》，景殿本，臺灣藝文印書館。

61. 樊綽，《蠻書》，雲南備徵志本，臺北成文出版社。

62. 諸葛元聲，《滇史略》，雲南備徵志本，臺北成文出版社。

63. 盧弼，《三國志集解》，臺北藝文印書館。

64. 臧勵龢，《中國古今地名大辭典》，臺灣商務印書館。

65. 韓愈，《昌黎先生文集》，四部叢刊本，臺灣商務印書館。

66. 顏眞卿，《顏魯公文集》，四部叢刊本，臺灣商務印書館。

67. 顧祖禹，《讀史方輿紀要》，臺北新興書局。

68. 顧炎武，《日知錄》，臺北明倫出版社。

69. 蕭子顯，《南齊書》，百衲本，臺北商務印書館。

70. 魏徵，《隋書》，百衲本，臺北商務印書館。

71. 羅香林，《百越源流與文化》，中華叢書本民國44年12月，臺北臺灣書店。

72. 藤澤義美，《西南中國民族史の研究》，1969年3月，日本大安書店。

73. 權德輿，《權載之文集》，四部叢刊本，商務印書館。

74. 辯機，《大唐西域記》，臺北廣文書店。

乙、論　文

1. 王叔武，〈關於白族族源問題〉，《歷史研究》，1957年4期。

2. 王忠，〈「關於白族族源問題」質疑〉，《歷史研究》，1958年8月。

3. 向達，〈南詔史略論〉，《歷史研究》，1954年第2期。

4. 向達，〈唐代記載南詔諸書考略〉，收入《唐代長安與西域文明》，頁136

至 154。

5. 克勒納（Dr. phil Wilhelm Credner）著，何友民譯，〈南詔故都考察記〉，《暹羅民族學研究譯叢》，頁 63 至 96。

6. 拍耶亞奴曼羅闍吞（Phraya Anumen Rajadhan），謝猶榮譯，〈泰撣族系考〉，《暹羅民族學研究譯叢》，頁 36 至 62。

7. 李霖燦，〈西藏史〉，《邊疆文化論集》（三），頁 339 至 357。

8. 李家瑞，〈用文物補證南詔及大理國的紀年〉，《歷史研究》，1958 年 7 期。

9. 伯希和（Paul Pelliot）著，馮承鈞譯，〈蘇毗〉，《西域南海史地考證譯叢甲集》，頁 23 至 24。

10. 伯希和（Paul Pelliot）著，馮承鈞譯，〈漢譯「吐蕃」名稱〉，《西域南海史地考證乙集》，頁 61 至 63。

11. 岑仲勉，〈隋書之吐蕃〉，《民族學研究集刊》，第 5 期。

12. 芮逸夫，〈南詔史〉，《邊疆文化論集》（三），頁 358 至 386。

13. 芮逸夫，〈唐代南詔與吐蕃〉，《西藏研究》，頁 101 至 119。

14. 芮逸夫，〈僰人考〉，《史語所集刊》，第二十三本上。

15. 芮逸夫，〈僚為仡佬試證〉，《史語所集刊》，第二十本上。

16. 凌純聲，〈唐代的烏蠻與白蠻考〉，《人類學集刊》，第一卷第 1 期。

17. 凌純聲，〈東南亞的父子連名制〉，《大陸雜誌特刊》第一輯上冊，民國 41 年 7 月頁 171 至 220。

18. 馬伯樂（H. Maspero），馮承鈞譯，〈唐代安南都護府疆域考〉，《西域南海史地考證譯叢丁集》，頁 59 至 108。

19. 徐嘉瑞，〈南詔初期宗教考〉，《東方雜誌》，第四十一卷 18 期。

20. 徐嘉瑞，〈南詔後期宗教考〉，《東方雜誌》，第四十二卷 9 期。

21. 許雲樵，〈南詔非泰族故國考〉，《南洋學報》，第四卷第二輯。

22. 黃仲琴，〈唐貞元十年冊封南詔開路刊石〉，《文史學研究所月刊》，一卷 2 期。

23. 鄭天挺，〈發羌之地望與對音〉，《史語所集刊》，八本一分。

24. 劉漢堯，〈南詔統治者屬於彝族之新證〉，《歷史研究》，1954 年 2 期。

25. 蘭番佛巴德里（Pierre Lefeuse Pontalis），陸翔譯，〈泰族侵入印度支那考〉，開明書局《國聞譯證》第一冊，頁 69 至 112。

二、西　文

1. Bell, Charles, *Tibet Past & Present*, Oxford University Press. 1924, 326 p

2. Blackmore, Michael, "The Ethnological Problems Connected With Nanchao", *Historical Archaeological & Linguistic Studies in S.E. Asia*, Hong Kong

University Press, 1961, pp. 59～69.

3. Chavannes, E., "Inscription （Du Royaume）De Nan-Tchao, Composée par Tcheng Hoei, Sur La Transformation Vertueuse", *Journal Asiatique*（1900）, pp. 396～450.

4. Davies, H. R., *Yun-nan, The Link Between India and Yangtse*, Cambridge University Press.（1909）, 431 p.

5. Hsu, Yun-Tsiao, "Was Nan-Chao A Thai Kingdom?" *Journal of Southeast Asian Researches*（1968）, pp. 13～23.

6. Lacouperie, Terrien de, "The Cradle of the Shan Race", Introduction to A. R. Colquhoun（1885）, Amongst the Shans.

7. Luce, G. H., *Man Shu*, Cornell University Press.（1961）, 116 p.

8. Parker, E. H., "The Early Laos and China", *China Review*,（1891）, 19:67-106.

9. Parker, E. H., "The old Thai or Shan Empire of West Yunnan", *China Review*,（1892～3）, 20:337-46.

10. Sainson, Camille, *Nan-Tchao Ye-Che*, Paris, Imprimerie Nationale,（1910）

附　錄

一、大事年表

前 135 年	漢武帝 建元六年	丙午	王蒙始由巴苻關入夜郎，賜以繒帛，喻以威德，約爲置吏，使其子爲令。夜郎旁小邑皆貪漢繒帛，以漢道險，實不能有，乃聽蒙約。還報，武帝以爲犍爲郡。
前 130 年	元光五年	辛亥	西夷邛、筰、冉駹、斯榆之君內屬，漢爲置一都尉、十餘縣屬蜀。蓋當今四川西部以至於西昌一部。 是時，巴、蜀四郡鑿山通西、南夷，千餘里戍轉相餉。數歲，道不通，士罷餓，離暑濕死者甚眾；西南夷又數反，發兵興擊，費以巨萬計而無功。上患之，詔使公孫弘視焉。還奏事，盛毀西南夷無所用，武帝不聽。
前 126 年	元朔三年	乙卯	秋，罷西夷，獨置南夷、夜郎兩縣、一都尉，稍令犍爲自葆就。
前 122 年	元狩元年	己未	漢用張騫言，擬取道雲南經身毒而至大夏，四道並出，出駹、出筰、出徙邛、出僰，皆各二千里，其北方閉氐、筰，其南方閉巂、昆明。漢通身毒之目的，竟未達成。
前 120 年	元狩三年	辛酉	武帝將討昆明，以昆明有大池三百里，乃作昆明池以習水戰。
前 111 年	元鼎六年	庚午	漢平南夷爲牂柯郡，以邛都爲越巂郡，筰都爲沈黎郡，冉駹爲汶山郡，廣漢西白馬爲武都郡。
前 109 年	元封二年	壬申	漢以將軍郭昌、中郎將衛廣發巴、蜀兵擊滅勞深、靡莫，以兵臨滇。滇王舉國降，請置吏入朝，於是以爲益州郡，賜滇王王印，復長其民。
前 105 年	元封六年	丙子	漢欲取道雲南，以通大夏，歲遣使十餘輩，出此初郡，皆閉昆明，爲所殺，奪幣物。於是天子赦京師亡命，令從軍，遣拔胡將軍郭昌將以擊之，斬首數十萬。後復遣使，竟不得通。
前 86 年	昭帝 始元元年	乙未	夏，益州夷二十四邑、三萬餘人皆反。漢遣水衡都尉呂破胡募吏民及發犍爲、蜀郡奔命往擊，大破之。
前 83 年	始元四年	戊戌	西南夷姑繒、葉榆復反，遣水衡都尉呂破胡將益州兵擊之。破胡不進，蠻夷遂殺益州太守，乘勝與破胡戰，士戰及溺死者四千餘人。多，遣大鴻臚田廣明擊之。

前 82 年	始元五年		秋,大鴻臚田廣明、軍正王平擊益州,斬首、捕虜三萬餘人,獲畜產五萬餘頭。
前 81 年	始元六年	庚子	詔以鉤町侯毋波率其邑君長、人民擊反者有功,立以為鉤町王。賜田廣明爵關內侯。
前 61 年	宣帝 神爵元年	庚申	宣帝頗脩武帝故事,聞益州有金馬、碧雞之神,遣諫大夫蜀郡王褒使持節而求之,卒於中道。
前 27 年	成帝河平二年	甲午	夜郎王興、鉤町王禹、漏臥侯俞更舉兵相攻。牂柯太守請發兵擊之,議者以為道遠。於是遣太中大夫蜀郡張匡持節和解,興等又不從命。漢因以陳立為牂柯太守,斬夜郎王興及其妻父翁指,西夷皆降漢。
前 8 年	成帝 綏和元年	癸丑	牂為郡於水濱得古磬十六枚,議者以為善祥。
2 年	平帝 元始二年	壬戌	越嶲郡上黃龍游江中。
9 年	王莽始 建國元年	己巳	秋,王莽遣五威將王奇等十二人,班符命四十二篇於天下:德祥五事,符命二十五,福應十二。五威將奉符命,齎印綬,王侯以下及吏官名更者,外及匈奴、西域、徼外蠻夷,皆即授新室印綬,收漢故印,改鉤町王為侯,王邯怨怒不附,莽諷牂柯大尹周歆詐殺邯。邯弟承起兵殺歆,州郡擊之,不能服。
14 年	天鳳元年	甲戌	益州蠻夷秋擾,盡反,復殺益州大尹程隆。莽遣平蠻將軍馮茂發巴、蜀、犍為吏士,賦斂取足於民,以擊之。
16 年	天鳳三年	丙子	平蠻將軍馮茂擊句町,士卒疾疫死者什六七,賦斂民財什取五,益州虛耗而不克;徵還,下獄死。冬,復遣寧始將軍廉丹與庸部牧史熊合二十萬眾往擊之,無功。越嶲蠻夷任貴亦殺太守枚根,自立為邛穀王。
19 年	天鳳六年	己卯	更始將軍廉丹擊益州,不能克。益州夷棟蠶、若豆等起兵殺郡守,越嶲夷人大牟亦叛,殺略吏人。莽召丹還,更遣大司馬護軍郭興、庸部牧李曅擊蠻夷若豆等。
21 年	地皇二年	辛巳	王莽遣國師和仲曹放助郭興擊句町,皆不能克。軍士放縱,百姓重困。
25 年	光武 建武元年	乙酉	蜀郡功曹李熊說公孫述宜稱天子。夏,四月,述即帝位,號成家,改元龍興;以李熊為大司徒,述弟光為大司馬,恢為大司空。越嶲任貴據郡降述。
42 年	建武十八年	壬寅	春二月,蜀郡守將史歆反,攻太守張穆,穆踰城走;宕渠楊偉等起兵以應歆,帝遣吳漢等將萬餘人討之。
43 年	建武十九年	癸卯	西南夷棟蠶反,殺長吏;詔武威將軍劉尚討之。路由越嶲,邛穀王任貴恐尚既定南邊,威法必行,己不得自放縱;即聚兵起營,多釀毒酒,欲先勞軍,因襲擊尚。尚知其謀,即分兵先據邛都,遂掩任貴,誅之。
44 年	建武二十年	甲辰	劉尚進兵與棟蠶等連戰數月,皆破之。
45 年	建武二十一年	乙巳	春,正月,劉尚追棟蠶等至不韋,斬棟蠶帥,西南諸夷悉平。

69 年	明帝 永平十二年	己巳	春，哀牢王柳貌率其民五萬餘戶內附，以其地置哀牢、博南二縣。始通博南山，度蘭倉水，行者苦之，歌曰：「漢德廣，開不賓；度蘭倉，爲他人。」
74 年	永平十七年	甲戌	益州刺史梁國朱輔宣示漢德，威懷遠夷，自汶山以西，前世所不至，正朔所未加，白狼、槃木等百餘國，皆舉種稱臣奉貢。白銀王唐菆作詩三章，歌頌漢德，輔使犍爲郡掾田恭譯而獻之。
76 年	章帝 建初元年	丙子	初，益州西部都尉廣漢鄭純，爲政清廉，化行夷貊，君長感慕，皆奉幣內附；明帝爲之置永昌郡，以純爲太守。純在官十年而卒，後人不能撫循夷人，九月，哀牢王類牢殺守令反，攻巂唐、博南。
77 年	建初二年	丁丑	永昌、越巂、益州三郡兵及昆明夷鹵承等擊哀牢王類牢於博南，大破，斬之，哀牢平。
94 年	和帝 永元六年	甲午	永昌徼外夷敦忍乙王慕延、慕義遣使入漢，譯獻犀牛、大象。
97 年	永元九年	丁酉	春，正月，永昌徼外蠻夷及撣國，重譯奉貢。
107 年	安帝 永初元年	丁未	正月戊寅（初六），分犍爲南部爲屬國都尉。三月己卯（初八），永昌徼外僬僥種夷陸類等舉種內附。五月，九眞徼外，夜郎蠻夷，舉土內屬。
112 年	永初六年	壬子	春正月庚申（十七日），詔越巂置長利、高望、始昌三苑，又令益州置萬歲苑，犍爲置漢平苑。
116 年	元初三年	丙辰	越巂郡徼外夷大羊等八種，戶三萬一千，口十六萬七千六百二十內屬。
117 年	元初四年	丁巳	越巂夷以郡縣賦斂煩數，十二月，大牛種封離等反，殺遂久令。
118 年	元初五年	戊午	永昌、益州、蜀郡夷皆叛應封離，眾至十餘萬，破壞二十餘縣，殺長吏，焚掠百姓，骸骨委積，千里無人。
119 年	元初六年	己未	益州刺史張喬遣從事楊竦將兵至葉榆，擊封離等，大破之，斬首三萬餘級，獲生口千五百人。封離等惶怖，斬其同謀渠帥，詣竦乞降。竦厚加慰納，其餘三十六種皆來降附。竦因奏長吏姦猾，侵犯蠻夷者九十人，皆減死論。
120 年	永寧元年	庚申	十二月，永昌徼外撣國王雍由調遣使者獻樂及幻人。
161 年	桓帝 延熹四年	辛丑	犍爲屬國夷寇鈔百姓，益州刺史山昱擊破之。
176 年	靈帝 熹平五年	丙辰	四月，益州諸種夷擊漢，執太守雍陟。 益州諸種夷起兵，漢遣御史中丞朱龜攻之，不能克。乃拜巴郡李顒爲益州太守，與刺史龐芝發板楯蠻擊破之。 閏五月，永昌太守曹鸞坐訟黨人棄市。
184 年	中平元年	甲子	是年正月，太平道張角起事於趙魏之間。 秋七月，五斗米道起事於巴郡。

188 年	中平五年	戊辰	太常江夏劉焉見王室多故，建議以爲：「四方兵寇，由刺史威輕，既不能禁，且用非其人，以致離叛。宜改置牧伯，選清名重臣以居其任。」焉內欲求交趾牧，侍中廣漢董扶私謂焉曰：「京師將亂，益州分野有天子氣。」焉乃更求益州。會益州刺史郤儉賦歛煩擾，謠言遠聞，而耿鄙、張懿皆爲盜所殺，朝廷遂從焉議，選列卿、尙書爲州牧，各以本秩居任，以焉爲益州牧，太僕黃琬爲豫州牧，宗正東海劉虞爲幽州牧。益州賊馬相、趙祗等起兵緜竹，自號黃巾，殺刺史郤儉，進擊巴郡、犍爲，旬月之間，破壞三郡，有眾數萬，相自稱天子。州從事賈龍率吏民攻相等，數日破走，州界清靜，龍乃選吏卒迎劉焉。
200 年	獻帝 建安五年	庚辰	初，南陽、三輔民流入益州者數萬家，劉焉悉收以爲兵，名曰東州兵。璋性寬柔，無威略，東州人侵暴舊民，璋不能禁。趙韙素得人心，因益州士民之怨，遂作亂，引兵數萬攻璋，厚賂荊州，與之連和；蜀郡、廣漢、犍爲皆應之。
201 年	建安六年	辛巳	趙韙圍劉璋於成都。東州人恐見誅滅，相與力戰，韙遂敗退，追至江州，殺之。朝廷聞益州亂，以五官中郎將牛亶爲益州刺史；徵璋爲卿，不至。
223 年	文帝 黃初四年	癸卯	初，益州郡耆帥雍闓殺太守正昂，因士燮以求附於吳，又執太守成都張裔以與吳，吳以闓爲永昌太守。永昌功曹呂凱、府丞王伉率吏士閉境拒守，闓不能進，使郡人孟獲誘扇諸夷，諸夷皆從之；牂柯太守朱褒、越巂夷王高定皆叛應闓。諸葛亮以新遭大喪，皆撫而不討，務農殖穀，閉關息民，民安食足而後用之。
225 年	後主 建興三年	乙巳	蜀漢諸葛亮於三月率眾討雍闓。亮由越巂入，斬雍闓及高定。使庲降督益州李恢由益州入，門下督巴西馬忠由牂柯入，擊破諸縣，復與亮合。孟獲收闓餘眾以拒亮，亮生致之。益州、永昌、牂柯、越巂四郡皆平，亮即其渠率而用之。
229 年	明帝 太和三年	己酉	建興七年，以交州屬吳，蜀解李恢刺史，更領建寧太守，以還居本郡。
233 年	明帝 青龍元年	癸丑	蜀庲降都督張翼用法嚴峻，南夷豪帥劉胄叛。丞相亮以參軍巴西馬忠代翼，召翼令還。其人謂翼宜速歸即罪。翼曰：「不然，吾以蠻夷蠢動，不稱職，故還耳。代人未至，吾方臨戰場，當運糧積穀，爲滅賊之資，豈可以黜退之故而廢公家之務乎！」於是統攝不懈，代到乃發。馬忠因其成基，破胄，斬之。
240 年	邵陵屬公 正始元年	庚申	越巂蠻夷數叛蜀漢，殺太守，是後太守不敢之郡，寄治安定縣，去郡八百餘里。蜀漢主以巴西張嶷爲越巂太守，嶷招慰新附，誅討彊猾，蠻夷畏服，郡界悉平，復還舊治。
264 年	元帝 咸熙元年	甲申	漢建寧太守霍弋以蜀亡降魏，拜南中都尉，委以本任。
271 年	晉武帝 泰始七年	辛卯	八月，分益州之建寧、興古、雲南，交州之永昌，合四郡爲寧州。統縣四十五，戶八萬二千四百（《晉書·地理志》）。

284 年	太康五年	甲辰	罷寧州入益州，置南夷校尉（《通鑑》從《華陽國志》，《晉書‧地理志》作太康三年。）。
302 年	晉惠帝 太安元年	壬戌	冬十一月，晉既敗建寧朱提，復置寧州，以南夷校尉李毅爲刺史（《通鑑》、《晉書‧地理志》復置寧州在二年。）。建寧大姓李叡、毛詵，朱提大姓李猛等起兵，爲晉南夷校尉李毅所敗。毛詵李猛俱被殺。
303 年	二年	癸亥	晉分建寧郡爲益州、平樂二郡（《國志》）。 毛詵既死，李叡奔五苓夷于陵丞，于陵丞詣李毅爲叡請命，毅僞許而殺叡。于陵丞怒，率諸夷攻李毅。
306 年	惠帝 光熙元年	丙寅	三月，寧州刺史李毅卒，五苓夷強盛，李毅女秀代父領州事，嬰城固守。 六月，李雄於成都即皇帝位，國號大成，改元晏平。
307 年	懷帝 永嘉元年	丁卯	李毅子釗今始至寧州，州人因奉釗領州事。 晉以魏興太守王遜爲寧州刺史，仍詔交州出兵救李釗。以釗爲平寇將軍，領南夷護軍。
310 年	懷帝 永嘉四年	庚午	是歲，寧州刺史王遜始到官，表李釗爲朱提太守。 五苓夷爲王遜所擊滅。
311 年	懷帝 永嘉五年	辛未	是歲，朱提審炤率民降於李雄，建寧爨量、蒙崲委誠。其餘附者日月而至。益州太守李遐、梁水太守董憻於興古、槃南起兵（《國志》）。
318 年	晉元帝 泰興元年	戊寅	巴西起兵抗李雄，雄親平之（《國志》）。
319 年	晉元帝 泰興二年	己卯	李驤攻越巂、朱提。
320 年	晉元帝 泰興三年	庚辰	李驤獲朱提太守西夷校尉李釗。 夏，李驤破越巂後進攻寧州。寧州王遜使將軍姚崇、爨琛距之，戰於堂狼，大破驤等，追至瀘水而還（《晉書‧本紀》、《國志》作姚岳）。
321 年	晉元帝 泰興四年	辛巳	王遜病卒，州人推遜中子王堅行州事（《國志》）。 晉以王遜卒，除遜子堅爲南夷校尉、寧州刺史。
322 年	元帝 永昌元年	壬午	晉更用零陵太守南陽尹奉爲寧州刺史、南夷校尉，加安西將軍。徵王堅還。冬，李雄立其兄蕩子班爲太子。
323 年	明帝 太寧元年	癸未	是歲，越巂斯叟攻圍成將任回等，李雄遣其征南將軍費黑討之。
325 年	明帝 太寧三年	乙酉	蠻酋梁水太守爨量、益州太守李遐降成，王遜不能克。尹奉既至，重募徼外夷刺殺爨量，諭降李遐（《通鑑》）。
326 年	成帝 咸和元年	丙戌	六月，越巂斯叟爲成將費黑所破。
327 年	二年	丁亥	寧州龐遺起兵攻成將任回等。寧州刺史尹奉遣將軍姚崇、朱提太守楊術援遣。正月與成將羅恒戰于臺登，兵敗，術死。
328 年	三年	戊子	是歲多，李驤卒。

330 年	五年	庚寅	成李雄以李壽爲都督中外諸軍大將軍、中護軍西夷校尉、錄尚書總統，如李驤（《國志》）。
332 年	七年	壬辰	秋，李壽分兩路南攻寧州：費黑、邵攀等爲前軍由南廣入，任尚子調由越嶲。此即後世之北路、南路也。冬十月，李壽、費黑至朱提，太守董炳固守。尹奉復遣建寧太守霍彪大姓爨深等助炳。俱爲成軍所圍。
333 年	八年	癸巳	正月，董炳、霍彪等出降。三月，尹奉亦降，遷於蜀。秋，建寧州民毛詵、羅屯等起兵，殺太守邵攀，牂柯太守謝恕舉郡歸晉。 三月寧州平，成以李壽領寧州。秋，李壽平寧州牂柯之亂。
334 年	九年	甲午	三月，李雄分寧州置交州，以霍彪爲寧州刺史，爨深爲交州刺史。李雄封李壽爲建寧王。 六月，李雄卒，李期立。
338 年	咸康四年	戊戌	李期殺李班自立。至是歲四月，李壽又殺期自立爲皇帝，改國號爲漢，改元漢興。
339 年	五年	己亥	李壽遣右將軍李位都攻寧州。 夏，建寧太守孟彥率州人縛寧州刺史霍彪，舉建寧歸晉。
343 年	康帝 建元元年	癸卯	李壽卒，子李勢立，改元太和。至永和二年，又改元嘉寧。
346 年	穆帝 永和二年	丙午	晉安西將軍桓溫率軍攻李勢。
347 年	三年	丁未	三月，桓溫軍進逼成都，李勢降，漢李氏亡。
405 年	安帝 義熙元年	乙巳	爨寶子碑（〈小爨碑〉）立於是年。
432 年	宋文帝 元嘉九年	壬申	七月，益州趙廣起事，攻陷郡縣，蜀土僑舊俱起。至十年始漸告平息。（《宋書・本紀》） 趙廣之亂，大約蔓延及於建寧，爲晉寧太守爨龍顏所平定（《滇南古金石錄》）。
441 年	十八年	辛巳	晉寧太守爨松子舉兵，寧州刺史徐循擊平之（《通鑑》）。
446 年	二十三年	丙戌	十二月，爨龍顏卒
458 年	孝武帝 大明二年	戊戌	爨龍顏碑（〈大爨碑〉）立於是年。
545 年	梁武帝 大同十一年	乙丑	梁以徐文盛使持節督寧州刺史。
548 年	太清二年	戊辰	八月，侯景之亂起。徐文盛聞侯景之亂，因在寧州召募數萬人以赴難。
549 年	三年	己巳	寧州土酋爨瓚據城起兵，周授瓚寧州刺史。瓚死後，子震繼之。
561 年	周武帝 保定元年	辛巳	九月甲辰，南寧州遣使獻滇馬及蜀鎧（《周書・本紀》）。

562 年	二年	壬午	十月，周分南寧州置恭州（《周書·本紀》）。
570 年	天和五年	庚寅	十二月，大將軍鄭恪率師平越巂，置西寧州（《周書·本紀》）。
586 年	隋文帝 開皇六年	丙午	越巂郡周後改爲嚴州，至是隋復改爲西寧州，以梁毗爲刺史，歷官十一年，以清聞。
595 年	十五年	乙卯	十月，隋遣法曹黃榮領始、益二州，石匠開石門路，造偏梁橋閣，通越析州、津州（《蠻書》原作開皇五年，從《蠻書校注》卷一。此是南路清溪關之石門路，非北路之石門路，說詳《蠻書校注》卷一）。 南寧夷爨翫起兵。翫亦爨贊之子，與爨震爲兄弟行。
596 年	十六年	丙辰	隋命大將軍劉噲之攻西爨，又令上開府楊武通將兵繼進。蜀王秀使僰人萬智光爲武通行軍司馬，爲文帝所責。楊武通因有功封白水郡公，唯未能平，故隋又命太平郡公史萬歲爲行軍總管，率軍擊之。
597 年	十七年	丁巳	春二月癸未，史萬歲擊西爨。萬歲入自青蛉川，經弄凍、小勃弄，大勃弄，度西二河入渠濫川。即取清溪關路，過石門，渡瀘水，經今姚州、彌渡、大理以至滇池南之昆陽一帶（《通鑑》）。 爨翫及其他三十餘部爲萬歲所破，俱降。爨翫賂萬歲以金寶，因得仍留南寧。
598 年	十八年	戊午	史萬歲受爨翫賄賂事爲蜀王秀所發，因除名爲民。是年改西寧州爲巂州。 爨翫復起兵。據《新唐書·兩爨蠻傳》，爨翫、爨震後俱入朝，翫爲文帝所殺，諸子沒爲奴。此事不著何年，姑繫於此。
618 年	唐高祖 武德元年	戊寅	唐開南中，於故同樂縣置南寧州，治味。在今雲南曲靖。 爨翫子宏達於唐興後受唐封爲昆州刺史，奉其父喪歸滇。《新唐書·兩爨蠻傳》只云高祖即位，不著何年。一般繫於武德元年，今從之。
619 年	二年	己卯	唐於舊定莋鎮置昆明縣。在今四川鹽源縣。
620 年	三年	庚辰	益州刺史段綸遣使招諭南寧西爨蠻諸部落。 南寧西爨蠻遣使入貢於唐。時在八月。
621 年	四年	辛巳	唐置南寧州總管府。又從安撫大使李英請置姚州。昆彌遣使內附。昆彌即漢之昆明也。漢昆明蠻南境止於西洱河。北至今鹽源一帶。巂州治中吉弘緯通南寧，因至其國，說之來降。
624 年	七年	甲申	唐命巂州都督長史韋仁壽檢校南寧州都督，寄治越巂。仁壽將兵循西洱河，周歷數千里，承制置七州十五縣，各以其豪帥爲刺史縣令。徙治南寧州。並析南寧置西寧。所置州縣名，具見《新唐書·地理志》。
625 年	八年	乙酉	是年唐改恭州爲曲州。又改南寧州爲郎州，開元五年始又復南寧之名（新書、舊書改郎州在貞觀八）。
627 年	太宗 貞觀元年	丁亥	爨宏達子歸王受唐命爲南寧州都督。
634 年	八年	甲午	唐更西寧州爲黎州，南雲州爲匡州，西平州爲盤州。

648 年	二十二年	戊申	唐以右武侯將軍梁建方擊松外蠻。擊敗蠻酋雙舍，於是降附者七十部，戶十萬九千三百。署其酋長蒙和等爲縣令，因遣使至西洱河，其酋長楊盛亦降。 松外諸蠻暫降復起。松外諸蠻在今鹽源以西，唐後於此置昌明縣，屬巂州。西洱河大首領楊棟等入朝於唐（《元龜》作貞觀二十三）。
649 年	二十三年	己酉	唐於徒莫祇、儉望二種落地置傍、望、求、丘、覽五州，蓋在雲南舊楚雄、澂江二府境內。雲南傳說：蒙氏細奴邏以是年受張樂進求遜位，建大蒙國，號奇嘉王。諸蠻徒莫祇、儉望二種落俱附於唐。
651 年	高宗 永徽二年	辛亥	郎州白水蠻起兵。郎州即舊曲靖府地。 八月己卯（十八日），唐遣左領軍趙孝祖討白水蠻。十一月，趙孝祖敗白水蠻於羅仵侯山（新舊本紀、傳作羅侯山）。
652 年	三年	壬子	夏四月，趙孝祖既敗白水蠻，遂乘勝西擊小勃弄、大勃弄二川。斬小勃弄酋長歿盛，擒大勃弄酋長楊承顚。自餘大小種落屯聚保險者皆破降之。改雲南縣爲匡州。 《容齋隨筆》紀有開元十九年劍南節度副大使張敬忠在成都所立〈平南蠻碑〉。碑誌南蠻大酋長染浪州刺史楊盛顚爲邊患，明皇遣內常侍高守信爲南道招慰處置使以討之，拔其九城。案此疑即趙孝祖平大小勃弄事，楊盛顚即楊承顚。開元時張敬忠始立碑追紀之耳。因附著於此。
653 年	四年	癸丑	雲南傳說：細奴邏於是年遣其子邏盛入朝於唐。
656 年	顯慶元年	丙辰	秋七月乙丑（初三），西洱蠻酋長楊棟附顯，和蠻酋長王郎祁，郎、昆、黎、盤四州酋長王伽衝等率眾附於唐。
664 年	麟德元年	甲子	五月乙卯（初八），唐於昆明之弄棟川置姚州都督府（《通典》、《舊書·本紀》）。
672 年	咸亨三年	壬申	西洱河蠻蒙儉、和舍等起兵當在去年，今始見於載籍。昆明蠻十四姓二萬三千戶附唐，因置殷、敦、總三州。 正月辛丑（初八），以太子左衛副率梁積壽爲姚州道行軍總管，擊西洱河蠻蒙儉、和舍等。李義當亦從征。
674 年	上元元年	甲戌	細奴邏卒，子邏盛嗣立。據〈王仁求碑〉，王仁求即卒於是年（王仁求即助唐擊蒙儉等人有功者。）。
675 年	二年	乙亥	是年爲邏盛之元年
680 年	永隆元年	庚辰	吐蕃攻陷茂州西南唐所築之安戎城，以兵據之。由是吐蕃降有西洱諸種落，盡據羊同、黨項及諸羌地，東接涼、松、茂、巂等州，南鄰天竺，西陷安西四鎮，北抵突厥，地方萬餘里，諸胡之盛，莫與爲比（《通鑑》）。 西洱河諸種落皆降於吐蕃。
681 年	二年	辛巳	八月辛卯（二十五日），改交州爲安南都護府（《舊書·本紀》）。
688 年	垂拱四年	戊子	南蠻郎將王善寶、昆州刺史爨乾福請復置寧州（《舊書·張柬之傳》）。

689 年	永昌元年	己丑	唐以浪穹州渠帥傍時昔爲浪穹州刺史，令統其眾。 浪穹州渠帥傍時昔等二十五部先附吐蕃，至是又降於唐。
692 年	長壽元年	壬辰	十月，武威軍總管王孝傑大破吐蕃，復龜茲、于闐、疏勒、碎葉四鎮。（《舊書·本紀》）
697 年	神功元年	丁酉	昆明附於唐，唐於其地置寶州。
698 年	武后 聖曆元年	戊戌	蜀州刺史張柬之上言請廢姚州以隸嶲州，瀘南諸鎮亦皆廢省，於瀘北置關，禁百姓平常往來。疏奏不納。王善寶於是年立〈王仁求碑〉，善寶，仁求長子。
707 年	中宗 神龍三年	丁未	姚州諸種落又依附吐蕃叛唐，聯合侵邊。 六月戊子（二十二日），姚嶲道討擊使、監察御史唐九徵擊姚州起兵諸種落，破之。遂於其處立鐵柱紀功。
710 年	睿宗 景雲元年	庚戌	姚州羣蠻先附吐蕃，攝監察御史李知古請發兵擊之。既降，又發劍南兵築城，因欲誅其豪傑，俘子女爲奴婢。並列置州縣重稅之，羣蠻怨怒。蠻酋傍名引吐蕃攻殺知古，以其尸祭天。
712 年	太極元年	壬子	邏盛卒，子盛邏皮嗣立。
713 年	玄宗 開元元年	癸丑	唐授盛邏皮爲特進，封臺登郡王，知沙壺州刺史。
719 年	七年	己未	升劍南支度營田處置兵馬經略使爲節度使，領益、彭等二十五州，治益州。
728 年	十六年	戊辰	盛邏皮卒，子皮邏閣嗣立。
729 年	十七年	己巳	二月丁卯（初六），嶲州都督張守素破西南蠻，拔昆明及鹽城（《元龜》作張審素）。
737 年	二十五年	丁丑	皮邏閣與邆賧詔合攻洱河、河蠻。邆賧取大釐城。皮邏閣取太和、苴咩兩城。卒又襲取大釐，敗三浪兵。自是南詔遂據有故河蠻地，即今大理一帶。
738 年	二十六年	戊寅	皮邏閣賂劍南節度使王昱，求合六詔爲一，許之。南詔之興始於此時。皮邏閣遂徙治大和城。 唐以王昱爲益州長史、劍南節度使。九月，王昱爲吐蕃所敗，貶死，代之以張宥。唐賜皮邏閣名蒙歸義，授特進，封越國公，並封雲南王。
739 年	二十七年	己卯	益州長史張宥奏以鮮于仲通充劍南採訪支使，以軍政委團練副使章仇兼瓊。十二月，以章仇兼瓊爲劍南節度使。 是年，閣邏鳳子鳳伽異生。
745 年	天寶四載	乙酉	章仇兼瓊初爲節度使，惡鮮于仲通，黜之。至是復以仲通爲採訪支使。仲通爲支使，首尾兩年，凡十八度渡瀘。 皮邏閣遣其孫鳳伽異入朝於唐，唐授鳳伽異鴻臚少卿。
746 年	五載	丙戌	五月乙亥（二十四日），以劍南節度使章仇兼瓊爲戶部尙書，諸楊引之也（《通鑑》）。郭虛己代章仇兼瓊爲劍南節度使。

747年	六載	丁亥	西域小勃律諸國附吐蕃,危及四鎮。是年七月,安西副都護高仙芝將萬騎討之。越坦駒嶺,下阿弩越城,大敗吐蕃,平小勃律諸國而還。小勃律在印度河上流近新疆明鐵蓋山口,通四鎮要道也。
748年	七載	戊子	唐冊封閣羅鳳襲雲南王,閣羅鳳子鳳伽異爲上卿兼陽瓜州刺史。又封閣羅鳳弟誠節蒙舍州刺史,崇江東州刺史,成進雙祝州刺史。 是歲,雲南王皮羅閣卒,子閣羅鳳嗣立。
749年	八載	己丑	劍南節度使郭虛己卒,以鮮于仲通爲蜀郡大都督府長史兼御史中丞持節充劍南節度副大使。 唐命特進何履光統領十道兵馬從安南進軍雲南,收取安寧(《蠻書》)。
750年	九載	庚寅	楊國忠薦鮮于仲通爲劍南節度使。仲通發兵三路進攻雲南,自將大軍取南谿路下,李暉從會同路進,安南都督王知進自步頭路入,攻閣羅鳳。 史謂鮮于仲通褊急,失蠻夷心,雲南太守張虔陀又貪婪淫虐,多所徵求。閣羅鳳不應,張虔陀誣奏其罪。閣羅鳳忿怨,遂起兵。攻陷雲南,殺虔陀,取夷州三十二(《通鑑》)。
751年	十載	辛卯	鮮于仲通大軍進逼雲南,閣羅鳳求和,不許。至西洱河。夏四月,唐師大敗於江口,士卒死者六萬人。大將王天運、仲通子昊俱戰死。仲通僅以身免(《通鑑》、〈德化碑〉)。十一月,以楊國忠領劍南節度使。 閣羅鳳既敗仲通兵,陷雲南都護府,遂北臣吐蕃(〈德化碑〉)。
752年	十一載	壬辰	正月一日,吐蕃於鄧川冊封閣羅鳳爲贊普鍾南國大詔,改元爲贊普鍾元年。是歲,南詔、吐蕃合兵進攻西川。 六月壬午(初七),楊國忠奏吐蕃兵六十萬救南詔,劍南兵擊破之於雲南,克故隰州等三城(《通鑑》,案此當係國忠虛構以欺國家,觀後蜀人請國忠赴鎮可知)冬十月,楊國忠因蜀人請赴鎮,不得已至蜀,即召還。
753年	十二載	癸巳	唐侍御史劍南留後李宓將兵七萬攻南詔。六月壬辰(二十三日),左武衛大將軍何履光將嶺南五府兵從安南進兵雲南。唐再置姚州都督府,以賈瓘爲都督(〈德化碑〉)。九月文單國王子隨何履光攻雲南(《元龜》)。 南詔破姚府,生擒賈瓘。(〈德化碑〉)
754年	十三載	甲午	六月,李宓兵進逼遒川,大敗於大和城,宓沈江而死。唐兵攻南詔,前後死者幾二十萬。 南詔與吐蕃援兵神川都知兵馬使論綺里徐合拒唐兵,大敗李宓。
755年	十四載	乙未	十一月安祿山之亂起。
756年	肅宗 至德元載	丙申	六月,安祿山軍入潼關。玄宗奔蜀。 南詔、吐蕃乘唐亂,陷越巂會同軍,據清溪關。南詔獲唐西瀘令鄭回。閣羅鳳以回爲鳳伽異、異牟尋諸人師。

757 年	二載	丁酉	九月，廣平王俶將朔方等軍及回紇、西域之眾十五萬，於長安西香積寺大敗安祿山軍（《通鑑》、《新舊書》俱云廣平王部有南蠻軍即南詔軍，恐不可信，故不取。）。唐復置越巂，以楊廷璡爲都督（〈德化碑〉）分劍南爲東西川。 南詔大軍將楊傳磨侔等攻陷越巂、臺登，擒擄楊廷璡等（〈德化碑〉）。
758 年	乾元元年	戊戌	天寶十載（751），置安南管內經略使，領交、陸等十一州，治交州。至是升安南管內經略使爲節度使（《新書・方鎮表》）。
759 年	二年	己亥	唐置清溪關，關外三十里即巂州（《蠻書》）。
761 年	上元二年	辛丑	六月壬戌（初九），以嚴武爲西川節度使。七月癸巳（十一日），劍南兵馬使徐知道拒嚴武，不得進。八月己未（初七），徐知道爲其將所殺，劍南平（《通鑑》）。
762 年	寶應元年	壬寅	是歲冬，閣羅鳳親率大軍征服尋傳、裸形、祁鮮。今滇西怒江、伊洛瓦底江上游俱歸南詔。又取安寧城，置城監（〈德化碑〉）。
763 年	代宗 廣德元年	癸卯	七月，吐蕃入大震關，陷蘭、廓、河、鄯、洮、岷、秦、成、渭等州，盡取河西、隴右之地。自是安西、北庭隔絕不通（《通鑑》）。 是歲冬，閣羅鳳巡視昆川（〈德化碑〉）。
764 年	二年	甲辰	改安南節度使爲鎮南大都護防禦觀察經略使（《新書・方鎮表》）。正月癸卯（初五），合劍南東西川爲一道，以嚴武爲節度使（《通鑑》）。 是歲，閣羅鳳築陽苴咩城，亦名紫城，方圍四五里（郭松年《大理行記》）。二十八年，異牟尋又築羊苴咩即此，蓋增築延袤至十五里耳。
765 年	永泰元年	乙巳	改鎮南都護依舊爲安南都護府（《新書・方鎮表》、《舊書・本紀》作大曆元年二月壬辰）。 四月辛卯（三十日），嚴武卒。五月癸丑（二十二日），以郭英乂爲劍南節度使。 是歲春，南詔命鳳伽異於昆川置柘東城，居二詔鎮撫。（〈德化碑〉、《蠻書》在前一年即廣德二）是歲，鳳伽異年二十七。
766 年	大曆元年	丙午	八月壬寅（十九日），以崔旰爲成都尹西川節度行軍司馬，旰遂據有西川（《通鑑》）。 〈南詔德化碑〉相傳立於是年。
767 年	二年	丁未	唐以杭州刺史張伯儀爲安南都護。始築安南羅城。七月丙寅（十九日），以崔旰爲西川節度使。崔旰後賜名崔寧。
772 年	七年	壬子	閣羅鳳於是年築白崖新城，周廻四里（《蠻書》）。
775 年	十年	乙卯	正月乙卯（二十一日），西川節度使崔寧奏破吐蕃數萬於西山（《通鑑》）。
776 年	十一年	丙巳	正月辛亥（二十二日），西川節度使崔寧奏破吐蕃四節度及突厥、吐谷渾、氐、羌之眾二十餘萬（《通鑑》）。

777年	十二年	丁巳	四月丁酉（十六日），吐蕃攻黎、雅諸州，西川節度使崔寧擊破之（《通鑑》）。十月乙酉（初七），西川節度使崔寧奏大破吐蕃於望漢城（《通鑑》）。
779年	十四年	己未	九月，西川節度使崔寧入朝。十月，吐蕃、南詔入侵，唐右神策都將李晟、金吾大將軍曲環，合東川山南兵，擊破吐蕃、南詔兵，克維、茂二州，追擊於大渡河外，大敗吐蕃、南詔。十月，以荊南節度使張延賞爲西川節度使。 九月，閣羅鳳卒。子鳳伽異前卒，孫異牟尋嗣立，以鄭回爲清平官。吐蕃封異牟尋爲日東王。十月丁酉朔（初一），吐蕃、南詔合兵由茂州、扶文、黎雅三道入侵。後爲李晟等所敗。異牟尋築羊苴咩城，徙居之（《通鑑》）。
780年	德宗 建中元年	庚申	雲南傳說：異牟尋即位，改元見龍、上元。七月，東爨烏蠻守愈等遣使入唐朝貢（《元龜》）。
781年	二年	辛酉	六月，安西北庭自吐蕃陷河隴，隔絕不通十餘年，至是伊西北庭節度使李元忠、四鎮留後郭昕遣使奉表，間道得達（《通鑑》）。
782年	三年	壬戌	是歲朱滔、田悅、王武俊叛唐，十一月俱稱王。十二月丁丑（二十九日），李希烈亦自稱天下都元帥。
783年	四年	癸亥	十月，涇原兵亂，擁朱泚，據長安。德宗奔奉天。韋皐以隴右留後守隴州，拒殺朱泚將牛雲光等。十一月乙亥（初二），因以隴州爲奉義軍，擢韋皐爲節度使。
784年	興元元年	甲子	六月，李晟收復長安。朱泚奔彭原，爲部將所殺。七月，吐蕃以助唐攻朱泚，求伊西、北庭地。唐從李泌諸人議，拒而不與（《通鑑》）。 雲南傳說：異牟尋是年封五嶽四瀆。遷居史城，即今喜州（《南詔野史》）。
785年	貞元元年	乙丑	六月辛卯（二十八日），以金吾大將軍韋皐檢校戶部尚書兼成都尹御史大夫劍南西川節度觀察使，代張延賞。
786年	二年	丙寅	雲南傳說：異牟尋於是年設官，立九爽三託。爽猶言省也（《南詔野史》）。
787年	三年	丁卯	正月，雲南苦吐蕃重役，鄭回勸異牟尋歸唐，乃遣人因東蠻求內附（《通鑑》）。是歲異牟尋遷居大理城（《南詔野史》）。唐亦謀通雲南。閏五月己未（初七），韋皐復與東蠻和義王苴那時書，使詞伺導達雲南。閏五月辛未（十九日），唐與吐蕃盟於平涼，吐蕃敗盟，渾瑊逃免。六月壬辰（十一日），韋皐以雲南頗知書，自以爲書招諭之，令趣遣使入見（《通鑑》）。
788年	四年	戊辰	四月，雲南王異牟尋欲歸唐，未敢自遣使，先遣其東蠻鬼主驃旁、苴夢衝、苴烏星入見。十月，吐蕃將寇西川，發雲南兵。韋皐以計間之，吐蕃、雲南遂大相猜阻，雲南兵引還（《通鑑》）。 五月乙卯（初八），唐封驃旁爲和義王，苴夢衝爲懷化王，苴那時爲順政王。十月，吐蕃侵西川，攻兩林、驃旁、東蠻及清溪關、銅山。韋皐與東蠻連兵敗之於清溪關外。十一月，吐蕃復入侵，又爲西川所敗（《通鑑》）。

789 年	五年	己巳	二月丁亥（十四日），韋皋遺書招異牟尋。十月，劍南兵與東蠻合力大敗吐蕃於臺登北谷，殺其驍將乞藏遮遮、悉多楊朱，西南少安。數年後竟復嶲州。十二月壬辰（二十五日），韋皋復以書招諭雲南（《通鑑》）。
791 年	七年	辛未	吐蕃知韋皋使者在雲南，遣使讓之。異牟尋因執以送吐蕃。吐蕃多取雲南大臣之子爲質。雲南愈怨（《通鑑》）。 四月，安南酋長杜英翰等以安南都護高正平重賦歛，遂起兵，正平憂死，羣蠻首降。五月，唐於安南置柔遠軍。七月，趙昌爲安南都護，安南遂安。六月，韋皋送閣羅鳳使者段忠義還雲南，並致書異牟尋（《通鑑》）。
792 年	八年	壬申	韋皋以東蠻鬼主苴夢衝持兩端，潛通吐蕃，隔絕雲南，遂於去歲十二月派總管蘇峞將兵至琵琶川。是年二月壬寅（十七日），執夢衝數其罪而斬之，雲南之路遂通（《通鑑》）。十一月辛酉（初十日），韋皋約雲南共驅吐蕃（《通鑑》）。
793 年	九年	癸酉	五月，異牟尋使者達成都，上表請棄蕃歸唐。韋皋送詣長安，唐賜書撫慰。七月，劍南西山女王等八國背吐蕃歸唐，處之維、保、霸諸州，給以耕牛種糧。十月甲子（十八日），韋皋遣節度巡官崔佐時齎詔書詣雲南，皋並答以帛書（《通鑑》）。 異牟尋遣使者楊傳盛、趙莫羅眉、楊大和眉等分持韋皋所遣書，從安南、戎州、黔府分三路入唐求和（《蠻書》、《通鑑》）。
794 年	十年	甲戌	正月，劍南西山羌二萬餘戶來降。崔佐時至羊苴咩城，與異牟尋盟於點蒼山神祠。南詔遣曹長段南羅趙迦寬隨佐時入朝。六月癸丑（十二日），唐以祠部袁滋爲冊南詔使。七月，唐開石門路，置行館。十月，袁滋至羊苴咩，封異牟尋爲南詔，賜銀窠金印文曰「貞元冊南詔印」。西川節度兵馬與雲南軍併力破吐蕃保塞、大定二城（《蠻書》）。十一月，袁滋自石門路返抵戎州。袁滋歸，著《雲南記》五卷。 異牟尋與崔佐時定盟後襲破吐蕃於神川，取鐵橋等十六城。並破劍川等三浪，及裳人、施蠻、順蠻、磨蠻、茫蠻、弄棟諸種落。遷弄棟於永昌，施蠻、順蠻主於蒙舍城，徙裳人、河蠻、施蠻、順蠻、永昌望苴子、望外喻等族於雲南東北及柘東附近。九月，遣弟湊羅棟、清平官尹仇寬等廿七人入獻地圖、鐸槊、浪人劍等方物及吐蕃印八顆（《元龜》等）。十月，異牟尋受唐冊封後遣清平官尹輔酋等七人隨袁滋入唐謝恩。是年，詔親大軍將李附覽鎮勃弄川（《蠻書》）。
795 年	十一年	乙亥	正月，西川拔吐蕃羅山城，置兵固守，邛南驛路遂通。羅山與上年所破之保塞、大定俱屬嶲州（《蠻書》）。九月，南詔異牟尋獻馬六十匹（《唐會要》）。十月，南詔攻吐蕃昆明城，拔之。又虜施順二蠻王（《通鑑》、《蠻書》虜二王作十）。
796 年	十二年	丙子	三月甲午（初二日），韋皋奏降雅州會野路西南蠻首領高萬唐等六十九人、七千戶、二萬餘口，及吐蕃先授高萬唐等金字告身五十片（《通鑑》、《唐會要》）。是年，吐蕃宰相尚結贊卒（《新書·吐蕃傳》）。

797 年	十三年	丁丑	四月，吐蕃贊普乞立贊卒，子足立煎立（《新書》、《通鑑》）。六月壬午（二十八日），韋皋奏吐蕃侵雟州，刺史曹高仕敗之於臺登城下（《通鑑》）。
798 年	十四年	戊寅	十一月己未（十四日），韋皋進《開西南蠻事狀》十卷，敘開復南詔之由（《舊書·本紀》）。唐遣內侍劉希昂取道清溪關路，以使南詔（《新書·地理志》）。十二月己亥（二十四日），南詔異牟尋遣酋望大軍將王邱等各入唐賀正，兼獻方物（《舊書·本紀》、《唐會要》）。
799 年	十五年	己卯	三月，韋皋辭南詔異牟尋邀共擊吐蕃之約，復以兵糧未集，請俟他年。十二月，吐蕃眾五萬分擊南詔及雟州，無功而還（《通鑑》）。異牟尋初請以大臣子弟質于韋皋，皋辭，固請，乃盡舍成都，咸遣就學（《新書·南蠻傳》）。
800 年	十六年	庚辰	韋皋與南詔合兵屢敗吐蕃。是歲，吐蕃曩貢臘城等九節度嬰、籠官馬定德帥其部落來降（《通鑑》）。正月，南詔獻奉聖樂（《舊書·本紀》）。
801 年	十七年	辛巳	韋皋屢敗吐蕃，拔城七、軍鎮五，焚堡百五十。遂圍維州及昆明城，不能克，因班師。九月，韋皋擒吐蕃相論莽熱（《舊書·本紀》）。南詔異牟尋以攻吐蕃虜獲尤多，受唐慰撫（《通鑑》）。
802 年	十八年	壬午	正月乙亥（十八日），韋皋以吐蕃相論莽熱獻於朝（《舊書本紀》）。正月，驃國王摩羅思那遣其子悉利移因南詔入唐朝貢，並獻其國樂十二曲，與樂工三十五人（《通鑑》、《舊書·本紀》、《唐會要》）。
803 年	十九年	癸未	正月癸丑朔，唐授南詔朝賀使楊鎮龍武試太僕少卿兼御史，授黎州廓清道蠻首領襲恭化郡王劉志寧復試太常卿（《唐會要》）。
804 年	二十年	甲申	正月，吐蕃足立煎贊普卒，其弟嗣立（《通鑑》）。是歲，趙昌復為安南都護。十二月，南詔、吐蕃、彌臣國並遣使入朝於唐（《舊書·本紀》、《元龜》）。
805 年	順宗 永貞元年	乙酉	八月癸丑（十七日），西川節度使韋皋卒於西川。皋在蜀凡二十一年（《通鑑》）。八月己未（二十三日），以袁滋為劍南東西川山南西道安撫大使（《通鑑》）。十二月己酉（十四日），以給事中劉闢為西川節度副使知節度事。貶袁滋為吉州刺史（《通鑑》）。四月，彌臣嗣王道勿禮受唐封為彌臣國王（《元龜》）。
806 年	憲宗 元和元年	丙戌	正月，劉闢反，唐以高崇文諸人討之。九月，劉闢敗。十月丙寅（初七），以高崇文為西川節度使。戊辰（初九），以嚴礪為東川節度使。是歲，以張舟代趙昌為安南都護。是年八月、十二月，南詔並遣使入唐朝貢（《元龜》）。
807 年	二年	丁亥	八月，唐授南詔使者鄧傳榜試殿中監（《唐會要》）。十月丁卯（十三日），以門下侍郎同平章事武元衡同平章事充西川節度使，代高崇文（《通鑑》）。十二月，南詔復遣使朝於唐（《唐會要》）。

808 年	三年	戊子	十一月，南詔異牟尋卒，子尋閣勸嗣立，自稱驃信。驃信猶言君也（《舊書・本紀》、《新書・南蠻傳》、《唐會要》）。相傳閣勸改元應道。 十二月甲子（十七日），唐以異牟尋卒，廢朝三日。辛未（二十四日），以諫議大夫段平仲兼御史中丞，持節充冊立南詔及弔祭使，仍命鑄元和冊南詔印，司封員外郎李逢吉副之（《唐會要》）。
809 年	四年	己丑	正月，罷段平仲使南詔，改以太常卿武少儀兼御史中丞，充冊立及弔祭使（《唐會要》）。八月丙申（二十三日），安南都護張舟奏破環王三萬眾（《舊書・本紀》）。 南詔尋閣勸立一年，今年十一月卒，子勸龍晟嗣立（《通鑑》）。十二月遣使入唐朝貢（《元龜》）。
810 年	五年	庚寅	是歲，馬總代張舟爲安南都護。張舟疑即卒於是年。雲南傳說：勸龍晟是年建元龍興（《南詔野史》）。十二月遣使入唐朝貢（《元龜》）。
812 年	七年	壬辰	十二月，南詔遣使朝貢（《唐會要》）。
815 年	十年	乙未	十二月，南詔使楊還奇等二十九人入朝於唐（《唐會要》）。
816 年	十一年	丙申	去歲吐蕃贊普棄獵獵松贊卒，新贊普可黎可足立。今年二月，西川始以入奏。五月，以南詔勸龍晟卒，廢朝三日。以少府少監李銑充冊立弔祭使，左贊善大夫許堯佐副之（《舊書・南詔傳》）。 南詔勸龍晟立七年，淫虐不道，上下怨疾。弄棟節度王嵯顛殺之，立其弟勸利。勸利德嵯顛，賜姓蒙氏，謂之大容。容，南詔言兄也（《通鑑》）。
817 年	十二年	丁酉	《舊唐書・南詔傳》，謂南詔於元和十二年至十五年比年遣使入朝，或年內二三至者。相傳勸利改元全義、大豐。
818 年	十三年	戊戌	四月，劍南西川節度使奏，南詔請貢獻助軍牛羊奴婢等，唐發詔褒之，不令進獻（《唐會要》）。 是歲，李象古爲安南都護。
819 年	十四年	己亥	安南都護李象古以貪縱苛刻失眾心。安南酋長楊清擁兵反。十月壬戌（十七日），容管奏清陷都護府，殺李象古及妻子官屬部曲千餘人。丙寅（二十一日），以唐州刺史桂仲武爲安南都護，以楊清爲瓊州刺史（《通鑑》）。
823 年	穆宗 長慶三年	癸卯	七月，南詔勸利卒，弟勸豐祐嗣立。唐以京兆少尹韋審規持節臨冊，韋齊休從審規行，歸著《雲南行記》二卷（《新書・南蠻傳》、《蠻書》）。十月己丑（初八日），以中書侍郎同平章事杜元穎同平章事充西川節度使（《通鑑》）。 今年唐始賜南詔印。七月，南詔勸利卒，弟勸豐祐嗣立。史云自豐祐始不用父子連名。以唐遣使冊立，南詔因遣洪成酋、趙龍些、楊定奇入謝（《新書・南蠻書》）。相傳勸豐祐改元保和、天啓。
826 年	敬宗 寶曆二年	丙午	南詔遣使入唐朝貢（《舊書・南詔傳》）。

827年	文宗 太和元年	丁未	南詔遣使入唐朝貢（《舊書・南詔傳》）。
829年	三年	己酉	南詔蒙嵯巔以蜀中邊備廢弛，攻破成都，俘虜百姓及工匠而歸。南詔自是工文織，與中國埒（《蠻書》、《新書・南蠻傳》、《通鑑》）。 杜元穎不曉軍事，刻削士卒。十一月，南詔攻西川，連陷戎、嶲、邛諸州。十二月，南詔兵抵成都，俘子女百工數萬人而去。十二月己酉（初三日），唐以東川節度使郭釗爲西川節度使，與南詔約和。貶杜元穎爲邵州刺史，再貶循州司馬。
830年	四年	庚戌	西川節度使郭釗以疾求代。十月戊申（初七日），以義成節度使李德裕爲西川節度使。德裕既至，練士卒，葺堡鄣，積糧儲以備邊。蜀人粗安。（《通鑑》） 南詔蒙嵯巔今年遣使以表自陳，兼疏元穎過失（《舊書・南詔傳》）。
831年	五年	辛亥	五月丙辰（十九日），西川節度使李德裕奏遣使詣南詔，索所俘百姓，得四千人而還（《通鑑》）。九月，吐蕃維州副使悉怛謀降唐（《通鑑》）。冬十月戊寅（十四日），李德裕奏南詔寇嶲州，陷三縣（《通鑑》）。 冬十月，南詔攻嶲州（《通鑑》、《舊書・南詔傳》謂太和五年南詔遣使來貢方物，不知在何時，姑繫於此。《元龜》又作六年）。
832年	六年	壬子	夏五月甲辰（十二日），李德裕奏修邛崍關，及移嶲州治臺登城。邛崍關近今榮經，臺登今冕寧縣（《通鑑》）。十一月乙卯（二十七日），以荊南節度使段文昌爲西川節度使代李德裕（《通鑑》）。 是歲，南詔侵驃國，俘驃民三千，徙之柘東（《蠻書》）。是歲，有高將軍者，於趙州建遍知寺。時爲豐祐之保和九年（郭松年《大理行記》）。
834年	八年	甲寅	南詔遣使入唐貢方物（《舊書・南詔傳》）。
835年	九年	乙卯	是歲，南詔破彌諾國，虜其族三二千人，配麗水淘金（《蠻書》）。
839年	開成四年	己未	正月，唐賜南詔賀正使趙莫等三十七人官告，並金綵銀器金銀帶衣服等有差（《唐會要》）。 南詔遣使入唐朝貢（《舊書・南詔傳》）。
840年	五年	庚申	南詔遣使入唐朝貢（《舊書・南詔傳》）。 十二月，上御三殿對歸國南詔使等十六人（《唐會要》）。
841年	武宗 會昌元年	辛酉	雲南傳說：是歲勸豐祐開錦浪江、瀋高河，有交通耕種之利（《南詔野史》）。
842年	二年	壬戌	正月，三殿對還蕃南詔酋望張元佐等二十五人（《唐會要》）。 是歲二月，牂柯、南詔俱遣使入唐朝貢（《舊書・本紀》）。
843年	三年	癸亥	十一月，安南軍亂，逐其經略使武渾（《新書・本紀》）。

846 年	六年	丙寅	正月己未（十七日），南詔、契丹、室韋、渤海、牂柯、昆明入朝於唐（《舊書・本紀》）。九月，南詔入寇安南（《南詔野史》謂是役南詔攻陷安南，裴元裕死之。案元裕於大中二年始爲田在宥所代，野史之説不可信）。 唐以裴元裕爲安南經略使。九月，南詔攻安南，裴元裕帥鄰道兵攻之（《通鑑》）。
853 年	宣宗 大中七年	癸酉	唐以李涿爲安南都護（《唐方鎮年表》）。
854 年	八年	甲戌	安南都護李涿爲政貪暴，強行市易。又殺蠻酋杜存誠，羣蠻怨怒。並罷安南林西原防冬戍卒，致啓南詔覬覦之漸（《蠻書》、《通鑑》）。 安南七綰洞蠻首領李由獨等爲南詔所誘降，遂致安南漸遭侵軼（《蠻書》、《通鑑》）。二月，進犀牛，爲唐所却還（《唐會要》）。
858 年	十二年	戊寅	正月，以唐王傅分司王式爲安南都護經略使。式至交趾，樹苅木爲柵，選教士卒，守禦以固（《通鑑》）。七月，王式平定安南。 正月、六月，南詔兩次攻安南，不得逞（《通鑑》《新書・南蠻傳》謂南詔將段酋遷陷安南都護府，號白衣沒命軍，南詔發朱弩佉苴三千助守。《通鑑考異》以爲新傳誤。今從之）。今歲師子國侵緬，南詔發兵救之（《南詔野史》）。
859 年	十三年	己卯	十二月，裘甫起義於浙東。以李鄠代王式爲安南都護。鄠至安南，殺其大酋杜守澄（《通鑑》）。 是年，南詔勸豐祐卒，子世隆嗣立，與唐絕。世隆自稱皇帝，國號大禮，改元建極。唐以其名犯玄宗諱，稱之爲酋龍（《通鑑》）。南詔遣兵攻播州。播州今遵義。相傳世隆又改元法堯。
860 年	懿宗 咸通元年	庚辰	二月，以前安南都護王式爲浙東觀察使擊裘甫。十月，安南都護李鄠復取播州。十二月，交趾陷，李鄠與監軍奔武州。 十二月戊申（初三日），安南土蠻引南詔兵合三萬餘人乘虛攻交趾。陷之。
861 年	二年	辛巳	正月，發邕管及鄰道兵救安南，擊南詔。六月癸丑（初十日），以鹽州防禦使王寬爲安南經略使。貶李鄠爲儋州司戶，長流崖州。唐命左司郎中孟穆赴南詔爲弔祭使，以嶲州陷，穆遂不行（《通鑑》）。 七月，南詔攻邕州，陷之。南詔攻嶲州，攻邛崍關（《通鑑》）。
862 年	三年	壬午	二月，南詔復攻安南，王寬告急，乃以蔡襲代之，並發諸道兵三萬人授襲以禦之，南詔引去。五月，嶺南西道節度使蔡京奏罷安南戍兵，蔡襲力爭不省。十一月，南詔攻安南，蔡襲嬰城固守，救兵不得至（《通鑑》）。 二月，南詔攻安南，未幾引退。十一月，南詔帥羣蠻五萬入侵安南，圍交趾。

863 年	四年	癸未	二月七日，交趾陷，蔡襲戰死。幕僚樊綽携印浮水渡江走免。綽後著《蠻書》十卷。六月，廢安南都護府，置行交州於海門鎮。七月，復置安南都護府於行交州，以宋戎爲經略使。二月七日，南詔陷交趾，因置安南節度使，使段酋遷守交趾。十二月，南詔入侵西川。
864 年	五年	甲申	正月丙午（十九日），西川奏，南詔攻嶲州，爲刺史喻士珍所敗。西川復築新安、遏戎二城。以容管經略使張茵兼句當交州事。三月，南詔攻邕州，嶺南西道節度使康承訓所帥八千人皆沒。七月，兩林鬼主敗南詔蠻。以高駢代張茵爲安南都護本管經略招討使。
865 年	六年	乙酉	五月，南詔復攻嶲州，兩林蠻開門納之。南詔盡殺戍卒。唐刺史喻士珍降南詔（《通鑑》）。 九月，高駢至南定，峯州蠻五萬方穫田，駢掩擊，大敗之。收其所穫以食軍（《通鑑》）。
866 年	七年	丙戌	劉潼代李福爲西川節度使，始釋福所囚南詔使者董成等，送之長安。十月，高駢攻克交趾城，殺段酋遷、朱道古等。十一月，置靜海軍於安南，以高駢爲節度使，重築安南城（《通鑑》）。 六月，南詔世隆遣善闡節度使楊緝助安南節度使段酋遷守交趾，以范昵些爲安南都統，趙諾眉爲扶邪都統（《通鑑》）。
867 年	八年	丁亥	二月，西川節度使劉潼發兵助卑籠部，擊西川近邊六姓蠻（《通鑑》）。
868 年	九年	戊子	六月，唐從李師望言，建定邊軍，治邛州，以師望爲嶲州刺史，充定邊軍節度等使。七月，桂林防禦南詔戍卒反，推判官龐勛爲主，勒兵北還。八月，以高駢爲金吾大將軍，駢請以從孫潯代鎮交趾，從之（《通鑑》）。
869 年	十年	己丑	十月，李師望殺南詔使者。師望貪殘，戍卒怨怒，代以竇滂，尤甚於師望。是月南詔大舉進攻。十一月，攻清溪關。十二月丁酉（十四日）攻陷犍爲，壬子（二十九日）陷嘉州。竇滂敗於大渡河，單騎宵遁。黎、雅諸州俱失（《通鑑》）。 南詔遣楊酋慶詣成都，謝釋董成之囚，並歸成都俘三千人。定邊軍節度使李師望截殺其使。世隆大怒，十月，傾國來攻（《通鑑》）。
870 年	十一年	庚寅	正月癸酉（二十日），廢定邊軍，復以邛、眉、蜀、雅、嘉、黎、嶲七州歸西川。是日，南詔軍抵成都城下。二月癸未朔，南詔開始攻城。甲午（十二日）以後顏慶復、宋威等援軍至，屢敗南詔軍，世隆敗走。 正月，南詔圍成都不能下，以唐軍援至，戰屢敗，遂退走。
871 年	十二年	辛卯	大理崇聖寺鐘鑄於是年三月廿四日。
872 年	十三年	壬辰	彌渡鐵柱廟鐵柱建立於是年四月十四日。
873 年	十四年	癸巳	黔中經略使秦匡謀以南詔來攻，兵少不敵，棄城奔荊南。荊南節度使杜悰奏斬之（《通鑑》）。 十一月初八日，除牛叢爲西川節度使。 五月，南詔攻西川，又攻黔南（《通鑑》）。

874 年	僖宗 乾符元年	甲午	十一月，南詔攻西川，在大渡河爲黃景復所敗。南詔援軍至，復渡大渡河，景復兵潰。十二月，南詔攻陷黎州，入邛崍關，攻雅州。及新津而還（《通鑑》）。是歲，王仙芝起事於長垣（《通鑑》）。
875 年	二年	乙未	正月丙戌（初二日），以高駢爲西川節度使。二月，高駢逐南詔至大渡河，修復邛崍關、大渡河諸城柵。築城於戎州馬湖鎮，號平夷軍，又築城於沐源川。皆南詔入蜀要路，置兵數千戍之（《通鑑》）。六月，黃巢亂起。南詔攻西川，至雅州，爲高駢所擊退（《新書·高駢傳》）。
876 年	三年	丙申	三月，高駢復牒南詔數其罪折辱之。八月，築西川成都羅城，十一月初，畢功。八月，高駢遣浮圖景仙入南詔，招諭驃信（《通鑑》）。 三月，南詔送還所虜安南判官杜驤妻李瑤，並遞木夾遺高駢，稱督爽牒西川節度使云云，故有高駢復牒。
877 年	四年	丁酉	二月，南詔驃信世隆卒，諡日景莊皇帝。子隆舜立，改元貞明、承智、大同，國號鶴拓，亦號大封民。南詔遣陁西段瑳寶等至嶺南西道請和（《通鑑》）。 閏二月，嶺南西道節度使辛讜奏南詔遣使請和，詔許之。讜因遣大將杜弘等送南詔使者段瑳寶還南詔。（《通鑑》）
878 年	五年	戊戌	四月，南詔遣其酋望趙宗政入唐，請求和親（《通鑑》）。五月，唐議南詔和親事，不能決。嶺南大將杜弘送段瑳寶還南詔，諭年還。五月甲辰（初九日），辛讜又遣巡官賈宏，大將左瑜、曹朗使南詔。十二月，南詔使者趙宗政歸國，中書不答督爽牒，命西川節度使崔安潛答之。
879 年	六年	己亥	辛讜以賈宏等道卒，因又遣攝巡官徐雲虔使雲南，至善闡，見驃信隆舜，留十七日而返。雲虔歸著《南詔錄》三卷。
880 年	廣明元年	庚子	三月，安南軍亂，節度使出城避之，攻叛卒所據子城不能下。六月，唐許南詔和親不稱臣。以嗣曹王李龜年爲宗正少卿充使，徐雲虔副之，徐藹爲判官，詣南詔（《通鑑》）。十二月，黃巢入長安，僖宗奔興元。
881 年	中和元年	辛丑	正月，僖宗入蜀至成都。八月，宗正少卿嗣曹王李龜年自南詔還。 南詔隆舜因李龜年上表款附，請悉遵詔旨（《通鑑》）。
882 年	二年	壬寅	七月，南詔上書，求早降公主（《通鑑》）。 七月，唐於南詔早尚公主之請，辭以方議禮儀（《通鑑》）。
883 年	三年	癸卯	七月，南詔迎公主使至成都。十月，唐以宗室女爲安化長公主，擬以妻南詔。唐用高駢謀，盡殺南詔使者趙隆眉、楊奇肱、段義宗等。遂罷和親（《新書·南蠻傳》，《通鑑》）。 七月，南詔遣其布燮趙隆眉、楊奇肱、段義宗三人朝西川行在，迎公主。三人俱爲唐所殺。（《通鑑》）
897 年	昭宗 乾寧四年	丁巳	九月，復以王建爲西川節度使。是歲，唐得南詔舜化貞上皇帝書函及督爽牒中書木夾，年號中興。唐采王建議，不報。 南詔隆舜卒，子舜化貞嗣立，改元中興，致書於唐。

899 年	光化二年	己未	三月十四日南詔信博士內常士酋望忍爽張順、巍山主掌內書金券贊衛理昌忍爽王奉宗等繪南詔圖傳成。
902 年	天復二年	壬戌	是歲，南詔清平官鄭買嗣滅蒙氏，自立為大長和國，南詔亡。南詔蒙氏自細奴邏至舜化貞凡傳十三世，二百五十四年。

註：本表以向達《蠻書校注》附表為基礎，加以修改增訂而成。

二、有關地圖

二爨六詔形勢略圖

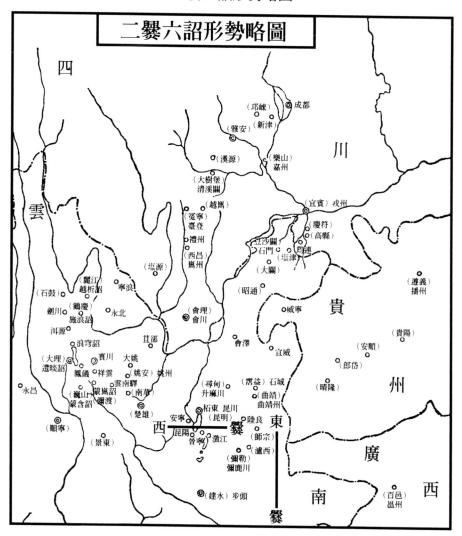

採自《蠻書校注》

唐朝入雲南交通路線圖附雲南重要城鎮

採自《蠻書校注》

南詔國內部族部落分佈圖

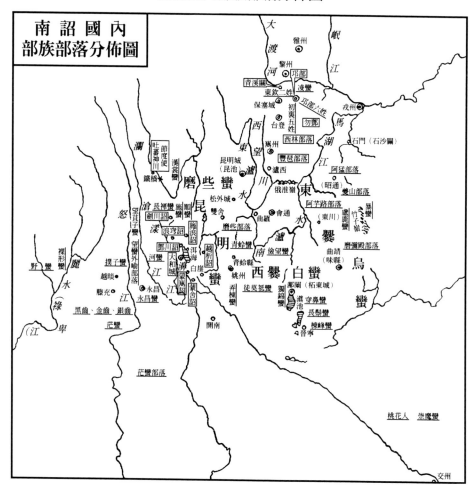

採自《南詔國內的部族組成和奴隸制度》

南詔極盛時期及其接連諸國圖

採自《蠻書校注》

六詔或八詔所在地圖

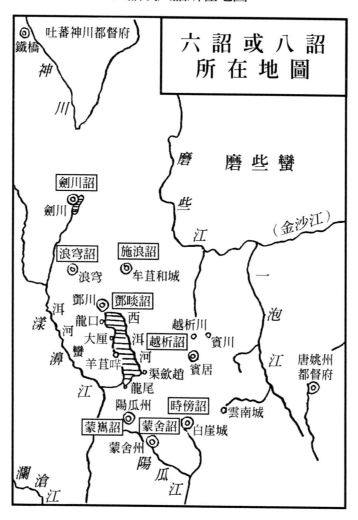

採自《南詔國內的部族組成和奴隸制度》

南詔國北境關係圖

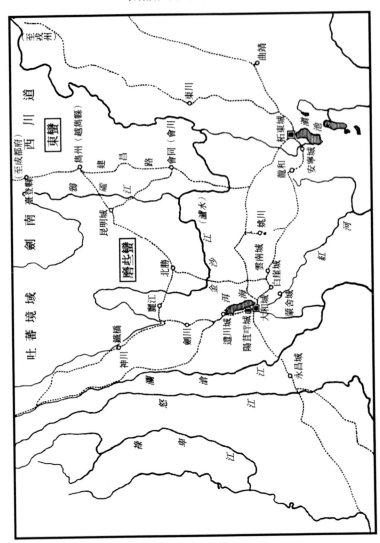

採自《西南中國民族史之研究》

人名索引

十二畫